明清論叢

启功题

A COLLECTION OF ESSAYS ON THE MING AND QING DYNASTIES

主编　朱诚如　徐　凯

主办　故宫博物院　北京大学

第二十二辑

本书的出版
由北京故宫文物保护基金会公益支持

故　宫　出　版　社

2023

图书在版编目（CIP）数据

明清论丛. 第二十二辑 / 朱诚如，徐凯主编. —北京：故宫出版社，2023. 7
ISBN 978 -7 -5134 -1608 -5

Ⅰ. ①明… Ⅱ. ①朱… ②徐… Ⅲ. ①中国历史 - 明清时代 - 文集 Ⅳ. ①K248. 07 -53

中国国家版本馆 CIP 数据核字(2023)第 004539 号

明清论丛
（第二十二辑）
主　　编：朱诚如　徐　凯
执行主编：左远波
英文翻译：杨爱英
责任编辑：王志伟
封扉设计：王　梓
责任印制：常晓辉　顾从辉

出版发行：故宫出版社
　　　　地址：北京市东城区景山前街 4 号　邮编：100009
　　　　电话：010 -85007454（编辑部）　010 -85007817（发行部）
　　　　邮箱：mqluncong@ sina. com（编辑部）
　　　　　　　ggcb@ culturefc. cn
排　　版：保定市万方数据处理有限公司
印　　刷：北京启航东方印刷有限公司
开　　本：889 毫米 ×1194 毫米　1/16
印　　张：19. 25
字　　数：529 千字
版　　次：2023 年 7 月第 1 版
　　　　　2023 年 7 月第 1 次印刷
书　　号：ISBN 978 -7 -5134 -1608 -5
定　　价：280. 00 元

《明清论丛》编辑委员会

特别声明

目　　录

CONTENTS

清前期安定和经略西藏的历史功绩

朱诚如

内容提要：清前期为安定和经略西藏做出了历史性贡献的顺治、康熙时期，分别册封五世达赖喇嘛和五世班禅喇嘛，确定了他们在西藏的政治和宗教地位。康熙五十八年（1719 年）进军西藏，驱逐准噶尔部，改订西藏行政体制，册封七世达赖喇嘛，任命四名噶伦管理西藏政务。雍正五年（1727 年）设驻藏大臣，代表中央监督西藏地方行政，并多次颁下“章程”，整顿旧制度，建立新制度。乾隆朝抗击廓尔喀两次入侵，并于五十八年（1793 年）颁布《钦定藏内善后章程二十九条》，自此成为治理西藏的法典。

关键词：清朝前期　经略西藏　抗击廓尔喀　《钦定藏内善后章程》

西藏在中国的西南部，居住在青藏高原的藏族先民，经过漫长岁月生生不息的繁衍，由众多部落逐渐统一。早在公元前，藏族先民就与生活在中原的汉族建立了联系。到了唐朝，藏汉双方通过王室联姻、会盟，形成政治上的亲谊关系，为最终建立统一的国家奠定了深厚的基础。13 世纪中叶，西藏正式归入中国版图。元至元十六年（1279 年）统一了全中国，创建了继汉、唐王朝之后，中国版图内各地区和各民族大一统的中央政权，西藏成为中央政府直接治理下的一个行政区域。元中央政府设立宣政院，直接管理西藏地区军政要务。明朝取代元朝后，继续治理西藏。明初沿袭元代官职、品秩，并在西藏分设行都指挥使司，隶属陕西行都指挥使司，管理军事、民政。永乐年间，中央政府遣使册封西藏宗教领袖为法王，权在中央。明宗喀巴对西藏喇嘛教进行了改革。除达赖、班禅之外，明末西藏还由蒙古贵族出身的藏巴汗控制。自此以后，尽管中国经历了王朝兴替，多次更换中央政权，但西藏一直处于中央的管辖之下。

清朝进一步加强对西藏的治理。顺治九年（1652 年）、康熙五十二年（1713 年），清朝皇帝分别册封五世达赖喇嘛和五世班禅喇嘛，自此正式确定了达赖喇嘛和班禅额尔德尼的封号，以及他们在西藏的政治和宗教地位。达赖喇嘛在拉萨统治西藏大部地区，班禅额尔德尼在日喀则统治西藏的另一部分地区。康熙五十八年（1719 年），清政府派军队进入西藏，驱逐盘踞西藏拉萨三年之久的准噶尔部，于是改订西藏行政体制，册封西康地区活佛为七世达赖喇嘛，护送入藏，任命四名有功、有名望的藏官为噶伦，管理西藏政务。雍正五年（1727 年），设驻藏大臣，代表中央监督西藏地方行政，西藏与四川、云南、青海的界线，也于此时派员正式勘定。为了完善西藏行政机构的职能，清朝多次颁下“章程”，整顿旧制度，建立新制度。乾隆朝抗击廓尔喀两次入侵，五十八年（1793 年）颁布了《钦定藏内善后章程》，共 29 条，自此成为治理西藏的法典。清前期为安定和经略西藏做出了历史性的贡献。

从雍正五年（1727 年）设立驻藏大臣到清朝覆灭，清中央政府先后派遣驻藏大臣达百余人。

一　康熙驱准保藏设置噶伦

清入关以前，曾于太宗崇德四年（1639年）派专使入藏联系。崇德七年（1642年），西藏各教派首领派遣伊拉古克三等专使到盛京，主动建立联系。同一年，早已臣服清廷的和硕特蒙古首领顾实汗领兵入藏，尊五世达赖喇嘛罗桑嘉措为宗教领袖，控制了西藏地方的权力。后又于顺治二年（1645年），赠四世班禅罗桑却吉坚赞以“班禅博克多”的尊号。自此，达赖管理前藏，居拉萨布达拉宫；班禅管理后藏部分地区，居日喀则扎什伦布寺。以此分割五世达赖喇嘛的权力，巩固顾实汗在西藏的统治地位。

清入关定都北京以后，清廷进一步加强与西藏的联系。顺治八年（1651年），顺治皇帝派恰噶喇嘛、嘉饶喇嘛入藏，问候达赖和班禅，并邀请五世达赖喇嘛到北京会晤。顺治九年（1652年），五世达赖喇嘛亲自进京朝觐纳贡，受到清廷隆重接待。清廷册封五世达赖喇嘛为“西天大善自在佛所领天下释教普通瓦赤喇怛喇达赖喇嘛”，册封顾实汗为“遵行文义敏慧顾实汗”。①明确了五世达赖喇嘛的宗教领袖地位，承认顾实汗对西藏地方的统治。顺治帝亲自在太和殿设宴为达赖洗尘。翌年，五世达赖喇嘛返藏，顺治帝又在南苑设宴为之饯行。

顺治十一年（1654），顾实汗病逝于拉萨哲蚌寺。康熙初年，西藏权力操控在五世达赖手中，西藏地方最高行政长官第巴的任命权完全由五世达赖所掌握。

康熙二十一年（1682年），五世达赖喇嘛在拉萨圆寂，他所委任的第巴桑结嘉措出于争夺权力的需要，匿不发丧达15年之久。对外宣布五世达赖“入定”，相关事务均由其全权处理。康熙三十二年（1693年），桑结嘉措又假五世达赖之名遣使进贡，并奏称“乞皇上给印封之，以为光宠”，要皇上册封其为藏王。康熙皇帝尽管不知道达赖喇嘛已故，但顺治时已将藏王行政权授予顾实汗及其子孙，所以册封其为“掌瓦赤喇怛喇达赖喇嘛教弘宣佛法王”，② 其职权只在于“弘宣佛法”。这样，西藏地方权力仍在和硕特蒙古部顾实汗之子孙拉藏汗手中。桑结嘉错不甘心只有宗教事务权力，进一步与准噶尔部噶尔丹相勾结。噶尔丹早年在西藏出家，以五世达赖为师，与桑结嘉措为同门，准备引准噶尔部兵入藏。康熙三十五年（1696年）昭莫多之役，噶尔丹大败，清廷方知达赖五世已故。康熙帝痛斥第巴桑结嘉措的恶行：“阳则奉宗喀巴之教，阴则与噶尔丹朋比，欺达赖喇嘛、班禅胡土克图，而坏宗喀巴之教。”③ 桑结嘉措表示悔过。康熙三十六年（1697年），康熙帝派理藩院主事保住等入藏“宣问第巴，并将转生之小达赖喇嘛看明回奏”，④ 表明中央政府要扩大在西藏的事权。康熙四十二年（1703年），和硕特蒙古拉藏汗承继汗王，与同年退位的桑结嘉措水火不容。康熙四十四年（1705年），拉藏汗在获悉桑结嘉错企图谋害他的密谋后，杀桑结嘉错，并奏报清廷要求废伪立的六世达赖喇嘛，重新夺回西藏的统治权。

为了稳定西藏政局，康熙帝派人入藏，封拉藏汉为“翊法恭顺汗”，并将拉藏汗指认的假六世达赖喇嘛仓央嘉措护解进京，结果途中病故。于是拉藏汗遵旨重新寻访意希嘉措为六世达赖喇嘛，并在布达拉宫正式坐床。此举遭到哲蚌寺、色拉寺和甘丹寺等三大寺僧侣和青海

① 《清世祖实录》卷七四，顺治十年四月丁巳。

② 《清圣祖实录》卷一六三，康熙三十三年四月丙申。

③ 《清圣祖实录》卷一七五，康熙三十五年八月甲午。

④ 《清圣祖实录》卷一八二，康熙三十六年闰三月乙酉。

图 1　《五世达赖喇嘛觐见顺治皇帝》壁画

一些台吉的反对。

西藏所出现的复杂局面，使清廷认识到“西藏事务不便令拉藏独理”，于康熙四十八年（1709 年）派侍郎赫寿入藏“协同拉藏办理事务”。① 康熙五十二年（1713 年），又遣特使入藏，册封五世班禅罗桑意希为“班禅额尔德尼”，并要他协助拉藏汗管好西藏事务，以稳定西藏局势。清朝于顺治八年（1651 年）和康熙五十二年（1713 年），分别册封五世达赖喇嘛和五世班禅喇嘛，自比正式确定了达赖喇嘛和班禅额尔德尼的封号，以及他们在西藏的政治、宗教地位和所统治的区域。

其时准噶尔部首领策旺阿拉布坦正在不断地扩张实力，康熙三十七年（1698 年），他遣使滚楚克等奏请清廷，要求将厄鲁特蒙古降清之人全部归属他的部下，遭到康熙帝的拒绝。“厄鲁特来降朕者，原皆噶尔丹属下人，噶尔丹违朕之旨，毒害生灵，朕亲率兵剿灭。其属众有俘获而来

① 《清圣祖实录》卷二三六，康熙四十八年正月己亥。

图2 康熙帝册封五世班禅谕旨（藏文）

者，有陆续归降者，并非尔之人，所奏不准行”。① 策旺阿拉布坦采取离间手段，吞并了土尔扈特部部分部众。策旺阿拉布坦仍不满足，又开始图谋西藏，以控制拉藏汗和达赖喇嘛，把西藏和青海的和硕特部掌控在自己手中，从而号令众蒙古。

康熙五十四年（1715年）三月，策旺阿拉布坦起兵攻打哈密城。哈密是通往蒙古和内地的交通要地，早已归属清朝。哈密伯克额敏率部联合驻防哈密的绿营兵击败准部的攻击。出兵攻哈密暴露了策旺阿拉布坦称霸西域、图谋西藏的野心。

康熙五十五年（1716年）十一月，策旺阿拉布坦在做了充分部署之后，以送前年来伊犁的拉藏汗之子噶尔丹丹衷与其女联姻回藏省亲为名，派出大策零敦多布率领军兵6000人，同时策旺阿拉布坦又派一支300人军兵往青海塔尔寺，劫格桑嘉措后，与大策零敦多布在藏北汇合，以送格桑嘉措去拉萨坐床之名入藏。

策旺阿拉布坦为了乘人不备，令大策零敦多布选择了一条人迹罕至的道路，要翻越昆仑山三层冰山，再经阿里，至藏北那曲。大策零敦多布率军用了七个月时间到达藏北，偷袭成功。当准噶尔部军兵出现在藏北时，拉藏汗措手不及，仓促间命颇多鼐组织卫藏军队赴藏北迎战，大败。准噶尔部进拉萨，占领布达拉宫，处死拉藏汗。在拉萨大肆抢劫，尽搜各大寺庙重器财物无数，运往伊犁。

康熙五十六年（1717年）十一月初一，准噶尔部大策零敦多布军攻下布达拉宫，占据拉萨。三个月后的五十七年（1718年）二月十一日，康熙帝才得到拉藏汗被害前要求朝廷派兵救援的奏折：“若将喀木危藏之地，被伊（指准部）踞去，将使黄教殄灭。为此恳求皇上圣鉴，速发救兵，并青海之兵，即来策应。”② 之后，又收到拉藏汗被害及拉萨被劫掠的讯息。

康熙帝决定全力驱准保藏，康熙五十七年（1718年）七月十六日，命西安将军、湖广总督额伦特和蒙古将军侍卫色楞率军兵4000人由青海入藏，由于战备仓促，进入藏北即遭准噶尔军围堵，粮草被劫，至九月二十八日，历多次交战，清军几乎全军覆亡，伤亡两千多人，统帅额伦特战死，侍卫色楞被俘。原本有些轻敌的康熙帝开始意识到事态的严重性。

康熙五十七年（1718年）十月十二日，康熙帝命皇十四子固山贝子允禵为抚远大将军，用正黄旗之纛，照依王式样，并派诸宗室王公子弟从征。命允禵以“大将军王”统领进藏征剿的清军，阵势之大，前所未有，宣示朝廷驱准保藏的决心。

---

① 《清圣祖实录》卷一九〇，康熙三十七年九月癸未。

② 《清圣祖实录》卷二七七，康熙五十七年二月庚寅。

图 3　清人绘《抚远大将军西征图·强渡拉萨河》

康熙五十九年（1720 年）四月，经过一年多的军事部署，武备马驼及粮草物资一应准备齐全，正式开始驱准保藏的军事行动。八月下旬，定西将军噶尔弼、副将岳钟琪率兵攻入拉萨，延信中路军进抵喀喇乌苏，惨遭失败的大策零敦多布率残部经藏北草原遁回伊犁，征讨准部策旺阿拉布坦侵扰西藏取得了彻底胜利。十一月十八日，康熙帝宣谕："今大兵得藏，边外诸番，悉心归化，三藏阿里之地，俱入版图。"① 西藏急需稳定和治理。

二　置噶伦，驻藏大臣制度化

清军首先在拉萨成立以延信为首的临时军政府，由两名喀尔喀蒙古王、两名青海和硕特蒙古

① 《清圣祖实录》卷二九〇，康熙五十九年十一月辛巳。

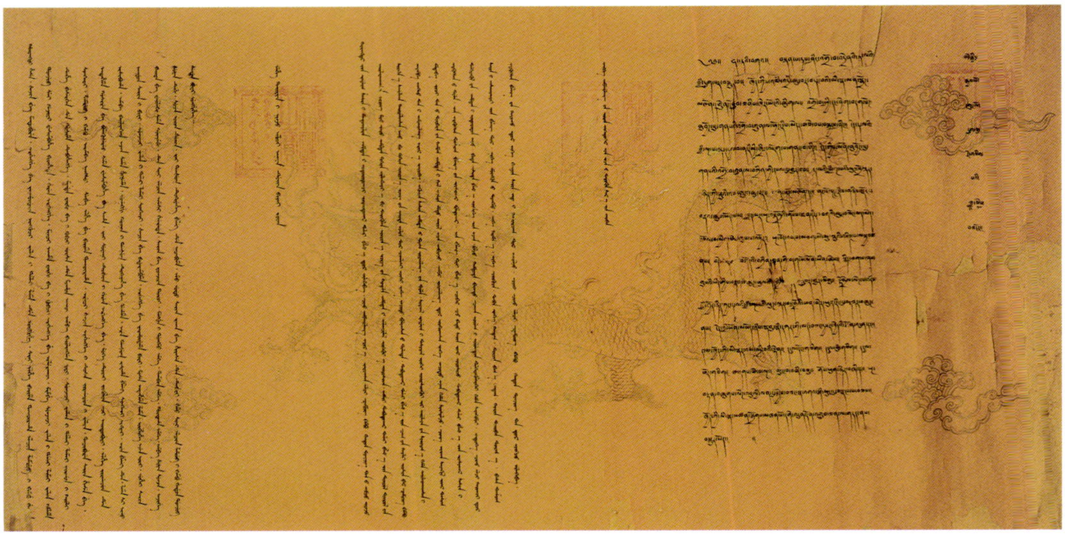

图 4　康熙帝给六世达赖的谕旨（满、蒙、藏文）

首领、两名西藏贵族组成，主要任务是组建新的西藏地方政权。康熙六十年（1721 年），确定新政权采取众噶伦体制，废第巴和藏王制。雍正元年（1723 年），康济鼐因功被命为首席噶伦，阿尔布巴为副，共同执政西藏地方，听命于中央政府，再次确立中央政府对西藏的管辖。由中央政府册立的六世达赖噶桑嘉措，已经入藏举行坐床仪式。明确自此以后，达赖喇嘛的废黜和册立权在中央，由大清皇帝决定。废除了过去由西藏的第巴、藏王以及三大寺喇嘛来决定的旧制。噶伦政权基本上维持了西藏政教分离的格局，强化中央政府的集权。

雍正三年（1725 年）十一月，清廷决定由贝子康济鼐总理西藏事务，噶伦阿尔布巴协理掌办藏事，隆布鼐、颇罗鼐、扎尔鼐协助，定制五人制的噶伦，均为藏人上层。但由于原来出自不同派系，很难协调一致。雍正四年（1726 年）十二月，清廷决定正式授给康济鼐总理西藏事务印信，以强化在诸噶伦中的地位。

雍正五年（1727 年）初，清廷正式委派内阁学士僧格和副都统马喇入藏，代表中央政府驻扎西藏，监督地方，此为清廷在西藏设驻藏大臣之始。驻藏大臣尚未到任，雍正五年六月十八日，噶伦阿尔巴布、隆布鼐、扎尔鼐三个前藏贵族，以议事为名，将康济鼐谋害于大昭寺，图谋夺取总理西藏事务的权力。携带朝廷授康济鼐总理西藏事务印信的两位大臣途中得知康济鼐被害，八月初抵达拉萨，此时阿尔巴布等人已发兵攻打管理后藏事务的噶伦颇罗鼐，混乱的局势越发不可收拾。两位驻藏大臣奏请朝廷派兵援藏，方可稳定政局。雍正认为“西藏又出一可趁之机矣，所以言天下事不可预料，只可随时办理耳”。① 长痛不如短痛，抓住时局变化，彻底解决西藏内乱。十一月雍正帝令左都御史查郎阿、副都统迈绿带满兵四百，及陕西、四川、云南绿营兵，兵分两路，由西宁和川滇入藏。

雍正六年（1728 年）五月二十六日，颇罗鼐统领阿里后藏军兵 9000 人前往平息叛乱。生擒内乱祸首阿尔布巴以及隆布鼐、扎尔鼐等人。清廷令颇罗鼐暂统管前后藏事务，留副都统马喇和内阁学士僧格为驻藏大臣，领川兵 2000 人分驻前后藏。主要监督调解西藏僧俗矛盾，并不干预西藏具体事务，并将幼年的达赖喇嘛转移至里塘附近建庙安置。雍正六年，清廷正式设立驻藏大

① 中国第一历史档案馆藏《朱批奏折·民族事务类·雍正帝朱批》（档号 4 - 1293 - 10）。

图 5　驻藏大臣衙门旧址

臣衙门，设办事大臣和帮办大臣二人常驻拉萨，以便对西藏政务进行直接监督管理。

雍正七年（1729 年）六月，清廷命马喇和僧格以驻藏大臣总理西藏事务，定制两人，三年一轮换。九年又晋封颇罗鼐为多罗贝勒，颁发“总理卫藏事务多罗贝勒之印”管理噶伦事务，并确定西藏驻军归驻藏大臣调控指挥。继之又对西藏行政区划进行调整，将巴塘、里塘划归四川，将维西、中甸等地划归云南，明确西藏地方所管辖的范围。

驻藏大臣制度化，建立驻藏大臣衙门，配备衙内属员。职权明确，并派驻军队予以护卫。颇罗鼐地位和权力也得到加强，藏军由其调遣，官员连其他四噶伦授权其荐选。达赖喇嘛亦是朝廷册立，为宗教首领，在藏区地位崇高。三者结合，应该能够比较好地维护西藏稳定。

三　抗击廓尔喀入侵

（一）廓尔喀入侵西藏

尼泊尔与我国西藏毗邻，清代尼泊尔诸部落中的巴勒布最早与清朝建立关系。巴勒布人经常前往西藏贸易和居住，民间往来不断。巴勒布人与西藏贸易频繁，是因为双方的资源互补：巴勒布人需要西藏的食盐、牲畜以及内地转运而来的茶叶等物品，巴勒布的稻米、铜钱以及从英国人手中转运的毛毡等物品为藏人所需。许多巴勒布人因为贸易而在西藏居住。此外，尼泊尔是佛祖释迦牟尼的诞生地，藏人崇信佛教，宗教信仰上的联系也使巴勒布人与藏人之间交往日多。从雍正年间开始，巴勒布与清朝中央政府有了往来，遣使赴京进贡谢恩。乾隆五年（1740 年），巴勒布遣使进京，乾隆帝召见使者“至御座赐酒”，促进了巴勒布人与清朝中央政府及西藏地方政府的互相往来。

廓尔喀也是尼泊尔的一个部落，地处加德满都西北，其地气候适宜，环境优越，物产丰富，

图6　六世班禅俗装唐卡

得以迅速发展起来，后来兼并了巴勒布等其他部落，统一了尼泊尔。乾隆三十四年（1769年），廓尔喀王朝建立，定都阳布（今加德满都）。廓尔喀崛起之后，其统治者认为其“疆土偏狭”，萌发起扩张的野心，使其民人勇敢善战，企图以武力进行扩张征服。当时占领印度的英国人也有意武装廓尔喀为其效力，将一些先进的近代火器配备给廓尔喀人，使其军事实力增加，进一步助长了其“好武”的本性，并以侵略邻地为其扩张指向。

乾隆四十二年（1777年），统一不久的廓尔喀王朝继承王位的是年幼国王，王朝的权力落在其叔父手中，听命其左右朝政、摄政的巴都尔萨野把扩张的矛头指向与之毗邻的西藏。

乾隆四十三年（1778年），六世班禅贝丹意希托请章嘉呼图克图代奏，希望两年后的乾隆七十寿诞时，亲赴朝廷祝寿诵经。乾隆帝认为这是加强中央政府和西藏地方密切关系的契机，于是谕令隆重接待。特遣皇六子质郡王永瑢和吏部尚书、领侍卫内大臣永贵千里迢迢赴岱汉迎接。并在热河建须弥福寿之庙，以供班禅居住。乾隆四十五年（1780年）七月二十一日，一路历经艰辛，受到中央和地方官员陪侍接待的班禅，在承德避暑山庄的依清旷殿受到乾隆帝的隆重召见，之后在万树园赐宴，赏赉冠服全银缎匹等。班禅亦率众为乾隆帝祝寿诵经，岂料后来在京城居住染豆，于当年十一月初二日在京师西黄寺圆寂。班禅的后事办理得十分隆重，乾隆帝厚赐大量财物珍宝，加上以前历多次赏赐，“无虑数十万金，而宝座、璎珞、念珠、晶玉之钵、镂金之袈裟，珍宝不可胜计”①，并派庞大的队伍护送灵柩返藏。班禅同父异母兄仲巴呼图克图在护送班禅灵柩返回西藏后，竟将巨额珍宝财物既不布施各寺和众藏喇嘛，也不予班禅亲弟沙玛尔巴，而是一概据为己有。沙玛尔巴为泄私愤，出走廓尔喀，以巨额珍宝财物为诱饵，引狼入室，煽动廓尔喀出兵西藏。

廓尔喀早有侵藏图谋，于是以贸易纠纷为借口，为入侵西藏做准备。一是提出与藏人交易中廓尔喀所铸新银元，与其过往所铸旧银元要以一当二的比例使用。二是以藏人所售廓尔喀“食盐糅土”，以及西藏地方对廓尔喀人的货物“商税增额”为托词。事实上，因为藏区缺银，使用廓尔喀所铸新银钱作为流通货币，其所铸新银钱比其过去所铸的旧银钱成色要好，但一当二的比例显然是不合理的交易价格。至于食盐掺沙，藏盐出自山谷，本来就有沙。商税是随行就市，不断变动。即使有些藏商食盐掺沙，个别官员提高税额，但这些显然都不能构成武力侵藏的借口。

特别是廓尔喀在给西藏地方政府（噶厦）的文书中，竟然提出领土主张，要求将与其接壤的聂拉木、济咙归其所有，充分暴露其通过武力进行领土扩张的目的。

① （清）魏源：《圣武记》卷五《乾隆征廓尔喀记》。

图 7 扎什伦布寺

乾隆五十三年（1788 年）六月初，廓尔喀国王派手下头目苏尔巴尔达率 3000 廓尔喀兵入侵西藏，占领藏南的聂拉木、济咙。六月，廓尔喀入侵西藏后，驻藏大臣庆麟、副都统雅满泰即前往布达拉宫，会见达赖喇嘛、首席噶布伦丹津班珠尔、噶布伦班第达等，会商举措，并举兵 1300 人分别堵截。在驻藏兵力不足的情况下，驻藏大臣以紧急军情飞报成都将军、四川总督和提督，要求派兵援藏。为保护年幼的班禅额尔德尼，提出在紧急情况下，将班禅额尔德尼移驻前藏，并调藏北蒙古兵 500 人赴前藏护佑。七月初，驻藏大臣庆麟得悉，廓尔喀已威胁扎什伦布寺，于是亲率 200 绿营兵，从拉萨急赴日喀则，抵达扎什伦布寺即会同仲巴呼图克图，急见班禅额尔德尼。由于藏兵平时缺乏训练，战斗力差，宗喀很快为廓尔喀占据。四川总督李世杰接驻藏大臣飞报后，紧急派遣副都统佛智、四川提督成德领兵 3500 人援藏。

七月二十七日，乾隆帝在热河避暑山庄接到驻藏大臣庆麟第一份廓尔喀入侵的紧急军情奏报。责令成都将军鄂辉、松藩镇总兵张芝元急返成都，领兵援藏；又令四川总督李世杰，提督成德调兵援藏。八月初四日，乾隆帝发出以驻藏大臣口吻行文的檄文“檄谕巴勒布部落廓尔喀等”，表明入侵西藏“亦断不容稍为轻赦，必发大兵的歼戮剿除”，令其退兵，否则大兵征讨，“尔部落可须臾尽灭”①，明确表明对郭尔喀为入侵西藏必须严惩不贷的态度。

八月十日，四川总督李世杰除前已成行的援藏部队之外，又在藏情不明的情况下，决定再调遣满洲兵、绿营兵、屯练兵等 4000 人前往。八月十二月，庆麟一路护送班禅额尔德尼抵布达拉宫。八月二十四日，乾隆帝指令援藏军兵，以鄂辉为将军、成德为参赞大臣，统一指挥，四川总督李世杰负责督办援军粮饷和续调援兵。对驻藏大臣庆麟前期处置极为不满的乾隆帝，决定派遣晓藏语的理藩院侍郎、御前大臣巴忠为钦差大臣，领衔前往后藏处理藏务。

在中央政府和四川等地方调兵遣将援藏之际，以萨迦呼图克图和仲巴呼图克图为首的西藏地方上层贵族，却不顾西藏地方民众的利益，极力主张向廓尔喀求和。西藏地方的噶布伦班第达

① 《清高宗实录》卷一三一〇，乾隆五十三年八月癸巳。

等，背着中央政府私下遣使向廓尔喀议和，拟订协议，廓尔喀逼迫西藏地方每年给廓尔喀300个银元宝，廓尔喀方可退兵。后因藏方认为负担过重，无力给付，提出修改协议，廓尔喀强势威逼。

九月十一日，副都统雅满泰首次得知西藏地方与廓尔喀私下议和事。雅满泰严厉训斥仲巴呼图克图“专擅行事”“尔等私议和息，不足为凭”，声明“廓尔喀无故滋事，辄敢抢掠地方，自应声罪致讨”。①

十月初六日，乾隆帝从雅满泰等人奏报中得悉西藏地方私下议和事，斥责西藏地方不经奏报“均可与外夷部落私相往来，尚复成何事体耶?”下谕“若贼众仍在通拉萨拉等处，务即尽力剿杀，收复聂拉木等处地方，再办设誓定界等事”。② 乾隆帝特别指出，由藏方喇嘛议和退兵，“则将来喇嘛等亦觉进退操纵，可以专主，尚复何事不可为，而驻藏大臣几为虚设矣”。③ 乾隆帝将驻藏大臣庆麟降职为正六品的蓝翎侍卫，调伊犁参赞大臣舒濂为驻藏大臣，雅满泰仍为协办。

十一月二十八日，钦差大臣巴忠抵达拉萨后，在巴勒布和廓尔喀都分不清的情况下，奏报巴勒布总共数千人，入侵聂拉木不过2000人。乾隆帝接报后，误认为廓尔喀入侵“原非大事”，怪罪庆麟、雅满泰虚张声势。十二月十三日，巴忠抵达扎什伦布（日喀则），得知西藏地方已初步与廓尔喀达成协议，并得到达赖喇嘛的默许。巴忠见事已如此，不愿再扩大事态，击和双方和议。巴忠在给乾隆帝的奏折中将廓尔喀入侵事，误导为驻藏大臣等处置不当所致。乾隆帝斥责庆麟等“竟敢将驳回（指巴勒布表文）不奏”，将庆麟、雅满泰革职。之后，乾隆帝又以将军口吻拟一谕廓尔喀檄文，表示“大皇帝洞鉴隐微”，已将驻藏大臣革职治罪，“大皇帝天下一体”，对其入侵行径“暂为宽恕”。警告其“尚敢肆行无忌，断无轻纵之理，必将尔全境荡平，不留遗孽”。④ 乾隆五十四年（1789年）四月，巴忠向乾隆帝奏报“番众畏惧，先行退避”，其“所占地方业经全行收复，边界廓清”。⑤ 五月十九日，在沙玛尔巴的逼迫下，西藏地方首席噶布伦丹津班珠尔在和议协议上签字。丹津班珠尔从西藏地方寺庙和商户挪借拼凑了第一年的300个银元宝赎金，以换取廓尔喀撤军。协议除赎金外，银钱兑换率、食盐掺沙等事均满足廓方要求，甚至将廓尔喀设驻藏代表一人、廓尔喀人在西藏犯罪只能由驻藏代表处罚的荒唐条款列入其中。

巴忠、鄂辉始终未向乾隆帝奏报私下签订“纳款退兵”密约事。即使后来二人抵京后，仍然密不奏报。结果误导了乾隆帝在五十五年（1790年）其八十寿诞时，封赐廓尔喀国王和其叔“巴都尔萨野”名号。廓尔喀第一次入侵西藏，竟然在西藏地方“纳款退兵”中结束。

廓尔喀第一次入侵西藏，朝廷调动各路人马，各路军旅风餐露宿援藏助战，朝廷拨出帑银上百万两，以抵御廓尔喀的入侵，结果双方还未交手，被西藏地方贵族和朝廷钦差大臣互相勾连，委屈构和，赔款退兵，也为廓尔喀二次侵藏埋下隐患。

（二）廓尔喀再次入侵西藏

乾隆五十五年（1790年）八月十三日是乾隆帝八十寿诞，廓尔喀在与藏人私约中得到利益后，亦派使臣进京称臣纳贡并祝贺正旦日。当年十月，廓尔喀派人来藏按私约索要按年应给赎金

---

① 《钦定巴勒布纪略》卷一〇，乾隆五十三年十月乙丑。

② 《清高宗实录》卷一三一四，乾隆五十三年十月乙未。

③ 《清高宗实录》卷一三一四，乾隆五十三年十月乙未。

④ 《钦定巴勒布纪略》卷一六，乾隆五十四年正月庚子。

⑤ 《清高宗实录》卷一三二六，乾隆五十四年四月甲午。

300 银元宝，西藏地方怕暴露私下议和事，迟迟未敢兑现。廓尔喀一直相逼，达赖喇嘛亦想尽快私了此事。乾隆五十六年（1791 年）六月，西藏地方首席噶布伦丹津班珠尔、噶布伦札什端珠布尔以及驻防聂拉木的戴琫将结奉达赖喇嘛之命，以巡阅边兵为名赴扎什伦布（日喀则），应约在聂拉木冲堆与廓尔喀方面会谈交结银元事。廓尔喀方面早有准备，备兵千余人，趁藏方人员不备，发动突然袭击。丹津班珠尔指挥随员百余人奋力抵抗，终因双方力量悬殊，不敌。丹津班珠尔、札什端珠布、将结等西藏地方官员及僧俗 30 余人被拘俘，随员数十人遇害。廓尔喀挑起第二次侵藏严重事端。

七月初七日，廓尔喀借口“索债”，调兵分路开始侵入西藏。共分三路，西路由济咙入侵，指向宗喀；中路由聂拉木北上指向定日；东路由乌咙指向定结。廓军攻占济咙、萨迦，逼近日喀则。驻藏大臣保泰未做抵抗，于八月十六日匆忙将班禅移送前藏。仲巴呼图克图为首留守藏人闻廓尔喀军临近，纷纷逃遁，作鸟兽散，致使廓尔喀人迅速攻占扎什伦布寺。廓尔喀军兵对札布伦寺进行疯狂抢劫，金银佛像、供器藏品，连清廷赏赐六世班禅的金册均洗劫一空，甚至历代班禅灵塔上镶嵌的珍宝尽行挖空。保泰慑于廓尔喀兵威，欲将达赖喇嘛与班禅移住泰宁。达赖喇嘛认为移住必然引起前藏民众人心浮动，局势会更加混乱，予以回绝。

八月二十二日，乾隆帝在木兰围场突然接到廓尔喀复来侵扰的奏报，深感事态严重。于是将驻藏大臣保泰的奏折转递回京，转给理藩院左侍郎、当年赴藏处理藏务的钦差大臣巴忠阅看。巴忠自知瞒天过海的“纳款退兵”罪孽深重，于二十三日夜“投河淹毙”。事情完全暴露在乾隆帝面前 抗击廓尔喀侵藏一战已经不可避免。

由于交通不便，信息来源混乱不一，乾隆帝开始难以决断。但他意识到必须果断调兵遣将，尽快援藏抗敌，“总当痛加剿杀，使之闻风胆落，不可先存迁就，致留后患”[1]。首先想到的是两广总督福康安，“必须动兵时，即遣福康安前往办理”[2]。福康安系首席大学士、军机大臣领班、一等公傅恒之子，乾隆原配孝贤皇后之侄。“素娴军旅”，熟谙兵法，勇敢善战，军功卓著，堪与重任。为做好战前准备，九月中旬，令兵部就近从各省调拨白银 200 万两入川，交由署理四川总督、协办大学士孙士毅筹备军需支用。为加强援藏川军的实力，又选派 5 名乾清门侍卫从成都入藏为成德、鄂辉差遣，又调福康安堂兄、福建水师提督奎林为蒙古正红旗都统入藏操纵军务，随后即调两广总督福康安进京，准备统兵入藏。另谕署理四川总督孙士毅全力为援藏清军筹备军需粮饷，保障八千至万人大军的后方供给。

十月初六日，命军机大臣传谕鄂辉、成德、孙士毅等，对廓尔喀侵藏“必须慑以兵威，痛加歼戮，方可使之威惧，不敢再萌窥伺”[3]。并进一步明确进剿目的即保护达赖、班禅，保护黄教，保卫西藏。

十月二十六日，福康安抵京后，乾隆帝于十一月初二日即命其为将军（后又晋授大将军），令军功卓著的都统海兰察和福建水师提督奎林为参赞大臣，统军援藏。并挑选巴图鲁侍卫、军机章京百人随从听差。调勇敢善战的黑龙江索伦、达斡尔兵千名，归福康安调遣。另谕陕甘总督、驻西宁办事大臣为入藏官兵备马匹粮草等军需，署理四川总督孙士毅之前接谕后，提前即为万人大军备齐军需。

福康安没有选择由四川入藏，而由艰险难行的青海西宁入藏，以求尽快抵达西藏前线。十月

---

① 《钦定廓尔喀纪略》卷三，乾隆五十六年九月庚午。

② 《清高宗实录》卷一三六八，乾隆五十六年九月戊寅。

③ 《钦定廓尔喀纪略》卷四，乾隆五十六年十月戊寅。

图8 福康安像

初十日，福康安抵西宁，稍事休整后，于十二月初一即从西宁启程赴藏。一路轻骑简从，“随行官弁、跟役，不过三十余人”。时值隆冬，“冰坚雪厚”“石径崎岖”，福康安等人风餐露宿，日夜兼程，“每日寅初起程，行至戌刻”。进入高原地带，尽管人马困顿，福康安本人“冒寒患病”，军兵“头晕气喘”“肌肤浮肿”，被迫停息二日，然后仍疾行赶赴。乾隆五十七年（1792年）正月二十日，历经50天的困顿疾行，终于抵达拉萨。西宁至前藏路程远达4600余里，平日往来两地一般需要120多天。福康安一行重任在肩，负病疾行，除途中耽搁11天外，实际上只用了39天。至西藏后，他随即会见达赖喇嘛、班禅额尔德尼，宣谕圣恩，予以安抚嘉赞，以慰其心，取得达赖喇嘛等藏人支持。之后，藏人全力拥护朝廷征廓，不仅出人和牛马运输军需，还提供火药、铅丸、大炮、战马等。福康安立即着手了解廓尔喀二次侵藏缘由，并摸清敌情，廓尔喀“其地界东西约有数千里，南北亦不下一千数百里”①，且“强横善守”。福康安根据乾隆帝旨意，三月向廓尔喀发出通牒，指其入侵西藏，抢掠札木伦寺“实属罪大恶极，为覆载所不容”②，奉旨征讨，绝无说和。此时，廓尔喀毫无领罪之意，反而气焰嚣张，竟以增兵边境作为回复。闰四月初，廓尔喀国王正式回信，仍无领罪之意，轻慢福康安的通牒檄文，以为过往清军并未开战，予以轻视。

福康安深知，一旦开战，大军深入，军需马匹粮草、军械火器必须妥为保障。四月中旬，乾

① 《西藏事务·钦定廓尔喀纪略》卷二六，乾隆五十七年四月初三辛丑。

② （清）和琳、松筠:《卫藏通志》卷一三上《纪略上》。

隆帝特简副都统和琳抵藏，专为督办军需。在达赖喇嘛、班禅额尔德尼及西藏僧俗支持下，迅速筹备粮草火器。署理四川总督孙士毅亦全力督运四川军需进藏，逐站递运，滚动快速。在军需得以保障的前提下，福康安和海兰察（奎林病故于赴藏途中）确定对廓尔喀之战的主攻方向：从宗喀、济咙方向出战。

乾隆五十七年（1792 年）闰四月上旬，各路军马陆续抵达，万人大军全部集结。四月二十七日，福康安随即率 6000 将士自第哩浪古起程。五月初六日，大军抵宗喀南面的辖布基后，首攻要隘擦木。其地势险峻，两山夹一横山梁，山梁前后建两碉楼，周砌石墙，居高临下，易守难攻。清军架梯强攻，“全歼贼众”。初八日，大胜玛噶尔辖尔甲敌军。初十日，进攻济咙廓军官寨。其寨依山傍水建三碉一寺，地势险要。清军火攻梯登，冒雨强攻，奋勇杀敌。海兰察身先士卒，奋勇杀敌，所乘战马右腿中枪，“幸未颠蹶”。歼敌、生擒千余人，大获全胜，收复重镇济咙，扫除进军的障碍，打通了深入敌境的道路。另外，福康安遣成德领兵 3000，作为偏师，牵制廓军，由聂拉木进剿。待主路攻克济咙后，一起乘胜进军，合师阳布。主路大军稍做休整后，冒雪深入敌境，道路崎岖险峻，至热索桥。热索桥与济咙之间为西藏与廓尔喀的分界地，“为扼要之地”，“两崖高峻”，横架一独木桥，只能攀藤而过。守敌撤桥据三座碉楼固守，海兰察绕道上游，以木筏顺流，突袭敌军头层石卡。智取头层后，再夺里层石卡，于五月十五日夺取热索桥。清军顺利过河后，顺流艰难行军两日，深入廓尔喀境内一百六七十里。大军奋力克旺堆，取克堆，下东觉，在崇山峻岭、烟瘴之地，一路战伐，连续作战。尽管孙士毅、和琳、惠龄、鄂辉一路督运军需，但由于山路崎岖，全由藏民人力运输，军需补给难于接续，官兵面临伤病断食困境，但清军仍势不可挡。

六月十五日，福康安在达雍雅军营接廓尔喀国王五月二十八日的禀文，其将入侵西藏诿过已死的沙玛尔巴挑唆，并未俯首领罪。福康安立即回檄，历数廓方入侵之罪，言明大军攻伐阳布之前，必须俯首领罪，由王子率巴都尔萨野、玛木萨野、沙玛尔巴（福康安并不完全相信沙玛巴

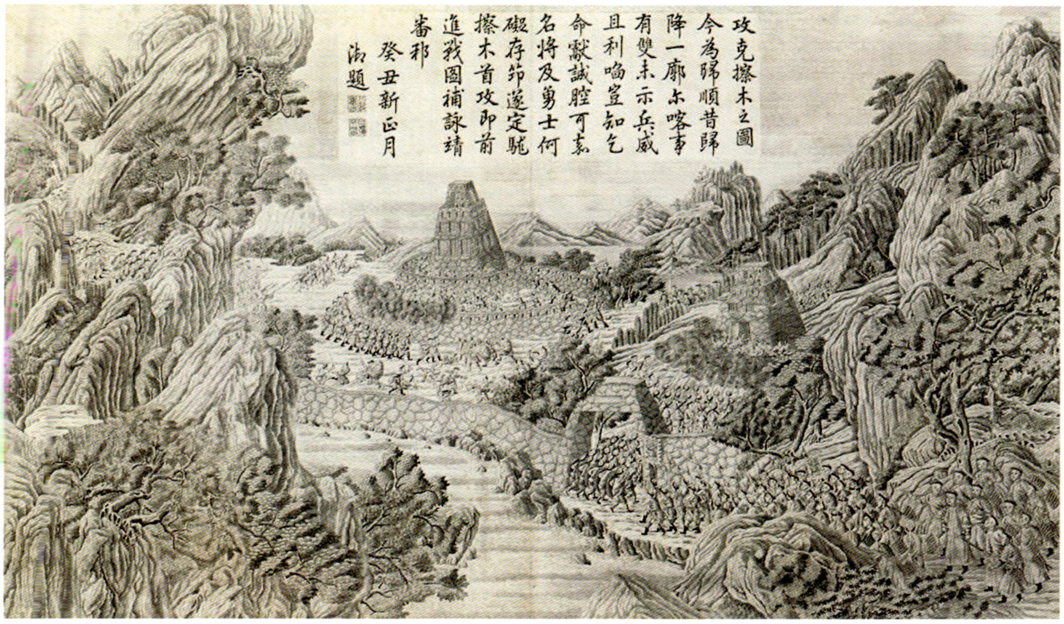

图 9　《平定廓尔喀战图》铜版画之“攻克擦木之图”

尔已死）至军营出降，并放回所拘俘的噶布伦丹津珠尔等藏方僧俗人等，方可奏闻皇上，赦免前罪。其时，成德所率清军攻下札木之后，一路夺寨攻卡，于六月十日已攻抵阳布东北的利底山梁。

廓尔喀国王听闻清军临近，避战到印度境内，由巴都尔萨野执政。接到福康安的檄文，执政的巴都尔萨野于六月十八日回禀，表示俯首领罪，听命福康安的吩咐。其时噶布伦丹津班珠尔一行被放回，与廓尔喀使者同至福康安军营。福康安在了解相关情况并权衡当时清军面临的困境，即又发一檄文交使者带回。明确提出，执政巴都尔萨野必须前来大营叩首谢罪，交验沙玛巴尔骨灰及门徒，归还所掠全部札木伦寺珍宝财物，交出纳款赎地密约，永不索银，撤兵投降。福康安随即将清军处境据实奏报朝廷，并明确若有可乘之机，仍即设法进兵，不敢坐失机会，等待皇上裁断。

七月初二日，福康安鉴于宗喀、通拉山口八九月即将大雪封山，决定继续进兵。清军连续作战，进至雍雅山，往攻噶拉山木城，由两侧攻山夺卡，中路突击，围困敌军。由于木城坚固，清军奋勇攻击时，侍卫墨尔根保、图尔岱、参将张占魁奋勇攀越攻城，不幸中枪身亡。克城毙敌300余，续进数十里至堆补木山口。其地有石卡、木城，清军奋力攻击克城。侍卫索多尔海、都司魏玉龙奋勇当先，中枪身亡。清军连续攻城，疲惫不堪。进至帕朗古河口，对面即甲尔古拉山。甲尔古拉山东连集木集山，连横七八十里，数十处木城、碉卡林立，为廓军重点防御战线，易守难攻。首先必须攻取河口桥梁，于是兵分两路，西路夺桥攻甲尔古拉山，东路由河口上游攻集木集山。西路强攻石卡，敌军欲撤桥退避南岸，清军奋勇夺桥，过河进击，侍卫阿满泰、屯备色丹巴奋勇当先，不幸中弹身亡。东路清军搭桥过河，攻击集木集山。两山相连，山势险峻陡峭。清军强攻，廓军居高临下，施放枪炮滚石。清军逆势强攻，不克，撤至北岸。甲尔古拉一战，尽管清军奋勇进击，终因守敌据险固守，清军损失惨重，损兵折将千人，为入境之后首次失利。

七月初八日，廓尔喀国王禀文送达大营，同意福康安檄文各款，唯表示其与巴都尔萨野畏惧不敢前来军营。七月十九日，福康安、海兰察、惠龄详细分析各方情况下，联署密奏，请求受降撤军。八月初八日，廓尔喀国王拉特纳巴都尔遣资深头人携禀文，转奏大皇帝，表示“伏地哀恳”，“天兵原来征讨，诛戮头目人众三四千人，攻得地方七八百里”，哀求为廓尔喀“开一线自新之路”。① 鉴于当时大雪即将封山，而官兵触染岚瘴伤病严重。福康安等会商后，据实密奏，不待皇上谕旨班师，即行起撤并知会成德一路即行自利底撤军。

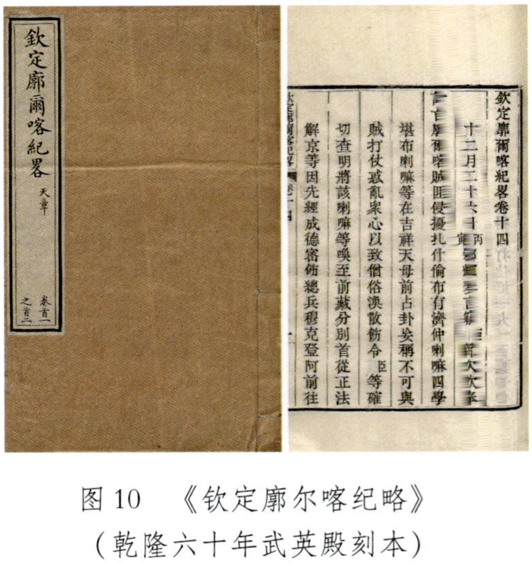

图 10　《钦定廓尔喀纪略》
（乾隆六十年武英殿刻本）

乾隆五十八年（1793年）正月初，廓尔喀使者抵京，呈进表文贡物，乾隆帝随即册封拉特纳巴都尔廓尔喀王爵。廓尔喀国王遣使五年一贡，双方往来贸易，边境安宁。

① 《钦定廓尔喀纪略》卷四二，乾隆五十七年九月癸丑。

图 11　《平定廓尔喀战图》册之“廓尔喀陪臣至京”

福康安等受命抗击廓尔喀入侵西藏，清军一路艰难苦战，深入廓尔喀境内七八百里，“七战七胜，贼人丧胆”①。进抵廓尔喀首都阳布仅数十里地，迫使廓尔喀纳款投降，完成使命。乾隆帝宣谕内外：“贼匪经此次兵威震慑帖服，不敢再萌故智，边境敉宁，或可保数十年无事。是趁此妥办收功，较之安南投诚入觐，尚为完善。”② 清廷抗击廓尔喀第二次入侵西藏，以廓尔喀彻底降服、清军班师撤军结束。

四　设置噶厦“政教合一”与《钦定藏内善后章程二十九条》

乾隆帝即位后，基本上延续清朝治藏传统，并不断在实践中进行改革。当时主政西藏的颇罗鼐历康熙、雍正两朝，对治理西藏和稳定西藏政局起了重要作用。清朝政府亦厚待颇罗鼐，从公爵、贝子、贝勒，直到加封郡王，乾隆帝一以贯之予以信任。乾隆四年（1739 年），颇罗鼐提出封其长子为镇国公，次子珠尔墨特那木札勒为袭郡王爵位，均予应允。但乾隆帝对于俗僧分权的矛盾已有预感，于是乾隆十一年（1746 年）即谕达赖喇嘛：“朕闻达赖喇嘛、郡王颇罗鼐，伊二人素不相合。但伊二人皆系彼处大人，原不可轩轻异视。”“务期地方宁谧”“持重妥协办理”。既是告诫，亦是期待。同时又给颇罗鼐一密敕：“达赖喇嘛系执掌阐扬西方佛教之人，尔系约事管理藏内人众之人，尔二人同心协力，以安地方。”“若尔二人稍有不合，以致地方不宁。”对于颇罗鼐多年“勉力报效，克副委任，朕所深信。是以并未明降谕旨，特手书此敕”。③ 也是告诫，亦是期待。所不同的一个是“明降谕旨”，一个是“特手书此敕”，对颇罗鼐寄予厚望，西藏地方事务成败关键在主持政务的颇罗鼐。

① 《清高宗实录》卷一四一四，乾隆五十七年十月戊辰。

② 《廓尔喀档》，台北故宫博物院，2006 年，第 382 页。

③ 《清高宗实录》卷二八，乾隆十一年十二月乙丑。

乾隆十二年（1747 年），颇罗鼐病逝，次子珠尔墨特那木札勒袭位执政，“广布私人，凡驻藏大臣一举动，辄侦逻之，禁邮递不得通，潜结准噶尔为外援，藏中有异己者，将尽诛之，势且延及达赖喇嘛，为雄长一方之计”①，既不服驻藏大臣的约束，又阴谋与准噶尔部勾结，图谋叛乱，为驻藏大臣傅清、帮办大臣拉布敦所察。乾隆十五年（1750 年）十月十三日，二人以“有旨议事”的名义②，将珠尔墨特诱至驻藏大臣衙门将其擒拿处死。其部属围攻驻藏大臣衙门，并放火焚衙，致傅清、拉布敦及藏汉满官员兵丁 128 人被害，并劫库银 8.5 万余两。七世达赖喇嘛在广大藏民的支持下，将珠尔墨特余党尽擒，叛乱平定。清廷随即派四川总督色楞、副都统班第等率兵入藏。

鉴于珠尔墨特因为有藏王称号而“拥势太重”③，所以至乾隆十五年（1750 年），经色楞、班第等与西藏上层人士会商，草拟《酌定西藏善后章程》，经乾隆帝批准颁行，核心内容是废除藏王制。十六年（1751 年），确立政教合一的噶厦体制（相当于西藏地方政府），即于驻藏大臣和达赖喇嘛之下，设四噶伦（三俗一僧，含一喇嘛噶伦）分理政务。四噶伦地位平等，互不统属。噶伦到噶厦轮值，负责处理日常地方政务，重要军政事务均要报达赖喇嘛、驻藏大臣会商办理，颁布政令，需钤用达赖喇嘛印信、钦差大臣关防，方可遵行。藏军分卫、藏两区，由代本指挥，负责维护治安，五名代本由清政府任命。地方官员按军事、政务、宗教分立，设第巴负责办理日常政务，由达赖喇嘛和驻藏大臣任命。达赖喇嘛对地方财政、赋税及寺庙堪布的人事任命有决定权。自此，达赖喇嘛由西藏地方的宗教领袖转而成为政治领袖。这样，西藏的噶厦即成“政教合一”的地方政权，彻底解决了和硕特蒙古贵族与西藏地方的权力之争。与此同时，提高驻藏大臣的地位和扩大驻大藏大臣的职权，强化中央政府对西藏的管辖和治理。

在一系列变乱之后，乾隆帝认识到“办理噶隆之人，权势不可使太专”④，“以西藏事必当众建而分其势”⑤，就是要削弱西藏俗僧总管西藏事务的权力，并提高驻藏大臣的职权。而且驻藏大臣的遴选十分重要。乾隆帝认为，如果驻藏大臣“前往居住，不过迁延岁月，冀图班满回京，是以藏中诸事，听任达赖喇嘛及噶布伦等率意径行”“是驻藏大臣竟成虚设”。⑥ 于是，乾隆帝先后派和琳、松筠等出任驻藏大臣，以示朝廷对西藏事务的重视。

廓尔喀人能很快深入后藏地区，充分暴露西藏地方政权的弱点和弊端，官吏贪污舞弊，兵备废弛。若不改弦更张，西藏政局就不能安定。清廷命福康安等会同西藏各方人士，筹议西藏善后章程。乾隆五十七年（1792 年），福安康、孙士毅、和琳等先后上《拟将钦颁金瓶在大昭寺内供奉事》《酌定额设藏兵及训练事宜六条折》《卫藏善后章程六条折》《西藏酌定鼓铸银钱章程折》等。经过先后多次会奏清廷，福康安等在乾隆帝批准的相关章程基础上，依据其主要条款汇编成《新订西藏章程二十九条》上报朝廷。于乾隆五十八年（1793 年）正式颁布《钦定藏内善后章程二十九条》。章程的主要内容为：

清政府掌握确定西藏各大活佛包括达赖喇嘛、班禅额尔德尼去世后转世灵童的大权。每逢一代达赖喇嘛、班禅额尔德尼和西藏各大转世活佛的转世灵童觅到时，即将灵童姓名缮写在签上，

① （清）福康安：《双忠祠碑记》，《卫藏通志》卷六《双忠祠》。
② 《清高宗实录》卷三七四，乾隆十五年十月丁丑。
③ 《清高宗实录》卷三八二，乾隆十六年二月癸酉。
④ 《清高宗实录》卷三七七，乾隆十五年十一月丁巳。
⑤ 《清高宗实录》卷三七七，乾隆十五年十一月丙辰。
⑥ （清）和琳、松筠：《卫藏通志》卷九《镇抚》。

图 12　清人绘《拉萨图》

纳入中央颁发的金瓶，由驻藏大臣会集有关大活佛，掣签确定（金瓶和签现在仍保存在拉萨）。转世灵童的剃发、取法名、选定受戒的师傅和授经的师傅，也都须经过驻藏大臣奏报朝廷核准。当举行达赖喇嘛、班禅额尔德尼的坐床和亲政典礼时，中央派大员亲临监视。

驻藏大臣代表中央政府督办藏内事务，地位与达赖喇嘛、班禅额尔德尼平等。噶伦以下（包括噶伦）都是属员。

对西藏文武官员确定品级、名额和升补手续。最高一级藏族官员有噶伦四名、代本六名，由中央任命。噶伦、代本的年俸由中央发给。

在西藏成立正规藏军，名额 3000 人，分驻前藏（拉萨）、后藏（日喀则）、江孜、定日。规定了军官等级、人数，军饷补给来源，武器配备，驻防地点。另外，从内地调驻西藏各地官兵 1400 多名。藏汉军队统由中央派驻的官员管辖。

决定在西藏照内地之例，设立铸钱局，铸造官钱行使，按照“银钱以重一钱、重五分两项搭配铸造”。银币正面、背面分别用汉藏文字铸“乾隆宝藏”字样。

前后藏所有租赋，均归达赖喇嘛、班禅额尔德尼收用，但达赖喇嘛、班禅额尔德尼每年的财务收支，要由驻藏大臣稽查总核。

西藏差役由全社会平均负担，禁止私用乌拉差役。贵族和大寺庙中实有劳绩可受优待免除差役者，须经过驻藏大臣及达赖喇嘛核准发给执照。

对来西藏贸易的尼泊尔、克什米尔商人要进行登记，造具名册，呈报驻藏大臣备案，由负责官员签发路证。凡外人要求到拉萨者，须听候驻藏大臣衙门审批。藏人出境至尼泊尔等地，由驻藏大臣签发路证，规定往返日期。

西藏西南部与印度、尼泊尔等国的边界上若干地点，设立国界标志，驻藏大臣每年出巡各地，检查驻军防务及界碑情况。

一切西藏涉外事宜均由驻藏大臣全权处理。噶伦不得与外方通信，达赖喇嘛、班禅额尔德尼接到外方信件、布施，俱报告驻藏大臣查验，并代为酌定回信。

对犯罪者的处罚，都要经过驻藏大臣审批。

《钦定藏内善后章程二十九条》是清朝中央政府管理西藏地方事务的法典，维护了国家对西藏的主权，明确了西藏地方政权的责权和义务。

综上所述，清朝前期为安定和经略西藏作出了不可磨灭的历史贡献。

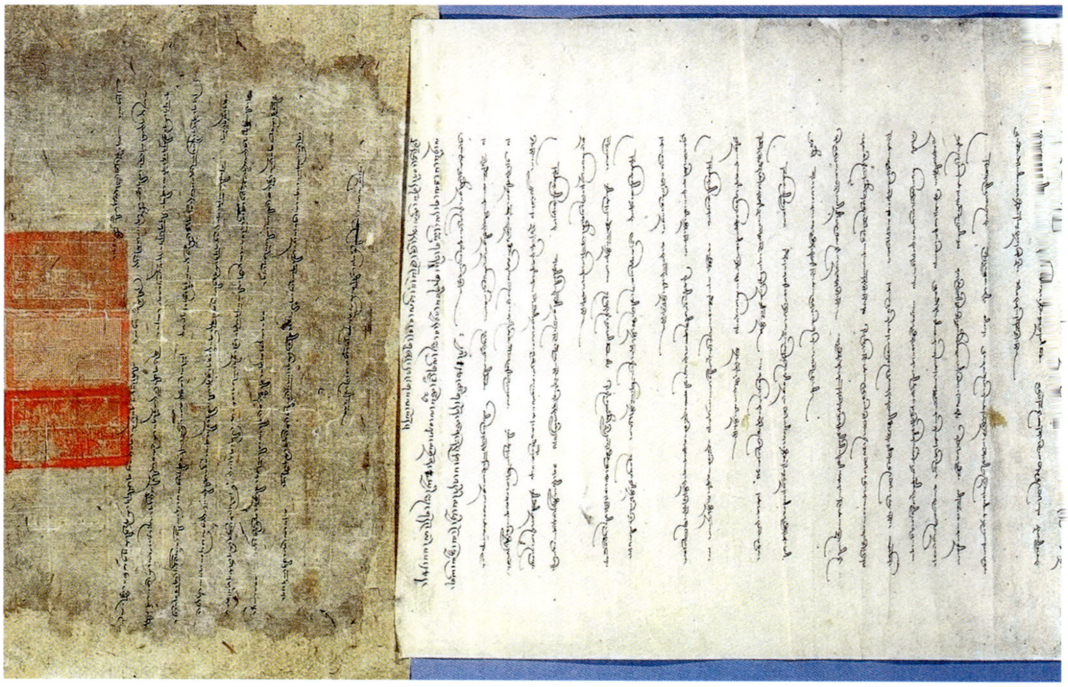

图 13　《钦定藏内善后章程二十九条》(藏文本)

(作者单位：故宫博物院、国家清史编纂委员会)

漠北喀尔喀游牧地变迁

姑茹玛

内容提要：本文利用满、蒙、汉文史料及舆图，对入清前的漠北喀尔喀蒙古游牧地变迁作一考查和梳理，认为16世纪20至40年代，漠北喀尔喀游牧地在克鲁伦河中游偏上一带。随着兀良哈万户的灭亡和瓦剌的西迁，其领地扩展到阿尔泰山、乌布苏湖附近。同时，察哈儿部及科尔沁、内喀尔喀部的南迁，其故地统统被漠北喀尔喀占据，到17世纪30年代，后者独自占据整个漠北地区。

关键词：漠北　喀尔喀　游牧地

喀尔喀①蒙古位于蒙古高原中部，系达延汗（1479—1516年在位）时期形成的游牧集团。关于漠北喀尔喀游牧地，目前主要有两种说法，一说在哈拉哈河②；另一说在杭爱山③。据蒙古国学者共果尔记载，格哷森扎时期的领地东起大兴安岭，西抵阿尔泰山，南邻大戈壁，北接俄罗斯。格哷森扎的长、次、六和幼子的牧地在杭爱山以西，第三子诺诺和在图拉河、额尔德尼召，四子阿敏在哈拉哈河流域，五子达崃在呼伦湖附近游牧。④ 目前我们还没找到漠北喀尔喀早期在哈拉哈河或杭爱山游牧的有力证据，故对此暂存质疑。

从目前已发现的记载来看，16世纪20年代，漠北喀尔喀的牧地在克鲁伦河流域。16世纪40年代，占领了兀良哈万户的故地，迁到蒙古高原中部。16世纪50年代之后，占据瓦剌的部分牧地，向西扩张到阿尔泰山。在向西、西北扩展的同时，在16世纪40年代之后占据蒙古大汗直属的察哈尔万户及科尔沁部的部分牧地。17世纪30年代，则拥有了蒙元时期东道诸王的领地，独自占据整个漠北地区。其领地"东至黑龙江呼伦贝尔城界，南至瀚海，西至阿尔泰山，与新

---

① 部落名，系蒙古达延汗（1473—1516年）庶幼子格哷森扎的封地。格哷森扎去世后，其七个儿子析产，形成北喀尔喀七和硕或鄂托克，称"漠北喀尔喀""北喀尔喀"（Aru qalq-a，或称"山阴喀尔喀"），俗称"外喀尔喀"。1691年，漠北喀尔喀投附清朝，成为外藩蒙古外扎萨克诸旗。16世纪末17世纪初，形成三个独立的游牧集团，分左右二翼，即右翼扎萨克图汗部、左翼土谢图汗部和车臣汗部。雍正三年（1725年）增设赛音诺颜部，称之为"清代喀尔喀四部"。

② ［日］和田清著，潘世宪译：《明代蒙古史论集》上册，商务印书馆，1980年，第376页；宫胁淳子：《最后的游牧帝国》，讲谈社，1995年，第97页；达力扎布：《明代漠南蒙古史研究》，内蒙古文化出版社，1997年，第131页；乌云毕力格：《十七世纪蒙古史论考》，内蒙古人民出版社，2009年，第210页；姑茹玛：《喀尔喀车臣汗部研究》，辽宁民族出版社，2016年，第11页。

③ （清）祁韵士等：《钦定外潘蒙古回部王公功绩表传》卷四五《传二九》，《文渊阁四库全书》本；张穆：《蒙古游牧记》卷七，同治祁氏刊本（李毓澍主编：《中国边疆丛书》，文海出版社，1965年）；（清）祁韵士、张穆：《皇朝藩部要略》卷之三，筠渌山房本；珠荣嘎译注：《阿勒坦汗传》，内蒙古人民出版社，1991年，第30页；［苏］H. П. 沙斯契娜：《〈沙喇图济〉——十七世纪的蒙古编年史》抄本（以下简称《大黄史》），莫斯科—列宁格勒，1957年，第96页。

④ ［蒙古］共果尔著，包金钢等转写：《喀尔喀史略》，内蒙古教育出版社，1990年，第235、242页。

疆伊犁东路界，北至俄罗斯界”①。

本文利用满、蒙、汉文史料及舆图，对入清前的漠北喀尔喀蒙古游牧地变迁作一考查和梳理，望批评指正。

一　占据兀良哈万户故地

15—16 世纪初，兀良哈万户住牧在今蒙古国肯特山、克鲁伦河、鄂嫩河上游地区。明嘉靖年间，蒙古大汗不地（1520—1547 年在位）、鄂尔多斯部吉囊、土默特部俺答等，先后六次征讨兀良哈万户，最终使其瓦解，部众被大汗直属的其他五个万户瓜分，牧地由漠北喀尔喀独自占据。

漠南蒙古的征讨始于嘉靖三年（1524 年），起因是兀良哈万户之“图类诺颜围攻库哩叶兀鲁斯”。库哩叶兀鲁斯指的是漠北喀尔喀或其统辖的一个部或百姓，其名应该与库里叶山密切相关。② 此山为清代车臣汗部右翼中左旗和右翼中前旗接界处③，位于今蒙古国肯特省南部。也就是说，当时库哩叶山一带是漠北喀尔喀的牧地。双方的首战在巴尔即河开战（位于约北纬 49°、东经 110—112°，清代车臣汗部西北境，今蒙古国肯特省北部）。④ 俺答等追至此地并“大有掳获”⑤，看来 16 世纪 20 年代巴尔即河流域由兀良哈万户统辖，而并非是漠北喀尔喀的领地。1696 年康熙帝亲征噶尔丹时，率中路军驻跸厄尔德尼托罗海山（约北纬 47. 4°，东经 111. 5°）西之库列图山⑥，此地距烟秃山（约北纬 47. 3°，东经 112°）西北 76 华里⑦。此库列图山应该指库里叶山，二者蒙古语义相同。

1531 年，俺答兄弟二人再征兀良哈。当时，兀良哈驻牧于布尔哈图罕山。布尔哈图罕山（约北纬 47. 3°，东经 106. 6°）《康熙皇舆全览图 · 色楞厄河图》《中国历史地图集》均记作“汗山”，今称之谓“汗博格多山”，即《蒙古秘史》中的“不儿罕合勒敦山”，位于今蒙古国乌兰巴托市南图拉河畔，南戈壁省东部。从这条记载来看，兀良哈人已失去了巴尔即河流域，到 16 世纪 30 年代已退到蒙古高原中部。在双方的交战中，兀良哈人溃败，俺答等人“平定兀良哈万户于卓尔噶勒山”，卓尔噶勒山位于图拉河之南，今蒙古国中央省西南部。《康熙皇舆全览图 · 色楞厄河图》中记作“主勒活儿山”（约北纬 46. 8°，东经 105°），《乾隆十三排内府舆图 · 七排西一》中作“卓尔郭尔阿林”（约北纬 47°，东经 106°），《中国历史地图集》记作“卓尔郭尔山”（约北纬 47°，东经 105. 8°）。尽管上述三者的记载相互稍有差异，但总的来讲，兀良哈万户不断西迁是毋庸置疑的。

---

① 前揭《蒙古游牧记》卷九。

② 赵尔巽等：《清史稿》“志五十三 · 地理二十五”，中华书局，1997 年。《蒙古游牧记》记作“库里彦山”。

③ 前揭《蒙古游牧记》卷九。

④ 谭其骧：《中国历史地图集》第八册，中国地图出版社，1982 年，第 55—56 页；《康熙皇舆全览图 · 黑龙江源图》记作“巴儿鸡河”。

⑤ 前揭《阿勒坦汗传》，第 30 页。

⑥ 《康熙皇舆全览图 · 黑龙江源图》记作“厄勒德泥拖罗灰”；《乾隆十三排内府舆图 · 七排西一》中作“额尔德呢托罗海”。

⑦ 《清代方略全集》第 23 册，北京图书馆出版社，2006 年。

因未能彻底消除兀良哈，1533年俺答兄弟二人“越杭盖罕山”，三征兀良哈，获得大量战利品凯旋。杭盖罕山并非指今蒙古境内的杭爱山脉，而是指阴山山脉之西段，亦称“狼山”①，位于约北纬41°，东经106—108°。双方具体交战之地不详，但可以猜测，当时的兀良哈已迁至狼山以北地区。此后，漠南蒙古封建主们击溃兀良哈万户则是1538年，大汗率直属的其他五个万户大举征讨，最终使其支解。历经六次征讨，强大的兀良哈万户溃灭，其属众则由蒙古大汗直属五个万户占有，牧地则统统被漠北喀尔喀占据，由格呼森札（1513—1548）及其子孙世代统辖。

这里还需要指出的是，漠北喀尔喀之主格呼森扎于1548年在“克鲁伦之布隆（Borong）地方”逝世。② 据《游牧记》载，“右翼中左旗南至布隆和特，接右翼中前旗界”，布隆和特即布隆城（或市）。再有，1696年康熙帝驻扎在离库列图山24公里外的“克鲁伦河之布隆”地方。③从以上记载来看，格呼森扎逝世的“布隆”，位于克鲁伦河之北岸，库哩叶山西24公里处，拖诺山（位于克鲁伦河北岸河曲处，约北纬47°，东经109.8°）东侧不远处。

综上所述，我们可知：一是16世纪20年代前，漠北喀尔喀的牧地在克鲁伦河中游偏上一带，即今肯特省南部（确切说是库哩叶山）以东地区。到16世纪40年代，漠北喀尔喀已占领兀良哈万户的故地，其核心在克鲁伦河“布隆”地方，即克鲁伦河向东北拐角后不远处；二是在俺答等人的六次征讨中，前三次，格呼森扎参与的可能性尚小，因其生于1513年，第三次征讨时才11岁。1538年的第四次征讨，《阿勒坦汗传》中明确记载“大汗率直属的其他五个万户”，也就是说此次战役中格呼森扎率军参加的可能性大。但其儿子们参与的可能性较小，当时其长子才9岁。后两次战役中，格呼森扎及其儿子们是否参与，目前没找到相关记载。

二　与瓦剌的争夺

占据蒙古高原中部地区后，漠北喀尔喀封建主们开始与西邻的瓦剌交战。瓦剌最初居住在八河地区（今叶尼塞河的八条支流地区）。15世纪中期，也先（1453—1454年在位）称帝后，其势力扩张到包括哈剌和林在内的蒙古高原中部地区。也先被杀后，瓦剌势力逐渐衰微，失去蒙古高原中部地区，向西迁至控奎河、扎布罕河（今蒙古国境内控奎河和扎布汉河，均发源于杭爱山，流入蒙古国西北部大盆地的吉尔吉斯湖）流域。16世纪前期，瓦剌继续向西迁徙，但仍占有哈剌和林以西，东起杭爱山西麓，西接额尔齐斯河，南接大漠，北到唐努山至叶尼塞河上游地区。但到16世纪中叶，瓦剌继续西迁，分成多个分支。其中，明阿特部驻牧于济勒满山；厄鲁特、巴阿图特驻牧在控奎河北之控奎罕山；八千辉特部领主玛尼明阿图在控奎、扎布罕之地；④玛尼明阿图之妻吉格肯阿噶在阿尔泰山奥达陶图木地方。

最早征讨瓦剌的也是漠南蒙古封建主。嘉靖三十七年（1558年），俺答汗第一次远征瓦剌，进军扎拉满罕山，降服了瓦剌之“中明安部”。扎拉满罕山位于今新疆哈密市东北百余里处，约北纬43—44°，东经94.5°。《康熙皇舆全览图·哈密图》中作“查拉马哈山”，《中国历史地图集》中记作“雅尔玛罕山”。俺答汗从此处越过库凯罕山，进攻瓦剌之厄鲁特、巴阿图特二部。

① 前揭《阿勒坦汗传》第33页，第49节作“六万户”。

② ［蒙］善巴：《阿萨喇克其史》，沙格德尔苏隆整理并影印出版，蒙古文，乌兰巴托，2002年，第53页下。

③ 前揭《清代方略全集》第5册。

④ （清）萨冈彻辰著，齐达拉图今译：《蒙古源流》，内蒙古人民出版社，1986年，第180—181页。

库凯罕山位于今蒙古国乌布苏省控奎河之北，约北纬 48 -49°，东经 94.2 -96°。此役中，俺答汗等虏获大量财富，又遣使与八千辉特部女领主折肯阿噶缔结姻亲关系。1568 年，俺答汗再度远征卫拉特，直趋阿尔泰山。由于已经结成姻亲，折肯阿噶等率其诸子部众来归。① 但俺答汗等人的征讨，并未深入瓦剌之腹地，只是些零散的征服和安置，其多数部众仍在原地驻牧。留居故地的瓦剌，成为虏漠北喀尔喀争战的目标。俺答汗等人第二次征服瓦剌的时间是 1568 年，漠北喀尔喀之阿巴泰汗（1554—1588 年）的征战事业从其“十四岁”开始的。也就是说，瓦剌被漠南蒙古征服之后（不排除阿巴泰参与 1568 年的战役，目前没有确凿的证据）阿巴泰才开始了其军事生涯的。关于其早期的征战，只以十四岁开始与敌征战，史书上只以“收服外敌，扶持诸兄弟”代过。② 目前史料记载较多的早期记录即是“库博克儿之战”。

1586 年，在库博克儿（今蒙古国科布多省达尔维苏木呼博格儿赛汉河），以漠北喀尔喀阿巴泰为首的封建主与瓦剌展开激战。关于此战，之前认为是漠北喀尔喀和瓦剌之间的一次战役。③ 但经研究，此次战役中漠南土默特部也参与。明朝万历前期辅臣申时行给时任宣大及山西总督郑洛（信中称“郑范溪”）的回信中提到：“罕哈为瓦剌所败，求救顺义，虏王将有西牧之举。”④ 郑洛于 1586 年晋升兵部尚书，从信中称其为“总督”来看，这封信应该是郑洛升任尚书之前写的。1587 年夏，应“罕哈”之求助，顺义王扯力克出兵，会同格呼森扎之孙阿巴泰等，在库博克儿大败瓦剌⑤，为“罕哈”报了仇⑥。“罕哈”指漠北喀尔喀，“扯力克”即俺答汗之孙，第三代顺义王。从血缘关系来讲，扯力克是阿巴泰侄子辈；从姻亲关系来看，阿巴泰的一位夫人是俺答汗的外孙女，即阿巴泰和扯力克为同辈。⑦

经漠南北封建主们的联合征伐，瓦剌被迫放弃了控奎、扎布罕河流域牧地，向南、西南方向迁徙。喀尔喀第一任扎萨克图汗赉瑚尔之从弟硕垒乌巴什珲台吉（俄文史料称阿勒坦汗）则趁机向唐努乌梁海地区扩张，占据吉尔吉斯湖、乌布苏湖、贝克穆河及萨颜岭一带，建立了和托辉特汗国，控制着喀尔喀西北地区，并与瓦剌展开多年的征战，曾一度奴役瓦剌。⑧ 直至 17 世纪 30 年代末，喀尔喀与瓦剌结束多年的战争，才实现了“永和平”。⑨

如上所述，16 世纪 50 年代，瓦剌已西迁至阿尔泰山，西北至控奎、扎布罕河一带，其杭爱山故地由漠北喀尔喀占据。至此，漠北喀尔喀牧地从格呼森扎时期的克鲁伦河中游偏上一带，扩展到了阿尔泰山，西北则直抵贝克穆河及萨颜岭一带，并控制着邻近地区和部族，其势力也空前强盛。

---

① 前揭《阿勒坦汗传》，第 87、89、92—94、96—98 节。

② 前揭《阿萨喇克其史》，第 52 页下。

③ 详见宝音德力根：《从阿巴岱汗和俺答汗的关系看喀尔喀早期历史的几个问题》（蒙古文），《内蒙古大学学报》1999 年第 1 期，第 86—87 页。

④ （明）申时行：《纶扉简牍》卷六《答郑范溪总督》，《四库禁毁书丛刊》集部 161 册，北京出版社，1997—1999 年，第 238 页。

⑤ （明）瞿九思：《万历武功录》卷之八，《扯力克列传》，中华书局，1962 年。

⑥ 中国第一历史档案馆、内蒙古大学蒙古学学院编：《清内阁蒙古堂档》第六卷，内蒙古人民出版社，2006 年，第 18 页。

⑦ 前揭《清内阁蒙古堂档》第六卷，第 50 页。

⑧ 曹永年：《蒙古民族通史》第三卷，内蒙古大学出版社，1991 年，第 357 页。［英］约・弗・巴德利著，吴持哲、吴有刚译，胡钟达校：《俄国・蒙古・中国》，商务印书馆，1981 年，第 987 页。

⑨ ［苏］兹拉特金主编，戈利曼、斯列萨尔丘克著，巴曼丽、胡尚哲译：《俄蒙关系历史档案文献集》上册，兰州大学出版社，2014 年，第 45 页。

三 占据察哈儿及东道诸王牧地

众所周知，成吉思汗诸弟东道诸王兀鲁思的牧地在蒙古高原东部以及大兴安岭以东嫩江流域。其中，呼伦湖、海拉儿河下游、额尔古纳河右岸地区，是合撒儿的牧地；斡赤斤的领地是额尔古纳河左岸，海拉儿河上游，根河、得尔布尔河流域，西南至哈拉哈河，东接兴安岭。别里古台的领地在克鲁伦河、斡难两河中游和浯勒扎河流域。合赤温后裔的领地在贝尔湖以南、包括合兰真沙陀、兀鲁回河流域。① 明代，元廷北徙，自昭宗（1370—1378 年在位）直至 16 世纪 20－30 年代南迁为止，哈拉哈河以西、克鲁伦河中下游地区是蒙古大汗宫帐及其所属察哈尔部的游牧地。② 也就是说，蒙古大汗迁至漠北地区，与东道诸王后裔诸部一起游牧。明嘉靖中期，察哈尔等左翼诸部南迁后，漠北喀尔喀迅速占领其牧地，其东边至呼伦贝尔，东北边则直接与布里亚特巴尔虎等部接壤。

嘉靖二十五年（1546 年）左右，察哈尔等左翼部落越大兴安岭南下，至嘉靖末年大体完成。③ 但据嘉靖三十一年（1552 年）成书的《皇明北虏考》记载，明正德年间（1506—1521 年），小王子（指达延汗）大部营有五个："曰好陈察罕儿，曰召阿儿，曰把郎阿儿，曰克失旦，曰卜尔报'，共有五万人，这是蒙古大汗所属的察哈儿万户之构成部族。察哈儿东有"冈留、罕哈、尔填"三部。"冈留部营三，其酋满会王。罕哈部营三，其酋猛可不郎。尔填部营一，其酋可都留。三部可六万人，居沙漠东偏，与朵颜为邻"④。从这里看，察哈儿等左翼诸部，早在正德年间就已开始南迁。但据《阿勒坦汗传》记载，1538 年兀良哈人"逼近掠不地汗属众"，当时的大汗宫仍在漠北地区。到 1546 年，不地汗才收服三卫，迁至潢水之北，"西南犯蓟门，东北犯辽左"⑤。随蒙古大汗南下的还有喀尔喀左翼和科尔沁的主体。这是左翼诸部第一次大规模的南迁。那么第二次则是很清晰，约 17 世纪二三十年代。随着女真人的统一和兼并，东道诸王后裔所属的阿噜蒙古各部纷纷南下，越过大兴安岭，投附了后金国。⑥

这里暂且不讨论察哈儿等部南迁和投附的具体时间，主要是他们南迁之后，其故地何去何从。明清史料中一般只记上述部落南迁后与明朝发生的事情，漠北地区的情况几乎未曾涉及。蒙古文史书对此事也是语焉不详，即便提到也非常模糊，且多数都是追述记载。其中最早的记录应当是 1662 年前形成的《大黄史》，书中称喀尔喀万户驻牧在杭爱罕山（即杭爱山）。17 世纪初成书的《阿勒坦汗传》则称，漠北喀尔喀土谢图汗部始祖阿巴泰驻牧于杭爱罕山。此后形成的蒙、汉文史料均采用这一说法。如《王公表传》记载："元太祖十五世孙达延车臣汗，游牧瀚海北杭爱山界。子十一，格哷森扎扎赉尔珲台吉其季子……独所部号喀尔喀，留故土，析众万

① 玉芝：《蒙元东道诸王及其后裔所属部众历史研究》，内蒙古大学博士学位论文，2006 年。

② 前揭《明代漠南蒙古史研究》，第 77—129 页。

③ 前揭《明代漠南蒙古史研究》，第 77—129 页。

④ 郑晓：《皇明北虏考》，《明代蒙古汉籍史料汇编》第一辑，内蒙古大学出版社，2000 年，第 211 页。

⑤ 冯瑗：《开原图说》，《明代蒙古汉籍史料汇编》第二辑，内蒙古大学出版社，2006 年，第 473 页。1629 年前后成书的《武备志》称："打来孙于嘉靖三十年间举部东移，1577 年收服三卫。"前揭《明代蒙古汉籍史料汇编》第二辑，第 554 页。

⑥ 游牧于大兴安岭以北、以西、呼伦贝尔草原直到克鲁伦河下游一带的成吉思汗诸弟后裔所属部落统称，包括阿巴嘎、阿巴哈纳尔、阿噜科尔沁、四子部、茂明安、乌拉特翁牛特、哈喇车里克等。

余，为七旗，授予七人领之。”《蒙古游牧记》的记载如同①。这里与本文有关的信息有两个：一是达延汗的牧地在瀚海之北杭爱山；二是其季子守护故土。“瀚海之北”无须解释，即大漠之北，“杭爱山”有误，应为克鲁伦河。“故土”，达延汗的故土即其游牧地在克鲁伦河中下游地区。从这里看的话，格哷森扎是占据其父达延汗的故地，即克鲁伦河中下游地区。待阿噜诸部南迁后又兼并了其部分属民和领地，牧地扩张到呼伦贝尔以西、额尔古纳河流域。

总之，16 世纪 40—60 年代，漠北喀尔喀已占据了南迁的蒙古大汗、科尔沁、喀尔喀左翼以及东道诸王后裔的部分牧地。到 17 世纪 30 年代，漠北喀尔喀的游牧地基本定形：东起呼伦贝尔，西抵阿尔泰山，北至俄罗斯界，南抵大漠，“东西延袤五千里，南北三千里”。其中，右翼在杭爱山东西麓，其所辖和托辉特汗国在库布苏勒湖到乌布苏湖一带的广袤地区。左翼土谢图汗部在中部，图拉河流域；车臣汗部在克鲁伦河、哈拉哈河、呼伦湖附近。

四 游牧地的收缩

喀尔喀西北、东北以及北部均接沙皇俄国。据《西伯利亚民族志》一书记载，色楞格河右支奇科伊河一带为蒙古人游牧区的北部边界；色楞格河左支治达河一带也曾见过蒙古人。‘但由于不存在明确的边界，所以某些情况下，看来他们还可能到过更北的地区”②。喀尔喀与俄国之间没有明确的边界，因而俄国向西伯利亚进军时，在克穆齐克河、乌布苏湖以及外贝加尔地区均遇到过蒙古人。这些蒙古人，或是漠北喀尔喀的臣民，或是克什季姆人（承担纳贡义务的布里亚特等人）。

目前我们还无法断定喀尔喀北界，有人说是 17 世纪 20 年代，游牧在贝加尔湖周围的布里亚特等部落隶属喀尔喀土谢图汗、车臣汗部管辖。③ 关键是俄国人在东进的过程中不断建立多座战略城堡，这些城堡或是建在喀尔喀领地之上，或是无人问津或没有明确隶属关系的地域。我们在相关史料中发现，明确抗议其在领地上建城堡是土谢图汗察珲多尔济。1666 年，即色楞格斯克城建成一年后，蒙古方面派一名贵族前往莫斯科，抗议沙俄在“该部领地上非法建立色楞格斯克城”，此次派人到莫斯科申诉的主使者是土谢图汗察珲多尔济，充当使臣的蒙古贵族是赛音诺颜部祖图门肯昆都楞之十三子昆都楞博硕克图。④ 还有学者认为察珲多尔济同其弟西第什里巴图尔台吉一同于 1672 年首次遣使到莫斯科，申诉沙俄在其领地建堡寨。⑤ 喀尔喀左翼两个汗部经常围攻这些战略要塞，俄蒙间的冲突不断升级，直到准噶尔的侵入。

康熙二十七年（1688 年）喀尔喀—准噶尔战争后，喀尔喀全境溃败，南迁寻求清廷的庇护。当时，土谢图汗部在乌拉特部界外；车臣汗部十万户则在乌珠穆沁旗北部沿边一带；右翼扎萨克

---

① （清）祁韵士等：《钦定外藩蒙古回部王公功绩表传》卷四五《传第二十九》，《文渊阁四库全书》本，前揭《中国边疆丛书》影印本卷之七。

② ［苏］沙斯季娜著，北京师范大学外语系七三级工农兵学员、教师译：《十七世纪俄蒙通使关系》，商务印书馆，1977 年，第 54 页。

③ 《沙俄侵略我国蒙古地区简史》，内蒙古人民出版社，1979 年，第 26 页。

④ 前揭《沙俄侵略我国蒙古地区简史》，第 27 页。

⑤ 前揭《十七世纪俄蒙通使关系》，第 103 页。

图汗部被安置在归化城土默特界内。① 1697 年，清廷令喀尔喀三部回牧漠北原牧地。新游牧地的范围，就如张穆《蒙古游牧记》中所描述的那些地方。扎萨克图汗部在喀尔喀西部，阿尔泰山东麓，“直宁夏边外漠北，至京师四千余里，东界翁锦锡尔哈勒珠特，接赛音诺颜部。西界喀喇乌苏额埒克诺尔，接科布多。南接阿尔察喀喇托辉，逾瀚海，接额济纳旗及镇西府。北界特斯河，接唐努乌梁海”。土谢图汗部在喀尔喀中部，图拉河流域，“直大同边外漠北，至京师二千八百余里。东界肯特山，接车臣汗旗部；南界瀚海；西界翁金河，接赛音诺颜部；北界库楚河，接俄罗斯界”。雍正三年（1725 年）分出的赛音诺颜部在土谢图汗部西侧，“至京师三千余里。东界博罗布尔哈苏多欢，接土谢图汗部。南界齐齐尔里克，逾瀚海，接乌拉特阿拉善额济纳诸旗。西界库勒萨雅字郭尔额金岭。北接扎萨克图汗部”。车臣汗部位于喀尔喀东部，克鲁伦河流域，“直古北口边外漠北。至京师三千五百里。东界额尔德尼陀罗海，接黑龙江呼伦贝尔城。南界塔尔滚柴达木，逾瀚海接浩齐特、阿巴噶、阿巴哈纳尔诸部。西界察罕齐老图，北界温都尔罕，接俄罗斯边喀”。②

综上所述，16 世纪 20 至 40 年代，漠北喀尔喀游牧地在克鲁伦河中游偏上一带，即该河向东北拐弯附近。随着兀良哈万户的灭亡和瓦剌的西迁，其领地扩展到阿尔泰山、乌布苏湖附近。同时，随着蒙古大汗所属的察哈儿部及科尔沁、内喀尔喀部的南迁，尤其是东道诸王后裔诸部的南迁，其故地统统被漠北喀尔喀占据。到 17 世纪 30 年代，独自占据整个漠北地区，从呼伦贝尔到阿尔泰山，从俄国到瀚海，横跨欧亚大陆，从一个部发展成为一个强大的汗国，在俄清、俄蒙、满蒙关系中都起到不可忽视的作用，同时对今天的蒙古国版图的形成以及喀尔喀部族的构成，都有着深远的影响。

（作者单位：内蒙古大学蒙古学研究中心）

---

① 《钦定外潘蒙古回部王公功绩表传》卷四五《传第二九》、卷六〇《传第五十三》、卷六一《传第四十五》、卷五四《传第三十八》。

② 前揭《蒙古游牧记》卷七、八、九、十。

乾隆时期官方史观的确立

——关于清代文化治策的探索[①]

陈连营

内容提要： 乾隆时期，清王朝已确立全国统治近百年，特别是经过康熙、雍正二帝数十年的励精图治，统一的多民族国家最终形成，政局稳定，社会经济不断发展，从而为确立清代官方历史认知奠定了物质基础。系统接受中国传统历史文化熏陶的乾隆帝，在继承父祖开创的大一统政权的前提下，在"于凡正统偏安、天命人心系属存亡，必公必平，惟严惟谨，而无所容心曲徇于其间"的思想指导下，开展一系列确立官方史观的文化活动，从而确立了乾隆朝，乃至整个清王朝的官方史观。

关键词： 乾隆时期　大一统　官方史观

在中国历史上，任何一个新王朝的建立都面临着寻找合法性和确立自己历史认知的过程。整理和编纂前代历史，既是汲取前代统治经验教训的需要，更是确立自身政权合法性的政治需求，因而受到历代统治阶级的重视。清朝是满族贵族建立的少数民族政权，作为政治、经济、文化发展水平都相对落后的少数民族政权，不仅面临着迅速提高其政治文化素养的问题，更面临其政权合法性问题。因此，清前期的统治者都在强调儒学的独尊地位，强调满汉一家，重视《明史》编纂，确立自己的历史认知，甚至不惜屡兴文字狱案，以消除汉族知识精英的反满意识。

乾隆年间，经过康熙、雍正二帝数十年的励精图治，统一的多民族国家最终形成，清王朝政局相对稳定，社会经济不断发展，从而为确立清代官方历史认知奠定了物质基础。系统接受中国传统历史文化熏陶的乾隆帝，在继承父祖开创的大一统政权的前提下，开展了一系列确立官方史观的文化举措。在"于凡正统偏安、天命人心系属存亡，必公必平，惟严惟谨，而无所容心曲徇于其间"的思想指导下，[②] 不断敕令编修各类历史专书，[③] 收缴销毁、抽改存在"违碍"文字的历史著作和其他文献，并通过系列案件严惩收藏明季"违碍"书籍的行为，还创造性地设立《贰臣传》，大力表彰明季殉难诸臣、明靖难之变殉节诸臣等等，从而确立了乾隆朝，乃至整个清王朝的官方史观。

---

① 本文得到故宫博物院"英才计划"和北京故宫文物保护基金会学术故宫万科公益基金会专项经费资助。

② 《御批通鉴辑览序》。

③ 黄爱平：《清乾隆朝官修史书考论》，《安徽史学》2016 年第 3 期。另参考王记录：《清代史馆与清代政治》附录《清代史馆所修史籍表》，人民出版社，2009 年。

一　《明纪纲目》的编纂，明天统，正人纪

乾隆帝非常关注历经数十年的《明史》编纂工作，曾写下《御制读明史》诗文，称自己“几余何所乐，弓史案头横。稽古征文献，诠时验治平。百年民物盛，一代纪纲呈。抚卷增乾惕，还垂殷鉴明”。[①] 早在乾隆元年（1736 年）六月，历时数十年的《明史》编纂工作即将完成，乾隆帝就开始关注其中存在的历史认知不清晰问题。如明建文帝无谥号问题，“不系之以谥而称曰建文皇帝，此俗称，非史体也，传之后世，殊为阙典”[②]，要求大学士九卿会议确拟具奏，待其亲加裁定。后予谥号为恭闵惠皇帝。

乾隆四年（1739 年）七月，《明史》刊校告竣，阁臣重提《明史》仿《通鉴纲目》之例编年纂辑成书（即《明史纲目》）的前约，乾隆帝随即于八月初七日降下谕旨：“编年纪事之体，昉自《春秋》，宋司马光汇前代诸史为《资治通鉴》，年经月纬，事实详明，朱子因之成《通鉴纲目》，书法谨严，得圣人褒贬是非之义，后人续修宋元纲目，上继紫阳，与正史纪传相为表里，便于检阅，洵不可少之书也。今武英殿刊刻《明史》将次告竣，应仿朱子义例编纂《明纪纲目》传示来兹，著开列满汉大臣职名，候朕酌派总裁官，董率其事，其慎简儒臣以任分修，及开馆编辑事宜，大学士详议具奏。”[③] 敕令以大学士鄂尔泰、张廷玉为总裁官，大学士赵国麟、户部尚书陈德华、刑部尚书尹继善、兵部尚书杨超曾为副总裁官，拣派翰林官员分任纂修、提调、收掌职能，并招聘誊录、供事人员，[④] 组成纂修《明纪纲目》班子，启动纂修工作。

乾隆六年（1741 年）三月，为加强编纂力量，又以署刑部右侍郎内阁学士周学健、原任詹事府詹事李绂充《明史纲目》馆副总裁。乾隆七年（1742 年）七月，《明史纲目》编纂工作进入收尾阶段，但副总裁周学健提出了一个重要的纪年问题：明祖起兵濠梁，定鼎江东，颁定官制，设科取士，详考律令诸政，皆在未即位以前，而《续纲目》所修元顺帝纪，于明兴诸事不核不白，今《明纪纲目》既始自洪武元年，若于分注之下补叙前事，不特累幅难尽，且目之所载，与纲不符，于编年之体未协，若竟略而不叙，则故明开国创垂之制缺然，而自洪武元年以后，一切治政事迹，皆突出无根，亦大非春秋先事起例之义。因此建议以元顺帝至正二十八年为洪武元年（1368 年）。而大学士、《明史纲目》馆总裁官鄂尔泰等认为：明太祖洪武元年正月称帝，而此时元顺帝尚在大都，至闰七月丙寅，徐达率师抵通州，顺帝始奔沙漠，所以闰七月以前仍宜大书至正二十八年，而明太祖元年则断自是年八月始。况且，现在依据母本《通鉴纲目续编》系圣祖仁皇帝御批，颁行宇内敬谨共遵，何容擅改？其三，周学健以明太祖比照汉高祖刘邦本纪例，而汉高当义帝立一年即楚汉争雄，《纲目》自应并著，若明祖，始从郭子兴为镇抚，为总守，皆子兴所命，直至至正二十七年，韩林儿卒，始称吴元年，前此皆用林儿年号，何得分注于至正年号之下乎？因此建议：将元至正十五年，明祖起兵以后，迄至正二十八年，元顺帝未奔沙漠以前，另为前纪，仍以至正编年，至二十八年闰七月止，列于今所修《纲目》，明太祖洪武元年八月之前，其称名，称吴国公，称吴王，悉仿朱子书汉高例，随时递书，则一代开基之事

① 《明纪纲目》卷首。

② 《乾隆帝起居注》，乾隆元年六月初八日辛未。

③ 《乾隆朝上谕档》，乾隆四年七月十九日、八月初七日；《清高宗实录》卷九八，乾隆四年八月辛巳。

④ 《清高宗实录》卷九九，乾隆四年八月甲午。

实既详，千古君臣之名义亦正，似于传世立教之意更为慎重。获得采纳。①

十一月，《明史纲目》稿本开始陆续恭进御览，大学士鄂尔泰等将明纪事自元至正十五年起，迄二十八年闰七月止的《明史前纪》二卷呈览，称：“以前纪之作，虽为明祖追叙，以著王业所由，实亦与《续纲目》并行，以补元纪之缺，事可参观，义须互见。兹于分书事迹，一一详核，行文用追叙体，总称明祖，若其始为大元帅及自立为吴国公，大书皆从僭号之例，以其时元季玉步未改，天王正朔有归，明虽兴王，何逃名分，盖既别为一书，则体例无嫌分变，而不恕其僭号，则褒辞弥见大公。”同时指出：“自洪武元年以后，《纲目》正文，事关胜国遗踪，盛朝殷鉴，凡主德之隆替，国是之善败，物力之衰旺，民风士习之淳漓，纪载并务详明，褒贬尤宜矜重。臣等虽裁取众长，虚心檃括，而体追笔削，自信良难。惟我皇上远绍经心，夙精史鉴，增损予夺，随宜训示，俾得以次酌改，统归至当，用成完书，垂示无极。又史氏之疏，不惟挂漏，或冗或复，所在有之，故有一事当分见数条者，有数事当并入一条者，有后事当豫为立案者，有前事当从后追叙者，是必统观全书乃可施以别择，臣等于陆续进呈稿本之外，倘有所见，另折奏闻。”乾隆帝此时还比较谦虚，批道：“朕材谢知古，学未通经，当此史笔之公，实恐目光之炫。至明祖前纪体例，诸卿所见，与朕意同。盖大君臣子，名分不可逃于天地间，僭号兴亡，予夺严乎辞语内，敢曰继春秋之翼道，于此昭来兹之鉴观，我君臣其共勉之。”② 但是谦虚归谦虚，王朝更替之际的纪年问题开始受到他的重视。

乾隆十一年（1746 年）闰三月，《明史纲目》告成，在馆人员获得议叙。在此可以得知参与人员包括：张廷玉、王会汾、尹继善、周学健、李绂，以及陈德华、周长发、汪由敦、齐召楠、宋楠、鹤年、杨椿、张映斗、朱荃、朱佩莲、栢谦、章恺、董邦达、沈德潜、胡中藻、闻棠、夏之蓉、裘曰修、陈兆仑等。③ 在乾隆帝御制序言中，开始明确其历史观点：编年之书必以朱子《通鉴纲目》为准，“明天统，正人纪，昭监戒，著几微，得《春秋》大居正之意”。他指出，朱子《通鉴纲目》义指正大，条理精密，后儒有所依据，踵而续之，由宋迄元，厘然方策。而《明史》成于百年之后，存在记载失实问题，因此有命儒臣法朱子《通鉴纲目》义例，编纂《明史纲目》之举，且自信“虽于天人一贯之精微未之能尽，而惟是谨严之义，守而弗失，简正之旨，志而必勉”。④ 他在所做十二首《明史纲目书成有述》诗序中更自信说：“天下后世之公论，于是乎在。”乾隆帝在该诗自注中，也表明了三点基本认识：其一，清朝是代明平李自成之乱而有天下，得国最正；其二，明实亡于万历之惰于为政，及天启之暗，不尽崇祯之罪。其三，《春秋》以后少信史，而《明史纲目》坚持史书编纂的客观性，即所谓“唯善者善之，恶者恶之，因物付物，不敢以己意好恶为褒贬”。⑤

此后几年，由于专注于《大清会典》《国朝宫史》《续文献通考》《皇舆西域图志》《国语解》《同文韵统》等诸多敕修图书的编纂工作，暂时放弃了对历代史书“各私其君”陋习的批判。

---

① 《清高宗实录》卷一七〇，乾隆七年七月庚申。

② 《清高宗实录》卷一七八，乾隆七年十一月丙辰朔。

③ 《乾隆帝起居注》，乾隆十一年闰三月二十一日丁巳。

④ （清）弘历：《御制文初集》卷一〇，《明史纲目序》。另见《清高宗实录》卷二六三，乾隆十一年闰三月丁巳。清刻本《明史纲目序》：乾隆十一年夏四月朔御制并书。

⑤ （清）弘历：《御制诗初集》卷三一。

二　御批《通鉴辑览》的编纂，统一历史认知

其实，自《明纪纲目》完成后，乾隆帝也没有完全放弃对历史问题的探究和修正。如乾隆二十三年（1758 年）对自己早年文集《乐善堂全集》的收缴改订等。当年六月初，乾隆帝即以“初刻所存卷帙頗繁，其中多有不甚惬心之句”为名，令内廷诸臣悉心校阅《乐善堂全集》，删改后即目前所见《乐善堂全集定本》。

根据晏爱红先生的研究，此次删除内容包括：居藩时写给鄂尔泰、张廷玉、朱轼、蔡世远等师傅们的存在溢美之词或有政治理念冲突的序文；赞颂所谓祥瑞如《河清颂》之类的文章；涉及“华夷之别”等敏感问题的文章等。如《拟苏武答李陵书》一文借苏武之口，指责李陵苟且偷生：“岂堂堂天汉而为负德之事哉?”《隋文帝论》批评隋文帝“宽厚不足而刻薄有余，不整大纲而急于小节，身代有司之事，不以诚信待人”；《东方朔论》批评汉武帝“穷兵黩武，兴利喜功，言利之臣列于天下，酷暴之吏满于天下”；《读欧阳文忠公集》赞扬了欧阳修的道德文章和政治上的功绩：“宋兴七十余年，始有欧阳氏出，以通经学古为要，以济时行道为己任，以犯颜敢谏不愧其言为忠，而其文则以起五代之衰，上追韩愈，而功与相埒，宋之历年有永与汉唐并称，所谓关乎国家之气运，岂虚语哉?”《书李绛传后》更断言中唐时期著名宰相李绛“之进退，关于国运”。① 这些都存在评价偏颇绝对之处，与已执政多年的乾隆帝的政治理念也存在冲突，故予删除。②

大约自乾隆二十四年（1759 年）始，乾隆帝即对其祖父康熙帝御批《资治通鉴纲目》“无所笔削”表达不满。乾隆帝认为，御批《资治通鉴纲目》“全书篇幅虽多，而议论乃什倍于事实，即如前编之中，总论、史论、音释、辨疑、考证纷不一家，正编之中凡例、发明、书法、考异、集览、考证、正误、质实，滥觞益甚。至于续编之作，成于有明诸臣，其时周礼沿尹起莘例作发明，而广义则出于张时泰，效刘友益书法而为之者”，因而存在严重的“书法”问题：历朝兴革，正统偏安之际，不能得执中之论，且以本朝之臣而纪其开国之事，存在颂扬本朝而贬低胜国的情况。为尽去历朝臣各私其君之习，而归之正，于凡正统偏安，天命人心，系属存亡，必公必平，惟严惟谨，而无所容心曲徇于其间，使“观是书者，凛天命之无常，知统系之应守，则所以教万世之为君者，即所以教万世之为臣者也”。③ 因而有御批《通鉴辑览》的编纂。

《通鉴辑览》编纂工作历时八年，于乾隆三十二年（1767 年）基本完成。期间乾隆帝亲自审读，对敏感的历史问题做出裁决，“凡立纲书法，褒贬攸关，仰蒙睿鉴精详，折衷至当，大义炳然。如贾充褚渊等之书死，狄仁杰之书周，唐肃宗之书太子，徐寿辉之书害，并以变文示义，特笔所垂，发千古未发之隐，洵足微显阐幽，永彰法戒”。比如，乾隆三十一年（1766 年）五月二十六日，他读到国史馆进呈新纂《洪承畴传》，于明唐王朱聿钊加以伪字，认为“于义未为允协”“明至崇祯十七年三月其治统已亡，然而福王在江宁，尚与宋南渡相仿佛，即唐桂诸王转徙闽滇，苟延一线，亦与宋帝昰帝昺之播迁海峤有异，且唐王等皆明室子孙，其封号亦其先世相承，非若异姓僭窃，及草贼拥立一朱姓以为号召者可比，固不必概从贬斥”。为此他发表一番评

① （清）弘历：《乐善堂全集》初刻本，卷十、卷五、卷九。

② 晏爱红：《乾隆〈乐善堂全集〉版本改订考》，《清史研究》2005 年第 2 期。

③ 《文渊阁四库全书》本《御批通鉴辑览》卷首。

论："当国家戡定之初，于不顺命者自当斥之曰伪，以一耳目而齐心志。今承平百有余年，纂辑一代国史，传信天下万世，一字所系，予夺攸分，必当衷于至是，以昭史法。"又于宋末帝的评价问题："元兵既入临安，帝㬎身为俘虏，宋社既屋，统系即亡，昰昺二王窜居穷海，残喘仅存，并不得比于绍兴偏安之局，乃《续纲目》尚以景炎祥兴大书纪年，曲徇不公，于史例亦未当，因特加厘正，批示大旨，使名分秩然，用垂炯戒。若明之唐王桂王，于昰昺亦复何异？设竟以为伪，则又所谓矫枉过正，弗协事理之平。"他还举例说，明末诸臣如黄道周、史可法等，在当时抗拒王师（南下清军），当时予以诛戮理所应当，但现在看来，诸臣各为其主，节义究不容掩没。况且我正想给予嘉奖，岂可一概称其为伪臣？总裁等官承修国史，对于明季史事务予以贬抑，固然属于本朝臣子立言之体，也没有什么。但此书是朕亲加阅定，何必拘牵顾忌，漫无区别，不准于天理人情至当？朕处理庶务一秉至公，况且是国史笔削，事关法戒，所系于纲常名教者至重，此事固当征实，正名尤贵持名，所以特明降谕旨，俾史馆诸臣都能明白他的思想，奉为准绳，用彰大中至正之道。

对于《通鉴辑览》一书，乾隆帝非常重视，也非常得意，因而在本书完成之前的三十二年（1767 年）秋间，就御笔亲撰了序言，说明编写此书的目的，更在《御制书通鉴辑览明崇祯甲申纪年事》一文中，明确指出："《通鉴辑览》之书非一时之书，乃万世之书，于正统偏安之系，必公必平，天命人心之向，必严必谨，且正编续编，既一正其自视尊大之陋习，而顾于本朝嬗代之际，有所偏向，是不有惭于心而贻来世之讥乎？"① 对编纂《通鉴辑览》的自豪之情溢于言表。其中最得意的是他对明崇祯、南明弘光事迹的"大公至正"书法："甲申岁仍命大书崇祯十七年，分书顺治元年以别之，即李自成陷京师亦不遽书明亡，而福王弘光元年亦令分注于下，必俟次年福王于江宁被执，而后书明亡。"他说："福王设于江南能自立，未尝不可为南北朝，如宋高宗之所为，而奈其日即慆淫，以致天命去而人心失，是自失其神器。唐王桂王穷窜边隅，苟延旦夕，此正与宋之帝昺帝昰同例，不可仍以正统属之，用以示万世守成之主，思天命人心之难谌，凛凛乎，惴惴乎，保祖宗所贻留，为臣民所系属，而不敢谬恃书法之可有高下焉，庶几予纂《通鉴辑览》之本意，或不失春秋大一统之义。"②

乾隆三十六年十二月，乾隆帝因在审读《通鉴辑览》过程中发现，以前史书记载辽金元时代的人名、地名、官称等比较混乱，存在承讹袭谬，辗转失真问题，甚至诠解附会，更有于字音中曲寓褒贬问题，因而非常不满。认为是时候加以改正了，国家当一统同文之盛，凡索伦蒙古等，其言语音声皆能一一稽考，无纤微之误，因而纂辑成《同文韵统》一书，并令书馆诸臣就《辽史》《金史》《元史》国语解内，人名、地名、职官、氏族及一切名物象数，详晰厘正，每条系以国书（满语文），证以三合切韵，"俾一字一音咸归吻合"，并为分类笺释，各依本来意义，以次进呈，由乾隆帝亲自裁定，期于折中至是，一订旧史之舛驳。当时《金国语解》业已订正，而《辽史》《元史》原文尚未改定，为免误时，即令方略馆将《金史》原本先行校勘人名、地名、职官、氏族等，均依新定字音复核改正。《辽史》《元史》待其《国语解》告竣，依例改正，目的是"用昭正讹传信之至意"。③

乾隆四十年（1775 年）五月，乾隆帝在阅读明人《叶向高集》时，发现其中《论福藩田二

---

① 《文渊阁四库全书》本《御批通鉴辑览》卷首。

② （清）弘历：《御制文二集》卷三一，《书〈通鉴辑览〉明崇祯甲申纪年事》。

③ 《乾隆朝上谕档》，乾隆三十六年十二月十三日；另见《清高宗实录》卷八九八，乾隆三十六年十二月戊寅。

疏》显示，明神宗赐福王养赡地土，原给四万顷，后因诸臣屡奏难以凑足田数，减去二万顷。而《明纪纲目》载福王常洵之国条称，赐庄田四万顷，中州腴土不足，取山东湖广田益之，实为错误。另外，《明纪纲目》所载青海朵颜等人名，使用词语粗鄙，与所定《同文韵统》音字，及改正《辽金元国语解》仍不统一。“尚不足以昭传信”，因此要求方略馆将原书改纂，进呈乾隆帝亲阅鉴定，并将原《明纪纲目》查缴处理。①

同年五月十八日，乾隆帝更因《明纪纲目》考核未为精当，命军机大臣将原书另行改辑一事，想到康熙钦定的《通鉴纲目三编》不如《通鉴辑览》体制书法“一本大公至正”，决定对其仿照《通鉴辑览》进行改编。进而因《明史》内对元时人名地名译音讹舛，用词鄙俚，垂之史册，殊不雅驯，下令将《明史》一并查改。他举例说，法司文书常将犯人名字书作恶劣用词，每每“勒令改写”，对书写回部人名每加犬作“狥”，亦令将犬旁删去。原因是如此做法非常“鄙陋”，且与“海寓同文之世”的现实不相适应，所以要将所有原颁《明史》及《纲目三编》查缴改正。一是对《通鉴纲目三编》比照御批《通鉴辑览》改纂，“凡纪年系统诸大端，及一切书法，均应仰遵笔削定例，永示准绳”。二是对朱子《通鉴纲目》原有尹起莘发明，刘友益书法，及明代所修续纲目内发明广义诸条，依照御批《通鉴辑览》进行改辑。并对其间姓名、爵里及舆地、官制等类加以考订。三是对前引存在错误的明神宗赐福王庄田四万顷等失实处进行修正，补充《福王传》内原有奏乞张居正没产、沿江洲税、四川茶银、淮扬盐引、河南北齐楚间所至骚动等事，“以见神宗宠溺失德之实”“务令首尾赅具，核实无讹，庶足永称传信”。四是对《通鉴纲目三编》所有蒙古等人名、地名、官名音译讹舛，仿照《辽史》《金史》《元史》之例译改，并对《明纪纲目》《明史》相应内容进行修正。②

乾隆四十年（1775 年）七月，重刊《金史》告成，乾隆亲作序，称重刊《金史》是因《辽史》《金史》《元史》人名地名等音译讹舛，所以按《同文韵统》例概行更录。之所以仅改正其人名地名用词，并不改变其叙事文字，基于“史者所以传信示公，不可以意改”的原则。但所进《金史》文法仍存在许多不当处：如称元兵为大兵大军，而后又或接称上，或称朝廷，没有界限分别，使浅学者观之，几不能辨其为何代语。等等。他因此感慨：“夫一代之史，期于传信。若逞弄笔锋，轻贬胜国，则千秋万世之史皆不足信，是则有关于世道人心者甚大。”所以务必“大公至正”，可以垂示天下后世。③

闰十月，乾隆帝命《通鉴辑览》附纪明唐桂二王事迹。乾隆帝认为，明福王朱由崧、唐王朱聿键、桂王朱由榔相继称号是事实，过去因为其事涉清朝开创之初，凡所纪年号，例从芟削，就连朱璘之《明纪辑略》也因附录三王纪年原因，被浙江抚臣等奏请销毁。现在看来，该书并非不尊崇本朝，而且不存在犯讳字迹，只是附纪了明末三王事迹，自然不该一概禁毁。而“历朝嬗代之际，进退予夺，系乎万世公论”，前代“曲笔妄为高下”的偏私袒徇的陋习，应该予以修正，所以命有司弛禁《明纪辑略》，而令四库全书馆总裁诠叙唐桂二王本末，附在即将完成校刊的《通鉴辑览》后面。如此则“彼时仗节死义之人，考订事迹，悉与备书”使“读者咸知朕大中至正，未尝有一毫私意偏倚其间，而崇奖忠贞，亦足以为世道人心之劝”。④

与此同时，乾隆帝还对《明史》存在的其他问题也甚为不满：前些时候，曾因其中蒙古人

① 《乾隆朝上谕档》，乾隆四十年五月十五日；《清高宗实录》卷九八二，乾隆四十年五月辛酉。

② 《乾隆朝上谕档》，乾隆四十年五月十五日、十八日。

③ 《清高宗实录》卷九八七，乾隆四十年七月癸酉。

④ 《清高宗实录》卷九九五，乾隆四十年闰十月己巳；《乾隆朝上谕档》，乾隆四十年闰十月二十五日。

名、地名音译不准确，特命馆臣比照《辽史》《金史》《元史》办法查核改订刊正。现在看进呈《英宗本纪》等，仍存在不少问题。如正统十四年（1449 年），巡按福建御史汪澄及前巡按御史柴文显同时被杀，却没有详述其获罪原因，难以评判其是非；土木之败，由于王振挟主亲征，违众轻出，及敌锋既迫，犹以顾恋辎重不即退军，终致英宗被俘，陷身漠北，而本纪中对王振所为不及一语，尤为疏略，"无以考镜其得失""于史法尚未允协"，令英廉、程景伊、梁国治、和珅、刘墉等，将所有《明史》本纪逐一考核添修，务令首尾详明，辞义精当，待亲加鉴定后重刊颁行，用昭传信。①

乾隆四十二年（1777 年）六月，乾隆帝针对《通鉴辑览》存在五代后晋政权与辽、宋与金来往关系用词不当问题，再次为其修改往史的做法进行辩护：

> 朕之厘正书法，一秉至公，非于辽金有所偏向，盖历代相承重在正统，如匈奴在汉，颉利在唐，凡与中国交兵，自宜书寇，以正大一统之义。即宋室运际凌夷，然自徽钦以上，共主位号犹存，书法尚宜从旧。若五季时中国已瓜分瓦解，不独石晋为辽所立，即梁唐诸代亦难与正统相衡，犹之南宋以后，不得与汉唐北宋并论也。
>
> 且朕意在于维持正统，非第于历代书法为然，洪惟我国家开创之初，当明末造，虽其国政日非，而未及更姓改物，自宜仍以统系予之。至本朝顺治元年定鼎京师，一统之规模已定，然明福王犹于江南仅延一线，故纲目之编，及《通鉴辑览》所载，凡我朝与明交兵事迹，不令概从贬斥，而于甲申三月，尚不遽书明亡。惟是天心既已厌明，福王又不克自振，统系遂绝，若唐桂二王之窜徙无常，亦如宋末昺昰之流离瘴海，并不得比于高宗南渡之偏安，盖能守其统，则人共尊王，失其统，则自取轻辱，实古今不易之通义也。

其目的就在于"为天下万世严予夺，即以是示创惩，且使我世世子孙咸知恪守神器，兢兢业业，常保此统绪，以绵亿万载丕基"。② 于此，乾隆帝俨然天下共主，更为子孙后代树规矩，确定所谓正确的历史观。

三　表彰忠节，编纂《贰臣传》

乾隆时期，清政权已确立百余年，早已步入正常发展轨道，创建政权初期所倡导的顺逆观念，已经不能适应巩固皇权统治的现实需要，表彰忠节，强化传统伦理观念成为必然。

乾隆四十年（1775 年）十一月初，乾隆帝颁发谕旨，要求馆臣依据《明史》及《通鉴辑览》所载事实，编纂《胜朝殉节诸臣录》，表彰明季尽节诸臣，并遵照顺治年间做法，仍其原官予以谥号。谕旨对此举目的开宗明义："崇奖忠贞，所以风励臣节。"而且以顺治年间表彰在甲申之乱中死难的明大学士范景文等 20 人为先例，扩大表彰范围。但特别指出，钱谦益、金堡、屈大均等人是例外，理由是钱谦益"自诩清流，腼颜降附"，金堡、屈大均等"幸生畏死，托迹缁流"均属丧心无耻。而且"既不能舍命，而犹假语言文字以自图掩饰其偷生"的事实，更是卑鄙无耻的行为。因而需要"明斥其进退无据之非，以隐殛其冥漠不灵之魄，一褒一贬，衮钺

---

① 《乾隆朝上谕档》，乾隆四十一年十二月初三日。

② 《清高宗实录》卷一〇三四，乾隆四十二年六月丙午；《乾隆朝上谕档》，乾隆四十二年六月十二日。

昭然”。①

四十一年（1776年）正月，乾隆帝再发谕旨，要求表彰明“靖难之役”中死难的建文诸臣。他指出，建文草除之际，其臣子仗节死难者史册所载甚多，当时明成祖永乐帝以藩臣犯顺称兵，阴谋夺国，建文诸臣自当义不戴天。尽管说齐泰、黄子澄等人轻率寡谋，方孝孺识见迂阔，不足以承担辅助少主的重任，但他们尊主锄强的心志值得同情。尤其是在大势已去的情况下，仍在募兵抵抗，终至身死族灭，“百折不回，洵为无惭名教者”，其他若景清、铁铉等人，或慷慨捐躯，或从容就义，实属志节凛然，克明大义。凡属“为国捐生，成仁取义”之举，“自当一体议谥，以发幽光而昭公道”。最终，以忠烈、忠节、烈愍、节愍予谥者1505人，加之无谥者并祀于忠义祠者2249人。②

十二月，乾隆帝在阅读江苏所进应毁书籍内，明人朱东观选辑的《明末诸臣奏疏》，以及蔡士顺所辑《尚论录》，其中保存有刘宗周、黄道周等人指责明季秕政的奏文，乾隆帝认为“语多可采”，因命军机大臣将疏中违碍文字酌改，保留其原书。但其中有王永吉、龚鼎孳、吴伟业、张缙彦、房可壮、叶初春等人的奏议，因其身事两朝，人品有亏，“概从删削”，目的仍然是崇奖忠贞、风励臣节。由此，乾隆帝想到了清初降服清廷，所为“贰臣”的评价问题。如洪承畴以明经略大学士督师征讨辽东，兵败被俘转而投降清廷，并为统一江南地区作出重大贡献；镇守辽东明将祖大寿，以镇将惧祸，带城投降清廷，及清军入关前后归附清廷的明朝官员冯铨、王铎、宋权、谢升、金之俊、党崇雅等人，在清军南下过程中投降的左梦庚、田雄等明军将领，应当给予怎样的历史评价？确实是一个需要面对的政治问题。乾隆帝认为，在清政权建立之初，为靖人心而明顺逆，不得不加以录用，但当大一统政权确立之后平心而论，这些人确实有臣节之亏，国家遭际时艰，不能为其主上临危受命，腼颜降附新朝，究非完人。即或确实著有功勋，其瑕疵也不能加以掩盖。更何况有既降复叛之李建泰、金声桓，以及降附后潜肆诋毁新朝之钱谦益等人，品行极坏，更不足比于人类。不可与开国功臣范文程以及李光地等纯一无疵者毫无辨别，亦非所以昭褒贬之公。如果因其身事两朝，概为削而不书，其劣行转得借以掩盖，不是传信的做法。对于大节有亏的人，“不能念其建有勋绩，谅于生前，亦不能因其尚有后人，原于既死”，因而令在清国史内另立《贰臣传》一门，“将诸臣仕明及仕本朝各事迹，据实直书，使不能纤微隐饰，即所谓虽孝子慈孙，百世不能改者。而其子若孙之生长本朝者，原在世臣之列，受恩无替也”。目的仍是为万世臣子植纲常，即以是示彰瘅。③

乾隆四十三年（1778年）正月初十日，他以“睦亲彰善，王政宜先；继绝昭屈，圣经所重”的名义，开始关注清初多尔衮等案件的重新定性：“尔时懿亲荩臣，勤劳佐命，砥定中原，佧伐殊功，实为从古所未有”“若不为之溯述阐扬，追复旧恩，于心实有未惬”。因此，为“彰公道”，所有睿亲王、礼亲王、郑亲王、豫亲王、肃亲王、克勤郡王，俱补置牌位，配享太庙，用以妥功宗而昭渥典。至通达郡王系显祖之子，武功、慧哲、宣献三郡王系景祖之子，当时虽身与配享，第以宗支而论，已在觉罗之列，是以《宗室王公表传》内未经列传，但思《宗室传》既限于支派，国史传又以属在宗潢，令此四王无所附丽，亦觉欠缺，著并交国史馆查明四王事

① 《乾隆朝上谕档》，乾隆四十年十一月十日；《清高宗实录》卷九九六，乾隆四十年十一月癸未。

② 《乾隆朝上谕档》，乾隆四十一年正月初七日、二月初八日。

③ 《乾隆朝上谕档》，乾隆四十一年十二月初三日；《清高宗实录》卷一〇三二，乾隆四十二年五月丁丑。

实，补为立传，列于国史诸大臣传之前，“以征信实”。①

二月，乾隆帝又提出国史《贰臣传》应分甲乙编问题。在他看来，《贰臣传》中人物，各人事迹既不相同，而人品之贤否邪正亦判然各异，怎么能不加以区分呢？他举例说，洪承畴在明代身膺朝廷重寄，李永芳曾负守边重任，却力屈俘降满洲，再次位居显要，如果以有死无贰之义来评判，当然大节有亏，但他们虽没有尽忠于大明，实能效忠于大清。而钱谦益一向品行不端，明亡后率先归服新朝，却又于诗文中诋毁新朝，“是为进退无据，非复人类”。龚鼎孳则曾降于“闯贼”，随后又投顺本朝，向为清流所不齿，而且毫无作为，若与洪承畴等人不加区别，“何以昭彰瘅”？因此要求馆臣将《贰臣传》人物事迹，“详加考核，分为甲乙二编，俾优者瑕瑜不掩，劣者斧钺凛然，于以传信简编，而待天下后世之公论，庶有合于春秋之义”。乾隆帝特别指出此举“非独为臣子励名教而植纲常，实欲为君者当念苞桑而保宗社，盖此诸人，未尝无可用之才，诚使明之守成者能慎持神器而弗失，则若而人皆足任心膂股肱，祖业于是延，人才即于是萃，故有善守之主，必无二姓之臣，可不儆惧乎？”并要求将此意通谕中外知之。②

乾隆四十六年（1781 年）十月，乾隆帝针对国史馆编纂工作进展缓慢，特颁上谕指出“国史之修，所以彰善瘅恶，信今传后”，责任重大：

> 盖春秋者，天子之事，朕于本朝王公文武大臣是非功过，一秉大公至正，凡此皆朕所指示该总裁等，令其悉心排纂，以次呈进，候朕亲自裁定，庶几华衮斧钺，凛然共见笔削之严也。乃自开馆以来，迄今十有七年，其所纂成进御之书甚属寥寥，现在所办臣工表传，毋论开国诸臣，早可搜辑成编，即皇祖皇考实录久经告成，维时诸臣事迹亦无难捡阅，纵使广为采录以昭考核之精，亦何至迟迟若此？至朕临御初政，赞襄左右诸臣，按其通籍簪绂，如在皇考之朝者，亦应一体立传，其猷为显著，尤在人耳目之表，载笔亦无虞失实，如此则史馆裒辑成书，安得复藉延岁月而不严立程限乎？朕每览前代史册，褒讥好恶率无定评，兹国史诸臣列传，皆经朕亲自披览，是是非非，不少假借，该总裁等务即董率所司，速为纂办进呈，候朕酌定，务臻核实，垂为信史。③

此谕既是催工，更是申明自己的编纂思想，解除馆臣的思想顾虑，尽快将修订历史文献工程推展开来。

乾隆五十四年（1789 年）六月，乾隆帝在批阅国史馆所进《贰臣传》乙编传记时，发现薛所蕴、张忻二人曾投降农民军，后来归降清朝；严自明归降清朝后，又追随尚之信叛降，均属反复之人，进退无据，惟知嗜利偷生，罔顾大义，不足齿于人类。冯铨、龚鼎孳、金之俊等亦与薛所蕴等相仿，传文应行撤去，或仅为立表排列姓名，摘叙事迹，“俾天下万世共知，似此行同狗彘之徒，既不得炳丹青之列，仍不能逃斧钺之诛，于彰瘅更为有益”。对《贰臣传》收录人物及其记载内容的调整，一直持续到乾隆末年。乾隆五十四年（1789 年）十二月谕令搜检《贰臣传》内似冯铨等之曾给美谥者，概行追夺，“以示朕维植纲常慎重名教至意”。五十六年（1791 年）五月，又对顺治帝宠臣和诗友刘正宗被编入大臣传不满，令撤入《贰臣传》乙编，并核查

① 《钦定宗室王公功绩表传》卷首，谕旨，《四库全书》本。

② 《乾隆朝上谕档》，乾隆四十三年二月二十四日。

③ 《乾隆朝上谕档》，乾隆四十六年十月初四日。

其曾经籍没归旗，归入何旗？[①] 五十七年（1792 年）十一月，乾隆帝阅览国史列传钱珏、蔡珽列传时发现，国史列传也存在人物评价不公问题。钱珏为御史时，参劾山西巡抚穆尔赛贪婪暨条陈各款，以有风裁，及用至巡抚，辄于所属知县婪赃之事听受私书，徇情销案，不能自践其言；蔡珽曾极陈年羹尧贪暴，荐擢总督，乃挟嫌诬陷岳钟琪、田文镜，袒护黄振国，以至获罪，问拟重辟，而传文于二人身故俱书为卒，体例皆未允协。为此，他再次谈及他对国史编纂原则的认识："国史所以传信，一字之褒贬，即关其人终身之优劣，义例綦严。夫人臣立品无訾，有始有终者，方得谓之为卒。钱珏之言行不符，蔡珽之朋比取戾，安得谓之始终无玷？若伊二人得书为卒，其与立朝大夫粹然者何以示区别？"要求将钱珏、蔡珽传末均改书为故。规定嗣后除特行予谥，及入祀贤良祠者，自当书卒外，其虽无饰终之典，而品行克保厥终者，仍一例书卒。若初终易辙，营私获罪之人，传末止当书故，不得概书为卒。同时要求国史馆总裁等，查明有人品事实类似人员，一体改正书故，用昭彰瘅。并规定间日以四本传为率，繁简错综送看。[②]

最终，调整后的《贰臣传》甲编收录孔有德、尚可喜、洪承畴、范文程、刘芳名、李国英、张勇、鲍承先等 54 人，乙编收录金之俊、吴伟业、冯铨、钱谦益、梁清标、党崇雅、卫周祚、龚鼎孳等 71 人。

四 禁毁史籍与编纂《四库全书》

在编纂《通鉴辑览》等史籍的同时，乾隆时期仍继续推行对"违碍"文献的禁毁政策，通过制造文字狱，禁毁明清之际的历史文献，消除人们对明清之际的历史记忆，甚至不惜以编纂《四库全书》、整理保存历代典籍的名义，在全国范围内，对存在所谓"违碍"内容的文献，进行大规模征集、禁毁和篡改活动。

乾隆三十七年（1772 年）正月，乾隆帝又以"策府缥缃，载籍极博，其巨者羽翼经训，垂鉴古来，固足备千秋法鉴，即在识小之徒专门撰述，细及名物象数，兼综条贯，各自成家，亦莫不有所发明，可为游艺养心之一助"，而康熙年间所修《古今图书集成》"因类取裁，势不能悉载全文，使阅者沿流溯源一一征其来处"为由，命中外搜辑古今群书。要求各省督抚会同学政等官员，通饬所属加意购访历代流传旧书，"在坊肆者或量为给价，家藏者或官为装印，其有未经镌刊，只系钞本存留，不妨缮录副本，原书给还，并严饬所属一切善为经理，毋任吏胥藉端滋扰"。同时为避免转运之繁，要求"先将各书叙列目录，注系某朝某人所著，书中要指何在，简明开载，具折奏闻，候汇齐后令廷臣检核有堪备览者，再开单行知取进，庶几副在石渠，用储乙览，从此四库七略益昭美备，称朕意焉"。[③]此即后人称之"寓禁于征"的《四库全书》编纂。

乾隆三十九年（1774 年）八月，乾隆通令全国，以"明季末造野史"和"国初伪妄诗文"为重点，查缴禁书。在此同时，他还不时选择其中民族情绪较为强烈的著作先后制造了多起文字狱。如乾隆三十九年（1774 年）十一月，刚刚颁布查缴禁书谕旨不到三个月，他即一手制造了屈大均诗文案。他一方面严令广东官员传谕屈氏子孙呈缴明末清初抗清志士屈大均的《广东新语》和所刊诗文，一方面又令两江总督高晋至南京城外雨花台确访屈大均衣冠冢，企图毁坟灭

① 《乾隆朝上谕档》，乾隆五十四年六月初六日、十二月初九日；乾隆五十六年五月初四日。

② 《清高宗实录》卷一四一六，乾隆五十七年十一月甲辰。

③ 《乾隆朝上谕档》，乾隆三十七年正月初四日；《清高宗实录》卷九〇〇，乾隆三十七年正月庚子。

迹。仅因查缴禁书活动刚刚开始，他才未将屈氏子孙治罪，兼之年代久远，屈大均衣冠冢旧迹不存，刨坟灭迹一事也只得不了了之。屈案之后，明末清初抗清志士金堡所著《遍行堂集》、明人陈建著《皇明通纪》、署名清笑生所著《喜逢春传奇》、沈德潜所辑之《国朝诗别裁集》、明人袁继咸作《六柳堂集》、雍乾之交陶煊、张灿所辑之《国朝诗的》亦先后破禁，所有书籍通行查缴，连同板片一起解京销毁，受此牵连，原书作者、辑者和主持刊刻上述各书人的后裔也分别被追究或者受到刑罚处分。随着查缴禁书活动的深入开展，乾隆四十四年（1779 年）之后，类似案件更是层出不穷，乾隆对各案涉及人员的处理也更加升级。乾隆四十四年正月，江苏兴化县查出明末清初李驎所著的《虬峰集》一书，中有诗云："白头孙子旧遗民，报国文章积守身。嘴拜墓前颜不娩，布袍宽袖浩然巾。"认为该诗"系怀胜国，望明复兴，显属悖逆"。因为李驎无后，乾隆无法施其淫威，销书毁板之外，只好掘墓锉尸枭首以泄其忿。三月，福建又查出兴玉州候选训导冯王孙所著《五经简咏》一书中有"复明削清"之语，对此，乾隆指令该地官员"照大逆凌迟缘坐例，迅速问拟具奏，以正人心而申法纪，并将所有刷印各本尽行查缴，毋使片纸存留，并查此外不法诗文，一并解京销毁"。十一月，江西德兴查出已故生员祝廷铮所作之《续三字经》一书，"胆敢品评列代帝王，任意褒贬"，而且该书在叙述元朝史实时还有"发披左衽，衣冠更，难华夏，遍地僧"等影射攻击清朝束发的文字。祝廷铮虽死，"仍照大逆凌迟律开棺戮尸，以张国法而快人心"。①

据白新良教授的研究，乾隆朝各类文字狱案在 110 件以上，占清代文字狱案总数的 70% 左右。特别是在乾隆后期制造的多起文字狱案件中，禁毁明清之际渗透着强烈的民族情绪的野史著作和打击社会上的反清思想仍是一个重点。波及全国的大规模禁书活动，自乾隆四十年（1775 年）正式开始，至五十八年（1793 年）十月结束，其间断断续续，前后历时达 19 年之久。据今存档案及有关资料统计，总共禁毁书籍 3100 余种、151000 多部，销毁书版 80000 块以上。② 而民间因"书禁亦严，告讦频起，士民畏慎，凡天文、地理、言兵、言数之书，有一于家，惟恐招祸，无问禁与不禁，往往拉杂摧烧之"。③ 这类被文人学士乃至一般民众自行毁掉的书籍，数量亦不在少数。清统治者实行的文化专制政策，乾隆帝直接操纵的禁书活动，给中国古代尤其是宋代以后的典籍带来了无可弥补的损失，也给当时整个社会的思想文化造成了极为深重的危害。

需要提及的是，在全国禁毁明清之际图书的浪潮中，乾隆帝也提出了"励臣节而正人心"的原则。他在四十一年（1776 年）十一月颁谕称："明季诸人书集，词意抵触本朝者，自当在销毁之列。"如钱谦益、金堡、屈大均等人"不能死节，腼颜苟活，乃托名胜国，妄肆狂狺"，其文字"自应逐细查明，概行毁弃"。但如刘宗周、黄道周、熊廷弼、王允成、叶向高等"风节凛然""其书为明季丧乱所关，足资考镜，惟当改易违碍字句，无庸销毁"，彼时直臣如杨涟、左光斗、李应升、周宗建、缪昌期、赵南星、倪元璐等人的文字，"并当以此类推，即有一二语有触本朝，本属各为其主，亦止须酌改一二语"即可。④ 在此原则下，一批明清之际人物的文字和事迹得以保留下来，也算是这场文化浩劫后的烬余之珍吧。

① 白新良：《乾隆朝文字狱述评》，《故宫博物院院刊》1991 年第 3 期。

② 黄爱平：《四库全书纂修研究》，中国人民大学出版社，1989 年，第 72—78 页。

③ 王芑孙：《惕甫未定稿》卷三，《续修四库全书》影印嘉庆刻本，第 1480 册，第 656 页。

④ 《清高宗实录》卷一〇二一，乾隆四十一年十一月甲申。

五 调整历代帝王庙帝王谱系，摒除民族歧视和偏见

供奉祭祀前代贤明君王是古代中国政治传统。既是当代帝王表现礼敬、效仿前贤的政治姿态，更是作为国家最高统治者行使的政治特权。而具体供奉哪些帝王、名臣？则体现出当时君主的政治倾向和历史认知。

建立历代帝王庙、统一供奉前代帝王，始于明洪武年间的南京，祭祀的帝王包括太昊伏羲氏、炎帝神农氏、少昊金天氏、帝颛顼氏、帝高阳氏、帝高辛氏、帝陶唐氏、帝有虞氏、夏禹王、商汤王、周武王、汉高祖、汉光武、唐太宗、宋太祖、元世祖共计16位，从祀名臣32人。嘉靖年间改在北京后，“罢元世祖陵庙之祀，及从祀木华黎等”。[①] 清顺治年间，恢复明初元世祖及其功臣的祭祀，增祀明太祖及其功臣徐达、刘基，辽太祖及其功臣耶律曷鲁，金太祖、金世宗及其功臣完颜粘没罕等，所祭祀的帝王增至21位，功臣增至41位。康熙后期，曾要求“凡曾在位，除无道被弑亡国之主外，应尽入庙崇祀”。[②] 后经新即位的雍正帝批准，增加了夏、商、周、汉、唐、辽、宋、金、元、明的守成君主143位，从祀功臣增加至79人。乾隆帝继承了前代遗产，除修葺历代帝王庙、赋予其庄严的皇家风格外，对历代帝王庙的帝王谱系进行了调整。

乾隆四十九年（1784年）七月，他在命廷臣更议历代帝王庙祀典的谕旨中指出：“自古帝王统绪相传，易代以后飨祀庙庭，原以报功崇德，至于严篡窃之防，戒守成之主，或予或夺，要必衷于至当，而无所容心于其间，方协彰瘅之义。”他批评康熙末年的诸臣不能“仰体圣怀”，未能领会“凡曾在位者，除无道被弑亡国之主此外尽应入庙崇祀”的旨意，以致因陋就简、遗漏不少，要求“即一二年者，亦应崇祀”，以完整展现历代帝王谱系。至于“无道被弑亡国之主”，明朝神宗、熹宗，东汉桓帝、灵帝均应撤除。对于偏安不入祀典的建议，他批评道：既然偏安不入祀典，却列入辽、金二朝，“未免意有偏向”“足启后人之訾议”。他认为，三国、两晋、前五代、后五代不乏英明君主，维系着中华统绪，不绝如线，“此而概不列入”，则东西晋、前后五代数百年间，“创守各主，祀典缺如，何以协千秋公论”。此外如雄踞河北、地广势强的北魏，太武、道武也是偏安英主，应该“量入祀典，以示表章”。因此要求大学士九卿等重新调整历代帝王谱系，“以昭殷鉴历朝，垂示万年之至意”。[③]

遵照旨意，大学士九卿迅速讨论了历代帝王庙的帝王谱系调整问题，新增南北朝、五代时期的创守君主23位，摒除“篡窃得国，失德亡国”的君主55位，撤除东汉桓、灵二帝的神牌，增加唐宪宗、金哀宗二帝。乾隆帝以全面准确理解康熙帝旨意为名，全面贯彻自己中华统绪一脉相承、“尊王不攘夷”的历史观。

乾隆五十年（1785年）二月初二日，乾隆帝参加了奉新神主入庙的典礼，并撰写了《御制祭历代帝王庙礼成恭记》一文。他在文中进一步指出历代帝王是“自开辟以来君王者之通称”，祭祀历代帝王庙的意义，在于景德崇圣，警戒后人，尽管不以道德标准为依据，还是应“寓旌别彰瘅于无穷”，而明嘉靖朝撤出元世祖是“狃于中外之见”的民族偏见，强调“天下者，天下人之天下也，非南北中外所得私”，必须摒除民族歧视和偏见，树立民族平等的观念，“舜东夷，

---

① （清）张廷玉等：《明史》卷五〇，中华书局，2000年，第862、863页。

② 《清圣祖实录》卷二九二，康熙六十年四月乙未。

③ 《清高宗实录》卷一二一〇，乾隆四十九年七月乙卯。

文王西夷，岂可以东西别之乎？正统必有所系”“其有德无德，若南若北，曰中曰外，是一家，非一家，章章如，昭昭如，孰可以为法，孰可以为戒”。① 一部气势恢宏、波澜壮阔、连绵不断的中国历史，是中国南北中外各民族共同创造的。历代帝王庙的帝王谱系，至此定型。经过这次调整，历代帝王谱系所蕴含的史观，也实现了转化，从明朝以前华夏中心、大一统的辉煌史观，转向清朝各民族共存共创、偏安与一统交响、中华统绪一脉相承的史观。这是乾隆以降清朝的正统史观，也是清朝留给后世的一笔精神遗产。

六　确立官方“正统观”

正统观是中国历代王朝的官方史观，他们或借口“五德始终”“承天授命”的观念，或借助“以德化人”的儒家思想理念，确立其统治地位的合法性。而且，这一理论主要是由汉族精英加以继承和阐释的。清朝统治者源于与宋朝为敌的金人，在宋明以来的正统观传承谱系中自然属于偏统遗脉，不入华夏主流。所以清康熙年间以来，统治者亟亟于《明史》的编纂，虽有汲取明代统治经验教训的目的，但与汉地知识界争夺历史话语权，强调满人入主中原，确立天下共主地位的正统合法性，才是统治阶级的最大目的，以至于雍正初年，清世宗更借助“曾静案”御制《大义觉迷录》，对以往汉人主导的“大一统”“华夷之辨”等观念，进行了批驳：“皇天无亲，惟德是辅，盖德足以君天下”“夷狄之有君，即为圣贤之流；诸夏之亡君，即禽兽之类，宁在地之内外哉？”“天下一家，万物一源，如何又有中华夷狄之分？”“同在天覆地载之中者，即是一理一气，岂中华与夷狄有两个天地乎？”②

乾隆帝继承了父皇的正统观念，并通过敕修《通鉴辑览》等一系列文化举措，将这一正统观念，贯穿于一系列文献典籍中。③ 早在乾隆三十八年（1773 年），乾隆帝就已对宋辽金正统问题发表过明确见解：“宋虽南迁，正统自宜归之宋。至元而宋始亡，辽金固未可当正统也。”④ 这段话出自他的一首题为《题大金德运图说》的诗序中，可能不大为人所知，故四库馆臣在涉及辽金史事时仍不免心存忌讳。自乾隆四十六年（1781 年）以后，乾隆帝多次向臣下公开表达他的上述观点。是年十月，他在抽查文渊阁本《四库全书》时，指出《契丹国志》“体例书法讹谬”的问题：“大书辽帝纪元于上，而以宋祖建隆等年号分注于下，尤为纰缪。夫梁、唐、晋、汉、周僭乱之主，享国日浅，且或称臣、称儿、称孙于辽，分注纪元尚可。若北宋则中原一统，岂得以《春秋》分国之例，概予分注于北辽之下？”⑤《契丹国志》帝纪部分原是以辽朝纪年为纲，而将北宋年号分注其下，乾隆帝因主张正统在宋不在辽，故对这种体例极为不满，于是命馆臣将《契丹国志》一书撤出来加以改纂。乾隆四十七年（1782 年）四月，乾隆帝在为改译辽金元三史所作的序中，再次明确否定辽金王朝的正统性：“夫辽、金虽称帝，究属偏安。”⑥

---

① （清）弘历：《御制文二集》卷十五《祭历代帝王庙礼成恭记》。

② 中国社会科学院历史研究所清史研究室：《清史资料》（第四辑），中华书局，1983 年，第 3、28、55 页。详见李治亭：《“大一统”与“华夷之辨”的理论对决——大义觉迷录解读》，《历史档案》2021 年第 2 期。

③ 张欣婧：《乾隆帝的正统论——对前人正统论的扬弃与创新》，宁波大学 2019 年硕士论文；杨念群：《清朝“正统性”再认识——超越“汉化论”“内亚论”的新视角》，《清史研究》2020 年第 4 期。

④ （清）弘历：《御制诗四集》卷一四，《文渊阁四库全书》第 1307 册，第 483 页。

⑤ 中国第一历史档案馆：《纂修四库全书档案》下册，上海古籍出版社，1997 年，第 1418 页。

⑥ 《清高宗实录》卷一一五四，乾隆四十七年四月辛巳。

乾隆四十六年十月，乾隆帝更就有争议的元朝人杨维桢所著《宋辽金正统辨》一文是否留存一事，对传统的正统观进行了较为系统的阐述。《四库全书》中所收《辍耕录》，因载有杨维桢《正统辩》，故深为馆臣所忌，文渊阁本书前提要云："第三卷中载杨维桢《正统辨》二千六百余言，大旨欲以元承南宋之统，而排斥辽金。考隋先代周，继乃平陈，未闻唐宋诸儒谓隋承陈不承周也。持论殊为纰缪……今删除此条，用昭公义焉。"① 乾隆帝认为馆臣所为非"春秋大一统之义"，并特下谕旨，阐述其对大一统观念以及历代政权嬗变的看法，以期统一思想认识。他说："《春秋》大一统之义，尊王黜霸，所以立万世之纲常，使名正言顺，出于天命人心之正。紫阳《纲目》义在正统，是以始皇之廿六年，秦始继周。汉始于高帝之五年而不始于秦降之，三国不以魏吴之强，夺汉统之正，春秋之义然也。杨维桢撰三史《正统辨》，凡二千六百余言，义本《春秋》，法宗《纲目》，其欲以元继南宋为正统，而不及辽金，其论颇正，不得谓之纰缪。"因此"不可以人废言也"。他解释说："夫正统者，继前统受新命也。东晋以后，宋、齐、梁、陈虽江左偏安，而所承者晋之正统，其时若拓跋魏氏地大势强，北齐、北周继之，亦较南朝为盛，而中华正统不得不属之宋、齐、梁、陈者，其所承之统正也。至隋则平陈以后，混一区宇，始得为大一统……至于宋南渡后偏处临安，其时辽、金、元相继起于北边，奄有河北，宋虽称侄于金，而其所承者究仍北宋之正统，辽、金不得攘而有之也。"对于历代王朝是否正统，在他看来"正统者，继前统，受新命也"，因此他认为："东晋以后，宋、齐、梁、陈虽江左偏安，而所承者晋之正统，其时若拓跋魏氏，地大虽强，北齐、北周继之，亦较南朝为盛，而中华正统，不得不属之宋、齐、梁、陈者，其所承之统正。至隋则平陈以后，混一区宇，始得为大一统。即唐之末季，藩镇扰乱，自朱温以讫郭威等，或起自寇窃，或身为叛臣，五十余年之间，更易数姓，甚且称臣称侄于契丹，然中国统绪相承，宋以前，亦不得不以正统属之梁唐晋汉周也。至于宋南渡后，偏处临安，其时辽金元相继起于北边，奄有河北，宋虽称侄于金，而其所承者，究仍北宋之正统，辽金不得攘而有之。至元世祖平宋，始有宋统当绝，我统当续之语，则统绪之正，元世祖已知之稔矣，我皇祖《御批通鉴》，及朕向所批《通鉴辑览》，俱以此论定，盖春秋大义，纲目大法，实万世不易之准。"只有大清政权为明复仇讨贼，定鼎中原，合一海宇，为自古得天下最正。而且在《通鉴辑览》内保存福王建国之号一年，奈其"当阳九之运，天弗与，人弗归，自覆其宗社"，保存福王建国之号实大公至正，天下万世可以共见共守。而馆臣删除杨维桢《正统辨》之举，本意是以金为满洲，欲令承辽之正统，所以"曲为之说"，乾隆帝认为"以此立论，转觉狭小，天下万世必有起而议之者"，所以要保留这篇文章，并将上谕登载卷首，"以昭天命人心之正，以存《春秋》《纲目》之义"。②

可以看出，到了乾隆时代，清朝统治者的正统观念已经发生蜕变，他们从北方民族王朝的立场彻底转向了中国大一统王朝的立场。因而在乾隆帝看来，清朝与辽、金这些北族王朝之间既没有任何传承关系，也没有任何共同点，清王朝的正统乃是来自中原王朝，具有天然的正统合法性。于是令馆臣不但《辍耕录》中所载杨维桢《正统辨》不必删除，而且还应将此文补入杨氏《东维子集》，并让馆臣把他的这篇上谕分别抄录于《辍耕录》和《东维子集》卷首。③

乾隆四十七年（1782 年）十一月初七日，乾隆帝命皇子及军机大臣订正《通鉴纲目续编》，

① 《文渊阁四库全书》第 1040 册，第 411 页。

② 《清高宗实录》卷一一四二，乾隆四十六年十月甲申。

③ 《命馆臣录存杨维桢正统辨谕》，乾隆四十六年正月。《文渊阁四库全书》之《东维子集》卷首，并收入乾隆帝《御制文二集》卷八。

认为其中周礼《发明》、张时泰《广义》，于辽金元事多有议论偏谬，甚至肆行诋毁。而《通鉴》一书，关系前代治乱兴衰之迹，更有关大一统之义，必须“笔削惟严”。借此，也比较系统地阐述了自己的“正统观”：

> 内中国而外夷狄，此作史之常例，顾以中国之人载中国之事，若司马光、朱子，义例森严，亦不过欲辨明正统，未有肆行嫚骂者。朕于《通鉴辑览》内存弘光年号，且将唐王、桂王事迹附录于后。又谕存杨维桢《正统辨》，使天下后世晓然于春秋之义，实为大公至正，无一毫偏倚之见。
>
> 至于东夷西戎、南蛮北狄，因地而名，与江南河北、山左关右何异？《孟子》云，舜为东夷之人，文王为西夷之人。此无可讳，亦不必讳，但以中外过为轩轾，逞其一偏之见，妄肆讥讪，毋论桀犬之吠，固属无当，即区别统系，昭示来许，亦并不在乎此也。况前史载南北朝相称，互行诋毁，此皆当日各为其主，或故为此讪笑之词，至史笔系千秋论定，岂可骋私臆而废正道乎！夫历代兴亡，前鉴不远，人主之道，惟在敬天勤民，兢兢业业，以绵亿万载之丕基，所谓天难谌，命靡常，常厥德，保厥位，诚不在乎区区口舌之争。若主中国而不能守，如宋徽钦之称臣称侄于金，以致陵夷南渡，不久宗社为墟，即使史官记载，曲为掩饰，亦何补耶！①

在乾隆帝看来，“大一统而斥偏安，内中华而外夷狄，此天地之常经，古今之通义。是故夷狄而中华，则中华之；中华而夷狄，则夷狄之，此亦《春秋》之法，司马光、朱子所为急急也”。而判断一个王朝是否具有正统地位，不应以民族为判定标准，而是根据是否有相当的统治疆域可凭，是否能够“敬天勤民，兢兢业业，以绵亿万载之丕基”，用现代话说，就是能否更好地履行爱养百姓的统治职责。他在令馆臣将吴三桂擒桂王由榔事迹编《通鉴辑览》的谕旨中指出：“自古权奸无时无之，亦无地无之。吴三桂之必欲灭由榔，实犹近日之阿睦尔撒纳之必欲灭达瓦齐，达瓦齐在，阿睦尔撒纳必不能据准噶尔，则彼之为我宣力，皆所以自为也。何不可功则功之、而罪则罪之乎？”表明自己实事求是的态度，同时将《御批通鉴纲目》全书即照改本更正。②

乾隆五十一年（1786 年）七月，乾隆帝在披阅四库馆进呈明谷应泰所撰《明史纪事本末》一书时，对书中记载山海关之战“吴三桂顿兵山海关，悉锐出战，击杀数千人，大清兵绕至三桂之右，所向披靡，自成遁走，三桂复率大兵追贼，连战于保定真定，贼西度固关，入山西等语”，颇为不满，认为是“其时三桂之惧贼，不啻风鹤皆惊，一军胆慑”“我兵奋勇冲杀，贼人望风披靡，自相蹂践……是李自成之窜败，皆系本朝满洲兵力”③，因此要求军机大臣详查《开国方略》所载实事，将《明史纪事本末》书中内容改正，以昭正论信史。

五十九年（1794 年）七月，乾隆帝在阅读《通鉴辑览》内唐开元年间史事时，发现将唐大明宫含元殿正衙（牙）、南衙（牙）误写成正邪、南邪，“甚为舛错”，令将武英殿刊本及《四库全书》缮本一体改正，所有颁行各直省刻本，颁赐盛京、江浙地区文溯、文宗、文汇、文澜

① 《乾隆朝上谕档》，乾隆四十七年十一月初七日；《清高宗实录》卷一一六八，乾隆四十七年十一月庚子。
② 《清高宗实录》卷一一六八，乾隆四十七年十一月庚子、乾隆四十七年十一月辛丑。
③ 《乾隆朝上谕档》，乾隆五十一年七月二十一日。

四阁存贮缮本，亦一律改正。①

即使在他禅位后，乾隆帝仍孜孜于历史问题的“拨乱反正”。他在晚年所做《阅通鉴辑览作》一诗的自注中，仍在强调他的史观：“自来修史者，多轩本朝而轻胜国，皆出于一己之私见，而不合乎天理人情之公，不可以作史，并不可以读书。”并一再自夸其保留明福王年号，及明季死难诸臣事迹，实在是“一本至公，以为万世君臣法戒，史策权衡，几余简编相对，差不负耳”。②

乾隆帝所确立的历史认知，也成为后世编纂史书的政治标准，即：“毋剿说，毋雷同，毋苟且以干名，毋徇人以自误。”③ 嘉庆年间编纂《明鉴》时，即“规仿《通鉴辑览》叙次，凡书内御批之关涉明代者，全行恭载”④，影响极为深远。

七　编纂当代史，垂示未来

在编纂和修改前代历史的同时，乾隆朝还出于总结历史经验、厘定本朝历史、规范用人行政等多方面的考虑，还对当代史的编纂给予异常的重视，留下了一大批有关清代政治制度、历史、艺术等内容的重要著作。

早在乾隆七年（1742 年）十一月，乾隆帝即敕命大学士鄂尔泰、张廷玉、徐本等人编纂《国朝宫史》，详述清代顺治至乾隆年间内廷的典章制度、宫苑建置以及重要事件。乾隆二十四年（1759 年），再令蒋溥等人详细校正，重加编辑，至乾隆三十四年（1769 年）底成书，并收入《四库全书》史部。乾隆帝决定纂修本朝宫史的目的，就是要总结清廷吸取明亡教训，严格宫廷管理的成功经验，使“后嗣子孙，世世遵循。当其知所则效，知所警戒”“守之弗替”“永永勿斁”⑤。故《四库全书》中该书提要称：“编辑是书之旨，拳拳于立纲陈纪，聪听明训，为万万世遵循之本，盖修齐治平之道，并具于斯矣。”⑥

同样出于“以垂示方来”目的，乾隆年间还饬令编纂了主要记载宫廷生活的其他一些图书，如《皇清礼器图式》《满洲祭神祭天典礼》《武英殿聚珍版程式》《古今储贰金鉴》《八旬万寿盛典》等图书。比如，编纂《满洲祭神祭天典礼》的原因为，经历百年传授，“于赞祝之原字原音渐致淆舛，不惟大内分出之王等，累世相传，家各异辞，即大内之祭神祭天诸祭，赞祝之语亦有与原字原韵不相吻合者，若不及时改正，垂之于书，恐日久讹漏滋甚”。因此要及时厘定，使其“祈报之义，对越之忱，皆足以昭垂万世”⑦。又如编纂《古今储贰金鉴》的目的也是总结历代建储的经验教训，甚至于康熙晚年的储位之争，宣示不预立皇位继承人的祖宗家法，“为万世法戒”，使后世子孙永永遵守。⑧

乾隆四年（1739 年）成书的《八旗通志初集》250 卷，是有关清代八旗制度和八旗人物的

---

① 《清高宗实录》卷一四五六，乾隆五十九年七月乙未。

② （清）弘历：《御制诗五集》卷六八《阅通鉴辑览作》。

③ （清）弘历：《御制文初集》卷一四《史论问》。

④ 《清仁宗实录》卷三四二，嘉庆二十三年五月癸卯。

⑤ 《国朝宫史》卷首。

⑥ 《文渊阁四库全书》第 657 册，第 5 页。

⑦ 《文渊阁四库全书》第 675 册，第 341 页；第 657 册，第 619—620 页。

⑧ 《乾隆朝上谕档》，乾隆四十九年正月十四日。

专门志书。编竣于乾隆九年（1744 年）的《八旗满洲氏族通谱》80 卷，辑录了除清代皇室以外的满洲姓氏，详细记述了其归顺爱新觉罗氏的时间、原籍地域、官阶及勋绩等情况。乾隆四十二年（1777 年），阿桂、于敏中、和珅等奉撰修，次年完成的《钦定满洲源流考》20 卷，是清代官修满族先世及其有关东北诸民族的重要史籍，内容包括部族、疆域、山川、国俗八门。该书从正史以及其他近 50 种典籍中选择有关资料，分门别类加以排比，并进行详尽考证。而编修《八旗满洲氏族通谱》的原因，就是因为“代序日远，族姓日繁，不为之明章统系，俾知世德所自，将罔克念先人之勤，无以光昭前烈”①。

他在四十年（1775 年）十一月表彰明末殉难诸臣的上谕中就明确其目的：“明斥其进退无据之非，以隐殛其冥漠不灵之魄，一褒一贬，衮钺昭然，使天下万世共知。朕准情理而公好恶，以是植纲常，即以是示彰瘅。”② 他在乾隆二十九年（1764 年）九月二十六日下令编纂《钦定宗室王公功绩表传》，指出其目的就是“追阐成劳，昭示来许”，非此“无以使奕世子孙观感奋发，竞知鼓励”。

乾隆时期作为封建中央集权的发展高峰，各项制度都有集大成特点，为传至后世之永遵守，以为范式，乾隆帝多敕命将当代行政法规、重大事件等编辑成册。如乾隆四十六年（1781 年）编纂的《钦定平定两金川方略》152 卷，记载了乾隆三十一至四十一年（1766 年至 1775 年）二次出兵平定大小金川土司反清事件始末。《兰州纪略》20 卷，首 1 卷，记录了乾隆四十六年镇压甘肃循化厅撒拉回民苏四十三等新教起义始末。《平定台湾纪略》65 卷，首 5 卷，记录了乾隆五十一年（1786 年）十一月至次年镇压台湾林爽文、庄大田天地会起义始末。成书于乾隆四十八年（1783 年）的《续通典》150 卷，记载了唐肃宗至明末典制。乾隆五十一至五十二年（1786 年至 1787 年）完成的《清朝通典》100 卷，记载清初至乾隆中期的典制。成书于乾隆五十年（1785 年）的《续通志》640 卷，记载唐初至明末的典制。成书于乾隆五十二年（1787 年）的《清朝通志》126 卷，记载清初至乾隆末年的典制。《续文献通考》252 卷，记载南宋宁宗嘉定年间至明神宗万历初年典制。成书于乾隆五十二年（1787 年）的《清文献通考》300 卷，记载清初至乾隆五十年前的典制。自此，凡“典制之源流，政治之得失，条分件系，纲举目张”③。特别是乾隆二十九年（1764 年）敕撰《钦定大清会典》100 卷、《钦定大清会典则例》180 卷；乾隆四十五年（1780 年）于敏中等编纂《钦定户部则例》127 卷；六十年（1795 年）《续纂则例》32 卷；三十四年（1769 年）纂成的《钦定户部鼓铸则例》10 卷、《钦定户部旗务则例》12 卷；四十一年（1776 年）阿桂等纂《钦定户部军需则例》10 卷、《钦定兵部军需则例》5 卷、《钦定工部军需则例》1 卷；四十八年（1783 年）纂成《钦定礼部则例》195 卷；三十四年（1769 年）《钦定太常寺则例》121 卷；《钦定光禄寺则例》85 卷。还有《钦定国子监则例》32 卷、《钦定学政全书》82 卷、《钦定科场条例》59 卷、《钦定中枢政考》31 卷、《钦定八旗则例》12 卷等众多当代行政法规的编纂，其体例比较完备，有典则分例、考订精详等特点，充分体现出盛清时期的各项典章制度，以及国家机构的运行状况。④

清代是少数民族建立的政权，也是我国统一的多民族国家最终形成的时代。为体现这一空前绝后的历史贡献，以乾隆皇帝为代表的清代统治者，表现出对边疆史地、民族习俗研究的异常重

---

① 钦定四库全书本《八旗满洲氏族通谱》卷首御制序。

② 《乾隆朝上谕档》，乾隆四十年十一月初十日。

③ 《四库全书总目》卷八一，《钦定续通典》提要。

④ 赵静：《乾隆大清会典编纂研究》，河南师范大学 2013 年硕士论文。

视，敕命编纂了大量有关边疆史地、民族习俗的典籍。乾隆十六年至二十八年（1751 年至 1763 年）完成的《皇清职贡图》9 卷，图文并茂，将境内不同民族，及与清王朝有来往的国家之民族，描绘其衣冠形貌，汇编成书，是研究了解此民族与清王朝的关系，以及当地风土民情的重要文献。伴随新疆正式纳入版图，乾隆二十一年（1756 年）开始纂修，四十七年（1782 年）成书的《钦定皇舆西域图志》凡 48 卷，卷首 4 卷，约 60 万字，是清代新疆第一部官修通志。该书除采自档案外，还兼用实地调查勘测资料，为《大清一统志》新疆部分之所本。乾隆二十八年（1763 年），新疆第一部地名志《西域同文志》编成，是一部汉文、蒙古文、藏文、维吾尔文、托忒蒙古文等 6 种文字的人名、地名的对译辞书。特别是，乾隆二十九年至五十五年（1764 年至 1790 年）编纂成书的《大清一统志》426 卷，乾隆帝给予特别关注，在二十九年所御制《大清会典》序言中指明编纂该书是使“稽典者当了然知宰世驭物所由来，无自疑每朝迭修为故事耳。若夫治法心法，表里兼赅，精之而贯彻天人，扩之而范围今古，如往牒所称，惟睢麟足以行官礼者，是又数典之原，嘉会之本也”“会典一书，上自郊庙朝廷，行之直省州县，凡礼乐兵刑之实，财赋河防之要，城池邮驿之详，大纲小纪，无不并包荟萃，必使制度沿革本末了然、条贯井井，方足备一代之典章，垂之册府，非若词章之仅资讽咏，纪纂之但夸淹博而已”“自郊庙朝廷，放之千百国徼荒服，属之伦而莫之背；创业守文，绳之亿万叶矩矱训，行之久而勿之渝。非会典奚由哉！顾惟自圣作明述，政府粲陈其间有因者，即不能无损与益，而要之悉损益以善厥因，则方策所丽，乃一成不易之书，非阅世递辑之书也”。①

通过一系列史书的编纂，使盛清时期的各项制度确立下来。

八 几点认识

由前可知，乾隆帝在位期间致力于官方历史观的确立，采取了各种手段，可谓不遗余力，影响深远。那么，我们该如何评价乾隆帝的历史观，以及他为确立历史观所采取的系列文化政策举措呢？

首先应该肯定，乾隆帝的正统观，是对中国传统正统观的发展。正统观是中国历代王朝借以解释其统治合法性的重要理论。早期以“五德终始说”最为流行，“以木金水火土数为皇极运世之枢纽”。② 至唐代开始受到质疑。唐王勃著《唐家千岁历》有言：“国家土运，当承汉氏火德。上自曹魏，下自隋氏，南北两朝，咸非一统，不得承五运之次。”③ 北宋欧阳修《正统论》更认为：“自古王者之兴，必有盛德以受天命；或其功泽被于生民，或累世积渐而成王业，岂偏名与一德哉？谓帝王之兴，必乘五运者，谬妄之说也。”④ 自此，帝王道德成为统治合法性的重要标准。而各部儒家经典，无一例外地被统治者视为承载帝王大经大法和致治要道的法宝。以致清初的统治者，也不得不表现出对传统文化经典的坚决拥戴。

顺治帝就曾明确表示：“圣人之道，如日中天，讲究服膺，用资治理。”⑤ 康熙帝认为“帝

---

① 《清高宗实录》卷二八四，乾隆十二年二月丙寅；卷七七四，乾隆三十一年十二月辛酉。

② 《评鉴阐要》卷一，《故宫珍本丛刊》，海南出版社，2001 年，第 16 页。

③ （唐）封演：《封氏闻见记》卷五，中华书局，1985 年，第 37 页。

④ （宋）欧阳修：《正统论上》，《欧阳修全集》第 2 册，中华书局，2001 年，第 269 页。

⑤ 《清世祖实录》卷六八，顺治九年九月辛卯。

王道法，载在六经”①。雍正帝主张“六经皆治世之书”②，乾隆帝则强调“五经乃政教之原”③。康熙就认为：“二帝三王之治本于道，二帝三王之道本于心。辨析心性之理，而羽翼六经，发挥圣道者，莫详于有宋诸儒。”④ 其中尤以朱子“集大成而继千百年绝传之学，开愚蒙而立亿万世一定之规。穷理以致其知，反躬以践其实……文章言谈之中，全是天地之正气，宇宙之大道。朕读其书，察其理，非此不能知天人相与之奥，非此不能治万邦于衽席，非此不能仁心仁政施于天下，非此不能外内为一家”⑤。据此，康熙帝明确表示：“宋儒朱子注释群经，阐发道理，凡所著作及编纂之书，皆明白精确，归于大中至正，经今五百余年，学者无敢疵议。朕以为孔孟之后，有裨斯文者，朱子之功最为弘钜。”⑥ 乾隆帝致力于官方历史观的重塑，正是清初以来文化政策的继续。

清朝统治者因其祖先金人与宋朝为敌，背负胡狄之名，在宋明以来的正统观传承谱系中属于偏统遗脉，不入华夏主流。然满人入主大明江山，疆域之辽阔远超前代，治下族群之多元复杂亦非明人所能想象。⑦ 出身于“蛮夷”的清代统治者，继承了宋儒关于正统观的合理成分，且因“五运终始，谶纬所祖”，而对于谶纬之术及星象之变和灾异、祥瑞之说均加以贬斥。乾隆帝认为，以自然五行来附会议论人事，实乃荒诞不经之说。唐《五行应运历》以闰位之贬北魏、北周及隋，乃是“傅会五运嬗代之曲说”⑧。他在乾隆三十八年（1773 年）作《题大金德运图说》诗及序指出：“自汉儒始言五德迭王，虽推三皇五帝各有所尚，后更流为谶纬，抑又惑之甚矣。夫一代之行，皆由积德累仁，岂遂五行之生克?”“金”国号由来，乃因“大金发祥于爱新水，爱新者，国语金也，故建国即以金为号。乃因金色白，欲从而尚之，妄矣”。⑨ 至此，乾隆帝以王朝统治者的身份对于五德终始说进行了最终清算和定论。

乾隆帝对于迷信之说如祥瑞、灾异等，均持排斥态度。如唐玄宗时，有太史奏称太阳本应亏而未亏，为此姚崇上表庆贺以为祥瑞之兆。乾隆帝认为：日月交食“应亏不亏，必因步测者之不精，乃以为瑞而贺之，可笑可鄙，莫甚于此”。太阳未亏乃观测不精所致，因此附会祥瑞的说法实在荒谬。同时批评了邵雍“天下将治，地气自北而南；将乱，自南而北”之说“尤不足信”。他更对彗星治乱象征说法驳斥道：“幸灾者谓之彗，贡谀者谓之含誉，由是观之，则其为休、为咎，固已无定。”纯粹是人事的原因。他在评论宋朝五星聚奎的记载时再次指出：“好谀者诩祥而讳灾，矫情者称灾而却祥。虽觉五十步之胜，其于敬天勤民之本，盖亦失之远矣。”可见他认可的是“君人者在德”。他在评论宋徽宗崇宁年间铸九鼎以固统治一事说君主之治“在德不在鼎，今古不刊之论”⑩。对于传国玉玺的认识，乾隆帝同样强调：“君人者在德不在宝，宝虽重，一器耳，明等威，征信守，与车旗章服何异？德之不足，则山河之险，土宇之富，拱手而受

① （清）玄烨：《御制日讲易经解义序》，《日讲易经解义》卷首。

② （清）胤禛：《世宗宪皇帝御制书经传说汇纂序》，《钦定书经传说汇纂》卷首。

③ 《清高宗实录》卷二一，乾隆元年六月己卯谕。

④ （清）玄烨：《圣祖仁皇帝御制文集初集》卷一九。

⑤ （清）玄烨：《圣祖仁皇帝御制文集第四集》卷二一。

⑥ 《清圣祖实录》卷二四九，康熙五十一年二月丁巳谕。

⑦ 杨念群：《清朝“正统性”再认识：超越“汉化论”“内亚论”的新视角》，《清史研究》2020 年第 4 期。

⑧ 《评鉴阐要》卷二，第 28 页。

⑨ （清）弘历：《御制诗四集》卷一四，上海古籍出版社，2010 年，第 772 页。

⑩ 《评鉴阐要》卷五，第 75 页；《评鉴阐要》卷八，第 109 页；《评鉴阐要》卷六，第 89 页；《评鉴阐要》卷七，第 100 页；《评鉴阐要》卷八，第 115 页。

之他人，夫有恃此区区尺璧足以自固者。”因此“宝器非宝，宝于有德”。[①] 这种认识，无疑是对传统的正统观念的继承和发展。

第二，乾隆帝的大一统理念是与清代统一的多民族国家的历史现实相适应的，具有重要的现实价值。在汉人为中心的政治观念里，王朝正统与否，还与其华夷身份密切相关，正如明太祖朱元璋所说：“自古帝王临御天下，中国居内以制夷狄，夷狄居外以奉中国，未闻以夷狄治天下也。”[②] 这一认识是出身于“蛮夷”的清代统治者所不能容忍的。清世宗雍正帝就曾针锋相对：“皇天无亲，惟德是辅，盖德足以君天下。此天下一家，万物一体，自古迄今，万世不易之常经，非寻常之类聚群分，乡曲疆域之私衷浅见所可妄为同异者也。”即便是居于“外”的夷狄，只要有德，就可以为君！他进一步反驳曾静的“华夷分离”论：“天下一家，万物一源，如何又有中华夷狄之分？”雍正帝认为：“自古中国一统之世，幅员不能广远，其中有不向化者，则斥之为夷狄。如三代以上之有苗、荆楚、俨狁，即今湖南、湖北、山西之地也。在今日而目为夷狄可乎？至于汉、唐、宋全盛之时，北狄、西戎世为边患，从未能臣服而有其地。是以有此覆彼界之分。自我朝入主中土，君临天下，并蒙古极边诸部落，俱归版图，是中国之疆土开拓广远，乃中国臣民之大幸，何得尚有华夷中外之分论哉？”[③] 破除“华夷之辨”，不分地域与远近，对华夷一视同仁，这在当时历史条件下，无疑是进步之论。

历代先贤孜孜以求的政治大一统局面最终在清代实现，也确实给清代的统治者以极大的政治自信。乾隆五年（1740年）十一月，新修《大清一统志》书成，乾隆帝在御制序文中就曾自豪无比：“惟上天眷顾我大清，全付所覆，海隅出日，罔不率俾。列祖列宗德丰泽溥，威铄惠滂，禹迹所奄，蕃息殷阜，瀛壖炎岛，大漠蛮陬，咸隶版图。置郡筑邑，声教风驰，藩服星拱，禀朔内附，六合一家，远至开辟之所未宾。梯航重译，历岁而始达者，慕义献琛，图于王会，幅员袤广，古未有过焉。”因而纂辑全书，“以昭大一统之盛”[④]。他在《御制皇舆西域图志序》中揭示说：“志广舆者，不稽之历代建置沿革，将无从数典，而志西域则有不能尽稽之历代者，实以幅员所限，言语不通。虽汉唐盛时亦颇能威行天山以南，建官设都，而天山以北本不能至也。即有一二羁縻之国，然叛服不常，征调弗应，又安能履其地而疆索之哉？且汉唐之程督异域者，仍汉唐人而已，其与准噶尔回部人语奚啻粤问而燕答？则其所记鲁鱼亥豕之纷，不待言而可知。”而大清则“准噶尔回部之人皆在廷执事，而国语切音译外藩语又甚便且易，我诸臣驰驱往来其间，目睹身历，非若耳闻口传者比，俾司校勘而正其讹、传其真，较仆婢耕织之问为尤详。且厄鲁特语及回语，朕亦因暇而习焉，时御丹椠为之改正，是西域志之书，必应及是时成之，用开历代之群疑，垂千秋之信录，间亦涉及诸史，以存述古。总计分部二十，分卷五十有二，绘图系说，蔚为完书”[⑤]。他同时指出前代《史记》等典籍记载西域，多“出于传闻，夫鲁鱼亥豕，以华言传华言尚不能无讹，而况语音殊、衣服异，嗜好不同之绝域哉”，自然不能无讹，而清代“西域伊犁之地，屯牧者我人；回部之城，莅宣者我臣。且国语切音，实能尽各部转韵曲折之妙，是则传万里幅之悉，正千古记载之舛，实惟此时”。[⑥]

① 前揭乾隆帝《御制诗四集》卷四，第50页。

② 《明太祖实录》卷二六，吴元年十月丙寅。

③ 《大义觉迷录》卷一，《清世宗起居注》雍正七年九月上谕。

④ 《清高宗实录》卷一三一，乾隆五年十一月甲午。

⑤ 《皇舆西域图志》卷首，《御制皇舆西域图志序》（乾隆二十七年十二月初一日）。

⑥ 《皇舆西域图志》卷首，《西域地名考证叙概》。

其三，乾隆时期对官方史观的重塑，尽管存在对历史文献的禁毁等问题，但对于国统一的多民族国家的政治需要是相适应的。马克思主义理论认为社会意识是社会存在的反映，因而一代之治理，必有相应的政治经济文化政策以致之，所以“在分析任何一个社会问题时，马克思主义理论的绝对要求，就是要把问题提到一定的历史范围之内”①。我们在评价乾隆帝的历史观及其重塑官方史观的作为时，同样应该把它放在清代的历史现实中去考察。

清代是中国历史上最后一个封建王朝，同时也是一个少数民族建立的统一的多民族政权，要统治和维护这样一个疆域辽阔、民族多样、人口众多的国家，对当时的统治者来说，无疑是一个巨大的考验。在吸取和借鉴历代统治经验教训的基础上，因时因地推行具有时代特色的政治经济文化政策势在必然。特别是及时确立官方意识形态，对巩固统一的多民族国家政权尤其重要。正如乾隆帝所言：“国家荷天庥，承佑命，重熙累洽，同轨同文，所谓礼乐百年而后兴，比其时也。而礼乐之兴，必藉崇儒重道，以会其条贯。儒与道，匪文莫阐。”② 要使“书文车轨讵能外，方趾圆颅莫不亲”，就需要采取相应的文化举措，及时统一大家的历史认知，消除所谓“异端”思想，所谓“丹青非为夸声教，保泰承庥慎拊循”即是这一思想体现。③

实际上，当时人对乾隆朝推行诸多文化举措也是认可的。谢登儁就称编纂《皇清职贡图》是“效华封，祝大一统无外之模”，《通鉴辑览》等史书的编纂是“论史上下年四千，评乐曲笔针肤孱”④，编辑《西域同文志》《职贡图》是为“彰皇朝声教之广”，而《大清会典》《大清通礼》《皇朝礼器图式》《国朝宫史》等图书的编纂，更是昭一代典式。⑤这既是王朝鼎盛的体现，更是巩固统一的多民族国家政权所必须。

（作者单位：故宫博物院出版部）

① 《列宁选集》第2卷，人民出版社，2012年，第512页。

② 《乾隆帝御制文二集》卷一三。

③ 《乾隆帝御制诗三集》卷一五。

④ 《八旬万寿庆典》卷一一九。

⑤ 前揭乾隆帝《御制诗四集》卷六五。

清代大学士差遣军务初探

——以长龄平定张格尔叛乱为中心①

刘　洋

内容提要：道光六年（1826年）夏，南疆张格尔暴乱猝起，清廷即刻任用署陕甘总督杨遇春为钦差大臣，直接负责平叛事宜。但伴随局势的日益严峻，道光帝继而从全国各地调兵备战，并改以资深望众、熟悉回疆事宜的大学士长龄为帅，杨遇春等参赞协助。面对道光帝亲自制定的“奇正相生”分兵进剿的指示，长龄等不为遥制，进而确定了“并力相向”合兵一路的用兵方略。清军正式进剿后，一月之内连获三捷，克复喀城，但张格尔却乘机逃脱。这使得道光帝龙颜大怒，连发谕旨申斥长龄，以致其有获罪之虞。然年终岁末之时，长龄督兵一举生擒逆首，不仅自身转危为安，而且凭借再定回疆之功得到皇帝的格外礼遇与恩荣。

关键词：大学士　军务　长龄　道光帝　张格尔叛乱

有清一代，内阁大学士职掌繁多、角色多元。既有票拟题本、顾问应对等内阁本职范围内的原有职掌，又有雍乾以降新增的入值军机处、管理部院等额外差使。值得注意的是，上述职能大都属于阁臣的常态性工作。除此之外，在某些特殊时期，清帝又经常临时委派其处理突发问题，其中经略军务就是上述差遣的重要方面。早先学界多从典制角度审视清代大学士的职掌②，近些年来又集中探讨其在内阁、军机处等中枢机构中的具体运作情况③，然而对包括经略军务在内的诸多临时差遣一直关注较少。特别是勋高位极的阁臣大都在何种情况下钦命执掌帅印，在具体用兵部署中的自主权限如何，战局进展对君臣关系有何影响等方面均有待细致的探究。本文则以道光年间大学士长龄受命平定张格尔叛乱事件为中心④，通过深入考察其担任扬威将军的背景，用兵方略的具体制定过程，以及战场局势对君臣关系的影响等三方面问题，进而推进对清代阁臣经略军务的深层次认知。

---

① 本文为“国家社科基金青年项目”《阁臣多元差使与清代国家治理研究》（编号：19CZS027）研究成果。

② 萨师迥：《清代内阁制度》，商务印书馆，1946年；凌林煌：《清代内阁制度》，台湾商务印书馆，1977年；冯元魁、程翌康：《略论清朝内阁的职掌与机制》，《上海师范大学学报》1989年第2期。

③ 高翔：《略论清代中央权力分配体制——对内阁、军机处和皇权关系的再认识》，《中国史研究》1997年第4期；祁美琴：《从清代“内廷行走”看朝臣的“近侍化”倾向》，《清史研究》2016年第2期；［美］白彬菊著，董建中译：《君主与大臣：清中期的军机处（1723—1820）》，中国人民大学出版社，2017年。

④ 此前学界对长龄挂帅平定张格尔叛乱已有一定研究，如潘志平《长龄、那彦成与南疆之乱》简要论述了长龄指挥此役的始末过程，并将其功成名就与那彦成之惨淡结局做以比较；赵珍《道光六年清廷平定南疆用人决策述略》详细梳理了清廷用兵前多方面的人事部署，尤其是主帅人选的改易情况。

一　出将入相：长龄的家世与前期仕宦经历

长龄，字修圃，号懋亭，萨尔图克氏，乾隆二十三年（1758 年）生，蒙古正白旗人。其生于官宦世家，父纳延泰官至理藩院尚书，多次奉命办理西北军务，入值军机处二十余年，蒙古公文撰拟多出其手。兄惠龄历任山东巡抚、陕甘总督，在平定白莲教起义中屡建战功，后追赠二等男爵。乾隆三十八年（1773 年），长龄以翻译生员捐纳笔贴式开始步入仕途，至乾隆末年才累迁至从四品内阁侍读学士。与其他满蒙世家子弟相比，可见其早年仕途并不通达。究其原因，除本人出身不高外，应与乾隆帝严责其父在任期间的过失密切相关。① 虽是如此，长龄却有幸获得阿桂、福康安等重臣的赏识，并追随其平复了甘肃田五、台湾林爽文等起义和廓尔喀的入侵，积累了宝贵的实战经验，练就了军事指挥才能。

嘉庆初年，长龄奉命在陕西、湖北一带镇压白莲教起义并多有战绩，擢升襄阳镇总兵、湖北提督，后转任安徽、山东等地巡抚。后于嘉庆十二年（1807 年）、十八年（1813 年）和二十二年（1817 年）三次出任陕甘总督，相继平定了青海番民暴乱事件和多起农民起义，并屡筹善后事宜，获赐骑都尉世职。此间又曾担任乌鲁木齐都统、伊犁将军，亲赴南疆审理孜牙墩等诸多要案。长期的西北任职经历和多次统兵作战为其日后挂帅平定张格尔叛乱奠定了坚实基础。道光二年（1822 年），64 岁的长龄进京升任文华殿大学士，入值军机兼管理藩院事务。至此，其已位至极品，以阁臣兼职枢垣，成为了名副其实的"真宰相"。

雍乾以来，清廷改变了以往专从六部尚书中选任大学士的惯例，实行所谓"内外兼顾"，进而为一些封疆大吏直接入阁拜相提供了可能。细加考察，其大都兼具以下两项条件：其一，在任官资历方面，一般均为历任有年的总督，而同为地方军政长官的巡抚则不再擢任阁臣之列。其二，政绩斐然、素有时望，或在发展生产、治理河患、安定民生方面颇有作为，或绥定边疆、清除匪患、招抚外夷方面功勋卓著，进而深得圣宠。按长龄之履历，已然符合上述条件。自嘉庆十二年（1807 年）他首次出任陕甘总督算起已有 15 年之久，期间仕途虽有挫折，但不久即获重用。特别是三督陕甘，平复番民暴乱、剿平匪盗民变多有功绩，以至道光帝登基伊始，即晋升其为协办大学士。而此番正式入阁，已为水到渠成、实至名归之事。

二　阁臣挂帅：南疆告急与长龄受命扬威将军的缘起

道光四年（1824 年）十二月，长龄以大学士兼任云贵总督，次年秋季复调任陕甘总督。而在赶赴新任行至四川广元途中，突然接到军机处的寄信上谕，令其署理伊犁将军，火速驰驿前往赴任。② 长龄随即具折领旨谢恩，道光帝朱批回复道："边疆辽阔，事关紧要，非卿署理不可。

---

① 《清高宗实录》卷六六三，乾隆二十七年闰五月壬午。

② （清）长龄：《懋亭自定年谱》卷三，《北京图书馆藏珍本年谱丛刊》121 册，北京图书馆出版社，1999 年，第 369 页。

图 1 清人绘《旻宁耀德崇威图》轴

卿其善体朕心，勤慎办理，以副委任。”①

事实上，文中所述的“事关紧要”，则与近年来南疆地区的一系列边患密切相关。自嘉庆二十三年（1820 年）起，原回疆大和卓布拉尼敦之孙张格尔，经常率众滋扰边境，捣毁卡伦，戕害弁卡官兵，随即扬长而去，藏匿于布鲁特、浩罕等境外部落之中。清军虽屡次追剿，然限于卡外地域广袤、道路生疏，均毫无收获。特别是道光五年（1825 年）八月，发生了喀什噶尔帮办大臣巴彦巴图出卡搜捕张格尔却身死异域、全军覆没的严重事件。清廷在严旨切责伊犁将军庆祥和喀什参赞大臣永芹后，亦大幅度调整了伊犁以及与之毗邻的陕甘等地的军政大员。

> 以大学士陕甘总督长龄署伊犁将军，陕西固原提督杨遇春署陕甘总督，命署陕甘总督鄂山回陕西巡抚任，调湖南提督杨芳为陕西固原提督。庆祥俟长龄到任后，迅速前往喀什噶尔，会同永芹相机妥办。②

上述人事安排非常重要，直接奠定了后来平定张格尔叛乱的人事格局。尤其是杨遇春以武职固原提督代替陕西巡抚鄂山署理陕甘总督皆系非常之举，并将其远在湖南的旧属杨芳重新置于麾下，可见当时清廷已经做了从内地调兵进剿的准备。

---

① 《长龄奏为驰往伊犁接署伊犁将军印务事》，道光五年十一月初六日，中国第一历史档案馆藏录副奏折（档号：03－2567－059）。

② 《清宣宗实录》卷九〇，道光五年十月庚辰。

而当下应对张格尔犯边的实际举措，道光帝虽仍以庆祥赴喀什噶尔会同永芹商办，但事实上已将重任交予了远隔数千里之外、尚在赴任途中的长龄。正所谓“长龄熟悉边疆情形，此事必有所见，即当札致庆祥妥协筹办、计出万全”①。尤其是在庆祥建议以布鲁特部擒拿张格尔的问题上，皇帝再次强调了与长龄商酌的必要性，“惟在该将军筹度完全，并与长龄详悉札商，妥为办理”②。与此同时，道光帝又实授长龄为伊犁将军，即“以大学士补授伊犁将军，以专责成”③，而原将军庆祥则接任病故的永芹为喀什噶尔参赞大臣，完全成为长龄的下属官员，对其指示机宜更属名正言顺。

在解决南疆边患问题上，长龄亦主采用相对保守的策略，通过利用当地回人伯克诱骗张格尔进入卡伦，一举将其拿获，而对大规模派兵出卡清剿持谨慎态度。在给道光帝的奏折中，他明确述及了对庆祥的类似指示，“进兵时尚宜妥为斟酌，带兵之员不可轻举妄动，臣现已札致庆祥嘱其派令阿奇木伯克等设法擒拿该逆，其进兵一节，若可俟臣到后公同商酌，再定行止”④。后又专门上疏，从现驻南疆的清军战力堪忧、卡外路径生疏、后勤保障不足等三方面系统分析了反对大举出兵的原因。⑤

道光帝览奏后对此议持高度肯定态度，所谓“长龄在途次，尚未悉近日筹画情形，是以有此陈奏，自系老成持重之见”，并再次严令赴喀什噶尔前线处理边患的庆祥“一切事宜与长龄札商，不可冒昧轻进”⑥。事实上，设计智擒而非出兵清剿已成为巴彦巴图率兵出卡全军覆灭后，清廷解决张格尔寇边的主要对策。在此指导下，庆祥也通过当地伯克将多次入卡作乱的重要匪首迈玛呼里擒杀，极大震慑了当地叛乱分子。⑦ 道光六年（1826 年）春夏之际，南疆地区似乎重新恢复了平静，以至清廷作出了撤兵节饷的决定。除喀什噶尔换防官兵到限后仍继续留屯外，其余叶尔羌、阿克苏、乌什三地本年应归营之换防官兵尽数返回，无需调用。⑧

然而南疆一场大变乱的突然爆发则彻底击碎了上述乐观的预判。道光六年六月十四日夜，张格尔率领部众五百余人由伊斯里克、图舒克塔什间的开齐山路大举内犯，喀什噶尔参赞大臣庆祥随即派帮办大臣舒尔哈善、领队大臣乌凌阿等率兵迎敌。但与以往不同，此次叛军通过利用白帽回众对和卓无比崇信的宗教热忱得到了普遍支持和归附，顿时清军陷入孤立无援的被动局面，正所谓“喀什噶尔城中回子全行变乱，现在分股猖獗、道路不通，万分紧急”⑨。七月十三日，道光帝收到南疆危急的奏报后，立即以六百里加急的形式向署陕甘总督杨遇春发出了廷寄，部署平叛事宜。

> 喀城回子全行变乱，现在分股猖獗、道路不通。除降旨飞饬各城大臣严密防范外，着颁给钦差大臣关防一颗，交杨遇春迅速驰驿前往查办，陕甘总督已降旨令鄂山驰驿前往署理。

① 前揭《懋亭自定年谱》卷三，第 370 页。

② （清）方略馆编：《清代方略全书》第 96 册，北京图书馆出版社，2006 年，第 636 页。

③ 前揭《清代方略全书》第 96 册，第 638 页。

④ 《长龄奏为途中接旨仍请前赴喀什噶尔与庆祥会商后再回伊犁接任事》，道光五年十二月二十一日，中国第一历史档案馆藏录副奏折（档号：03－2568－098）。

⑤ 前揭《清代方略全书》第 96 册，第 707—710 页。

⑥ 前揭《清代方略全书》第 96 册，第 713 页。

⑦ 前揭《清代方略全书》第 97 册，第 116 页。

⑧ 前揭《清代方略全书》第 97 册，第 84 页。

⑨ 前揭《清代方略全书》第 97 册，第 145 页。

> 杨遇春接奉此旨，即于陕甘两省自提镇以下及满汉官兵，听杨遇春择其曾历行阵得力精锐者，一面调遣分起前进、督率起程，一面由驿驰奏……该署督老成历练，特资倚任，诸事务当计出万全，朕亦不为遥制也。①

可见，清廷第一时间将平叛事宜交给了杨遇春负责，任命其为钦差大臣直接负责调兵进剿。而对于伊犁将军长龄则令严防死守，所谓“该将军总统新疆地方，尤不可轻举妄动，惟当相机调度设法策应，其各城附近喀什噶尔地方回子是否安静，并著加意严防”②。

在此部署中，职司天山南北的长龄似乎并没有被朝廷赋予重任。然而情况却远非如此，我们在看到平叛之初杨遇春即获委任的同时，也不应忽视道光帝对长龄的倚重。这在寄发其的另一则上谕中阐述得十分清楚。

> 该将军统辖新疆，虽未躬历行间，亦有总统之责。凡各路军情及一切军火粮饷马匹等项事宜，均须通盘筹画计议周详。如有应行调遣筹备，及杨遇春有咨商办理之处，即当一面奏闻，一面相机妥办。新疆距京遥远，奏报往返须时，无致稍有延误，朕亦不为遥制。③

事实上，平叛伊始清廷构建了两个彼此分立的指挥首脑体系，一为朝廷新任的钦差大臣杨遇春，二为身为伊犁将军的大学士长龄。杨遇春虽贵为平叛钦差，但无权节制长龄。如上文所述，二人之间遇事只能咨商办理，同时长龄也被授予了“相机妥办、不为遥制”之权。另外，在朝廷委任杨遇春为钦差前，坐镇伊犁的长龄就已下令从北疆调兵驰援，所谓“闻信之下万分焦灼，当即拣派官兵二千名饬领队大臣硕隆武、祥云保带领由冰岭行走，一面飞咨乌鲁木齐都统英惠调兵四千名令提督达凌阿带领前往”④。各路援军作为长龄的部属，亦由其直接指挥。

图 2　沈贞绘《杨遇春像》轴

然而上述应对举措并没有带来南疆战局的改观，相反却呈现出愈加严峻之势，叛军已逐渐从喀什噶尔蔓延至英吉沙尔、叶尔羌等多城。道光帝有鉴于此，遂在前期杨遇春调拨陕甘等地五千五百名绿营兵的基础上，从全国各地选调精兵强将，一时间“征调绿营驻防官兵不下数万，京营劲旅及吉林、黑龙江两路官兵尤号骁勇，领兵诸臣内而侍卫、副都统，外而提镇暨各城大臣星驰云集”⑤。因此，军前

① 前揭《清代方略全书》第 97 册，第 148—150 页。

② 前揭《清代方略全书》第 97 册，第 147—148 页。

③ 前揭《清代方略全书》第 97 册，第 233 页。

④ 前揭《懋亭自定年谱》卷三，第 373、374 页。

⑤ 前揭《清代方略全书》第 97 册，第 310—311 页。

必须有一员久经战阵、素有韬略，且威望深厚足以节制各路满汉官兵的统帅。这促使道光帝在任命杨遇春总统军务不足半月时间内，对前线主将人选进行了调整。

> 惟思命将出师，事权宜归统一，大学士伊犁将军长龄公忠体国、老成谙练，着授为扬威将军，并由京颁给印信，军营大小官员悉听节制。杨遇春前已颁给钦差大臣关防，计已自甘肃起程，武隆阿由山东来京陛见，亦著颁给钦差大臣关防，与杨遇春俱参赞军务……如有续行添调官兵之处，并著长龄等一面奏闻，一面飞调。①

与上次相比，本次部署呈现出两方面变化：第一，清廷将平叛的规格显著提升。此前清廷仅任命杨遇春一人为钦差大臣，负责进剿事宜；而此次则正式授予长龄为扬威将军，所谓“命将出师”，由京师颁发正式印信，同时又以杨遇春、武隆阿二人为参赞大臣，均佩发钦差大臣关防，协理军务。

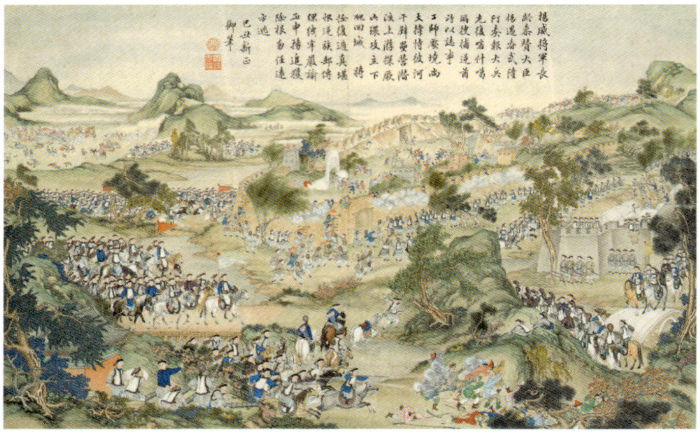

图 3 《平定回疆剿擒逆裔战图》册之克复喀什

图 4 《平定回疆剿擒逆裔战图》册之收复和田

① 前揭《清代方略全书》第 97 册，第 303—304 页。

第二，统一权限，正式确定了以长龄为核心的一元指挥体系。此前杨遇春虽授权“总统军务”，但谕旨明言，其只能节制提督、副都统以下官员，而对将军、参赞、都统等大员则需咨商办理，而无权命令，尤其是对于位高望重的长龄更是如此。所谓“凡将军、参赞、都统，遇有应行会筹事宜，皆当咨商办理，其余自提督、总兵、副都统以下，悉听杨遇春节制调遣”①。正如前文所言，在平叛之初，西北战场事实上存在着以长龄和杨遇春两个各自为首的指挥体系。而随着战事规模的扩大，从各省调集援兵的激增，势必要统一号令、集中指挥，进而确立了长龄全军统帅的地位，所谓“军营大小官员悉听节制”，亦包括二位参赞大臣。

然而道光帝为何最终选择了长龄担任主帅，而以杨遇春副之呢？事实上，统领一支紧急从全国各地征调而至数万人的大军，且在距内地遥远、人情风俗迥异的南疆地区取得用兵的胜利，实属不易。笔者认为担任统帅者须兼具以下三方面条件：一是位高望重，足以震慑全军将士，尤其是素来骄横的满蒙大员；二是军事才能卓著，曾多次亲身带兵作战，实战经验丰富；三是应熟悉回疆山川地理及人情风俗等方面情况。

综上所述，长龄较之杨遇春明显具备以下两方面优势。其一，长龄出身于满蒙世家，本人历任多省督抚大员，现以大学士身份兼任伊犁将军，并在乾嘉两朝诸多军事作战中功绩颇丰。而杨遇春则为汉人，无显赫之家世，长期担任武职，道光五年（1825 年）南疆事态紧急后才首次署理总督。显然在家世与资望方面，杨遇春与长龄相比均差距甚远。其二，杨遇春与长龄虽都久经战阵、屡立战功，但其无回疆任职经历，对当地的各方面情况未免生疏隔膜，而长龄本人却在新疆任职多年，现为当地最高军政长官，熟谙各方面情形。

三　君臣互动：道光帝与长龄关于用兵方略的决策

道光六年（1826 年）七月二十六日，也就是正式授予长龄扬威将军两天后，道光帝对其发出廷寄，明确指出了本次平叛取得胜利的标志，即是擒拿或击毙逆首张格尔，而不是简单收复南疆西四城。朝廷之所以如此界定，是鉴于张格尔长期袭扰南疆并且飘忽不定的特点。如若放其逃脱，难免日后组织力量再来犯边，不仅此次大规模调兵进剿劳师糜饷毫无成效，而且日后数万大军又不能长期在此驻扎护边，从而南疆又将陷入被动局面，边患问题终不能彻底根除。

在此基础上，道光帝提出了两种解决逆首张格尔问题的办法：一是出其不意，在其后路设一奇兵阻截其逃窜，即“设法绕在近卡地方分出奇兵，要截去路，以期一鼓歼擒”。二是争取当地布鲁特等部落，诱之以利，将其拿获，所谓“该布鲁特等惟利是视，若啖以重赏，使不从逆者乐于输诚效命，该逆裔纵或逸出卡外，岂能复任潜藏”。细加比较我们不难看出，上述两种方案立足点不同，“分设奇兵、截其后路”依靠清军自身，“悬赏当地部落”则是仰仗外力。在方案的运用方面，道光帝则倾向于以前者为主，而将悬赏外藩诸部作为逆首侥幸逃脱后的补充对策，进而要求长龄会同武隆阿等详研战图，进而“悉心通盘筹画、妥为布置，应如何冲其前敌，如何截其后路”②。

八月初八日，道光帝又朱谕长龄，除重申务必擒获张格尔等匪首外，亦言明了分兵的注意事项“如分路进兵，相隔远近不能豫定，总要差探路径分明，声息相通，断不可彼此不能相顾

① 《清宣宗实录》卷一〇一，道光六年七月戊戌。

② 《清宣宗实录》卷一〇一，道光六年七月丙午。

也，戒之”①。十天后，道光帝更是直接筹划出了一分设奇兵断后的具体实施方案。

> 近日朕披览舆图，有由乌什之巴什雅哈玛山至喀什噶尔之巴尔昌山草地一路，甚属偏僻。非若巴尔楚克由树窝至喀城，为民回往来熟径可比，且更近捷。若彼时一面统领大兵由台站进发，一面酌分参赞一人潜率奇兵，由草地抄出前路，兜转与大兵会合。两面夹击，出其不意，掩其不备，将该逆裔等就地歼擒。②

在此方案中，道光帝首次提出了由乌什至巴尔昌山草地以截堵叛军后路的作战方略。其认为该路径较之台站大路有两点优势：一则地属偏僻，当地民众甚少知晓；二则路途更为近捷。总之，该路地近且利于保密，由此设一奇兵，可收出其不意之效。此外，他又阐明了由此路用兵需虑及的两方面问题：一是地属偏僻，后勤保障务必充足，“一切军火粮饷，更应裹带充足，必须豫为设法筹办”；二是由于该路与布鲁特等部邻近，所以行军应注意隐蔽，不能打草惊蛇，使敌人提前洞悉，所谓“且经由布鲁特游牧地界，尤须加意详慎，勿使惊惶，并不致为贼所觉，方为妥善”。在指示上述用兵方略的同时，道光帝亦向长龄等言明，“朕只就舆图形势指示机宜，究竟可行与否，该将军等自能审察抉择，以期应手成功，不必拘执此谕也”③。

随着南疆战事的深入，道光帝则愈发坚信了分兵进剿的必要性，进而九、十月间寄交前线的上谕亦从之前仅供参考的商酌，逐渐变为“务分奇兵两路”的命令，甚至直接指示由熟悉回疆情形的参赞大臣武隆阿当此重臣。所谓“至进兵时分奇正两路，武隆阿熟悉回疆情形，当由捷径带领奇兵，先赴喀什噶尔以截其后。”④ 至十一、二月，道光帝又在原奇正两路分兵进剿的基础上，提出了兵分三路的指示。“至进兵机宜，前经降旨令长龄等分正兵一路，奇兵二路。一由乌什巴什雅哈玛卡伦外草地，一由巴尔楚克军台向树窝子潜进，再以大军由正路前进。庶以牵制该逆俾分贼势，并前后兜击，不令窜出卡伦。”⑤ 总之，不管是两路还是三路，道光帝力主在进剿中采用分兵原则，实行所谓前后夹击，其着眼点即是防止张格尔等逆首从后路逃窜。

面对道光帝拟定的“奇正相生”分路进剿的用兵方略，作为前线统帅的长龄似采用了两面手法。在奏折中，一方面他表示完全赞成并坚决执行皇帝的用兵指示，所谓“臣等筹议再四，必须分路出奇，由乌什草地驰进……遵旨即令武隆阿带领奇兵由捷径竟赴喀什噶尔”⑥，“臣等熟筹进剿大局自以喀什噶尔为先，必宜分兵两路，一由乌什草地驰往兜击，一由大路扬言进攻”⑦。另一方面，其又不断向朝廷言明，由此路进兵的一些先决条件和现阶段军前的各种困难。如在十一月的一封奏折中，长龄向道光帝奏明，经乌什草地进军尚需“差查路径有无积雪难行之处，抑或别有捷路可以遄行”⑧。待访查明确后，再与亲领该路奇兵的参赞大臣武隆阿具体商定。在十二月的一封奏折中，他又坦言了对分兵以致孤军深入的隐忧，同时列举了兵力不足、粮草匮乏等一系列现实问题，并禀明皇帝“俟大兵齐集、诸臻妥备，即当将应分应合，如何前进、如何

---

① 《清宣宗实录》卷一〇二，道光六年八月丁巳。
② 《清宣宗实录》卷一〇三，道光六年八月乙丑。
③ 《清宣宗实录》卷一〇三，道光六年八月乙丑。
④ 《清宣宗实录》卷一〇七，道光六年十月甲寅。
⑤ 《清宣宗实录》卷一一一，道光六年十二月辛酉。
⑥ 前揭《清代方略全书》第99册，第37—38页。
⑦ 前揭《清代方略全书》第99册，第97—98页。
⑧ 前揭《清代方略全书》第99册，第37页。

后应之处，临时审察情形，相机酌定”①。

由此可见，长龄对朝廷分兵进剿的用兵方略能否在具体作战中贯彻实施，始终未给出明确的回复。也就是说，该计划在提出数月之后仍然处于“纸上谈兵”阶段。面对如此情况，远在京师的道光帝甚为不满亦无可奈何，只能频频向军前发出廷寄，催促长龄等速做决断，并再三晓谕其分兵的必要性。所谓“至奇兵行走，意在掩其不备，从后拦截，勿令窜逸。不拘一路二路，总在该将军等相机办理，断不可令正兵先入，而奇兵未到，转驱该逆使遁也”②。

道光七年（1827 年）二月，长龄正式具奏朝廷，对道光帝事先提出的由乌什分设一奇兵断后的用兵方案持明确反对意见，并详析了分兵的不利因素。其一，该路崎岖险峻，自然环境恶劣，不仅骑兵难以行进，而且军需粮草运送尤其艰难。“自乌什卡伦以外，直抵巴尔昌均系险窄山沟，且有数站戈壁并无水草，加以山石错杂，马队难行，后路兵粮尤艰跟运”③。其二，该路邻近的布鲁特各部多与叛匪关系密切，可随时将清军行军消息打探报送，不仅不能收出其不意之效，反而易陷入敌军包围之中。在此基础上，他坚持“并力相向”将兵力合一由军台大路集中出发进剿，并阐述了两点必要理由。

> 此次先后所调官兵共计三万六千余名，除留防后路……实在现时进剿满汉马步官兵共止二万一千九百五十余名。如以两路分进，不特相距二十余站，声息难通，倘一路稍有阻滞，即于全局大有关系。今乌什一路，各布鲁特既为张逆勾结，难以潜行抄截，即喀什噶尔贼巢屡经密探，安集延、布鲁特等聚集滋多，张逆恃其丑众，正欲以城狐之凭借，力图螳臂之支撑。若非大兵全力相向，断不能震慑声威，迅成破竹。是以臣等审度机宜，酌量兵力，必须归并一路，改由中道，出其不料，突往围攻，庶可反正为奇，易于得手。④

一则兵力有限、不易分散。如上文所言，清军此次大规模用兵南疆，虽从全国各地征集了三万六千余人，然除留防后路、护运粮饷外，直接能参战的军队数量不足二万二千人。如果分路进剿，会导致本就不够充足的兵力更加捉襟见肘，进而难以应对人数众多的叛匪。二则分兵作战，两路之间路途较远，通信困难，很难做到协同作战。如若一路有失，将使整个战局陷入严重不利局面。

面对上述意见，道光帝终究不敢执意犯险，强令奇正两路分兵进剿，遂下旨同意了前线合兵一路的用兵方略，所谓“所见甚是，行军之道移步换形，原在该将军等审势相机妥办”⑤。但仍不免对张格尔等匪首伺机逃窜存有隐忧，进而再三告诫长龄，务要兵贵神速、计出完全，使逆首无暇窜逸。综观此番进剿方略的抉择，道光帝思路明确、方案具体，多次主动谕示，最终却不获采纳。可见，在具体用兵方略的制定上，重臣经略军务具有明显的自主权，真正体现了不为遥制。

---

① 前揭《清代方略全书》第 99 册，第 102 页。

② 《清宣宗实录》卷一一三，道光七年正月乙酉。

③ 前揭《懋亭公自定年谱》卷三，第 402—403 页。

④ 前揭《清代方略全书》第 99 册，第 220—223 页。

⑤ 前揭《懋亭自定年谱》卷三，第 404 页。

四　战局与圣宠：道光帝对长龄态度的反复变化

道光六年（1826 年）十月初一日，长龄正式到达阿克苏大营，随即开展了对柯尔坪等叛匪聚点的清剿。在本次战役中，清军大获全胜，不仅歼敌众多，彻底解除了阿克苏等城的危急，而且赢得了战场上的主动权，为下一步挥师收复西四城奠定了基础。道光帝览奏后，自然龙颜大悦，遂下旨褒奖，所谓“初到军营即获胜仗，已褫逆酋之魄，此皆该将军等韬略娴熟，兵将一心，督率有方”①。

为激励大军早日平定叛乱，道光帝对前方将士恩赏不断，而作为全军统帅的长龄更是圣眷尤隆。除前番获赐护身佛、玉扳指、御用荷包等稀有物品外，十二月初二日又蒙温旨垂问，所谓“边外天气冱寒，朕心实深廑注，特赏长龄黄里貂尾马褂一件，并赏獭皮战裙一条，以昭垂注”。此外，考虑到长龄已近古稀之年，道光帝特将其子桂轮超升至内阁学士，派赴军前随同照料，并明言：“锋镝之下不可妄遣，朕以卿年近七旬，特命伊随侍左右，兼可练习也。”②

然而隆冬季节，大军停止进发、耗费尤多，使得原本十分和谐的君臣关系开始趋向转折。长龄等鉴于天气寒冷，加之前线兵力、粮草不足，故暂令修整以待来年开春用兵。但道光帝着眼于每日庞大之军需，遂下令催促，所谓“从前平定回疆，不过二万余兵……但使兵力足敷分剿，即当会商前进，不可旷日持久坐失事机”③。特别是长龄对朝廷“奇正相生”分兵进剿的方略能否具体施用于战场，一再拖延不予明确回复，使得本已焦急的道光帝更是不满，以至严旨切责。

> 惟计长龄、杨遇春行抵军营已四月有余，武隆阿续到亦逾两月。自已将进兵各路躧探明确，何以屡次奏报尚无定议……所奏兵力足敷分剿，即当克日前进，只系空言塞责……若大兵久驻，不但师老饷糜，更恐益张贼智……倘再任其日久勾结羽翼更多，办理益形棘手，该将军等自问当得何咎。④

道光七年（1827 年）二月初六日，清军在长龄等人的指挥下从阿克苏出发，正式开始了对叛匪的进剿。首先在洋阿尔巴特庄战役中，三路夹击大获全胜，毙敌万余名，活捉三千余人，缴获大量马匹辎重，取得了开门红。道光帝闻知战报，一改数月以来对前线将帅拖延不决、老师糜饷，未能悉心领会分兵方略的不满，特加恩晋长龄为太子太保，并交部议叙。⑤ 此后，清军又在沙布都尔庄、阿瓦巴特庄等地连获大捷，歼敌数万人，沉重打击了叛匪的有生力量，完全掌握了战场上的主动权。先后获悉捷报，道光帝龙颜大悦，除赏予长龄白玉如意、宝石带版等名贵物件外，还特旨赐其紫缰以荣宠。⑥

至三月初，清军一举收复了喀什噶尔回汉各城，并擒获张格尔妻子、侄子，及叛匪头目多

① 前揭《懋亭自定年谱》卷三，第 395 页。

② 前揭《懋亭自定年谱》卷三，第 399 页。

③ 《清宣宗实录》卷一一一，道光六年十二月辛酉。

④ 《清宣宗实录》卷一一四，道光七年二月乙卯。

⑤ 前揭《懋亭自定年谱》卷三，第 407 页。

⑥ 前揭《懋亭自定年谱》卷三，第 412 页。

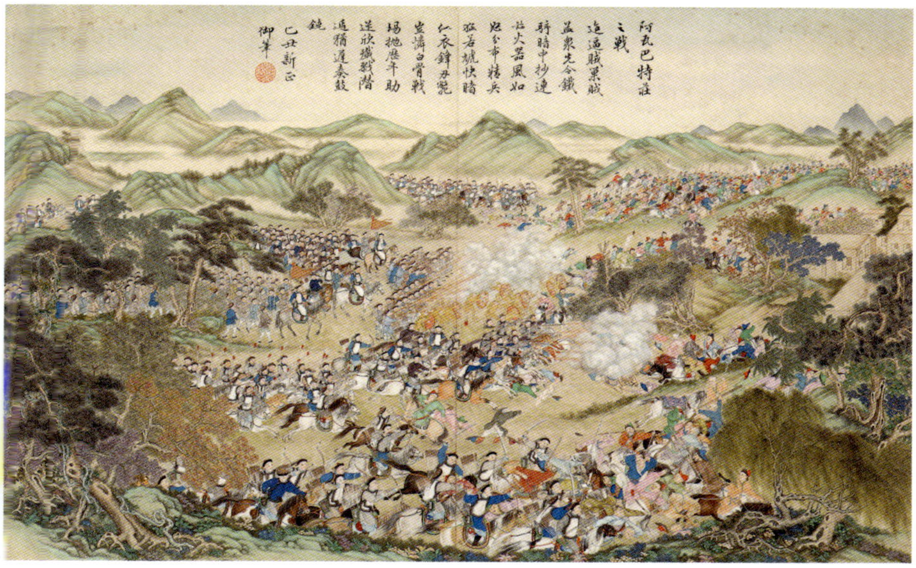

图 5　《平定回疆剿擒逆裔战图》册之阿瓦巴特庄之战

人，但首逆虽经反复搜捕，仍未见踪迹。道光帝御览军前战报后，虽降旨肯定了全军将士不足一月就顺利攻克贼巢的功劳，但并未给予任何实际奖赏。继而在上谕中直斥长龄等未能事先领会奇正两路分兵进剿方略的用意，以致功败垂成。正所谓“张逆势穷窜逸，早在朕意料之中，屡经饬谕设法堵截、防其潜遁，不啻至再至三，乃兵临城下功在垂成，犹令逆裔乘间窜逸，殊失朕望”①，并严令于近期内捕获。

值得说明的是，道光帝对清军克复喀什噶尔后的严厉态度并非无端苛责。正如前文所述，清廷在任命长龄为帅之时，即已告诫其本次用兵的目的即是拿获或击毙逆首，以彻底根除多年来南疆祸乱的主要因素。为此道光帝煞费苦心，在详研舆图的基础上亲自指授方略，提出了分兵乌什以断敌人后路的主张，并多次晓谕其战略意图。然而作为军事统帅的长龄却以前线诸多不利因素为由，摒弃了上述主张，进而把拿获逆首的希望完全寄托于外力因素方面，以致丧失了主动权。事实上，自用兵以来长龄多次具奏朝廷，其如何多方面部署利用布鲁特部，以及与张格尔等矛盾颇深的黑帽回众拿获逆首。道光帝虽未明确表示反对，但亦反复告诫其不可轻信，“第恐回性反覆无常，现虽情词真切，未必悉能实心效顺，尚须密加防范”②，甚至在大军正式进剿前仍力主分兵兜击。然时至今日，张格尔未能如长龄之所料于城破之时被捕，反至乘乱逃脱，道光帝岂能不龙颜震怒，正所谓“若此番兴师致讨，仅擒一二逆裔家属即可塞责，岂非徒劳师旅、虚靡帑项，该将军等屡承谆谕，将来何颜见朕”③。

延至四月，清军已陆续收复了英吉沙尔、叶尔羌等城，南疆叛乱基本得到平定，但对张格尔仍然一无所获。道光帝在焦虑之余，愈加怪罪前线将帅的经理不善，以至明发谕旨述之来龙去脉，并责令撤去长龄不久前因军功获赐的紫缰殊荣。

① 前揭《懋亭自定年谱》卷三，第 416 页。

② 《清宣宗实录》卷一一四，道光七年二月壬申。

③ 《清宣宗实录》卷一一六，道光七年四月壬子。

> 谕内阁：上年逆裔张格尔滋事，朕特命长龄、杨遇春、武隆阿驰往回疆督办，万里之外调兵转饷，阅时既久始克会齐进剿。朕以天戈所指，各城无难剋期收复，惟张逆系元恶大憝，必应设法歼擒……节降谕旨令长龄等同心合力，奇正分途，总须布置周妥无任窜逸，申谕不啻至再至三……前据奏大兵克复喀什噶尔，张逆已先期乘间窜逸，方冀数日之间即可追擒蒇事，乃本日驰报官军收复英吉沙尔，张逆尚无实在踪迹。长龄等未能仰体朕宵旰忧勤之意，致有疏纵办理不善，自应加以惩创，长龄著革去紫缰。①

值得注意的是，与之前频频通过廷寄的方式向军前指授方略、训示机宜处于相对保密的情况不同，这次明谕昭告天下表明皇帝对长龄的不满彻底公开化，扬威将军之前的荣宠与眷顾已丝毫不存。甚至长龄对前敌报效人员量加恩赏以资鼓励的循例奏请，道光帝也是严词拒绝并大加责难，所谓"长龄等不思速拿首逆，以伸国威而锄余孽，惟知为各员乞恩，是诚何心"②。

闰五月间逆首张格尔仍逍遥法外，道光帝鉴于前线耗费巨大，始命杨遇春先行统率从各地抽调的清军陆续撤回本任，而长龄则仍留前线督捕逆首。至七月下旬，清廷对本次进剿南疆的有功人员进行了阶段性的封赏，作为全军统帅的长龄除一番指斥外，毫无所获。面对来自朝廷的巨大压力，长龄只能频频命属下出卡巡稽。然边外情形复杂，清军对道路又十分生疏，以致出卡屡有折损，特别是提督杨芳率兵在卡外遇袭，官兵多有伤亡。道光帝闻之后更是震怒，进而再次明发谕旨严斥长龄，所谓"张逆愈窜愈远，不能立定主见筹办万全，转顿兵荒徼虚延时日、糜费兵饷，致零星残匪伤及官兵……究属长龄等办理不善，咎无可辞"③，遂将其革职留任。当年九月，距清军收复喀城已有半年之久，但逆首下落仍然没有线索，道光帝已然失去了耐心，遂下旨解除了长龄扬威将军的职务，命来京供职，其帅印如遇有大员赴京则即行上缴带回。与此同时，道光帝亦开始密谕多位西北边省大员，访查当初长龄反对分兵的理由是否属实，显然其已完全失去了皇帝的信任。按此情形发展，若同僚反馈中稍有对其不利之言，长龄到京后难免获罪下狱，甚至如同乾隆年间大学士讷亲，被治以贻误军机之罪，直接斩于军前。

然长龄骤去前线毕竟一时难有得利统驭之人，加之南疆地方辽远，即使再从京城委派也是鞭长莫及，如此周章，捕获张格尔更是遥遥无期。道光帝有鉴于此，最终同意了长龄继续留驻军前将功补过的请求，并仍命以扬威将军印信督捕逆首。是故年逾古稀的长龄也就再次获得了一线戴罪立功的生机。腊月时节，前线终于探知了逆首的可靠信息。一直在边外游荡的张格尔，图谋趁年终岁末清军松懈之时，伙同布鲁特部再次突入卡伦，进行劫掠。长龄得报后为防打草惊蛇，即令全军外松内紧以诱深入。同时，进一步委派可靠人员多方面收集敌情，并下发官兵的随身口粮，专等时机一到即刻出兵围捕。十二月二十八日，长龄在收到图舒克塔什坐卡官兵的探报，张格尔率众由开齐山路潜入阿尔图什回庄，遭到当地黑帽回子四百余人的截击而慌忙逃出边外的消息后，紧急带领官兵六千余名外出追击。尤其是作为先锋的参赞大臣杨芳不辞劳苦、星夜兼程，于除夕日最终将敌酋包围至喀尔铁盖山。经过一番激战，张格尔仅剩随从二十余人，正欲力穷自尽之时，被胡超、段永福等清军将士一举擒获。④

道光八年（1828）正月初二日，祸乱南疆多年的逆首张格尔被押至军前大营，长龄兴奋之

---

① 《清宣宗实录》卷一一六，道光七年四月辛酉。

② 《清宣宗实录》卷一一七，道光七年五月辛卯。

③ 《清宣宗实录》卷一二四，道光七年八月己丑。

④ 前揭《懋亭自定年谱》卷三，第429—431页。

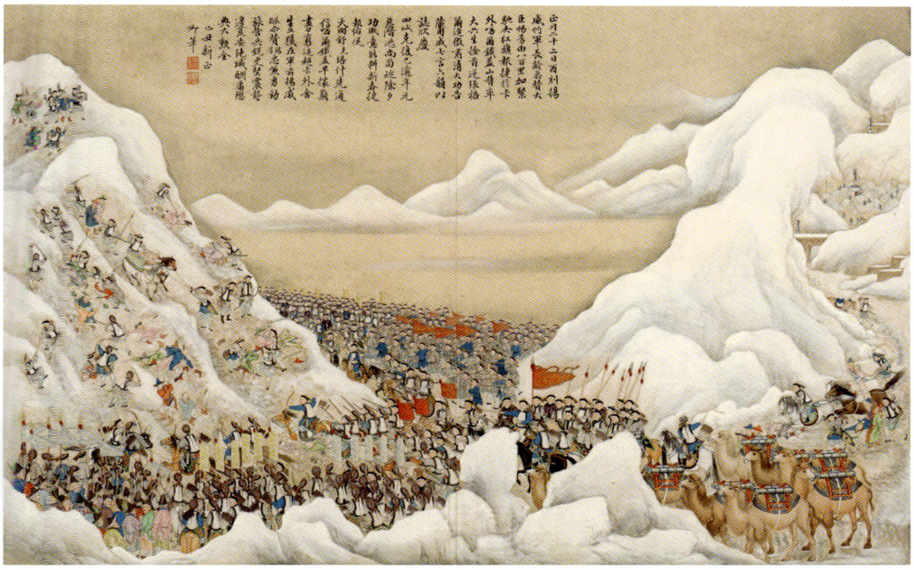

图6　《平定回疆剿擒逆裔战图》册之红旗报捷

下以八百里加紧向朝廷报捷，并亲派乾清门侍卫副都统阿勒罕保回京叩贺。正月二十二日，一直心悬西陲边事的道光帝收到红旗捷报后龙颜大悦，明发上谕昭示全国。在谕旨中，皇帝详细还原了张格尔被擒的全程细节，着重突出逆首系清军将士在战场之上英勇奋战擒获所得，而非靠外力设计诱捕，正所谓“惟念该将军等督率官兵不避艰险，于卡外临阵生擒巨憝槛送京师，与檄谕外夷设计缚献者迥不相同”①，以增显战果的难能可贵与清军战斗力之强大。同时，清廷在去年七月阶段性封赏的基础上，对西征立功将士给予了正式表彰，尤其是主帅长龄更是恩逾常格。

> 其在事将领官兵等争先效命，自系该将军督率有方，仍当渥沛殊恩、用昭懋奖。长龄著加恩锡封威勇公爵，世袭罔替，并赏戴宝石帽顶、两团龙补服。授为御前大臣，赏用紫缰，换戴双眼花翎。②

当年五月，张格尔被解至京师，道光帝在午门举行了盛大的献俘礼，长龄又以功加太保衔，享古时三公之尊荣，并赏换三眼花翎，图像紫光阁。六月长龄正式率兵凯旋到京，道光帝又事先委派郑亲王乌尔恭阿、礼部尚书松筠出城数十里至良乡赐茶酒以迎其劳，并特命进宫见驾时行抱见之礼。

此后，长龄因再定回疆之功一直被道光帝视为国家之柱石勋臣，不仅以大学士管理部院事务，而且兼充御前大臣、尚书房总谙达、阅兵大臣、崇文门正监督等诸多显要差使。同时，长龄所获格外之恩赏与宠遇更是罕有伦比。道光十一年（1831年），加恩擢为太傅衔；道光十四年（1834年），特赐其紫禁城内乘用车轿之尊荣。道光十七年（1837年）七月，年登八旬的长龄以肝疾奏请开缺，帝仍温旨慰留令其安心调养，并亲临其府视疾。当年十一月，八十正寿之时道光帝又晋封其为一等威勇公，位列有清一代异姓大臣所获爵位之最高等级。道光十八年（1838年）

① 《清宣宗实录》卷一三二，道光八年正月癸亥。

② 《清宣宗实录》卷一三二，道光八年正月癸亥。

图7　《平定回疆剿擒逆裔战图》册之凯宴成功将士

正月，长龄病逝于京，道光帝亲临祭奠，并颁旨加恩其子孙。出殡之日，皇帝又派贝子济尔默特祭奠茶酒。同时，应伊犁将军奕山的奏请，清廷准将长龄排位入祀伊犁名宦祠，以缅怀其在当地任职期间，尤其是指挥平定张格尔叛乱的重要功绩。

五　结语

清代前中期，中央集权特征显著，地方上如遇有突发紧要事件，大都由朝廷选派钦差大臣前往督办。特别是边疆危急或民变骤起之时，皇帝更是以位高望重的大学士执掌帅印、兴兵讨逆。上述人员大都出身满蒙世家，多有显爵，与皇家关系紧密，经略军务方面有着他人未有之优势。一方面，其显赫、尊贵之身份，不仅足以体现出朝廷对本次用兵的重视程度，而且也有助于在军前迅速建立起足够的权威与影响力，进而能顺利节制、指挥从全国各地云集而至的大军，以及协调各方的利益关系。另一方面，其久在中枢故而深受圣宠与信任，其领兵在外皇帝自然更为安心，以至多被赋予便宜行事之权，进而可随时根据实时军情做出合理部署，迅速克敌制胜。然重臣督师久无战功，则有损朝廷颜面，遂失圣宠、革职被杀的实例也绝不鲜见。

道光五年（1825年）秋，清将巴彦巴图战死，南疆边患愈发严重，长龄临危受命以大学士补授伊犁将军。然而到任未及半年，逆首张格尔就煽惑当地白帽回众，并伙同布鲁特部阴谋发动了大规模暴乱，一时间西四城相继被围、台站通信中断，形势岌岌可危。道光帝在收到西北边报后，第一时间任用署理陕甘总督杨遇春为钦差大臣，直接负责进剿平叛事宜。然而此任命肯及十日，清廷又改以长龄为主帅，杨遇春等参赞协助。究其原因，除杨遇春无回疆任职履历，对当地的山川地理、风土人情未免生疏外，其在家世与资历方面亦远逊于满蒙世家出身，且已位列台阁的长龄。然而足够的资望和影响力则正是统帅节制诸将，指挥各地援军克敌制胜的前提条件。

在具体用兵决策部署中，道光帝凭借着快捷保密的寄信上谕随时对前线指示机宜，发出命令。然而从实际效果来看，身在前敌的长龄等却有着相当的自主权。面对道光帝亲自制定的

“奇正相生”分兵进剿的用兵方略，长龄等人亦不为遥制，进而力主“并力相向”合兵一路。虽然与常人相比，皇帝可允许重臣在具体作战中享有一定程度“不为遥制”的特权，但在战果方面则有着更高的期待与要求。这不仅直接关乎朝廷体面，而且也决定着统帅本人及其家族的兴衰荣辱。正如前文所言，长龄率军一月之内连获三捷，克复喀城，使得道光帝十分欣喜。但张格尔的逃脱，却导致龙颜震怒，不以为功反而怒斥之旨不断。特别是皇帝令其回京，并嘱员密查军前情况，长龄之前景仿佛乾隆朝讷亲、杨应琚等统兵阁臣，明显凶多吉少。然终究否极泰来，长龄于岁末除夕之时督兵于卡外生擒逆首，八百里红旗捷报，道光帝兴奋不已，叠加优赏，锡封威勇公，戴三眼花翎，并图像紫光阁。一时之间长龄之境遇大变，从原来劳师糜饷、久而无功的罪臣陡然变为再定回疆、生擒逆首的勋臣，进而生前死后均获得清廷的格外礼遇。

（作者单位：辽宁师范大学历史文化旅游学院，故宫博物院）

清宫卤簿仪仗管理机构的建置及设官考

刘立勇

内容提要：清宫设銮仪卫之专门机构，对宫廷重大礼仪之帝后卤簿仪仗事务等进行有效管理，其卤簿仪仗机构的设置，基本上承袭于明代，所司之车舆、旗帜、兵仗、乐器与各类器物等，皆相沿而袭用之。除卫堂外，其下还设六所一卫十四司的专门机构，规模庞大。銮仪卫职官之升除升转、考察与校尉募补、钱粮之制度，也甚为可观。清宫銮仪卫各司，于印信、冠服之装束、旗帜、骑乘舆具与佩刀、弓矢之武备等皆有其严明制度之规定。清代銮仪卫之机构，作为清王朝兵部统属的中央武职机构之一，在整个王朝礼乐制度的系统建设，以及在维护封建皇权之等威中发挥了重要的作用。

关键词：銮仪卫　十四司　卤簿仪仗　礼乐　衙址

銮仪卫是专司帝后车舆与仪仗的机构，乾隆十三年（1748 年），清廷将皇帝之仪仗专称为卤簿，而将皇太后、皇后所用陈设称为仪驾，皇贵妃、贵妃所用陈设称仪仗，而妃、嫔所用之物，则称其为彩仗。所以自乾隆朝以后，清宫帝后之仪仗与陈设，各有专门称呼，等威分明，直至清末皆是如此。关于清帝所特设之卤簿，包括车驾及仪仗的次第，根据其祭祀、朝会及各地巡幸等使用场合的不同，又有专门的规模与名物数量的不同，分别称为大驾卤簿、法驾卤簿、銮驾卤簿与骑驾卤簿。

随着帝国礼仪文化建设的日益强化与完善，礼仪活动的愈益繁复与多样，清廷帝后所用卤簿与仪仗之物品以及其仪仗之机构等，也愈发得到加强。机构设立与完善的发展历程，反映了清代皇权与政治的变动情况。在这个过程中，呈现出诸多有意义的特点。作为一个皇权政治与文化的特定现象，清代仪仗完全承袭明代，又广泛继承汉文化的制度，有一个从启蒙、认识、学习到发达的过程。仪仗机构的演变，反映了仪仗发展历程的重要节点。

一　清宫仪仗机构的演进

清代仪仗及其管理机构的设置，最早可追溯到天聪六年（1632 年）。其时设简略之仪仗，专备校尉等人员，进行专理之。天聪十年（1636 年），皇太极改年号为崇德，始定御仗的具体数目，还有执掌其事的品官仪从，这是清代有确切的依于官制管理仪仗的记录。根据文献史料，我们可以确切得知当时仪仗之设置，已是相当可观。此时所设之仪仗，配合着皇太极改元年号的举动，已完全承于中原传统帝王仪仗之形貌。当时仪仗之设的情况如下：

太宗崇德元年，备大驾卤簿，玉玺四颗。黄伞五，团扇二。纛十，旗十。大刀六，戟六。立瓜、卧瓜、骨朵各二，吾仗六。马十。金椅、金杌、香盒、香炉、金水盆、金唾壶、

> 金瓶、乐器全设。嗣复定仪仗数目，用金漆椅一，金漆杌一，蝇拂四，金唾盂一，金壶一，金瓶、金盆各一，香炉、香盒各二。曲柄伞一，直柄伞四，扇二，节四。骨朵二，立瓜、卧瓜各二，吾仗六，红仗四。锣二，鼓二，画角四，箫二，笙二，架鼓四，横笛二，龙头横笛二，檀板二，小铜钹四，小铜锣二，大铜锣四，云锣二，唢呐四。①

皇太极改元崇德，所设置之仪仗其规模可谓庞大，较之天聪六年，已属完全改观。于仪仗之品类而言，有旍旗、兵备，有所谓"金八件"之陈设器，还有庞大而全设之乐器，此实属中原帝王最高级别之大驾卤簿制度才有之。从六年至十年，短短数年间，其仪仗制度已由简略无稽至赫然大观，这种现象的背后，表达的是当时清帝国发展势头之猛烈。此时，举国之皇权神器的设计与巩固，必成其帝国政治发展的最为关键的一件大事。帝制的建立与强化，也强烈地反映到仪仗制度的建设上。

面对如此庞杂之仪仗器类，还有体现帝王仪仗之声威的乐器及其乐队编制。清太宗专设固定之品官与仪从，进行专门管理与承事，也正适逢其时，由此奠定了清朝在仪仗及品官设置上的制度、规模和形态。分析清朝于关外时期于仪仗形态上之肇端，彼实完全脱胎于中原王朝之制度，正是中原先进礼乐文明之影响和承袭也。

顺治元年（1644 年），入关后的顺治帝，即承袭明朝仪仗机构之旧制，"一仍其旧"，只参稽往制，略加增饰，从根本上并无改观。其时设锦衣卫的仪仗管理机构，并置指挥使等官。顺治二年（1645 年），将锦衣卫之名改为銮仪卫，正式确立各官品级，以明秩序。当时的銮仪卫下设五所，但五所只存于一司之内。顺治三年（1646 年），更立皇帝之卤簿，依其使用场合之不同，分为三个大类，即大驾卤簿、行驾仪仗、行幸仪仗。大驾卤簿用于朝会、祭祀等大型活动之中；行驾仪仗则用于帝王出巡四方所用；行幸仪仗，则只用于帝王于皇都之巡查之。这样，在原有大驾卤簿之外，又别设行驾仪仗、行幸仪仗两类，分工明确，形成了于不同场合配套使用的较完善的卤簿仪仗制度。显然，我们从此举动中可以看出，清朝入关之初，已是完整地接受并承袭了中原明王朝仪仗的称谓与制度。这种承续，是一种文化上的认同，其意义非同小可也。

值得注意的是，此时帝王之仪仗，其名称既可称为卤簿，还可称为仪仗，这不同于乾隆朝以后，凡皇帝之仪仗，即直称为卤簿的情况。顺治四年（1647 年），改銮仪卫指挥使为銮仪使，并置其以下之各官。顺治六年（1649 年），增设摄政王以下汉二品銮仪使、三品冠军使、四品云麾使、五品治仪正各二人，设整仪尉三人。顺治九年（1652 年），开始设内大臣总管銮仪卫之事务。顺治十一年（1654 年），确定銮仪使为满、汉各二人，陪祀冠军使汉二人。设立銮仪卫内部分支机构为左所、右所、中所、前所与后所等凡五所，分设銮舆、驯马、擎盖、弓矢、旌节、旛幢、扇手、斧钺、戈戟、班剑十司。又设驯象所，内分为东、西二司。设旗手卫，分其为左、右二司。定：冠军使十人，由宗室一人，满洲七人，汉军二人充任。云麾使二十二人，由宗室二人，满洲十二人，汉军八人充任，于云麾使之自由闲散人员补缺之，共六人。治仪正二十四人，宗室四人，汉军二人，配属其闲散人员十八人。整仪卫二十九人，宗室四人，满洲十五人，汉军十人。此年，于清朝卤簿仪仗的管理机构来说，是制度大兴之年，基本明确了有清自顺治十一年后至清末历二百五十多年整个卤簿仪仗管理发展与演变之大体，确立了銮仪使以下各官之人数，满、汉员之额比等。更重要的是，确立了清代銮仪卫"六所一卫"的总体分治格局，成为有清一代卤簿仪仗管理上粲然大备之赫赫制度。因此，对于考察清代卤簿仪仗管理制度的发展来说，

① 《大清五朝会典》（十七）《光绪会典》卷八三，线装书局，2006 年。

顺治十一年是一个重要的年份与关键节点。清朝卤簿仪仗之制度，可谓于清初即已告成，以后承沿相续，于其后王朝漫长的礼仪发展过程中，充分承担了繁复的仪仗礼仪活动之重任，运转周圆，承应有力，说明了此机构及其仪仗设立的合理性与完备性的特点。

乾隆十三年（1748 年），乾隆帝在顺治朝卤簿仪仗三大类别的基础上，就原定仪仗器类、数量及编制等进行了增改并厘定之，将先前之大驾卤簿更改为法驾卤簿，改行驾仪仗为銮驾卤簿，行幸仪仗改为骑驾卤簿，又合其三种卤簿之品类与数目，重新编制与秩序之，则为规模庞大之大驾卤簿。如此则在顺治朝三种仪仗品类之基础上，形成为四种皇帝御用的专有卤簿，而仪仗之名称从此不再出现于帝王仗类之中。又定，举凡皇后仪驾、妃嫔仪仗，还有亲王以下仪卫，都在原有制度的基础上增饰加详之。

乾隆朝卤簿仪仗新制度的改定，使清朝仪仗体系发生了很大改观。此仪仗本身建制的改变，主要反映在皇帝卤簿之制度上，其分化更加精细与周备，而器数也更增饰与加详。乾隆朝及其后，仪仗制度更朝着煌煌而超盛大的方向发展，体现了礼仪活动的强化与深入，皇权更加等威化。由皇帝卤簿之更设，而相应地后、妃及嫔等的仪仗等也更加强之。制度森然，表述的是清中期乾隆之世，皇权更加尊崇的境况。

在此形势下，乾隆三十五年（1770 年）七月，銮仪卫又增置鸣赞鞭四人。四十八年（1783 年），置总办、协办、常务、冠军使各一人。此体现了在新的制度与皇朝礼仪运作之下，于机构上加强的必然举措。

清朝的卤簿仪仗机构运行至光绪朝时，因当时国力日渐衰颓，此一制度也面临着更新的命运。其庞大机构负荷下的大幅运转已不可能，渐而裁撤与缩编即成为必然的趋势。光绪三十三年（1907 年），省却冠军使二人，云麾使八人，治仪正十人，整仪卫四人，并定宗室之员限，可谓处处减省之，远不及康乾盛大之面貌了。宣统元年（1909 年），溥仪即位，为避其名讳，改銮仪卫之名为銮舆卫，而銮仪使也改为銮舆使，治仪正、整仪尉等举凡有“仪”字之处，皆改为“宜”。至宣统末年（1911 年）时，有清一代近 300 年庞大之仪仗机构，及其所掌持的煌煌礼仪盛典之卤簿仪仗文物等，一并消亡于王朝的内忧与外患之中。

总体而言，清朝卤簿仪仗管理机构的沿革，最重要的节点有两个，其一是顺治十一年（1654 年），此年确立了此后历朝仪仗机构之总体格局与一代之盛制，从此承沿用之，再无较根本的改观。其二是乾隆十三年（1748 年）于卤簿仪仗自身之组成与器类、数目上的增饰改作，这是一次仪仗管理制度上厘定与增强的重要举动，但其根本格局，并没有很大的变动。

二　清宫仪仗机构的组成、设官及其职掌

有清一代卤簿仪仗管理机构的设置，基本上是承袭明代的制度而来的。所司之器物与车舆旗帜、兵仗乐器等类，皆相沿而袭用之。依据相关史料，主要确定于顺治十一年间。机构除设立卫堂外，还下设有十司及驯象所的东、西二司，旗手卫的左、右二司，由是实际构成十四司的庞大规模，其堂及以下各司分职不同，而其职掌也不相同，都统于卫堂之总管也。

从总卫堂来看，銮仪卫特设掌卫事大臣一人进行管理，由王公或满洲、蒙古大臣内特简而充任，为正一品官，品级很高。还设有銮仪使共三人，其中满洲二人、汉军一人，为正二品官。銮仪使也是卫堂之主官，配合掌卫事大臣进行舆卫管理各事务。

掌卫事大臣与銮仪使之职掌，主要负责掌持舆卫之政令，辨其仪仗所用之名物，以及整肃其

先后次第与行列，以供帝之出入森严警跸。帝之卤簿外，也依制掌持于后、妃与嫔等各种仪驾、仪仗与彩仗等礼仪事务。其承应与供奉卤簿之制度，依使用场合而各有不同。于大祭祀与朝会时，先由礼部之太常寺机构与鸿胪寺衙门准知。陈设卤簿时，于前期吩咐其下分司等各谨慎以承事之。巡视各方时，则以掌卫事大臣一人，以及銮仪使满洲二人随从扈驾承应。其銮仪卫其余属官与校尉等，由内大臣酌情而分派之。巡幸随扈时设以行在銮仪卫印信一颗。

皇帝祭祀天、地坛等，随帝出入则奉辇，帝乘辇上下时跪而奏之。大祀之时，豫先陈辇于紫禁城内太和门外，帝由太和门内先乘舆出太和门后，掌卫事大臣跪奏升辇，专司木制梯状之"陛"物的司陛官于金辇旁设陛，帝由是而上乘之，之后即撤陛，然后由銮仪使满洲二人于左右奉侍帝辇随驾而渐行。同帝辇随侍而行者，还有六人之所谓扶辇官。到达祭祀之所后，于降辇处由掌卫事大臣跪奏降辇，再由司陛官设以小木梯之陛，帝由此而下辇之，大祭之奉辇礼仪最终完成。

掌卫事大臣与銮仪使之外，其卫衙大堂之属官，还有堂主事一人，满洲，掌持章奏之事宜。经历厅经历，汉人一员，掌管文移出纳，以及支放下层杂役之民尉的钱粮。还有笔帖式，由满洲七人，汉军三人充任，执掌翻译，给使令。

銮仪卫衙门大堂下设六所一卫之分支机构，职责各不同。于此所、卫总设以正办事章京满洲二人、副办事章京满洲二人，总持七所之职，随于掌卫事内大臣与銮仪使处理所卫之具体事务。其中正办事章京由七所之冠军使内部选拔任用，而副办事章京则由七所的云麾使内部选拔而用之。正、副办事章京也于皇帝巡幸时随以内大臣与銮仪使之堂官而扈从驾仪。

以上"本卫堂官"之下，所设六所一卫之六所，按清代所定之先后为：左所、右所、中所、前所与后所，此外还有驯象所，其一卫是旗手卫。銮仪卫还专门设立大型库房，分为銮驾内库与銮驾外库两处，用以收储数量庞大与用料珍罕、制作精良的车舆、仪仗以及仗仪所用之乐器等帝后卤簿仪仗之文物。銮驾文物库房外，銮仪卫还设有专属之银库。具体情况如下：

（一）左所

銮仪卫之"左所"，专门掌奉帝后之辇、舆，以及每逢大典之时，例设以玉、金、象、木、革五辂各一具。其辂即是当时大型典礼时所配用的最高等级之大型车器，使用时依礼制依次排之，常设于紫禁城午门五凤楼金阙之下两侧。左所设掌印冠军使满洲一人为主官，掌所事云麾使汉军一人辅之。左所下又分置銮舆司与驯马司两个司，是銮仪卫之所下的又一层小分支机构，各设掌印云麾使满洲一人为主管，而以掌司事治仪正汉军一人之官副之。主、副职事之外，则设闲散云麾使满洲一人、治仪正满洲四人、整仪卫满洲二人掌执司事，与本司之主管共同整肃车仪之事。由上而计之，则左所之职，人数在十三人。

具体而言，左所掌持辇、舆及五辂，在保管与使用上有严格之规章制度，其所库管之辇的品类有玉辇一、金辇一；舆有礼舆、步舆一、轻步舆各一；五辂为前所提列之玉、金、象、木、革之五辂，总计十种十具。

在使用之制度上，依帝所用卤簿种类之不同，则分择而用。举凡最大型之大驾卤簿，则供用等级最高之玉辇，而五辂，则全设之。法驾卤簿时，奉金辇，辂亦用五具之全设。銮驾卤簿，设以步舆。骑驾卤簿，奉轻步舆。此外，还有几种使用上的成例与定制，其一是，凡使用大驾卤簿、法驾卤簿之际，皇帝乘用礼舆，而其时一并陈设以其卤簿固定所配设之玉或金辇。其二，銮驾或骑驾卤簿陈设时，皇帝乘用便舆，而步舆依然照例设置之，而此两种卤簿，并不专设五辂。

故宫博物院收藏有清人绘卤簿图像，描绘的是皇帝卤簿陈设之场景。我们由此图可知，其辇陈设于紫禁城内太和门外金水河正中五孔桥东面以北的地方。空阔的太和门广场上，于东南方位独立一器，形单影支，恍如遗世，但却可从中强烈地感受到其所表达的凛凛威严之所在。

关于这些特殊意义与等级殊高之辇、舆与车辂，现今我们可从乾隆二十四年（1759年）纂修之《钦定皇朝礼器图式》之“卤簿”类中可直观其形貌而感受之。而故宫博物院三轿库房现收储之清宫车舆文物遗存，残缺不全，体系不备，已经不再见到等级至高之五辂，还有玉、金辇等珍贵之实物，殊为可惜。

左所陈设帝之卤簿銮舆与五辂，其时例用旗尉与民尉之差使，数量上也进行了明确之规定：“玉辇用旗尉三十六人，金辇用旗尉二十八人，礼舆、步舆、轻步舆皆用旗尉十六人。便舆分暖舆，有凉舆，其制惟宜，或用八人，或用四人。出宫用旗尉，宫内用内监，校尉皆届时豫备。”①而在五辂所施之仪象与仗马的陈设上，有严格与明确的规定。玉辂与金辂特驾以大象，其象来源于銮仪卫之驯象所。象辂、木辂、革辂则以马驾之，马匹调自于国家六部机构的兵部。其时玉、金辂各用民尉四十四人，象辂用民尉三十四人，木、革辂各用民尉三十二人。综而计之，左所之两司役使差遣之旗尉与民尉，所用人数总达三百一十四人。②

由此可知，銮仪左所两司于承应仪差，备陈銮舆象马之时，所用旗尉与民尉，所驾象只马匹，都有明确的成规，制度昭明，礼制突出而井然，不可等闲视之。也说明銮仪卫之承差，必不能流于形式，而须明于礼制，精习程规，熟操本职也。

（二）右所

关于銮仪卫右所的职掌，《清朝文献通考》记载为“掌伞盖仪刀弓矢枪殳戟”③。《清朝通志》与《清朝通典》中则记录为“掌伞盖仪刀弓矢枪戟之事”④，两者之说相同，但与通考比之，少“殳”之木质长杆仪仗类兵器。嘉庆朝《大清会典》中，銮仪卫右所“掌设伞盖刀戟弓矢殳枪，与鸟兽之旗”⑤，后来的光绪朝《大清会典》中，照实沿用了嘉庆朝之说。⑥

民国时编《清史稿》记录右所之执掌为“右所掌伞盖、刀戟、弓矢、殳枪”⑦，此明显来自于嘉庆或光绪朝会典，但掌鸟兽之旗即阙之。比照上几处引文，首先可正《会典》与《清史稿》所言之刀具为仪刀，是专用于仪仗之陈设的。现故宫仪仗文物库房专储有仪刀的实物，为绿皮鞘式，即可直观明了清朝之卤簿仪仗中刀具的样式和特点。其次是知清乾隆年间所编之清朝“三通”政书的记载，可能并不全面。查乾隆朝会典，关于銮仪卫之记载极少，仅寥寥数语，无法证明该朝銮仪卫右所是否掌奉鸟兽纹旗之事。

右所和左所一样，同样设掌印冠军使满洲一人与掌所司云麾使汉军一人主理所事，其下设置两个司，为擎盖司与弓矢司。设官及额数也与左所几乎相同，唯一不同处在于，在治仪正上所设较左所少一人，为满洲三人之数。⑧

---

①　前揭《大清五朝会典》（十七）《光绪会典》卷八三，第751页。

②　凉、暖便舆按出宫用旗尉八人之规制计算。

③　《清朝文献通考》卷八六《职官十》，浙江古籍出版社，1988年，第5623页。

④　《清朝通志》卷六八《职官略五》，浙江古籍出版社，1988年，第7157页；《清朝通典》卷三〇《职官八》，浙江古籍出版社，1988年，第2193页。

⑤　前揭《大清五朝会典》（十三）《嘉庆会典》卷六六，第763页。

⑥　前揭《大清五朝会典》（十七）《光绪会典》卷八三，第751页。

⑦　《清史稿》卷一〇七《志九十二》，中华书局，1977年，第3366页。

⑧　前揭《大清五朝会典》（十七）《光绪会典》卷八三，第351页。

右所二司所执掌之伞盖仪兵之物与数量等在伞类主要有：赤方伞四、紫方伞四、五色花伞二十、五色九龙伞十、黄九龙伞二十。盖类主要有紫芝盖二、翠华盖二、九龙黄盖四。仗兵有殳四、豹尾枪三十、櫜鞬三十、弓矢具、仪刀三十、戟四。① 嘉庆与光绪朝会典中记录“弓矢具”无数量之记录，之外，其右所掌管仪仗伞盖仪兵之总数为164件。

右所管理的鸟兽之旗，有天马旗、天鹿旗、辟邪旗、犀牛旗、赤熊旗、黄罴旗、白泽旗、角端旗、游麟旗、彩狮旗、振鹭旗、鸣鸢旗、赤乌旗、华虫旗、黄鹄旗、白雉旗、云鹤旗、孔雀旗、仪凤旗、翔鸾旗等各一面，总计二十数。诸文献所载鸟兽之旗，即是以丝织面料为底，其上运用各种刺绣针法，彩绣上列各种祥鳞瑞兽之纹样，表现了帝后卤簿仪仗之场面的祥瑞神异之气象，代表了帝后至高无上之德隆与尊崇。

右所之仗器使用时，所役使之人员与数额上与左所同样，有十分严格的规定。于大驾卤簿时擎伞盖任用旗尉六十人，民尉一百三十人。于仪刀、弓矢、殳戟用亲军尉一百三十六人，仪枪用护军尉六十人，灵旗则用民尉四十人，总数为四百二十六人。皇帝法驾卤簿之陈设时执伞盖用民尉一百三十八人，刀戟、弓矢与殳用亲军尉九十六人，仪枪用护军尉四十人，灵旗也用民尉四十人，其所用人数为三百一十四人。銮驾与骑驾卤簿则各用旗尉三十人。

（三）中所

中所之职，在于“掌麾氅、幡幢、纛帜、节钺、仗马之事”②。此一职事，各种文献所载并无出入。中所下设两个司，为旌节司、幡幢司。其所设立之主官、副官，各司之主管，满、汉员之属、额数皆与左、右所相同，惟其治仪正数为三人，则与右所一致。

中所二司所管理的仪仗类别与数量，具体为黄麾四、仪皇氅四、进善旌二、纳言旌二、敷文旌二、振武旌二、褒功怀远旌二、行庆施惠旌二、明刑弼教旌二、教孝表节旌二、金节四、龙头幡四、豹尾幡四、绛引幡四、信幡四、羽葆幢四、霓幢四、紫幢四、长寿幢四、五色龙纛四十、前锋纛八、护军纛八、五色金龙帜四十、钺十六，总计一七二数。此外还管理仗马十匹。

其役使旗尉与民尉之用，则依皇帝卤簿的使用种类的变动，以及仪仗品类而有不同。大驾卤簿执麾氅、旌节、幡幢用民尉一百二十人，大纛用旗尉四十人、民尉七十二人，五色金龙小帜用旗尉与民尉各四十人，钺用旗尉十五人，民尉九人。法驾卤簿由上大驾，减旗尉九十五人，仅用民尉，为二百四十一人。銮驾卤簿用旗尉四十六人，骑驾卤簿用旗尉四十九人。

仗马调用自管理皇家御用马匹之上驷院，仅陈设于大驾与法驾卤簿之中，使用时固定为十匹，皆各用护军尉二十人。

这样，大驾卤簿所用旗尉为九十五人，民尉为二百四十一人，再算入仗马所用护军尉二十人，总用额数为三百五十六人。法驾卤簿所用民尉为二百四十一人，算入仗马所用护军尉二十人，总数为二百六十一人。銮驾卤簿所用旗尉为四十六人，骑驾卤簿所用旗尉为四十九人。

（四）前所

前所之职掌，于清朝各文献记载中也各有不同，甚至有错误者。《清朝通典》：“掌扇炉、瓶盂、杌椅、星拂、御仗、棕荐、静鞭及品级山之事。”③《清朝文献通考》：“掌扇拂、炉盒、盂

---

① 前揭《大清五朝会典》（十三）《嘉庆会典》卷六六，第763页。

② 前揭《清朝通典》卷三〇《职官八》，第2193页。

③ 前揭《清朝通典》卷三〇《职官八》，第2193页。

盘、几椅、星、御仗、引仗、棕荐、静鞭、品级山。"[①]《清朝通志》:"掌旗帜、立瓜、卧瓜、吾仗之事。"这与其余文献所记不同,而与是志"后所"之职掌记载相同,显然谬之。或为刊刻有误所致。[②] 而在嘉庆朝《钦定大清会典》记载:"掌设金八器交椅方杌,八风之旗,与其扇星,御仗引仗,暑则备以拂。凡奉盥器,列静鞭,藉棕荐,整级山,皆掌焉。"[③] 后来光绪朝《大清会典》全部沿用之。《清史稿》:"前所掌扇炉、瓶盂、杌椅、星拂、御仗、棕荐、静鞭、品级山。"[④]《清史稿》之记载与《清朝通典》完全相同,显然其所用之材料采引自该书。通典列"瓶""杌"二器,为通考所无,而通考列盒、盘、几与引仗之四器,则为通典所无。

两部会典,所开列之器细致且丰富,为别书所无。其金八件具体为瓶、炉、盘、盒、壶之器物,较通典及通考最为完备。又列八风之旗属,则不见其余诸书所载,是补阙如之作。

前所下设扇手司与斧钺司两个司,其所之主事,以及其下设官、数额、籍属,皆与右所、中所同,与前所不同者,惟在其中之"治仪正满洲三人"的设置上。

前所执掌仗器多样且丰富,在"金八器"上,则具体为金瓶二、金盘一、金壶一、金盒二、金提炉二,总共八件。金瓶盛水用,其形长圆,体深,腹隆,下体渐收,口部有盖,底带圈足。金盘即金盆,洗手用,凡行祭祀"皇帝于大祀前盥手,以冠军使、云麾使奉盥盘,进帨巾"。[⑤] 金壶为唾壶,盒为香盒。这几种器物,因其皆为铜镀金质地,在所有仗器中绝无仅有,以类而别,故概称其为"金八器",或俗谓之"金八件"。前所使用旗尉、民尉等数额也是特别巨大。金八器与金交椅二、金杌一,于大驾、法驾卤簿各任用旗尉二十人承应之。

执掌八风旗共八面。八风即为八方之风,按八卦之乾、坎、艮、震、巽、离、坤、兑方位顺次布列之。其形为小三角状,斜幅,丝织为面,其上以丝线针刺以各卦之图形。[⑥] 执掌八风之旗,于大驾与法驾卤簿时各以民尉十六人任用之。

各式扇,有鸾凤赤方扇八、雉尾扇八、孔雀扇八、单龙赤团扇八、单龙黄团扇八,双龙赤团扇八、双龙黄团扇二十、寿字黄扇八,还有星十六、御仗十六、引仗六。其中大驾卤簿扇用旗尉二十四人,民尉一百二十八人。星、御仗与引仗用旗尉三十人,民尉二十七人。法驾卤簿在大驾基础上减旗尉不用,而专使民尉一百五十五人差之。銮驾卤簿用旗尉三十二人,骑驾卤簿用旗尉四十二人。

静鞭四根,其使用时有两种情况,其一是于大驾卤簿与法驾卤簿时,持鞭民尉随驾而行,任用十四人。其二是法驾卤簿在使用时,静鞭陈设于丹墀,则只使用民尉四人。

入暑清道备以拂尘二根,于每年立夏后处暑之前使用,大驾卤簿与法驾卤簿各任用旗尉二人。

由上述可知,前所执掌器物等,分场合使用,于大驾卤簿任用旗尉计七十六人,任用民尉一百六十九人。法驾卤簿任用旗尉二十二人,民尉一百七十五人(或一百八十五人,在考虑民尉使用静鞭,随驾行走的情况)。銮驾卤簿任用旗尉三十二人,骑驾卤簿使用旗尉为四十二人。

---

① 前揭《清朝文献通考》卷八十六,职官十,第 5623 页。
② 前揭《清朝通志》卷六八《职官略五》,第 7157 页。
③ 前揭《大清五朝会典》(十三)《嘉庆会典》卷六六,第 764 页。
④ 前揭《清史稿》卷一一七《志九十二》,第 3366 页。
⑤ 前揭《大清五朝会典》(十七)《光绪会典》卷八三,第 752 页。
⑥ (清)允禄等编:《皇朝礼器图式》卷一一《卤簿二》,广陵书社,2004 年,第 522—526 页。

（五）后所

銮仪卫后所“掌旗帜、立瓜、卧瓜、吾仗之事”①，下设班剑司、戈戟司两个司。其所主、副职及下属两司之设官、籍别、额数等皆与右所、中所、前所相同。

后所掌管仪仗器物品类及数量为，旗类：出警旗一、入跸旗一、翠华旗二、金鼓旗二、门旗八、日旗一、月旗一、五云旗五、五雷旗五、甘雨旗四、列宿旗二十八、五星旗五、五岳旗五、四渎旗四、青龙白虎朱雀神武四神旗各一、骁骑旗二十四。还有仗兵类：立瓜十六、卧瓜十六、吾仗十六。

举凡使用必分场合，大驾卤簿旗类仪仗用民尉二百人，立瓜、卧瓜、吾仗用旗尉四十五人，用民尉二十七人。总计任用二百七十二人。法驾卤簿不用旗尉，任用民尉二百二十七人。銮驾卤簿用旗尉十八人，骑驾则用旗尉二十七人。

（六）驯象所

其职掌，《清朝通志》与《清朝通典》记载相同，为“掌仪象、骑驾卤簿、铙歌、前部大乐”②。在《清朝文献通考》卷八六中，为“掌仪象宝瓶、骑驾卤簿、铙歌鼓吹”③。《清史稿》卷一一七，为“驯象所掌仪象、骑驾、卤簿、前部大乐”④。很显然，此处骑驾与卤簿标点分开，其文意理解与断句有误之，然其记载与通志、通典亦相同。由此通志、通典及史稿三书所记则与通考有不同，在于前者为前部大乐，后者为铙歌鼓吹。

而嘉庆朝与光绪朝《钦定大清会典》一致，记录为：“掌设朝象、仪象，庋行幸乐、前部乐之器，用则以畀于署史。”⑤ 会典之记载较详细，除前部乐之外，还加入了行幸乐，但只说是此两个乐种之乐器庋藏，使用时要畀于署史。那么，这个前部乐、铙歌鼓吹、行幸乐是什么样式的乐种？这个署史又是何等之职官呢？而关于上述之仪象、朝象等的辨明，可在下文驯象所掌设象只之所述中详明之。

查光绪朝《大清会典》职官之“乐部”可知，其部专事“掌考乐律、乐均之度数，协之以声歌，播之以器物，而辨其祭祀、朝会、燕飨之用，以格幽明，以和上下”。在其乐官之设上，则说：“旗手尉校尉百八十有八人，兼隶于旗手卫官，掌奏卤簿之乐。銮仪卫乐三部，前部大乐、行幸乐，掌于驯象所，至用乐时，奏以和声署署史；卤簿乐，掌于旗手卫，仍以校尉司之。”⑥

从此即可明了，所谓署史，即是乐部和声署司乐之署史，驯象所掌管前部大乐及行幸乐两个类型乐种的乐器，是谓“庋藏”乐器也。而具体用乐时，则任用和声署署史而行乐队编制及演乐之事。那么《文献通考》中所谓“铙歌鼓吹”是何乐种？查“乐部”之条文，见：“凡驾出入，陈御仗，则奏导迎乐；陈卤簿，则以铙歌乐间之。惟大祭祀诣坛庙，导迎乐、铙歌乐皆陈而不作。凡前导以御仗者，出入奏导迎乐焉。凡铙歌之乐，有卤簿乐（卤簿乐一部曰铙歌鼓吹），

---

① 前揭《清朝通志》卷六八《职官略五》，第7157页。

② 前揭《清朝通志》卷六八《职官略五》，第7157页；《清朝通典》卷三〇《职官八》，第2193页。

③ 前揭《清朝文献通考》卷八六《职官十》，第5623页。

④ 前揭《清史稿》卷一一七《志九十二·职官志》，第3366页。

⑤ 前揭《大清五朝会典》（十三）《嘉庆会典》卷六六，第756页。

⑥ 前揭《大清五朝会典》（十六）《光绪会典》卷四二，第386页。

有前部乐，有行幸乐（行幸乐三部，曰鸣角、曰铙歌大乐、曰铙歌清乐），有凯旋乐。卤簿乐以列于法驾卤簿，行幸乐以列于骑驾卤簿，合之以列于大驾卤簿。”①

由上引可以看出，卤簿乐、前部乐、行幸乐以及凯旋乐一起，同属于铙歌之乐，而铙歌鼓吹于则属卤簿乐之一部。卤簿乐使用于法驾卤簿，行幸乐列于骑驾卤簿，使用场合不同。综合前引两条引文可以得出，銮仪卫之驯象所掌持之乐，为列于骑驾卤簿之行幸乐，以及与卤簿乐、行幸乐，还有凯旋乐一起，陈设于大驾卤簿之前部乐，并无铙歌鼓吹。由此可证明《文献通考》所载之不确也。但依前引文，卤簿乐掌奏于銮仪卫之旗手卫，由旗手尉校尉司之。

驯象所下设东司与西司两个分支机构，其设官、数额、满汉籍属等与上述左、右、中、前、后五所之机构所设置相同，只是在治仪正之设上有人数上的不同。驯象所设为二人，比右、中、前、后所少一人，而比左所更少二人。

关于其所掌设之大象，清朝之典章有明确而又细致之规定，用途不同。象只主要分为朝象和仪象两种，而仪象又有宝象与导象之分别，由是分为三种。驯象所执掌朝象四只，每日于晨时，太阳初升于地面，即设于天安门外，四象之设置于皇帝朝会之礼时也同样行持之，皆使用民尉当差，为二十四人。仪象中宝象五只，导象四只，专设于大驾卤簿与法驾卤簿之中，其余銮驾与骑驾并不设立，使用时任用民尉一百零八人当差。

驯象所饲养之大象，主要来自于东南亚的缅甸、安南（今越南）、南掌（今老挝）与廓尔喀（今尼泊尔）之贡象。大象每至，则拨给驯象所畜存，每天按时著力饲养无误。因为是几年才贡一次，故额象常有不敷应用之时，驯象所则具表而上奏，再谕令西南之云贵总督等采购备办妥当。

每至夏季初伏、中伏与末伏之三伏日，驯象所还驱象于北京内城东南宣武门外的护城河里洗象，成为当时京城一大盛景与应时之民俗。洗象也称浴象，是时张设彩棚于河岸，而由銮仪卫内设机构之旗手卫准备金鼓多座，用以迎象出宣武门外，以及入濠内洗濯时秩序之掌持。

（七）旗手卫

旗手卫主要掌设卤簿乐，午门司钟、鼓，神武门、钟鼓楼直更，还施行日、月食天象之警示时鸣金伐鼓以行救护之职。旗手卫设掌印冠军使满洲一人为主官，而以掌所事冠军使汉军一人为副使。掌卫冠军使之设，与上列之左、右、中、前、后五所，及驯象所副官所设之掌所事云麾使不同。卫所下设左司与右司两个分支机构，各设掌印云麾使满洲一人为主管，设掌司事治仪正汉军一人副之，这与前述六所之设官完全一致。主管之外，另设闲散治仪正满洲三人，整仪尉满洲四人承职，而撤除上六所共设之闲散云麾使一人。

旗手卫所掌奏之卤簿乐，主要有大铜角八、小铜角八、钲四、蒙古画角二十四、小龙鼓四十八、笛十二、拍板四、杖鼓四、金四。使用于大驾卤簿、法驾卤簿时，各用民尉一百八十人。②此之人数，又与前述驯象所机构所引会典之文有出入，其文曰：“旗手尉校尉百八十有八人，兼隶于旗手卫官，掌奏卤簿之乐……卤簿乐，掌于旗手卫，仍以校尉司之。”同样一部会典，所记却相差八人。但无论怎样，旗手尉有于大驾与法驾卤簿中司乐之职，此事非同小可。还要注意的是，按上引“乐部”之条文，旗手尉校尉百八十有八人，属于乐部之和声署值差，也隶于旗手尉官。

① 前揭《大清五朝会典》（十六）《光绪会典》卷四二，第380页。

② 前揭《大清五朝会典》（十七）《光绪会典》卷八三，第753页。

在清朝，旗手卫于午门鸣钟击鼓有严格之规定。朝会时帝驾出宫午门严鼓鸣钟，巡行驾出入宫鸣钟。祭太庙驾出时只严鼓，回銮时则鸣钟。南郊之圜丘、祈穀与常雩三大祀，帝驾宿于斋宫，将祭驾出斋宫时即鸣钟。

关于旗手卫直更之事，除于神武门、地安门外钟鼓楼设晨钟与更鼓，入夜则以校尉直更外，皇帝驻跸于圆明园，要添设更鼓一分。如遇巡行、随围于宫外，则于行在处也设更鼓一分，候时更香，由兵部行文光禄寺给拨。①

（八）銮仪卫别设之机构

据《清朝通典》所载，在銮仪卫之本卫堂官与六所一卫机构建置外，还另设有一类官职，属本卫之别设者，这是需要特别注意的地方。其说：

> 陪祀冠军使汉军二人，驾仪管理云麾使汉军一人、治仪正汉军三人，驾库管理整仪尉汉军二人，各以其事隶于尉，无专领职掌，品秩与各所卫同。谨案：以上八员虽定制额缺，而与七所之各有司存者不同，今据现在员数另为一条，次于各所卫之后。主事满洲一人，经历汉人一人，掌章奏文移，员额俱康熙十六年定。笔帖式满洲七人，汉军三人，员额康熙十六年定。鸣赞官四人，掌赞鸣鞭，初制以本卫官八人兼之，乾隆三十七年改定于太常寺、鸿胪寺赞礼郎鸣赞官内送卫选择补用。汉人侍卫无定员，乾隆十三年定制，每科以武进士简拔侍卫者派拨数员，在卫行走，以备差委，不为额缺。其升转仍依侍卫之例。②

该文明确陪祀冠军使等官与七所之有司不同，然而于其设官与所属等关系依然不易明了。《清朝通志》之记述则与上之通典所载相同。文献通考中更明确指明“陪祀冠军使汉军二人，所属有主事、经历二人”③，鸣赞官八人。

嘉庆朝与光绪朝之会典较上之各籍所载甚详，但线条也并不分明，只能依于上之引文，进行两相比对，则大致可以较清晰地梳理銮仪卫于六所一卫之外，其别设机构之分排与职官设置等情况，也可明于现今所见有关清代銮仪卫机构的论述中有关此别设机构的诸多模糊观点之所在。别设之机构及设官有：

其一，陪祀冠军使，所属主事、经历、笔帖式。冠军使其职在于掌充陪祀，凡祭祀则参与之，如遇朝会、巡幸等活动，皆派与管理仪式中的卤簿之物。

其二，驾仪管理云麾使汉军一人、治仪正汉军三人，主要掌管车驾与车旗仪仗这两大类卤簿仪仗之物，与其仪式上自始至终行止之秩序。此驾仪管理之官，其下又设步辇管理与纛头管理两职，步辇管理设云麾使汉军一人、治仪正汉军一人，主要负责掌整玉辇、金辇及上述之五辂车驾。纛头管理设整仪尉汉军一人，则主要负责掌齐全部纛头类庞大仪仗数量与阵势之行止秩序。其中驾仪管理又分玉辂、金辂、象辂、革辂、木辂管理整仪尉汉军各二人，五辂管理汉军共十人。

其三，驾仪管理之外，设驾库管理，有驾库管理整仪尉汉军二人，主要负责保管与庋藏卤簿各类物品，相当于仓库保管员之属性。驾库管理又下分棕毯、拜褥、亭座、静鞭管理。棕毯设汉

① 前揭《大清五朝会典》（十三）《嘉庆会典》卷六六，第765页。

② 前揭《清朝通典》卷三〇《职官八》，第2193页。

③ 前揭《清朝文献通考》卷八六《职官十》，第5623页。

仪正汉军一人、整仪尉汉军一人，主管棕毯之监设。拜褥管理，设治仪正汉军一人，掌司拜褥，如遇皇帝亲祭太庙、社稷坛、历代帝王庙、先师庙、关帝庙、文昌庙、传心殿，都由銮仪卫官施设拜褥。亭座管理设整仪尉汉军一人，主要管理亭座，其礼仪所用之亭座种类很多，有祭祀祝版玉帛香亭、坛庙奉请神位亭、朝会表亭诏亭、恭进实录圣训本纪玉牒及每岁进时宪书之书亭、耕藉耒耜亭、传胪金榜云盘伞盖等等。除施设亭座外，还职事于每年太庙祭祀燎炉之灰烬清扫后送归金海河之执，以及殿试朝考散馆、御史试差博学鸿词等考试执事等，是时即与派拨的銮仪卫左、右、中、前、后之五所校尉，共同主理之。静鞭管理设鸣赞官满洲四人，以及学习鸣赞官满洲二人，主管皇帝之朝会时的鸣鞭唱奏等事。

其四，銮仪卫之侍卫。侍卫之设，可清晰地见于上述《清朝通典》之引文中，差入銮仪卫行走之侍卫，于卫所之内与其六所一卫计十四司之职官一起处理卫所具体事务。

从銮仪卫内部机构的设置来看，六所一卫之建置，下设以銮舆司、驯马司（左所）、擎盖司、弓矢司（右所）、旌节司、幡幢司（中所）、扇手司、斧钺司（前所）、班剑司、戈戟司（后所）、东司、西司（驯象所）、左司、右司（旗手卫），共十四司。设官、满汉籍属与额数等方面，各所卫也几乎完全相同，只在各司下层治仪正满人额设方面有差异，左所为四人，右、中、前、后所为三人，驯象所为两人，旗手卫为四人。六所之整仪卫职，设满洲为二人，而旗手卫为四人。前六所设闲散云麾使满洲一人，而旗手卫则以闲散治仪正满洲一人为之。

所设十四司，完全掌持了清宫帝后卤簿仪仗所用之各类旗纛、仗兵、乐器诸器物，机构庞杂，但分工明确，管理异常有序。

由上而论之，六所一卫之格局下，其实是顺治朝所定之十司体制下，再加以后来所定之驯象所之东、西二司，以及旗手卫之左、右二司，由是銮仪卫所辖之分治机构总共有十四司之多。

关于銮仪卫的机构，总体而言，其机构名称有三个，即锦衣卫、銮仪卫与銮舆卫。而其主管之官员，在卫堂则主要有掌卫事内大臣、銮仪使，其下分治于六所一卫之掌印冠军使、云麾使，还设有仪卫之各司的治仪正与整仪尉等官职。制度严整，分治合理，于有清一代帝后卤簿仪仗管理及其各式仪式活动之使用上，皆发挥了关键作用。

三　銮仪卫职官之升除升转、考察与校尉募补、钱粮之制度

本着人事之秩序，于銮仪卫建置与设官外，将本卫之别种制度等进行胪列论述之。而事实上，于机构而言，有关人事之官员选任，其所谓升除、考察，以及銮仪卫所隶属役使之校尉及其来源，以及月银钱粮之支领等，成为卫所常年有效运行的根本所在。

（一）升除之制

按《清朝文献通考》，其职官等之升除升转，比较简易，已基本能厘清其思路，但其所记不免疏略。又稽之于嘉庆会典事例，其记叙则较通考详明。现结合此两者，则见文献通考所记，易于引起歧义，似不可行之。但以会典事例为主，仍结合通考之载对照。现梳理此问题线索如下。

凡本卫职官除授，掌卫事大臣员缺，由领侍卫府以领侍卫内大臣，以及内大臣列名，具文开送兵部疏请补授。

满洲銮仪使员缺，于满洲冠军使及领侍卫府所属之一等侍卫内简选。满洲冠军使员缺，由满洲云麾使内简选。满洲云麾使、治仪正员缺，则由满洲治仪正、治仪尉内以次简选，如选不得其

人，则移文请于领侍卫府简选之。正白、正黄、镶黄之皇帝亲将之上三旗三等侍卫，拟补云麾使之缺，而蓝翎侍卫拟补治仪正、满洲整仪尉员缺，于满洲蒙古世爵及佐领内简选。以上銮仪卫各等卫所之职官的升除，皆由銮仪卫负责引见而补授之。

銮仪使设汉人一员，如遇额缺，由兵部以直省提督总兵官及本卫汉冠军使列名疏请补授。汉冠军使员缺，于汉云麾使内拣选。汉治仪正员缺，于汉整仪尉内拣选。汉整仪尉内员缺，于汉军世职与汉军佐领，并武进士及本卫掌房掌案、贴房贴案内轮流拣选。皆由銮仪卫引见补授。其由掌房掌案、贴房贴案出身者，升至云麾使而止。①

此外，还有銮仪卫之侍卫，因是武职，其具体升转与考察等，仍然依侍卫之例，划归侍卫府进行管辖。②

（二）考察之制

銮仪卫之设官，凡军政届期，所有本卫满洲冠军使以下，并主事以下之各等官员，全部由銮仪卫进行考察，并密送主管部门的兵部、吏部汇集之。又定凡銮仪使奉旨照旧供职者，给表里三匹及羊酒，应否加官保衔晋级之处，出自恩旨。

又定，凡銮仪卫等官，分别五等进行考核：其一，一等称职的纪录一次，如果纪录后有因事而降级之处，则抵销降一级。其二，二等称职者给予奖赏：冠军使给表里各二匹；云麾使给表里各一匹；治仪正以下各官给表一匹。其三，供职平常者留任。其四，才力不及者降一级调用。其五，懒惰不称职者革职。

又定，凡銮仪卫汉官五年俸满，有给假迁葬者，其往来路程，居家限期及违期处分，全部同于文职。

又定，凡遗失仪仗等物，掌卫事内大臣及銮仪使各罚俸三个月，而管理之冠军使、云麾使、治仪正、整仪尉之职，各罚俸禄九个月。

又定，凡遇圣驾巡幸而中途有冲撞仪仗者，值班冠军使、云麾使、治仪正、整仪尉等，各罚俸六个月。有代替校尉的情况出现，堂官及专管官在知情时则全部革职不用；如果司官知情而堂官失察，则堂官罚俸一年；堂司官俱不知情而失察者，专管云麾使、治仪正、整仪尉各罚俸一年，冠军使罚俸六月，堂官罚俸三月。③

而关于最底层之校尉，顺治十二年（1655 年），在明确制定銮仪卫所各分治机构以及各属官等体制之后，即有明文之规定："凡校尉有犯罪者，部院各衙门不得擅行拘拿，移文銮仪卫，令该管官查送。"④

（三）校尉募补及钱粮

对于銮仪卫所隶之下层校尉，有军尉、旗尉和民尉三种。其中之军尉，又分为亲军、护军与蒙古画角军。陈设卤簿仪仗、仪刀弓矢殳戟用亲军，使用时从上三旗亲军内传取；其豹尾枪、仗马用护军，使用时从内务府护军内传取；蒙古画角用蒙古画角军，使用时从上三旗蒙古内挑取。奉辇擎执各校尉由内务府闲散内充选者为旗尉，旗尉中属于乐部和声署之署史的挑选也属之。由

① 前揭《清朝文献通考》卷八六《职官十》，第 5624 页。

② 前揭《清朝通典》卷三〇《职官八》。

③ 前揭《清史稿》卷一〇四《志七十九·舆服三》。

④ 《光绪朝大清会典事例》卷一一〇九。

五城民人内募充者为民尉，如果仍不敷用，则也由内务府内闲散人内挑取额补之。另据《清朝通典》，銮仪卫校尉中还有三旗蒙古布勒器三十人。① 如按档案，此布勒器以乐手充之，当为蒙古之乐器也。②

以上分隶于各所之奉辇旗尉有百六十八人，民尉六十人，各执事旗尉二百四十六人，民尉三百二十二人，左、右、中、前、后五所民尉总计一千三百二十八人，驯象所民尉二百零六人，八旗汉军更夫有四十人。③

嘉庆朝《大清会典》说明各军尉、民尉及旗尉之额数尤详，可见銮仪卫所役使之校尉等数量无比庞大，甚为可观。尤其是钱粮支领，更是卫所事务中关系甚巨的大事。今以会典为依据，说明清时銮仪卫所校尉钱粮支领的具体情况。

当时由銮仪卫经历厅经历汉籍一人，掌持文移与出纳、支放民尉钱粮等事宜。民尉之数，左所三百七十五人，右所二百零三人，中所二百五十七人，前所二百三十八人，后所二百五十五人，驯象所二百零六人，旗手卫三百二十二人，五所人数总共一千三百二十八人。④ 这个数字与《清朝文献通考》所记相同，但通考于旗手尉之民尉数目阙如之。如果算入整个銮仪卫六所一卫所有民尉数额，则有一千八百五十六名之多。

其支领钱粮的情况，銮仪卫各所卫之民尉，其中的二十四人，月给钱粮银二两五钱。内二百三十三人，月给钱粮银二两。五百九十六人，月给钱粮银九钱五分五厘。一千零三人，月给钱粮银七钱。我们从中可以看出，民尉总一千八百五十六名，共分为四个等级，从二两五钱至七钱之数，差异巨大，最末层之数，可谓微不足道，说明在这个民尉之差役人等中，也划分了森严的等级。级差分殊，完全可从此钱粮支领处见之。不过，由于人数庞大，所以每月由銮仪卫支领钱银数目也是相当可观，耗费巨大。清代銮仪卫及其设官，还有役用之校尉，可见其正是一个建置庞大而耗费巨大的机构。

在旗尉上，其左所旗尉二百二十八人，右、中、前、后四所旗尉二百四十六人，所有五所之旗尉总数为四百七十四人。其中五十二人月给钱粮银二两五钱，其余四百二十二人月给钱粮银二两。钱粮支领数为二百四十六人，总分为两个级别，与民尉前两个级别给钱银数目一致。但上述民尉钱银支领在于銮仪卫，由经历支放，而旗尉之钱银，则由内务府上三旗随旗而支领。其中銮仪卫中还有属于乐部署史之校尉钱粮银、蒙古画角军，以及汉军更夫之钱银，也皆由内务府三旗随各旗而支领之。

銮仪卫中的亲军与护军，是临时支领给付的，无固定之额设钱粮。⑤

四　清宫仪仗卫所印信、官服、旗帜、骑乘与佩刀等制度

（一）印信制度

乾隆十三年（1748 年）九月，御宝之印文全部改镌清篆文，左行为清篆，右行为汉篆，满

① 前揭《清朝通典》卷三〇《职官八》，第 2193 页。

② 《銮仪卫全宗档案》。

③ 前揭《清朝文献通考》卷八六《职官十》，第 5624 页。

④ 前揭《大清五朝会典》（十三）《嘉庆会典》卷六六，第 763 页。

⑤ 前揭《大清五朝会典》（十三）《嘉庆会典》卷六六，第 763 页。

汉合篆之印文体式，从此成为清代官印最为鲜明的特色。

銮仪卫银印，直纽，二台，方三寸二分，厚八分。宣统朝因避写故名“銮舆卫”，其印文俱为清、汉文尚方大篆。銮仪卫左、右司铜印，直纽，方二寸四分，厚五分。銮仪卫经历司铜印，直纽，方二寸一分，厚四分四厘。印文为清、汉文垂露篆。①

另据光绪朝《大清会典事例》，銮仪卫“所属有左、右、中、前、后、驯象六所，旗手一卫，分銮舆、驯马、擎盖、弓矢、旌节、幡幢、扇手、斧钺、戈戟、班剑及东西、左右十四司，各所印以满洲冠军使掌之，各司印以满洲云麾使掌之。经历司印，以汉经历掌之”。② 由此看来，銮仪卫从卫、所至下设各司，皆设有印信，且有专人掌管，形成上下有序、森然严整的印信体系。

此外，清朝于顺治年间即实行了朝官在堂与行在的双轨并行印制，所谓的双轨印制就是堂印与行在印两种印制并行使用。顺治八年（1651 年）开始，确定“六部、都察院、銮仪卫等衙门官，遇行幸扈从，每衙门别铸印一颗，加‘行在’二字。其特差侍卫等，均用銮仪卫印信”③。銮仪卫“巡幸则扈驾，巡幸以掌卫事大臣一人，满洲銮仪使二人扈从，设行在銮仪卫印本尉属官校尉，由掌卫事大臣銮仪使酌派”④。由此而知，凡皇帝巡行四方，銮仪卫行扈从之职，别铸衙门堂官之行在印信，成为銮驾巡幸时的一项特设制度，也成为銮仪卫印信体系的一个重要内容。

清代皇帝之卤簿也涉及国宝的使用，这也是历代成例，“凡大朝会，则捧宝以进于御座；车驾行幸，则奉宝以从于黄钺之内”⑤，清时也沿袭其用之。清朝国宝在乾隆十三年（1748 年）厘定为二十五御宝，各尽其用，代表了大清皇帝行使国家行政与制度权力的各个方面。将清代的御宝体系，严整而有序地加以规范，凸显了国玺的等级与威严。其时所奉用之宝玺，则是一方独特的檀香木“皇帝之宝”，在二十五国玺之体系中，专司“以肃法驾之用”。

现今故宫博物院仍珍藏此宝，定为国家文物的一级甲的级别。其纽高 10.2 厘米，厚 5.4 厘米，通体以檀香木为材质，印模为正方形，盘龙纽式，印文“皇帝之宝”皆篆字，阳文，右汉文，左满文，各二行，并系以黄丝绶带一根。此玺为清二十五国宝之一，代表皇帝行使国家之最高权力，以号令天下。皇帝之宝由于为檀香木所制，其木质细腻致密，手感坚实略厚重，但要比玉玺等轻便很多，也不惧碰缺磕伤，实有利于随驾携带。此宝载于清代《二十五宝谱》等典籍中。

关于御宝的具体请用，按制，如遇巡幸则奉以从。是时“则会内务府大臣一人，在乾清门验用”“巡幸请宝随往行在，学士率典籍一人赴乾清门，总管太监将宝匣眼同启视，再扃封，交赍宝中书，服缓服乘马在华盖前行。如不设骑驾卤簿，则常服在豹尾班后随行。回銮日，学士及典籍赴乾清门，将宝匣同总管太监启视扃封，再行交进”。⑥

可惜的是，现今笔者从具体保管五千多件故宫博物院印册库房所藏清代帝后及职官印信文物之中，并没有发现有关銮仪卫任何印鉴留存，只能依文献所记进行了解与把握，而不能依实物而

---

① 《钦定大清会典事例》（嘉庆朝）卷八三四，文海出版社，1992 年。

② 前揭《钦定大清会典事例》卷一一〇八。

③ 前揭《钦定大清会典事例》卷三二一。

④ 前揭《大清五朝会典》（十三）《嘉庆会典》卷六六，第 756 页。

⑤ （后晋）刘昫等：《旧唐书》卷四三《志第二十三》，中华书局，1977 年。

⑥ 前揭《大清五朝会典》（十六）《光绪会典》卷二。

直观真切地感受了。

但是，目前故宫博物院文物库房内，保存下来署名为有关“銮仪卫铁火印”者2件，还有关于“銮舆卫铁火印”计5件，总共关于清朝帝后卤簿仪仗机构的火印文物与资料7件。这些实物资料，或与当年銮仪卫机构所役用校尉出入禁廷时佩用的“腰牌”等凭信之物有关。现故宫博物院藏有大量清代銮仪卫与銮舆卫的腰牌，皆为梨木质，长方形，其面用火印压制出“銮仪卫”或“銮舆卫”的机构名称，还有制造年份。在其两旁，又以楷体墨书记录各校尉姓名、年岁、腰牌编号、面相形态特征，如“面黄无须”等等。大量的腰牌实物，反映了当年校尉当差时有关门禁制度的一些重要信息。结合堂卫之火漆印的实物，说明了当年这些门证信物的制造情况，由此也可知銮仪卫等机构之所属火漆印的来源与用途，这是銮仪卫印信体系在使用上的一个例证。

（二）官服制度

銮仪卫官属武职官员，隶于兵部，其掌卫事内大臣来自于侍卫府衙门，其官阶在康熙二年（1663年）定为：“遵旨议准，銮仪卫仍照旧改为正三品衙门，銮仪使为正三品，冠军使为正四品，云麾使为正五品，治仪正为正六品。六年，复改銮仪卫为正二品衙门，凡銮仪使以下各官品级，如原定之制。”① 由此可知，銮仪卫为正二品衙门，其最高主官掌卫事大臣为正二品，銮仪使为正三品，其余各官品秩如上引。因此，銮仪卫的官属级别在清代官制中是很高的。

由其官阶即可知銮仪卫职官在冠服上的制度。据《清史稿》“舆服志”载，清武二品补服，前后绣狮，冬用薰貂，十一月至上元用貂尾，顶镂花金座，中饰小红宝石一，上衔镂花珊瑚。吉服冠顶亦用镂花珊瑚。其朝带镂金圆版四，每具饰红宝石一。武三品朝冠，冬用薰貂，补服前后绣豹。惟朝服无貂缘及无端罩。一等侍卫戴孔雀翎。端罩猞猁狲，间以貂皮，月白缎里。武四品补服，前后绣虎。二等侍卫戴孔雀翎。端罩红豹皮为之，素红缎里。朝服冬、夏翦绒缘，色用石青，通身云缎，前后方襕行蟒各一，腰帷行蟒四，中有襞积。领、袖俱石青妆缎。武五品补服，前后绣熊，唯无朝珠。三等侍卫戴孔雀翎。端罩黄狐皮为之，月白缎里。朝服冬、青俱剪绒缘。武六品补服，前后绣彪。蓝翎侍卫朝冠顶饰小蓝宝石一，上衔砗磲，戴蓝翎。端罩、朝服、朝珠均同三等侍卫。②

銮仪卫各职管事之服外，还有数量庞大的校尉，也皆有其定式冠服，皆“服其逊衣以执事”。逊衣之制度，舁辇舆之旗尉，“冬冠二，有豹皮，有黑毡。夏冠一，顶皆用镂花银座，上植明黄翎。执仗鸣鞭，控马驭象之军尉、旗尉、民尉冠同，惟顶用素铜，座不镂花。军尉袍用石青缎织金寿字，缘领及袖端用片金织金葵花。旗尉、民尉及乐部署史袍，用红缎织小团葵花。惟执戏竹之署史袍，用红缎前后方襕，绣黄鹂。带皆用云缎”③。

另据笔者根据近年整理库藏仪仗文物与资料的情况来看，现藏于故宫博物院仪仗库房中军尉袍总计199件之多，皆为石青色暗花云纹缎面，圆领，斜襟，内衬月白绸里。整件衣面用平金绣以等距之寿字，正是当年军尉所用之服。

由上可知，銮仪卫之各级职官、不同种类之校尉，还有校尉之中属于乐类之执掌的旗手尉署史，都各有其定式冠服与装束，是銮仪卫衙门特定形象化的物质基础所在。但有清之满洲服装，

① 前揭《钦定大清会典事例》卷一一〇八。

② 前揭《清史稿》卷七八，第3056—3057页。

③ 前揭《大清五朝会典》（十七）《光绪会典》卷八三，第749页。

有其骑射风尚的特点，尤其是体现于武职类的装束上，更是如此，这是我们在把握清式服饰上的特别值得注意的地方。

然而，卫所之职官中尚有特定值装之规制者，其中的正办事章京满洲二人，副办事章京满洲二人，尊奉帝之巡幸扈驾而行，皆须例服黄马褂。① 乾隆四十五年（1780 年）奏准，正办事满洲冠军使与侍卫班一体服黄马褂。②

（三）佩刀、弓矢等武备制度

又按乾隆朝纂修《钦定皇朝礼器图式》，举凡武职将官所佩之职官腰刀，皆有统一定式。刀以炼铁为之，身弧，带血槽，通长二尺六寸四分，刃长二尺二寸，阔一寸三分。护手之銎为铁盘形，镀金，厚二分。刀柄长四寸二分，内铁质，外包以木，缠蓝色丝线，柄末钻以铁，亦镀金，系以蓝色绦绦，刀鞘为室，长二尺五寸，木质为胎，外裹绿革，饰皆铁质镀金。③

职官兵丁弓矢、撒袋同式，而在马鞍、马镫等也有严明制度。

职官一等櫜鞬，一、二品职官佩之。清之定式为：以革为之，白麑里，绿革缘边，加红黄线三道，各缀镮二，悬革带，蓝布里，前系以钩，左右及后带版各一，带及櫜鞬环饰皆铁质镀金。职官二等櫜鞬，三品至五品职官佩之。红织绒里，带及环饰皆铁质镀银涂金，余同一等櫜鞬之制。职官三等櫜鞬，六品至九品职官佩之。红织绒里，缘加红黄线二道，凡带及环饰皆铜质，镂花，余同一等櫜鞬之制。

在弓的佩用上，职官与兵丁同制，分为两种，习射所用弓制为：榆木为干，傅以黑角，背傅筋，蒙桦皮。弨加煖木，两绡以桑木，刻其末为弦槽 。弦床饰鲨鱼皮。弦以丝，长四尺九寸。军事所用弓制：弦纫鹿皮为之，其余与习射所用弓同。

职官兵丁箭制式相同，以桦木或柳木为笴，长三尺，铁镞长三寸。笴首饰桦皮，鹳羽，羽间职官书衔名，兵丁书名。箭括髹朱。凡官造，或以鈚箭，或以梅针。八旗世职、民公五百五十，侯、伯、子、男各以五十为差，轻车都尉二百五十，骑都尉、云骑尉各以五十为差。武职一品至五品视子、男以下，六品以下百。④

（四）卫所旗帜诸标识

依光绪朝《大清会典事例》，乾隆十三年（1748 年），銮仪卫下设七所共有民尉一千八百五十六名，此于上述钱粮一节中已述及。然在此左、右、中、前、后五所“向设字旗十五名，头尉三十八名。驯象所字旗三名，头尉一名。旗手尉字旗六名，头尉四名。共字旗二十四名，头尉四十三名”⑤。此处所谓字旗，是否为銮仪卫六所一卫之专设标识性之旗帜，由此述文尚难辨之。各所卫依其字旗进行标识，在清时算得上稀松平常之事，然现今最终确定其意义究竟何在，尚待更加确凿之材料进行说明。

不过，现今故宫博物院銮仪库房保存了 12 件溥仪时期銮舆卫有关机构旗帜的实物资料。这些卫旗，大小与制作皆一致，以红布制成，三角状，附插长竹竿，上竖向楷体墨书“銮舆卫内

---

① 前揭《大清五朝会典》（十三）《嘉庆会典》卷六六，第 756 页。

② 前揭《钦定大清会典事例》卷八三四。

③ 前揭《皇朝礼器图式》卷一五《武备三》，第 702 页。

④ 前揭《皇朝礼器图式》卷一四《武备二》，第 692—696 页。

⑤ 前揭《钦定大清会典事例》卷一一〇九。

前所”“銮舆卫内后所”“銮舆卫内中所”“銮舆卫内右所”等。“銮舆卫”三字竖向排列，内前所等则从右至左一字一排。这些小旗，是否即为上述之所谓字旗，尚难确认。如是，则这种字旗一直沿用至清末銮舆卫时期，算是有关銮仪卫的一种常设制度了。这是至今唯一能见到的有关清代仪仗机构的旗帜类实证，实在是难能可贵。

此外，故宫博物院还保存了一件溥仪时期“銮舆卫”之灯笼，其形为长方柱体，骨架为铁丝织成龟背状，于其一面内部糊以白地皮纸一类物，上以红漆竖向书以“銮舆卫”三个大字，字体已如后世所见仿宋体之类。灯笼下托以六边形烛台，上连接三根铁丝制成的灯笼架。烛台下底周缘一圈缀以黄色丝穗作为装饰。灯笼整体锈迹斑斑，糊纸也已脱落，其面目已是破败不堪了。但这是往昔清朝历近三百年庞大而又兴盛之卤簿仪仗机构之銮仪卫衙门，运行至晚清之时自身行用之灯、旗等留存的唯一实证，甚珍贵之。

（五）骑乘舆卫制度

按《清史稿》记载，满洲官员，只有亲王、郡王、大学士及尚书等才获准骑乘舆具，而所谓贝勒、贝子、公、都统，还有二品文职，非年老者不能乘舆，凡文、武之职者，只能骑马，规定甚为严格。满官之外，汉官三品以上、京堂之职官可乘舆，但其舆有相关定制，顶须用银，盖帷用皂，即黑色。在使用时，如在京都，役使舆夫四人，出京城之外，则可用八人。四品以下文职官员，用舆夫二人抬，其顶用锡。杂职役夫则乘马。武职于三品，不能乘舆，只能乘马。①

清朝的骑乘制度，基本于上述反映之，规制明晰，层次分明，但以骑马为根本也，此成为满清鲜明之特色。乾隆十五年（1750年），乾隆帝曾于此骑乘有过实际谕示，今引文如下，由此可见满洲于骑乘之本旨也。

> 本朝旧制，文、武满汉大臣，内有坐轿者，是以降旨禁止武大臣坐轿，未禁止文大臣。今闻文大臣内，务求安逸，于京师至近之地，亦皆坐轿。若谓在部院行走，应当坐轿，则国初部院大臣未尝坐轿，此由平时不勤习技业，惟求安逸之所致也。满洲大臣当思本朝旧制，遵照奉行。似此并不演习乘马，倘遇紧急官差，将何如耶？嗣后文大臣内年及六旬，实不能常乘马者，著照常坐轿，其余著禁止。②

由以上所引，我们可以看出，清朝文、武之职官等，于骑乘上也处处注目于本朝国本旧制，崇尚骑射之优习。仪卫体现武备及兵演，于武职更甚，正可从日常加以重视也。这也是乾隆帝从整个国本及军备的更高层面上的考虑。而乾隆一朝于边疆及四夷之国者，多兴战事之征伐，是对京都文、武于战备已然现于懈怠面貌，成为乾隆一朝已经展现的兵威与武力衰颓之绪端。

仪卫与仪从制度，京官，一品，金黄棍二，杏黄伞一，大、小青扇二，旗枪八，前引三人、后从八人。二品，金黄棍二，杏黄伞一，大、小青扇二，旗枪六。常日前引二人，后从六人。三品，金黄棍二，杏黄伞一，大、小青扇二，旗枪六。常日前引二人，后从四人。四品，杏黄伞一，大、小青扇二，旗枪四。常日无前引，后从则有二人。此外，其余各官均用青素扇一，常日只后从一人。以上仪卫在京外时须全设，平时在京城不能用旗、伞与黄棍。文官三品以上，用甘蔗棍。武官三品以上，用棕竹棍。自一品至九品，均用扇，扇各用清、汉字书明其官衔。进入皇

① 前揭《清史稿》卷一〇二，第3030页。
② 前揭《清史稿》卷一〇二，第3095—3096页。

城时，扇、棍及前引人均不得入之。文、武大臣因事进入紫禁城内景运门时，可带随从一人同行。①

由此上述之仪从者，可见于封建时代整个国家及各官的车骑仪卫等所反映的森严等级面貌之所在了。

五　銮仪卫衙址、库房管理与器物

关于銮仪卫衙门署址之所在，目前所见诸文献并无明确说明，而只有銮仪卫管理其銮驾仪仗文物的内銮驾库房与外銮驾库房的相关记载，而其中又以紫禁城内的内驾库记载尤为详备。

目前所知，在乾隆十五年绘制的《京城全图》中，发现明确标有“銮仪卫”的所在，直观而又清晰。其址在西长安门外，都察院与太常寺之北，面积较东长安门外兵部相当，可见其建置之规模，不可谓不庞大也。其衙署所在，处于国家机关“六部”之设中，正是銮仪卫的办事机构。其庞大建置与面积，反映了其衙门职掌与礼仪活动承事的繁盛。②

銮仪卫卤簿仪仗，设有专门文物库房进行存放，以驾库管理整仪尉汉军二人保管。驾库管理之职责，在于掌守卤簿之藏。文物库房在两处地点收储，分内驾库、外驾库。“东华门内设内驾库，东长安门外设外驾库，以分藏卤簿，仍由堂官委员偕驾库官专理，与七所官员同监出纳”。③外銮驾库位于东长安门外、大清门内兵部与工部以东，呈南北长条状分布。④

在故宫博物院收藏的一件乐器铜钲上，尚贴有小白条纸质标签，上列两行，竖向墨书，从右至左为：“右司拾肆号”；下列一行，为“金钲四面”。此一标识表明其收贮之来源，正为銮仪卫之旗手卫右司。旗手卫掌奏仪仗所用之卤簿乐，则此金钲之标识正好是其例证所在，由此也可很直观地说明，銮仪卫文物库房收储与管理各司仗器物品的具体情形。

关于内銮驾库，现今仍存址于东华门内，库院及格局皆完好，而外驾库则早已不存于世间。对于内库，于东华门内“北向，大门一楹，随门房六楹，更房一间，东黄瓦大库五楹，南黄瓦大库二座十楹，库前石碣有‘古今通集库’五字。大堂三楹，库三楹，办事房及小库班房、档房计三十二楹。内贮全分新大驾卤簿大礼轿一、法驾步舆一、亮轿一、各样轿十四。法驾、骑驾、銮驾共三百七十余件”⑤。又，“銮驾内库，南库十间，系恭存皇太后仪驾、皇上法驾。光绪二十三年（1897 年），由户部筹给银两修理”。⑥

关于驾库管理职官之设，清时也是历经变动，主要表现在设官及额数上。顺治十一年（1654 年）定驾库管理汉整仪尉二员，乾隆十四年（1749 年）增设驾库管理亭座管理汉整仪尉各一员。至乾隆十五年（1750 年），又裁驾仪管理、驾库管理、亭座管理等汉整仪尉各一员。乾隆三十年（1765 年）增设管旗手卫驾库满洲冠军使一员，裁驾仪管理、驾库管理汉整仪尉各二员，改设銮驾库、銮驾内库管理汉整仪尉各二员。乾隆三十三年（1768 年）裁銮驾内库管理汉

① 前揭《清史稿》卷一〇二，第 3095—3096 页。

② 乾隆十五年《京城全图》。

③ 前揭《大清五朝会典》（十七）《光绪会典》卷八三，第 754 页。

④ 乾隆十五年《京城全图》。

⑤ 《銮仪卫册》。

⑥ 章乃炜等编：《清宫述闻》初续编合本，故宫出版社，2009 年，第 252 页。

整仪尉二员，三十七年（1772 年）以陪祀冠军使一员掌驾库事，复设銮驾内库管理汉整仪尉一员。四十六年（1781 年）以管旗手卫掌驾库事汉冠军使改为总理步辇管銮驾库银库事。乾隆四十八年（1783 年）裁总理步辇管銮驾库银库事汉冠军使一员，又罢陪祀汉冠军使掌驾库步辇事，裁銮驾内库管理、銮驾外库管理汉整仪尉各二员，复设驾库管理汉整仪尉二员。

以上可以看出，关于銮驾库管理之额设数目，主要在乾隆朝变动频繁，从十四年至四十八年，跨越其早、中与晚各个时期。其中整仪尉管理职官之设，期间也屡经更改。驾库管理之变动，体现了乾隆时期礼仪活动的兴盛，其时礼乐制度之建设，自清初以来至乾隆时，已随其国力的强盛、政治统治的加强，以及文化的不断发展而日益兴盛，因此而直接反映与礼乐建设息息相关的銮仪卫机构及其仪仗的陈设与行止，这才是乾隆一朝銮仪卫机构之设官，当然也包括驾库管理频繁变动的根本原因。直至最终，驾库管理又回复至最初之汉整仪尉二员之原定。

六 清宫仪仗机构成立之作用与历史意义

清代銮仪卫之机构，作为清王朝兵部统属的中央武职机构之一，在整个王朝礼乐制度的建设、维护封建皇权之等威中发挥了重要作用。清代帝后卤簿仪仗正是王朝礼制之所以明制度、辨等威的重要支点与手段，对于等级制的确立与帝制之稳固与加强具有十分重大的影响。仪仗之于皇权而言，其意义可谓显要。清代仪仗管理机构及其制度的建立、发展与完善，几承明朝旧制，也有自我创新。机构的设立，对于统一仪卫之保管，以及繁复礼仪使用之政令，还有于所卫及衙署职官与校尉等庞大数额的人事与财政诸管理等，起到了应有的作用，保证了清代帝后仪卫制度二百余年的完整顺利地运行。

六所一卫机构的设立与分治，正是其司职所在，显然是完全适用于帝后卤簿仪仗的各项事务，还有仗器等的保管与使用的具体情况。两百多年间，无论清代仪卫如何发展变化，此六所一卫机构的总体格局自始至终皆无有改变，这是有清一朝仪仗机构设立与发展上的一个有意思的现象。清代卤簿仪仗管理机构体系的构成，职责明确，掌持分明，运行有效，说明了前明仪卫之制度，已发展至相当完善的境地。这种构成，已能比较充分有力地顺应历史发展之形势，完成各种礼仪活动之保障。

清朝仪仗制度，有一个从发生、发展到完备，再到鼎盛的过程，其机构本于时代之需，而适应与发展之。从掌卫事大臣、銮仪使，再到各所卫职官设置，都处于一个不断变动的过程中，这从其品级，以及人数的增裁等即可看出。

从所配额数来说，乾隆朝的职官设置及校尉等的人数，是清朝最盛的时期，这正好是清宫仪仗发展最兴旺与最强盛的时代。对于各职事而言，仗器日常的保管与维护，旗纛、伞盖诸类、卤簿仪仗各乐的操持，以及阵势整肃之演练等等，实非易事，其队伍与阵形的庞大，涉及相关职官与各尉人员之多样，这些对于衙署机构来说，不能不说是一项关系重大的政治使命。

銮仪卫所掌管的仪仗器类，可谓品类繁多，涉及帝、后、妃、嫔等，不仅数量、品类，还有器形等等，皆须顺应繁复礼仪运用之形势，而进行有效分配与使用，如此才能运转灵活而高效。銮仪卫适应此形势，分十四司而分治之，有力地掌持着仗器之收储与使用，从而使皇权礼序严整分明和显扬，此事非同小可也。

据《楹联丛话》卷二记载，清代銮仪卫衙署曾用门联“仙仗五云鸾鸣和盛世，德车七宿之角运中天”[1]，此或为春联。其中仙仗乃指皇帝卤簿，五云谓五彩翔集嘉瑞之云，为吉祥之云相，古亦以其指称帝三所居。鸾鸣，祥禽之乐，惟世盛德隆，天人交感之时才应现倡和之。德车者，谓弘治与教化之德行，如车般轮转周行而无滞。龙角，其角为二十八宿之角宿，位列东方，为木，为青龙，故称龙角。整副门联的氛围展现出德运中天之盛，天人共交，礼至乐达，令人神往。其仗器，据联意实非普通俗物，与历代所谓“天子”之意义比附而等同。仪仗在陈，德运昌隆，如风云之所施化也。此联犹如往昔混沌历史之耀人眼目，将清代甚至我国历代仪仗及其机构设立的意义，合盘指陈之。此楹联的意义，已超越仗器普通形貌，而入形上学之至高意象中。我们由此可知我国古学，对于仗物非凡之理解与认识，其意义之深邃，皆可于此联意而展现，或正可说明我国文化传统中自古相承而不息的仪仗文化，其真正意义之所在了。

清代仪仗机构的设立与完善，顺应宫廷繁复的礼仪制度的建立与运行而伴随其始终，发挥皇权在新时代的运行机制，也作为皇权体系下的最高权威的彰显、表达与护佑，充分发挥了其礼乐治道与仪式的功能，是有清一代不容忽视的皇权制度与文化的核心构成之一。

（作者单位：故宫博物院宫廷历史部）

① 李文君编著：《紫禁城八百楹联匾额通解》，故宫出版社，2011 年，第 47 页。

清代皇家卤簿仪仗初探

——以沈阳故宫院藏文物为例

张　莹

内容提要： 沈阳故宫博物院原藏卤簿仪仗类文物200余件，多为乾隆时期制作，形制较为完整，是研究清代皇家卤簿仪仗珍贵的实物见证。以这些典藏文物为基础，从清代皇家卤簿仪仗发展及规制、沈阳故宫卤簿仪仗的贮藏与使用以及沈阳故宫卤簿仪仗文物三个方面展开讨论，进一步思考如何加深清代卤簿仪仗文物研究、纺织品类卤簿仪仗修复与保护。

关键词： 沈阳故宫　卤簿仪仗　规制　使用

卤簿，指古代帝王驾出时扈从的仪仗队，是封建社会皇权典制的重要组成部分。卤簿之名始于秦汉，汉应劭《汉官仪》下："天子车驾次第，谓之卤簿。" 自汉以后，除帝王外，后、妃、太子、王公、大臣皆有卤簿，各有定制。清代是中国历史上最后一个君主制王朝，其承袭历代王朝政治、文化及礼仪制度并不断完善，清代皇家卤簿仪仗达到极盛。

沈阳故宫作为清朝的发祥地，清廷迁至北京后的"盛京陪都"，以"一朝发祥地，两代帝王宫"而一直受到清帝的重视。自康熙朝开始，圣祖玄烨以"展祭盛京三陵"为目的，开启清帝东巡的序幕，先后四位皇帝十次亲临盛京谒陵祭祖。除增建行宫建筑，完善盛京宫殿皇家建筑体制外，康熙十年（1671 年），经圣祖玄烨传谕，内务府开始向盛京皇宫恭送先帝所留武备类遗物、宫廷礼器、帝后御用器物等等，其数量达十万余件，奠定了沈阳故宫文物藏品的基础。

一　清代皇家卤簿仪仗发展及规制

清王朝是从白山黑水中走出来的满族人建立的政权。对于传统汉文化及礼仪典制，清统治者采取的是兼容并收的模式，皇家卤簿仪仗更是如此，它承袭明代卤簿仪仗的规制，并根据清代本身的特点而发展变化，形成了极具特色的清代皇家卤簿仪仗制度。

清太祖努尔哈赤以十三副遗甲起兵，创国开基。天命六年（1621 年），随着战争的节节胜利，典章制度、礼仪规范等开始引起了太祖努尔哈赤的重视。由于受汉族先进的生产方式影响，太祖开始使用能够代表皇家身份、彰显地位尊严、等级分别的仪仗之物。这表明，清代皇家卤簿仪仗制度在此时处于萌芽期。天聪六年（1632 年）二月壬申，皇太极命管礼部事贝勒萨哈廉更定仪仗之制，"凡国中往来，御前旗三对，伞二柄，校尉六人，其制甚简"①。崇德元年（1636 年），复定皇家卤簿仪仗数目，基本确立了清代皇家卤簿仪仗制度之框架。清世祖顺治入关后，参考往制，进一步细化皇家卤簿仪仗，皇帝的仪仗更定为大驾卤簿、行驾仪仗、行幸仪仗三类，

---

① 赵尔巽等：《清史稿》，中华书局，1977 年，第 3083 页。

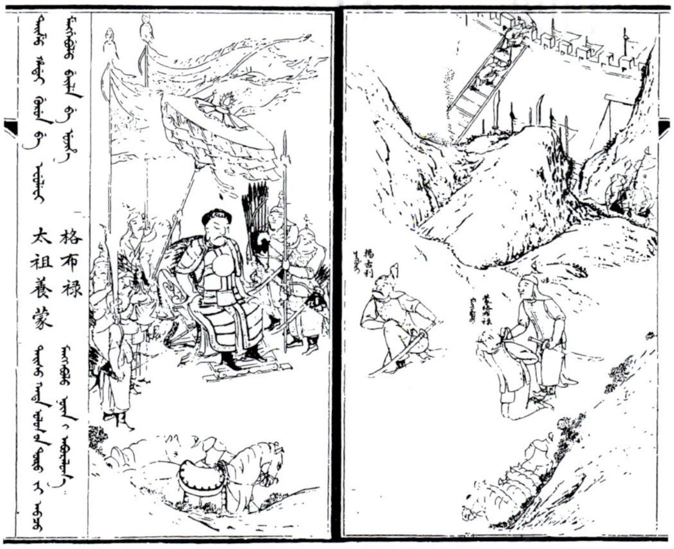

图 1　《满文老档》之“太祖养蒙格布禄”

图 2　《康熙南巡图》第一卷（局部），故宫博物院藏

清代皇家卤簿仪仗制度得到进一步发展。历经康雍及乾隆初期的发展与完善，清代皇家卤簿仪仗至乾隆十三年（1748 年）定制成例，其制度完备、等级分明、仪仗丰富。

乾隆十三年十月谕曰：“古者崇郊飨，则备法驾；乘玉辂，以称钜典。国朝定制，有大驾卤簿、行驾仪仗、行幸仪仗，其名参用宋明以来之旧，而旗章麾盖，视前倍简，今稍为增益，更定大驾卤簿为法驾卤簿，行驾仪仗为銮驾卤簿，行幸仪仗为骑驾卤簿，合三者为大驾卤簿，南郊用之。方泽以下，皆用法驾卤簿。五辂酌仿周官及唐宋遗制，金玉象革木各如其仪，乘用亦自今岁南郊始。光昭羽卫，用肃明礼，谕所司知之。”① 次年，对皇太后、皇后、妃嫔、亲王所用仪仗又重新加以规定：皇太后、皇后前陈设者曰仪驾；皇贵妃、贵妃陈设者曰仪仗；妃嫔陈设者曰彩

① 《清会典事例》第 12 册，中华书局，1991 年，第 33 页。

图 3 《万国来朝图》卷中描绘的大朝时陈设卤簿仪仗场景，故宫博物院藏

仗，至亲王以下及品官公主福晋以下命妇俱称仪卫。① 并对各仪仗在原基础上都作了增减，于乾隆二十四年（1759 年）再次钦定。至此，清代卤簿仪仗由最初的皇家护卫职能逐步演变为皇家礼仪职能，清代皇家卤簿仪仗制度发展到顶峰。

现将乾隆朝定例后的卤簿仪仗梳理如下表：

乾隆朝定例后的卤簿仪仗种类及数量一览表

序号	卤簿名称	具体内容	备注
1	皇帝大驾卤簿	玉辇 1、导盖 1、拂尘 1、提炉 2、香盒 2、盥盆 2、唾壶 1、水瓶 2、马杌 1、交椅 1、仪刀 13、櫜鞬 13、豹尾枪 13、殳 4、戟 4、九龙	

① 《钦定大清光绪会典事例》十四，《续修四库全书》第 811 册《史部·政书类》，上海古籍出版社，2003 年，第 490—494 页。

序号	卤簿名称	具体内容	备注
		曲盖4、翠华盖2、紫芝盖2、九龙盖12、五色花盖12、五色龙盖10、方伞8、寿扇8、双龙扇一16、双龙扇二6，双龙扇三6、单龙扇16、孔雀扇8、雉尾扇8、鸾凤扇8、长寿幢4、紫幢4、霓幢4、羽葆幢4、信幡4、绛引幡4、豹尾幡4、龙头竿幡4、教孝表节旌2、明刑弼教旌2、行庆施惠旌2、褒功怀远旌2、振武旌2、敷文旌2、纳言旌2、进善旌2、金节4、仪锽氅4、黄麾4、八旗骁骑纛24、八旗护军纛8、八旗前锋纛8、五色金龙纛14、仪凤旗1、翔凤旗1、瑞鹤旗1、孔雀旗1、黄鹄旗1、白雉旗1、赤乌旗1、华虫旗1、振鹭旗1、游麟旗1、驯狮旗1、白泽旗、角端旗1、赤熊旗1、黄罴旗1、辟邪旗1、犀牛旗1、天马旗1、天鹿旗1、青龙旗1、白虎旗1、朱雀旗1、神武旗1、江渎旗1、河渎旗1、淮渎旗1、济渎旗1、东岳旗1、西岳旗1、南岳旗1、北岳旗1、中岳旗1、中岳旗1、土星旗1、木星旗1、金星旗1、火星旗1、水星旗1、角宿旗1、亢宿旗1、氐宿旗1、房宿旗1、心宿旗1、尾宿旗1、箕宿旗1、斗宿旗1、牛宿旗1、女宿旗1、虚宿旗1、危宿旗1、室宿旗1、壁宿旗1、奎宿旗1、娄宿旗1、胃宿旗1、昴宿旗1、毕宿旗1、觜宿旗1、参宿旗1、井宿旗1、鬼宿旗1、柳宿旗1、星宿旗1、张宿旗1、翼宿旗1、轸宿旗1、乾风旗1、坎风旗1、艮风旗1、震风旗1、巽风旗1、离风旗1、坤风旗1、兑风旗1、五色雷旗5、五色云旗5、日旗1、月旗1、门旗8、金鼓旗2、翠华旗2、五色金龙小旗40、出警旗1、入跸旗1、钺16、星16、卧瓜16、立瓜16、吾仗16、御仗16、引仗6、红灯6、玉辂1、金辂1、木辂1、象辂1、革辂1、宝象5、道象4、静鞭4、仗马10、后护豹尾枪10、仪刀10、櫜鞬20	
2	皇帝法驾卤簿	金辇1、礼舆1、导盖1、拂尘2、提炉2、香盒2、盥盆2、唾壶1、水瓶2、马杌1、交椅1、仪刀13、櫜鞬13、豹尾枪13、殳4、戟4、九龙曲盖4、翠华盖2、紫芝盖2、九龙盖12、五色花盖12、五色龙盖10、方伞8、寿扇8（同大驾卤簿）、双龙扇16（同大驾卤簿）、单龙扇16、孔雀扇8、雉尾扇8、鸾凤扇8、长寿幢4、紫幢4、霓幢4、羽葆幢4、信幡4、绛引幡4、豹尾幡4、龙头竿幡4、教孝表节旌2、明刑弼教旌2、行庆施惠旌2、褒功怀远旌2、振武旌2、敷文旌2、纳言旌2、进善旌2、金节4、仪锽氅4、黄麾4、八旗骁骑纛24、八旗护军纛8、八旗前锋纛8、五色金龙纛14、仪凤旗1、翔凤旗1、瑞鹤旗1、孔雀旗1、黄鹄旗1、白雉旗1、赤乌旗1、华虫旗1、振鹭旗1、游麟旗1、驯狮旗1、白泽旗、角端旗1、赤熊旗1、黄罴旗1、辟邪旗1、犀牛旗1、天马旗1、天鹿旗1、青龙旗1、白虎旗1、朱雀旗1、神武旗1、江渎旗1、河渎旗1、淮渎旗1、济渎旗1、东岳旗1、西岳旗1、南岳旗1、北岳旗1、中岳旗1、中岳旗1、土星旗1、木星旗1、金星旗1、火星旗1、水星旗1、角宿旗1、亢宿旗1、氐宿旗1、房宿旗1、心宿旗1、尾宿旗1、箕宿旗1、斗宿旗1、牛宿旗1、女宿旗1、虚宿旗1、危宿旗1、室宿旗1、壁宿旗1、奎宿旗1、娄宿旗1、胃宿旗1、昴宿旗1、毕宿旗1、觜宿旗1、参宿旗1、井宿旗1、鬼宿旗1、柳宿旗1、星宿	

序号	卤簿名称	具体内容	备注
		旗1、张宿旗1、翼宿旗1、轸宿旗1、乾风旗1、坎风旗1、艮风旗1、震风旗1、巽风旗1、离风旗1、坤风旗1、兑风旗1、五色雷旗5、五色云旗5、日旗1、月旗1、门旗8、金鼓旗2、翠华旗2、五色金龙小旗40、出警旗1、入跸旗1、钺16、星16、卧瓜16、立瓜16、吾仗16、御仗16、引仗6、红灯6、玉辂1、金辂1、木辂1、象辂1、革辂1、宝象5、道象4、静鞭4、仗马10、后护豹尾10、仪刀10、櫜鞬20，黄龙大纛2（同大驾卤簿）	
3	皇帝銮驾卤簿	步舆1、导盖1、九龙盖10（同大驾卤簿）、双龙扇10（同大驾卤簿双龙扇二）、五色金龙纛10、五色金龙小旗10、钺4、星4、卧瓜4、立瓜4、吾仗4、御仗4、后护豹尾枪10、仪刀10、櫜鞬20，黄龙大纛2（同大驾卤簿）	
4	皇帝骑驾卤簿	轻步舆1、导盖1、仪刀10、櫜鞬10、豹尾枪10、五色花盖10（同大驾卤簿）、双龙扇6（同大驾卤簿双龙扇三）、单龙扇6、五色金龙纛10、五色金龙小旗10、钺6、星6、卧瓜6、立瓜6、吾仗6、御仗6、后护豹尾枪10、仪刀10、櫜鞬20，黄龙大纛2（同大驾卤簿）	
5	皇太后仪驾	万寿辇1、龙凤舆1、龙凤车1、仪舆2、仪车2、九凤曲盖1、拂尘2、提炉2、香盒2、盥盆1、唾壶1、水瓶2、马杌1、交椅1、九凤盖10、花盖4、方伞4、龙凤扇8、鸾凤扇8、金节2、龙凤旗10、卧瓜4、立瓜4、吾仗4	
6	皇后仪驾	凤舆1、凤车1、仪舆2、仪车2、九凤曲盖1、拂尘2、提炉2、香盒2、盥盆1、唾壶1、水瓶2、马杌1、交椅1、九凤盖10、花盖4、方伞4、龙凤扇8、鸾凤扇8、金节2、龙凤旗10、卧瓜4、立瓜4、吾仗4	
7	皇贵妃仪仗	翟舆1、翟车1、仪舆1、仪车1、九凤曲盖1、拂尘2、提炉1、香盒1、盥盆1、唾壶1、水瓶2、马杌1、交椅1、花盖6、瑞草盖4、銮凤扇4、团扇6、金节2、凤旗6、彩旗4、卧瓜2、立瓜2、吾仗2（同皇后仪驾）	
8	贵妃仪仗	翟舆1、仪舆1、仪车1、九凤曲盖1、拂尘2、提炉1、香盒1、唾壶1、盥盆1、水瓶2（同皇贵妃仪仗）、马杌1、交椅1、花椅1、花盖6、瑞草盖4、銮凤扇4、团扇6、金节1（同皇贵妃仪仗）、凤旗4、彩旗4（同皇贵妃仪仗）、卧瓜2、立瓜2、吾仗2（同皇后仪驾）	

序号	卤簿名称	具体内容	备注
9	妃彩仗	翟舆 1、仪舆 1、仪车 1、九凤曲盖 1（同皇贵妃仪仗不另图）、提炉 1、香盒 1、盥盆 1、唾壶 1、水瓶 2、马杌 1、交椅 1（同贵妃仪仗）、黄盖 2、花盖 4、团扇 4、金节 2（同皇贵妃仪仗）、卧瓜 2、立瓜 2、吾仗 2（同皇后仪仗）	
10	嫔彩仗	翟舆 1、仪舆 1、仪车 1（同妃彩仗）、七凤曲盖 1（同贵妃仪仗）、提炉 1、香盒 1、盥盆 1、唾壶 1、水瓶 2（同妃彩仗）、马杌 1、交椅 1（同贵妃仪仗）、花盖 4、团扇 2、金节 2（同皇贵妃仪仗）、凤旗 2、卧瓜 2、立瓜 2、吾仗 2（同皇后仪仗）	

如上所示，清代皇帝卤簿共四种，根据皇帝参与不同活动、所处地点而选用不同的卤簿仪仗，并由皇帝所乘不同之辇、舆及所设仪仗器物的多少、样式等，标识出不同的规格。大驾卤簿是规格最高的仪仗，主要用于皇帝天坛三大祀（圜丘、祈谷、常雩），另外，皇帝大阅时至行宫、礼成还宫，亦用之；法驾卤簿用于皇帝祭方泽、太庙、社稷、日、月、先农、历代帝王及先师各坛庙；銮驾卤簿为皇帝行幸于皇城时所陈设；骑驾卤簿为皇帝出巡以及大阅时使用。

面对如此庞大的仪仗器用及人员管理，清廷专门建立了管理皇家仪仗的机构，并配置了专职管理人员。顺治元年（1644 年），承明制设锦衣卫，为正三品衙门，设置指挥等官职。顺治二年（1645 年），改锦衣卫为銮仪卫，定各官品秩，共五所，每所设一司，共五司。后在职官设置及额数等上几经增改，至康熙六年（1667 年）复改銮仪卫为正二品衙门，此制延续至宣统元年（1909 年），因避溥仪名讳，改銮仪卫为銮舆卫。銮仪卫职掌舆卫之政令与帝后乘舆之秩序，辨卤簿仪仗之名物、器数及其班列，护卫与日常维护保管。銮仪卫在清代属于武职机构，虽专职于清宫帝后卤簿仪仗诸事，但并不受内务府管辖，其与内务府并行，也显示了此机构的重要作用。

二　沈阳故宫卤簿仪仗的贮藏与使用

盛京作为关外“三京”之一，是清王朝定鼎中原前在关外建立的最后一座都城。天命十一年（1626 年），清太宗嗣位，虽时逢“国丧”，登基典礼相对简单，但也出现了“具法驾，设卤簿”，通过卤簿仪仗之物来突出“天子”的威严。崇德元年（1636 年）复定皇家卤簿仪制，确立了封建的尊卑等级关系，同时规定“王公等至御前，均不得设仪卫”，这也是盛京皇宫贮藏皇家卤簿仪仗的开始。在盛京皇宫众多古建筑中，建于清太宗时期的东七间房是最开始用来存放皇帝卤簿仪仗和乐器的地方，又称“銮驾音乐楼”。顺治时期，皇家仪仗已成定制，但迁都北京后，盛京皇宫遗存仪仗所剩无几。康熙帝一生崇尚节俭，曾三次东巡盛京、雍亲王一次代谒祖陵，为满足东巡期间盛京举行典礼所需，盛京皇宫开始大量贮存从北京运送至此的皇家卤簿仪仗。乾隆一朝，国泰民安，乾隆帝四次东巡盛京，此时皇家仪仗规制已成形，规格更高。此时的东七间房已无法满足贮存如此多的卤簿仪仗需求，乾隆八年（1743 年）五月，盛京礼部侍郎那尔泰等就乾隆八年东巡留一份卤簿仪仗于盛京存在地点奏“銮驾关系甚重，盛京唯大清楼内楼上可以安放，然官弁出入，殊失慎重，请拣用大清牌楼外义学官房十三间存贮，得旨，放在大清

图4 沈阳故宫銮驾库

门内楼上，余俟到时再降谕旨。”乾隆十一年（1746年）增建行宫建筑，因东七间楼需拆改，遂将其内存放的銮驾乐器移至大政殿正北，命盛京礼部“将原贮于东七间楼内的銮驾、卤簿、乐器，移至大政殿后面的五间空房之内存放”。同年七月，又将原有的五间正房两端各添盖一间，成为七间，并改称为“銮驾库”。乾隆中期以后，皇家卤簿仪仗形成定制，留存盛京銮驾库内的卤簿仪仗用具逐渐增多，内务府又奉旨将銮驾库扩建至十一间，与现在盛京皇宫的銮驾库规制相同。

沈阳故宫原藏卤簿仪仗类文物多为乾隆时期所制作，形制较为完整，且此类文物除沈阳故宫、北京故宫与避暑山庄、外八庙外，存世不多，极其珍贵，是研究清代皇家卤簿仪仗的实物见证。

三 沈阳故宫卤簿仪仗文物

沈阳故宫卤簿仪仗文物以清代皇家卤簿仪仗为主，大致可分为车舆类、陈设器物类、兵仗、盖仗、扇类、织物类仗、旗仗、乐器八类，种类多样，且相对完整，共计200余件，涉及金、银、玉、织绣、木器、牙角等各种质地，工艺精致，具有鲜明的皇家气息。

清代皇家卤簿仪仗车舆主要包括皇帝卤簿专用的玉辇、金辇、礼舆、步舆、轻步舆和五辂；皇太后仪驾所用万寿辇、龙凤舆、龙凤车、仪舆、仪车五种七件；皇后仪驾所用凤舆、凤车、仪舆、仪车四种六件；皇贵妃仪仗所用翟舆、翟车、仪舆、仪车四种四件；贵妃仪仗所用翟舆、仪舆、仪车三种三件；妃嫔彩仗所用翟舆、仪舆、仪车三种三件。清代皇家卤簿仪仗所用辇舆皆有规制，是清代典制的重要组成部分。轻步舆是皇帝骑驾卤簿所用车舆，即皇帝到皇城外巡狩、巡视乘坐的步舆，由十六人抬行。据《皇朝礼器图式》载，轻步舆“其制：木质朱色，不施幰。盖高三尺四寸。倚高一尺五寸八分，象牙为之。座高一尺八寸二分，纵一尺八寸三分，横二尺二寸。踏脚高三寸，涂以金。直辕二，长一丈五尺余，加铜龙首尾。大横杆二，长九尺余；小横杆四，长二尺八寸余；肩杆八，长五尺八寸余，俱钻铜。以十六人抬之。余制与步舆同”①。

木制轻步舆为沈阳故宫原藏清帝御用卤簿专用车舆。步舆肩杆绘有金云龙纹饰，大小横杆钻以铜，纵加金龙首尾，镶加铜龙首尾。步舆为仿圈椅的形式制作而成，靠背与扶手使用圆材，黄花梨木，外施朱漆，一木连做，弧线圆婉流畅，金漆、雕花精湛传神，造型稳重大方。

陈设器物类主要是御前器物，包括拂尘、提炉、香盒、盥盆、唾壶、水瓶、马杌、交椅八种，除嫔彩仗不用拂尘外，皇帝、皇太后、皇后、皇贵妃、贵妃、妃均用之，数量略有不同。其中提炉、香盒、盥盆、唾壶、水瓶又称“金八件”，是皇家卤簿仪仗中最贵重的礼器。皇帝、皇太后、皇后仪仗陈设完整的八件套；皇贵妃、贵妃仪仗提炉、香盒各减一，共六件套；妃嫔为银质，六件。

图5　木制轻步舆，沈阳故宫博物院藏

图6　庆宽绘《光绪大婚图》册中描绘的金八件，故宫博物院藏

① （清）允禄、蒋溥等纂修：《皇朝礼器图式》卷一一，清乾隆武英殿刊本。

金提炉，又称香炉、金炉，《皇朝礼器图式》载："提炉，范金为之，形圆，有盖，通高七寸八分，深四寸六分，口径三寸二分，腹围一尺七寸六分，项钑花文，衔珊瑚耳为二龙，三足各高一寸二分，盖高二寸，径与口径同，环镂芙蕖，下垂云叶，顶镂蟠龙，提以金索四，三属于炉，一属盖，并系云叶上。提杆攒竹髹朱，长四尺五寸，围三寸一分四厘，两端饰二龙首尾，上缀金钩，以悬炉。"① 故宫博物院藏清同治云龙纹金提炉为有确切年款的御前陈设重器。炉黄金制作，圆形，带镂空盖，炉身有三兽耳，下置三象首足。三耳系有三条金链，上与紫檀木嵌金錾龙首杆相连。提炉底刻"同治十一年八成金二两平重——二两九钱"。陈设时以皇帝宝座处为中心，与香盒、盥盆、唾壶、水瓶等分左右置于红漆描金托盘和金杌之上。沈阳故宫博物院藏清云龙纹金提炉与此造型相似，亦为纯金制成，镂空八卦纹盖，塔式纽，下置三象首足，三耳系三链。铜环银链固定在炉口沿两侧，做工精细，提炉外置木质黑漆炉盒，宫廷原包装亦可见其珍贵程度。此对金提炉虽无确切年代，但形制与故宫博物院同治金提炉一脉相承，可以确定为清代御前陈设金提炉。

另外，沈阳故宫博物院还藏有特殊的金提炉——清皇室供奉于佛教寺庙的法器。此缠枝花纹金提炉也为纯金制成，上盖镂空透雕缠枝花卉纹，桃形纽，钮下承莲瓣，盖边缘亦为莲瓣纹饰。炉口边刻缠枝花卉纹，腹部环形开光内饰三龙赶珠纹。三炉耳，各有圆环，上穿系三条银质长链，底有三乳足，中空。此金提炉为崇德三年（1638 年）敕建实胜寺中的奉佛法器。清代皇帝推崇藏传佛教，乾隆皇帝四次东巡必临皇寺，此金提炉做工精湛，可与卤簿仪仗的金提炉媲美，也说明了藏传佛教在清代的重要地位。

图 7 －1　云龙纹金提炉，沈阳故宫博物院藏

图 7 －2　云龙纹金提炉（原包装）

图 8　缠枝花纹金提炉，沈阳故宫博物院藏

① 前揭《皇朝礼器图式》卷一一。

龙戏珠纹金水瓶，金质，由瓶与盖两部分组成，以锤鍱、錾镌之法制成。瓶直口，长颈，溜肩，平底。颈部饰卷云纹一圈，肩部置兽衔环耳，腹部饰龙戏珠纹。盖有折沿，透雕龙头纽，龙角、龙须，栩栩如生，造型端庄大气，富丽堂皇。据《皇朝礼器图式》载：“范金为之，有盖。大小各一。大者通高一尺五寸七分，深一尺三寸五分，口径四寸四分，钑花纹。腹围二尺八寸八分，钑云龙火珠，下为波纹。耳为螭兽衔环，底径七寸，盖高一寸五分，径九寸四分，饰以杂宝。”① 此瓶与档案记载一致，为珍贵的乾隆帝御用金水瓶。

金水盆，即金盥盆，金质，以锤鍱、錾镌之法制成。圆十二花瓣口，折沿平底。平沿铆焊金鍱錾花隐起的双角、宝瓶、银锭、石榴、祥云、宝珠、法轮、双卷、双钱、华盖、金杵、鱼等十二杂宝吉祥图案。盆内后嵌之金锤鍱錾镌云纹中立双龙、火焰珠和两朵宝相花。此金盥盆形制、花纹与档案记载一致，为乾隆时期所制，在现存卤簿仪仗“金八件”中诚属罕见。

陈设器物类如拂尘、马杌、交椅在清朝入关前均为实用器，后伴随着国家礼制逐步完善，皇帝御前器物失去实用性，演变成更具象征意义的礼器。红漆龙纹交椅、凤纹交椅、龙纹交椅、红漆描金马杌真实还原了皇家卤簿仪仗中的马杌、交椅，场面的恢宏可想而知。

交椅，俗称胡床，宋代又有“太师椅”之名。源于北方游牧民族，后逐渐发展为皇帝出行的仪仗用具。清红漆髹金云龙纹交椅，五棱形椅圈，与扶手处圆雕螭首相连。背板满髹金漆，浮雕“苍龙教子图”，两侧饰流云纹，背面浮雕“五岳真形图”，间饰海水流云。席心座面，前沿两端圆雕螭首，面下腿间雕夔龙纹牙子。足下承托泥，前设脚踏。此交椅做工精湛，为清宫原藏乾隆时期皇帝御用卤簿仪仗。

兵仗，主要由仪刀、櫜鞬、貂尾枪、殳、戟、钺、星、卧瓜、立瓜、吾仗、御仗、引仗、静鞭等组成。基本都是由古代实用兵器演变过来的，起初都是宫廷禁卫的武器，逐渐成为皇家仪仗用具的重要组成部分。清代皇家兵仗的杆柄髹朱漆，不同身份地位的人在大小尺寸上有所区别，皇帝、皇太后、皇后等使用的卧瓜、立瓜、吾仗在通高、瓜围大小方面依次递减，以示地位等级之差。

图9 龙戏珠纹金水瓶，沈阳故宫博物院藏

图10 金盆，沈阳故宫博物院藏

① 前揭《皇朝礼器图式》卷一一。

图11　红漆描金马兀，沈阳故宫博物院藏

图12　红漆髹金云龙纹交椅，沈阳故宫博物院藏

金漆卧瓜，以楠木雕刻而成，外髹以金漆，表面为六棱式卧瓜之形，左、右侧另雕有瓜帽、瓜尾，瓜表面雕刻卷云纹；瓜尾部安有金属环，用于系挂五彩流苏；瓜下部托柄雕有金漆龙首纹饰。金漆立瓜与卧瓜相似，造型为立式瓜形。金漆钺为枪刺与巨斧复合形状，外髹金漆。顶部有多角菱形枪头，中间为斧状钺头，雕张嘴龙头。钺下木柄雕有金漆龙首纹饰，下有二道贝箍。

图13　金漆卧瓜，沈阳故宫博物院藏

图14　金漆立瓜，沈阳故宫博物院藏

图15　金漆钺，沈阳故宫博物院藏

此兵仗中的兵器并无实际作战效能，而是体现一定的威慑效果，是权势的象征。另有静鞭，用于殿陛场面之肃静。总之，在兵仗文物中，除御仗、引仗外，沈阳故宫馆藏卤簿仪仗兵仗类文物相对齐全，且规格很高，多用于皇帝法驾卤簿。

盖仗，即伞盖，又称华盖、宝盖，是清代卤簿仪仗重要的组成部分。清帝用仪仗伞盖主要包括曲柄伞盖和直柄伞盖，曲柄伞盖有导盖、九龙曲盖、翠华盖、紫芝盖；直柄伞盖有九龙盖、五色花盖、五色龙盖、方伞。导盖在卤簿仪仗前起到导向作用，只有帝用仪仗用之，且帝用仪仗伞盖均为三层垂幨。皇太后、皇后仪驾用九凤曲盖、直柄九凤盖、直柄花盖、直柄方伞，皇贵妃、贵妃、妃、嫔仪仗用七凤曲盖、花盖、瑞草盖等，伞盖的等级主要体现在尺寸、纹饰及其数量上。沈阳故宫馆藏伞盖类文物共计10余件，均为三层垂幨、五色织锦质地，是清代皇家尊贵身份的一种象征。

图 16 －1　《皇朝礼器图式》之“嫔采仗花盖图”

图 16 －2　彩色织锦缎盖，沈阳故宫博物院藏

扇类，主要包括寿扇、单龙团扇、双龙团扇、孔雀扇、雉尾扇、鸾凤扇等，形制多样，有圆形、上圆下方、上尖下圆等。清代帝用仪仗扇类共计8类76件；皇太后、皇后仪驾仪用龙凤扇、銮凤扇；皇贵妃、贵妃仪仗用鸾凤扇、团扇；妃、嫔彩仗用团扇。沈阳故宫院藏仪仗用扇10余件，工艺精湛。

清黄织锦缎团扇圆形，扇中间安有长柄扇杆，扇杆与团扇上下交接处各有铜鎏金护饰，上面錾刻云龙、海水江崖纹；扇面为“卍”字不到头黄色织锦缎，间饰花卉纹。扇外缘镶一圈蓝色花卉纹织锦，与扇心部分以一圈红色镶边相隔。此团扇为清朝帝后御用扇类仪仗，其出行时成对举用。

方扇也是清朝帝后御用扇类仪仗，扇面为圆弧形，黄色织锦缎饰牡丹、法轮、钱纹、如意云纹。扇中间置长柄扇杆，上下以錾刻云龙纹铜鎏金护饰固定。扇底沿为长方形木质黑漆扇板，表面描金漆双凤、牡丹花卉纹。从纹饰来看，此方扇为清朝嫔妃的扇类仪仗。

织物类仪仗主要包括幡、幢、旌、麾、氅等，也是清代皇家卤簿仪仗的重要组成部分。仪仗用幡主要包括信幡、绛引幡、豹尾幡、龙头竿幡四种十六件；幢主要包括长寿幢、紫幢、霓幢、羽葆幢四种十六件；旌主要包括教孝表节旌、明刑弼教旌、行庆施惠旌、褒功怀远旌、振武旌、敷文旌、纳言旌、迎善旌八种十六件；仪锽氅、黄麾各一种四件。上述织物类仪仗仅作为清帝大驾卤簿和法驾卤簿之用，其等级不可逾越。金节也是织物类仪仗之一，但其为清代皇家卤簿仪仗的基本内容，上至皇帝、皇太后、皇后，下至皇贵妃、贵妃、妃、嫔皆用之。

图17　黄织锦缎团扇，沈阳故宫博物院藏

图18　黄织锦缎团扇，沈阳故宫博物院藏

幡，是一种长幅下垂的旗，最初是作为身份地位和权力的一种外在信息符号或题表形式，有绛引、告止、传教、信幡等数种。五彩织锦幡总体呈长条旗形，上部为条状幡，下部为飘带。幡上部黄色织锦缎为主，满饰花卉纹；飘带与幡上部以五色缎花瓣相接，四条飘带两种颜色，两侧酱色，中间黄色，上饰云龙纹。幡板木制髹红漆，上彩绘番莲纹。五彩幡原是悬于乐器和兵器上的一种幡制，后逐渐成为卤簿仪仗中的一种定制。此五彩织锦幡为清宫原藏，曾为清朝帝后专用。

图 19 五彩织锦幡，沈阳故宫博物院藏

旗仗，指古代仪仗队用的旗帜。清代皇家卤簿旗仗主要包括各种八旗的纛和象征不同寓意的旗，总计一百九十四件。清代旗仗的颜色承袭传统“五色”，多为黄、白、黑、青、红五色。所谓“五色”与“五行”紧密相关，《墨子·旗帜》中即把守城旗帜颜色同“五行”相对应，即“木为仓旗，火为赤旗，薪樵为黄旗，石为白旗，水为黑旗。”五色也代表五方，东为青，南为赤，西为白，北为黑，中为黄。方位的尊卑也体现在色彩的尊卑上，中央为尊，黄色为尊，因此历代的统治者都崇尚黄色，用五色突出皇权与礼制，表明地位的尊卑等级，旗仗的色彩上也不例外。从皇帝大驾卤簿中可以看出，五色为卤簿的主要颜色，五色缎面为旗帜的主要材质。另外，清代皇家旗仗的纹样承袭前朝，包括龙凤纹、禽鸟纹、神兽纹、天文星宿纹、植物纹、山川纹等等，其纹样的寓意亦反映了中华民族的传统文化，体现了民族的大融合。

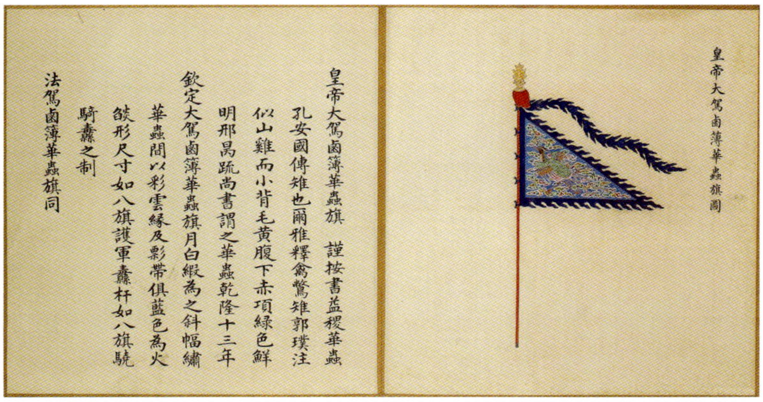

皇帝大駕鹵簿華蟲旗圖

皇帝大駕鹵簿華蟲旗　謹按書益稷華蟲孔安國傳雉也爾雅釋禽鷩雉郭璞注似山雞而小背毛黄腹下赤項緑色鮮明邢昺疏尚書謂之華蟲乾隆十三年欽定大駕鹵簿華蟲旗月白緞為之斜幅繡華蟲間以彩雲緣及影帶俱藍色為火燄形尺寸如八旗護軍纛杆如八旗驍騎纛之制

法駕鹵簿華蟲旗同

图 20　《皇朝礼器图式》之“皇帝大驾卤簿华虫旗图”

沈阳故宫院藏仪仗用旗4件，包括2件黄缎龙旗、2件织锦彩旗。织锦彩旗是清朝宫廷卤簿仪仗专用旗帜之一。旗面三角形，朱色花卉纹织锦面，旗边镶藏青地花卉纹花牙。旗前端缝有黄色插杆套，用于插入立杆。此织锦彩旗为清宫原藏，是珍贵的清朝妃嫔所用之物。

除此之外，乐器也是清代皇家卤簿仪仗的重要组成部分，在《皇朝礼器图式》中，有专门的卤簿乐器的记载。在举行巡幸、耕猎、采桑、祭祀、宴飨、凯旋等仪式前作为卤簿仪仗的导迎乐。有卤簿鼓吹大乐金、卤簿鼓吹大乐钲、卤簿鼓吹大乐大铜角、卤簿鼓吹大乐小铜角、卤簿鼓吹大乐龙鼓、卤簿鼓吹大乐杖鼓、卤簿鼓吹大乐画角、卤簿导迎乐鼓等等，又根据不同仪仗种类，帝后与妃嫔不同的身份，配置特定的乐器，所以清代皇家卤簿仪仗乐器种类繁多，烘托了皇家卤簿庞大的阵势。

清大铜角，铜制，总体呈大头小尾形状；前部为大筒形喇叭口，后部为细长吹管及吹嘴；角前部分呈两大节，口部宽大，后部管身凸起一处圆形节；角身由上下两截组成，可由中间圆球处伸缩，吹管细长，直达吹口；管身系明黄色丝穗。此铜角为清宫旧藏，为沈阳故宫原藏卤簿鼓吹大乐大铜角。

图21　织锦彩旗，沈阳故宫博物院藏

图22　大铜角，沈阳故宫博物院藏

综上，清代皇家卤簿仪仗是历代皇家仪仗的集大成者，是封建皇权与礼制的高度象征。梳理沈阳故宫博物院藏皇家卤簿仪仗，对于深入研究卤簿仪仗以及清代礼制有重要意义。另外，沈阳故宫博物院藏清代皇家卤簿仪仗是现存稀少的宫廷旧藏遗物，也是独具特色的清代宫廷纺织品。作为宫廷遗物，由于使用次数较多，且清代纺织品本身固色不牢等问题，现均存在污渍、褪色等病害。如何对此类纺织品进行修复与保护也是重要的研究课题，希以此篇文章为相关同仁带来点滴启示。

（作者单位：沈阳故宫博物院保管部）

再论清代皇后的册立与典仪

徐　瑾

内容提要：清代共有28位皇后，她们或为皇帝的原配嫡后，或为继立皇后，或为嗣皇帝生母而在薨逝后被尊为皇后，还有一些皇后之位是因特殊原因而被赠予的。因成为皇后途径的不同，致使她们册封或追封皇后的典仪各有差异，薨逝后在庙享谥号上又各有尊崇。本文拟通过梳理清代皇后的不同构成，立后的惯例与特例，分析清代立后典仪及庙享谥号的相关问题。

关键词：清代皇后　后宫制度　清代典制

自崇德元年（1636年）皇太极在盛京（今沈阳）正式称帝，改国号“后金”为“大清”至1911年清朝灭亡，如算上逊帝溥仪的“皇后”婉容，共有28位女子最终获得皇后的位号。她们命运各异，或成为皇太后“庆隆尊养”而子孙绕膝，或中年而薨却也是寿终正寝，或在青春年少就香消玉殒。因成为皇后的途径不同，致使她们册封或追封皇后的典仪各有差异，又使她们薨逝后在庙享谥号上各有尊崇。本文拟通过会典、实录等官修史书，结合《奏销档》等原始档案，梳理清代皇后的不同构成，立后的惯例与特例，分析因此产生册立皇后典仪、皇后庙享谥号的差异。

一　清代皇后研究动态

关于清代皇后的研究成果颇丰。早在20世纪80年代，王树卿于《故宫博物院院刊》发表论文《清代皇后的册立》，通过皇帝大婚、册立礼、追封礼讲述清代册立皇后的具体礼制。在清帝大婚的研究方向上，刘潞、任万平等发表有《清帝大婚礼的文化诠释》《坤宁宫为清帝洞房原因论》《以史解画，以图证史——关于光绪〈大婚图〉册的绘制》《从皇帝大婚典礼看清朝行政机构之运转》等多篇论文。关于清代皇后与政治，刘潞在《清代皇后册立与八旗大姓氏族》中分析了立后与母家姓氏门第、立后与后族的政治影响以及皇后与皇帝个人、朝中政治集团的关系等。毛立平、沈欣所著《壶政：清代宫廷女性研究》，从切断皇后与大臣的联系、“皇后—命妇”体系的坍塌、宫廷内外的空间隔离几个方面，探讨皇帝逐步切断皇后与外界的联系，从而遏制了后权对外事的影响和对皇权的威胁。王冕森在《清代后妃杂识》一书中列数了清代所有后妃家族背景、入宫背景、宫廷生活等内容。除论文专著外，还有清代皇后相关主题展览，2006年故宫博物院举办有“龙凤呈祥——清帝大婚庆典展”，2008年首次以“清代皇后”为主题的大型国际文物展“凤舞紫禁：清代皇后的艺术与生活”特展在美国波士顿迪美博物馆开幕，此展览在国际上也引起较大影响。本文拟从清代皇后不同构成，成为皇后的惯例与特例出发，分析清代立后典仪及庙享谥号的差异。

图 1　龙凤呈祥——清帝大婚庆典展

图 2　凤舞紫禁——清代皇后的艺术与生活展

二　册立皇后的主要途径

清代皇后主要通过“皇帝原配嫡妻册立（追封）为后”“皇帝妃嫔继立为后”“嗣皇帝尊生母为后”等途径成为皇后。

（一）皇帝原配嫡妻册立（追封）为后

皇帝的原配嫡妻无需逐级晋升可直接成为皇后。在数位嫡后之中，又因顺治帝、康熙帝、同治帝、光绪帝、宣统帝为冲龄践祚，除末代皇帝溥仪的婚礼是在清朝被推翻后举行。顺治帝孝惠皇后①、康熙帝孝诚皇后、同治帝孝哲皇后、光绪帝孝定皇后都与皇帝举行了盛大的大婚仪式。至于成年后继位的皇帝，如登基时其嫡福晋尚在人世，则皇后之位无需另选，嫡福晋将被顺理成章地册立为皇后。崇德帝孝端皇后（其时为“国君大福晋”）、雍正帝孝敬皇后、乾隆帝孝贤皇后、嘉庆帝孝淑皇后，都是以嫡福晋的身份被册立为皇后。如果嫡福晋在皇帝为皇子时期就已去世，皇帝登基后还要追封亡逝的嫡福晋为皇后，如道光帝孝穆、咸丰帝孝德皇后。

（二）皇帝妃嫔继立为皇后

皇帝的原配嫡妻去世后，中宫皇后之位不能空缺，皇帝通常会将后宫中位份最高的女子册封为继任皇后。而如顺治帝、同治帝、光绪帝先于皇后薨逝，或如雍正帝的嫡后去世后因种种原因不再立后，也就无涉继后问题。

清代的诸位继后中，乾隆帝那拉氏继后、嘉庆帝孝和皇后为皇帝的“潜邸旧侣”。皇帝为皇子时就随侍潜邸，时为侧福晋，皇帝登基后直接被封妃或贵妃等仅次于皇后的位份。乾隆帝的那拉氏继后为佐领那尔布女，原为宝亲王侧福晋，乾隆二年（1737 年）乾隆帝立嫡福晋富察氏为皇后，同时封侧福晋那拉氏为娴妃，乾隆十年（1745 年）晋封娴贵妃。乾隆十三年（1748 年）孝贤皇后薨逝后，娴贵妃于十四年晋封皇贵妃摄六宫事，十五年册立为皇后，乾隆三十年（1765 年）因在乾隆帝南巡中“自行剪发”，被禁于翊坤宫后殿。② 嘉庆帝的孝和皇后，为嘉亲王侧福晋，嘉庆元年（1796 年）颙琰继位册封为贵妃。嘉庆二年二月，孝淑皇后崩逝，晋封为皇贵妃，嘉庆四年册立为皇后。

康熙帝孝昭皇后、孝懿皇后，道光帝孝全皇后则是在皇帝登基后入宫，因深受皇帝宠爱而平步青云至最高的皇后位分。以孝全皇后钮祜禄氏为例，道光二年（1822 年）钮祜禄氏在选秀中脱颖而出，越过贵人之位，直接赐号“全嫔”，于本年十一月初二日进宫。③ 道光三年晋全妃，五年晋全贵妃。此时，年仅 18 岁的全贵妃已经超越宫中众多资历较深的嫔妃，地位仅次于皇后。道光十三年（1833 年）四月孝慎皇后去世，八月全贵妃即晋封摄六宫事皇贵妃，并于十四年正式册立为皇后。

值得说明的是，由妃嫔继立为后的女子们有一共性。除康熙十六年（1677 年）册立孝昭后，此时因后宫位份尚未完全确立，除皇后外，仅有妃、庶妃较为模糊的界限，孝昭是由“妃位”册立为皇后。其余者皆先晋为皇贵妃，统领后宫，待大行皇后丧期满后，再正式册立为皇后。这也说明清宫皇贵妃与其他位份妃嫔有本质区别，皇贵妃有位同“副后”的特性，如果皇后康健且与皇帝感情较为和睦，皇后之下的皇贵妃位通常是空缺的。④

（三）嗣皇帝生母

清代只有道光帝、咸丰帝生母为皇后，其他皇帝皆为妃嫔所出。皇帝即位后生母如在世，则

---

① 顺治帝的第一任皇后博尔济吉特氏被废后，又自蒙古科尔沁博尔济吉特氏家族中迎娶新后，故顺治帝举行了两次大婚。

② 记载于《十五阿哥请安折》，南京博物院藏，见于 2017 年《走进养心殿——大清的家国天下》展。

③ 《奏为拣选专奉嫔及贵人进宫之内管领事折》，道光二年九月初一日，中国第一历史档案馆藏奏案档（档号：514 - 030）。

④ 徐瑾：《清代后宫制度中的皇贵妃》，《明清宫廷史学术研讨会论文集》第二辑，故宫出版社，201[illegible]年。

为生母上皇太后尊号，无论其在前朝位份如何，薨逝后都被谥为皇后。孝庄、孝康、孝恭、孝圣、孝钦皇后，皆以嗣皇帝生母的身份先被尊为皇太后，薨逝后谥为先帝皇后。嗣皇帝生母如已去世，则要追封生母为皇后。崇德元年（1636 年），皇太极正式称帝改国号为“大清”，追谥生母叶赫那拉氏为“孝慈昭宪纯德真顺承天育圣武皇后”。清代另一个被追封为皇后的嗣皇帝生母为嘉庆帝颙琰的生母孝仪皇后魏佳氏。乾隆四十年（1775 年）正月二十九日，49 岁的令皇贵妃魏佳氏因病去世。乾隆六十年（1795 年），乾隆帝公开颙琰的皇太子身份之时，将其生母追封为皇后：

> 谕吉于九月初三吉日御门理事。召皇子皇孙、王公大臣等，将癸巳年所定密缄嗣位皇子之名，公同阅看。立皇十五子嘉亲王颙琰为皇太子，用昭付托。定制孟冬朔颁发时宪书，其以明年丙辰为嗣皇帝嘉庆元年。俟朕长至斋戒后，皇太子即移居毓庆宫，以定储位。皇太子生母令懿皇贵妃，著赠为孝仪皇后，升祔奉先殿，列孝贤皇后之次。其应行典礼，该衙门查照定例具奏。①

图 3　孝庄文皇后像

① 《清高宗实录》卷一四八六，乾隆六十年九月。

三 册立皇后的特殊途径

因特殊的历史环境且夹杂着皇帝的个人情感因素，清代的孝惠、孝献、孝慎、孝静、孝贞几位皇后成为皇后的过程较为特殊。

（一）以皇帝继任妻子身份直接册立为皇后

顺治八年（1651 年）八月，科尔沁卓礼克图亲王吴克善女博尔济吉特氏被册立为皇后，正位中宫，成为顺治帝的第一任皇后。顺治十年（1653 年）八月，顺治帝以“今后乃睿王于朕幼冲时因亲定婚，未经选择。自册立之始，即与朕志意不协，宫闱参商已历三载”为由，奏闻皇太后将皇后博尔济吉特氏降为静妃。[①] 顺治十一年（1654 年）六月，顺治帝再立皇后，第二任皇后为废后的堂侄女，同样来自皇太后母家，漠南蒙古科尔沁博尔济吉特氏家族的镇国公绰尔济之女。

道光帝是孝淑皇后之子，也就是嘉庆帝的嫡长子，早在乾隆朝尚为皇孙的绵宁就被视为未来接班人，其嫡福晋是其皇祖乾隆帝亲自为他择选的。乾隆六十年（1795 年），在乾隆朝最后一次八旗选秀中，满蒙汉八旗秀女共 7767 名，仅 13 位秀女被“记名”，其中 8 位秀女最终胜出，被指婚给皇子皇孙，年 15 岁的世家女镶黄旗副都统布彦达赉之女钮祜禄氏，被指与皇孙绵宁为嫡福晋。[②] 然而未等到道光帝登基，钮祜禄氏就于嘉庆十三年（1808 年）正月二十一日去世了。嘉庆十三年二月初三日，嘉庆帝谕内阁为绵宁选继福晋。嫡福晋去世仅十余天，可谓尸骨未寒，嘉庆帝就急忙为绵宁续指福晋，既因绵宁嫡长子的特殊身份，也因二月是清宫秀女大选之时。二月初三日，“为给二阿哥续指福晋，著交户部再行将八旗满洲蒙古内外现五品以上文武官员之女内十六岁及逾岁者查明，从速具奏”，四日后又将选秀范围改为三品以上，此次选秀共“圈出选看官员之女二十名，著赏给公车银两，（二月十七日）公舒明阿之女指婚与二阿哥”。[③] 由此绵宁继福晋即日后的孝慎成皇后，确定为佟国纲的五世孙女，也就是康熙帝孝懿皇后的后人、公舒明阿之女佟佳氏。嘉庆二十五年（1820 年）嘉庆帝驾崩，绵宁登基后立继妃佟佳氏为皇后。道光帝的孝慎皇后，先为皇子继福晋，继而被册立为皇后。

顺治帝的孝惠皇后、道光帝的孝慎皇后，既非以皇帝原配妻子直接册立为后，又不同于大多数继后是由妃嫔之位逐渐晋至皇贵妃，再被立为皇后。因顺治帝嫡后被废，道光帝嫡福晋早逝，所以孝惠皇后、孝慎皇后是以皇帝继任妻子身份直接被册立为皇后。

（二）秀女新人越级晋封为皇后

咸丰帝孝贞皇后则更为特殊。她既非皇帝的原配嫡妻，又不同于孝惠、孝慎直接成为继任皇后，也不同于其他继后随侍皇帝身边多年，逐渐晋位至皇后。孝贞皇后是以秀女新人的身份入宫，连续越级晋封，迅速成为皇后。

---

① 《清世祖实录》卷七七，顺治十年八月。

② 毛立平：《清代选秀女制度对旗人女性的意义与影响——以清宫选秀档案为中心》，《浙江大学学报（人文社会科学版）》，2021 年 9 月。

③ 《为给二阿哥续指福晋著交户部再行将八旗满洲蒙古内外现五品以上文武官员之女内十六岁及逾岁者查明从速具奏事》，嘉庆十三年二月初三日，中国第一历史档案馆藏内务府档案（档号：03－18－009－000065－0001）。

图 4　孝惠章后朝服像

图 5　孝贞显皇后便服像

孝贞皇后钮祜禄氏出身满洲镶黄旗，广西右江道穆扬阿之女，其八世祖是清初功臣一等公额亦都。咸丰二年（1852 年）钮祜禄氏经选秀后，越过答应、常在、贵人之位直接被封贞嫔，于咸丰二年四月二十七日进内。① 五月贞嫔又越过妃位晋为贞贵妃，六月则直接越过皇贵妃位，册立为皇后，并于十月十七日正式举行皇后的册立礼。此前，即使宠冠六宫如孝全皇后，自进宫至立为皇后也经历了 12 年，而孝贞皇后钮祜禄氏进宫经过嫔位、贵妃位至册立为皇后只用了两个月，且"其封嫔及册封贵妃典礼均未举行"②，说明钮祜禄氏自入宫时就已是继皇后的人选。这在清代是不符合旧例的，但并非咸丰帝刻意不遵守旧制，背后有着特殊原因。

首先是与咸丰帝嫡妻薨逝时间相关。道光二十九年（1849 年）十二月十一日，恭慈皇太后

① 《奏为贞嫔各位应得分例器皿什物等项什物事折》，咸丰二年十一月二十九日，中国第一历史档案馆藏奏销档（档号：653－097）。

② 《清朝续文献通考》卷一七八，册封妃嫔。

“讵意高年，病势日臻，遽于十一日申刻，仙驭升遐”①。第二天，“皇四子（奕詝）福晋萨克达氏薨”②。道光三十年（1850 年）正月十一日，“宣宗疾大渐，上哭诣慎德堂，少顷，宣宗升遐”③。一个月的时间内，咸丰帝的祖母、妻子、父亲先后去世，在他登基之前逢皇太后、皇帝国丧期，因此他不可能如其父道光帝那样，在嫡福晋去世后立即择娶继福晋。

其次，与咸丰帝潜邸时期的妻妾数量相关。史料中有所记载皇帝潜邸时期的妻妾，雍正帝 6 人、乾隆帝 9 人、嘉庆帝 8 人、道光帝 5 人。④ 不同于雍正、乾隆、嘉庆、道光帝等成年即位的皇帝，在潜邸时期有福晋、侧福晋、格格等为数不少的妻妾，咸丰帝潜邸时期妻妾数量极少。“咸丰二年（1852 年）二月十一日敬事房口传，奉旨：贞嫔、英嫔于本年四月二十七日进内，兰贵人、丽贵人著于五月初九日进内，春贵人、婉常在著于五月十二日进内，钦此。”⑤ 咸丰二年十一月的《呈为恭进宫分缎匹等项清单》中，记载了咸丰初年宫中妃嫔，其中有皇后、英嫔、云嫔、兰贵人、丽贵人、婉贵人、春贵人、容常在几位。⑥ 对比两条档案可知，咸丰帝立后之时，除云嫔及容常在外，都是分别于咸丰二年四月、五月期间进宫的新人。而事实上咸丰帝的潜邸旧人仅云嫔一人。道光二十八年（1848 年）十一月《呈皇太后及内庭主位等宫分缎绸貂皮数目清单》档案中，记载道光朝当时内廷宫分，涉及四阿哥位下仅“四福晋一人”，即奕詝嫡福晋萨克达氏。⑦ 道光二十九年（1849 年）十二月的宫分中除四福晋，又增加“四阿哥下女子一人”⑧。道光二十九年九月十七日：“奉旨，镶黄旗双明佐领下披甲人五得之女四妞，赏四阿哥，钦此。”⑨ 四阿哥位下新增加的女子，就是档案中所记被道光帝赏赐予四阿哥的“四妞”。道光三十年（1850 年）正月二十八日奉旨“朕侧福晋武佳氏晋封为云贵人”“二月初十日大行皇帝大事已届二十七日，云贵人应行释服，是日早祭毕结发。内管领妻室带领果上妇人进内，请云贵人释服，将孝服交释服之人，持去孝带”⑩。道光三十年咸丰帝嫡福晋萨克达氏已薨逝，道光帝丧仪中出现的咸丰帝女眷有且仅有云贵人一人。咸丰二年（1852 年）十一月，云贵人晋位至云嫔，封嫔册文中形容她：“在青宫而奉帨，早着庄姝。”⑪ 册文中“青宫”是皇太子东宫的别称，再一次证明云嫔武佳氏为咸丰帝的潜邸旧人，即档案中的“四阿哥下女子”四妞。

孝贞皇后为“清初开国五大臣”之一额亦都的后人，云嫔其父为“镶黄旗双明佐领下披甲人五得”，二者母家身份悬殊。对于一位刚刚登基的年轻皇帝，不可能将一位包衣兵丁出身的女

---

① 《清宣宗起居注》卷九六，道光二十九年十二月。

② 《清宣宗实录》卷四七五、道光二十九年十二月。

③ 《清文宗实录》卷一，道光三十年正月上。

④ 王冕森：《清代后妃杂识》，上海社会科学院出版社，2022 年。

⑤ 《奏为贞嫔各位应得分例器皿什物等项什物事折》，咸丰二年十一月，中国第一历史档案馆藏奏销档（档号：653 - 097）。

⑥ 《呈为恭进宫分缎匹等项清单》，咸丰二年二月，中国第一历史档案馆藏内务府档案（档号：05 - 0769 - 038）。

⑦ 《呈皇太后及内庭主位等宫分缎绸貂皮数目清单》，道光二十八年十一月，中国第一历史档案馆藏内务府档案（档号：05 - 0761 - 069）。

⑧ 《奏为宫分缎匹等项事折》，道光二十九年十二月，中国第一历史档案馆藏奏销档（档号：644 - 113）。

⑨ 《为镶黄旗双明佐领下披甲人五得之女四妞赏四阿哥其每日应行给吃食得给事》，道光二十九年九月，中国第一历史档案馆藏内务府档案（档号：05 - 13 - 002 - 000710 - 0050）。

⑩ 《为奏明大行皇帝大事已届二十七日云贵人应行释服事宜事》，道光三十年二月，中国第一历史档案馆藏内务府档案（档号：05 - 13 - 002 - 000184 - 0193）。

⑪ 《清文宗实录》卷七五，咸丰二年十一月。

子立为皇后。咸丰帝登基之初，在既无嫡福晋，侧福晋又不适合的背景下，只能通过大规模选秀来择选皇后。

（三）因特殊原因被赠予的皇后

顺治帝因疯狂爱恋着董鄂氏，在其去世后追赠其为孝献皇后。董鄂氏进宫伊始就由贤妃封为皇贵妃。顺治十七年（1660 年）八月十九日董鄂氏薨逝，三天后顺治帝即谕礼部，奉圣母皇太后谕旨："皇贵妃佐理内政有年，淑德彰闻，宫闱式化，倏尔薨逝，予心深为痛悼宜，追封为皇后，以示褒崇。朕仰承慈谕，特用追封，加之谥号，谥曰：孝献庄和至德宣仁温惠端敬皇后。"①

咸丰帝赠予养母康慈皇贵太妃为孝静皇后。道光二十年（1840 年）正月，道光帝的第三任皇后孝全皇后病逝后，宫中位份最高的静贵妃，即皇六子奕䜣生母博尔济吉特氏晋皇贵妃位，并抚养年仅 10 岁的孝全皇后之子奕詝。静皇贵妃虽统领后宫，但在道光朝却止步于皇贵妃位，她也是清代唯一实际统领后宫，但未被当朝皇帝册立为皇后的皇贵妃。道光三十年（1850 年），咸丰帝即位后尊养母静皇贵妃为康慈皇贵太妃，居乾隆帝专门为生母崇庆皇太后建造的"太后宫"寿康宫。咸丰五年（1855 年），康慈皇贵太妃病重弥留之际，咸丰帝降旨："（皇贵太妃）侍奉皇考二十余年，徽柔素着，抚育朕躬十五载，恩恤优加，虽懿德撝谦而孝忱难罄，今谨上尊号为康慈皇太后。"②

四 册立皇后典仪的差异

清代册立皇后的典仪大致分为"皇帝大婚仪""册立嫡福晋为皇后仪""册立妃为皇后仪"，追封皇后仪又分为"追封亡逝的嫡福晋为皇后仪"和"追封嗣皇帝生母为皇后仪"，其典礼细节又各有差异。

（一）"皇帝大婚仪"与"册立嫡福晋、妃为皇后仪"

举行仪式的时间不同。下面是顺治帝、同治帝大婚；雍正帝、乾隆帝册立嫡福晋为皇后；嘉庆帝册立妃为皇后的时间：

> 顺治八年正月，上初聘科尔沁国卓礼克图亲王吴克善女为后。八月，册立科尔沁卓礼克图亲王吴克善女为皇后行大婚礼。③
>
> 同治十一年二月，兹选得翰林院侍讲崇绮之女阿鲁特氏，淑慎端庄，着立为皇后。特谕，又奉懿旨皇帝大婚典礼着钦天监诹吉，于本年九月举行。④
>
> 雍正元年，孝敬宪皇后以嫡妃正位中宫，行册立礼……惟庆贺礼奉旨俟三年后补行。
>
> 乾隆元年，孝贤纯皇后以嫡妃正位中宫，奉旨着于二十七月后举行典礼。⑤

---

① 《清世祖实录》卷一三九，顺治十七年八月。

② 《清文宗实录》卷一七一，咸丰五年七月。

③ 《清世祖实录》卷五二、卷五九，顺治八年正月、八月。

④ 《清穆宗实录》卷三二八，同治十一年二月。

⑤ 光绪朝《大清会典事例》卷三〇三，册立皇后。

> 孝淑皇后二十七月后，命立皇贵妃为皇后，今已届期，应钦遵敕旨正位中宫。皇后之父恭阿拉，著照例封为一等侯。所有应行册后典礼，俱俟嘉庆六年二十七月释服后，著各该衙门详查定例，奏明择吉举行。①

根据上述史料可知，大婚礼确立皇后人选，通常经过约半年的筹备期后举行。举行册立嫡福晋、妃为皇后礼，皆因先帝或先皇后去世，此时正值国丧期间，因此立后中的庆贺礼或皇后册封礼要在国丧期过后再举行。

涵盖的仪式内容不同。“皇帝大婚仪”包括婚礼全过程。周代以来，婚礼有六礼，即：纳采、问名、纳吉、纳征、请期、亲迎。由于皇帝特殊的身份地位，皇后是从记名秀女中指立，因此大婚中取消了“问名”和“纳吉”，皇室婚礼的吉时由钦天监推定，因而取消了“请期”。为了突出皇室“纳征”的贵重，又将“纳征”改为“大征”。因皇帝为九五之尊，不可能“屈尊”亲自前往皇后府邸迎娶，而将“亲迎”改为派遣使节迎娶。清帝大婚的全过程包括纳采、大征、册立、奉迎、筵宴、合卺、朝见、庙见、颁诏等仪式，具体过程多有学者研究，本文不再赘述。“册立嫡福晋为皇后仪”，因皇帝在皇子时期已与福晋举行过婚礼，则无需再进行“纳采、大征、奉迎、筵宴、合卺、朝见”等婚礼的步骤。

“皇帝大婚仪”与“册立嫡福晋、妃为皇后仪”中最重要的环节，是进行“册立礼”即明确皇后的身份。立后的前一日，皇帝遣官告祭天地、太庙后殿，皇帝亲祭奉先殿。大婚的“册立礼”为大婚当日皇帝派正副使，将象征皇后身份的金质册宝放在龙亭中，送至皇后府邸，皇后的父亲着朝服率子弟跪迎于大门外。之后正使授节于内监，副使自龙亭中取出册、宝交与内监。身着礼服的皇后在女官的引导下，在内中门出迎，皇后母亲率诸妇随之跪迎。宣读女官宣册宝，皇后行六肃三跪三拜礼，受册受宝。内监将奉节交与正使，册、宝再置于龙亭。皇后母亲率诸妇将已成为国母的女儿送至凤舆前，皇后升凤舆，后母及诸妇退。“册立嫡福晋为皇后礼”“册立妃为皇后仪”中，即将成为皇后的嫡福晋或皇贵妃此时早已脱离母家，随皇帝居于紫禁城内。于是，皇后的宝册自太和殿内请出后，无需出紫禁城前往皇后母家的府邸，而是出景运门送至皇后宫中进行册立仪式：

> 正副使持节，至景运门外，以节授内监，内监持举金册、宝，彩亭依次行至皇后宫门外，持节，捧金册宝入。皇后具礼服，迎于宫门内之右，立，候金册、宝、节过。皇后随后入宫，就拜位立，内监捧金册、宝、节，置各案上。内赞女官导皇后跪，赞宣制册。女官就案，捧制册文，宣毕，授侍左女官，女官跪接金册，授皇后。皇后受金册，转授侍右女官，女官跪接，起立，赞宣金宝，女官就案捧金宝文，宣毕授侍左女官，女官跪接金宝，授皇后皇后受金宝，转授侍右女官，女官跪接，起立，皇后兴，行六拜三跪三叩头礼，册立礼毕。②

值得说明的是，在“大婚礼”及“册立嫡福晋、妃为皇后礼”中，皇后府邸的内门、宫中的景运门是正副使行动的分界线，此后的仪式要交与内监及女官进行，身为男性的正副使则不可进入皇后府邸的内宅及皇帝后宫。

自康熙四年（1665 年）大婚礼后，因后世皇帝皆为成年即位，清王朝再次举行大婚则已至

---

① 《清仁宗实录》卷四三，嘉庆四年四月。

② 雍正朝《大清会典》卷六〇，礼部仪制清吏司，册立皇后。

两百余年后的同治十一年（1872 年），同治帝迎娶孝哲皇后。根据光绪朝《大清会典则例》记载，清末皇后的大婚礼仪过程与清初相似但也有部分调整。如顺治、康熙帝大婚时皇后乘凤舆入宫，降舆之处是太和殿阶下，而至同治大婚时，皇后的凤舆穿过午门中门后，会继续“由中左门后左门至乾清门，孝哲毅皇后舆入中门，至乾清宫内”。皇后降舆的地点由太和殿阶下改为了乾清宫前。根据会典的记录，清末的朝见礼、筵宴礼的顺序也有所调整：

> 宫中设合卺燕，穆宗毅皇帝吉服御中宫，行合卺礼。越三日，孝哲毅皇后行朝见慈安皇太后、慈禧皇太后礼于慈宁宫。翼日，穆宗毅皇帝御太和殿，众臣上表行庆贺礼，颁诏天下，皆如常仪。庆贺之次日，穆宗毅皇帝御太和殿，赐后父及其族属燕，王公百官咸与。慈安皇太后、慈禧皇太后御慈宁宫，赐后母及其亲属燕，公主福晋命妇免会燕。

顺治、康熙时期，皇后在合卺礼次日就要向皇太后、太皇太后行“朝见礼”，同治朝变为三日后，光绪朝则变为“越六日”。皇帝在太和殿赐宴皇后父族，太后在慈宁宫赐宴皇后母族的筵宴礼，也由大婚当日合卺礼前推迟到朝见礼及庆贺礼后数日。

《大清会典》中有记载，康熙十六年（1677 年）康熙帝孝昭皇后钮祜禄氏由妃晋升为皇后时，曾“择吉补行纳采礼、大征礼……遣内务府总管官、礼部堂官为使，并执事各官，俱朝服，赍至皇后第，一应行礼，俱如常仪。惟后母率诸妇于本第望阙，行谢恩礼。后弟率族众俱朝服，赴太和殿前，行谢恩礼”。① 皇后的母亲率妇在府中向紫禁城的方向行谢恩礼，因皇后之父遏必隆已于康熙十三年（1674 年）去世，固由皇后之弟代父行礼后赴太和殿谢恩。

图 6 《光绪大婚图》册（局部）皇后凤舆自太和门启行

① 康熙朝《大清会典》卷四三，皇后册立仪。

（二）追封皇后仪典

追封皇后仪又分“追封亡逝的嫡福晋为皇后仪”和“追封嗣皇帝生母为皇后仪”。道光帝嫡福晋钮祜禄氏于嘉庆十三年（1808 年）逝世，嘉庆二十五年（1820 年）九月：“谕内阁，元妃钮祜禄氏，应追封为皇后，所有应行典礼，该衙门察例具奏。”① 道光元年（1821 年）六月举行追封皇后典礼。仪式当日道光帝御太和门，命郑亲王乌尔恭阿为正使，顺承郡王伦柱为副使，持册宝至钮祜禄氏暂安园寝，宣读册文，册谥钮祜禄氏为孝穆皇后。此处所提园寝并非孝穆皇后最终安葬之地，因皇后梓宫最终要与皇帝同附地宫，在皇陵修建之前，早于皇帝去世的皇后要暂安别处。《清史稿》中记载孝穆皇后的暂安园寝为王佐村，“初葬王佐村，移宝华峪，以地宫浸水，再移龙泉峪，后即于此起慕陵焉……道光二年仁宗睿皇帝二十七月服满后，孝穆皇后神牌升祔奉先殿”②。

道光三十年（1850 年）正月二十七日，咸丰帝发上谕：“朕元妃萨克达氏应追封为皇后。”总管内务府奏请：“皇后梓宫现在暂安田村西所，臣等恭拟咨交钦天监择吉移请于正殿暂安。”并仿照孝慎皇后梓宫在田村暂安之例添派看守人员：

> 田村内门应添派太监看守，行知敬事房照例添往。正门令散秩大臣率领侍卫看守交侍卫内大臣办理。后碑楼门派内务府护军参领带领护军看守，交内务府办理。周围及东西栅栏门派八旗章京护军看守，交护军统领办理。外围派八旗骁骑营章京兵丁看守，交八旗都统办理。骁骑营朱奇外，应安设绿营官兵交兵部办理。并令郎中四员代总管内务府大臣轮流值宿由内务府酌派。……初周内，每朝晡日中三设奠；初周年后至三周年，日设午奠一次，每月朔望仍三奠……③

因萨克达氏刚刚薨逝，追封皇后的仪式是派正副使至田村西所向皇后梓宫进行。道光三十年（1850 年）十月“命庄亲王奕仁为正使，成郡王载锐为副使，恭赍册宝，诣孝德皇后殡宫，册谥孝德皇后。”④ 道光三十年二月《奏为追封皇后应添设仪仗等事》档案中记载了追封皇后仪时皇后仪仗，经查“道光七年恭理孝穆皇后梓宫奉移事宜应用仪仗”，经工部酌议奏准，将：

> 金八件并车轿金顶等项及银镀金扇叶俱改用红铜扫金，素银索钮改用白铜，铜丝镀金银改用扫金挫白。楠木改用椴木，漆饰改用油饰，缎纱绣片改用缎绢描画。车轿向系皂帏袷帏裹衣旱套，油雨套各一，减去裹衣旱套。伞扇瓜杖等件向有旱套油雨套，俱减去旱套。各色纺丝绫裹，分别改用绢布。⑤

行皇后追封之礼并非如正式立后之礼且此时皇后的仪仗也无实际使用价值，因而追封皇后仪仗不能与在世皇后等同且有所减制。此外，咸丰二年（1852 年）十月咸丰帝正式册立皇后前，

---

① 《清仁宗起居注》卷二二，嘉庆二十五年九月。

② 《清宣宗实录》卷二七，道光元年十二月。

③ 《奏请将元妃萨克达氏追封为皇后应行典行等事》，道光三十年二月初五日，中国第一历史档案馆藏内务府档案（档号：05－0762－427）。

④ 《清文宗实录》卷二，道光三十年十月。

⑤ 《奏为追封皇后应添设仪仗等事》，道光三十年二月十四日，中国第一历史档案馆藏内务府档案（档号：05－0762－439）。

咸丰帝还曾遣官致祭元妻孝德皇后殡宫：

> 礼部尚书奕湘奏为请旨，恭照本年十月十七日举行册立皇后典礼，谨查道光十四年册立孝全成皇后时，孝慎成皇后梓宫尚在殡宫，神牌尚未升祔奉先殿，彼时孝慎成皇后殡宫臣部并无办过致祭成案。内务府、太常寺、翰林院去后，兹据内务府、太常寺覆称，该衙门亦无致祭成案，翰林院咨称亦未撰过致祭祭文各等因到部。今十月十七日册立皇后应否循照道光十四年成案，毋庸遣官致祭孝德皇后殡宫之处，伏候命下遵行为此，谨奏请旨。着遣官致祭。①

追封嗣皇帝生母为皇后仪。乾隆六十年（1795 年），乾隆帝即将禅位于皇太子，十月举行追封皇太子生母为皇后仪。十月二十七日乾隆帝命睿亲王为正使，郑亲王为副使，持册宝至孝贤皇后陵，将同葬于此的令懿皇贵妃追封为皇后，册文曰：

> 令懿皇贵妃魏氏，德着诚庄，性昭淑顺，柔嘉维则……兹册赠为孝仪皇后，于戏。本笃庆行祥之德，母允垂仪。循名正言顺之规，子当承统，福所基也。尔子孙克绍于鸿图，礼亦宜之。我国家肇称之盛典，志维先定，灵其歆承。钦哉。②

图 7　孝仪纯皇后朝服像

---

① 《奏为本年十月十七日册立皇后应否循照道光十四年成案毋庸遣官致祭孝德皇后殡宫之处伏侯命下遵行谨此请旨》，中国第一历史档案馆藏内务府档案（档号：故宫 121459）。

② 《清高宗实录》卷一四八九，乾隆六十年十月。

魏氏由皇贵妃追赠为皇后，其身份变化后另一重要的殊遇，就是神牌可与乾隆帝及孝贤皇后同祔宗庙。清代皇后如先于皇帝去世，其神牌不能直接升祔太庙，只先祔享奉先殿，待皇帝祔庙时才一同升祔。追赠皇后仪式的当日还要进行孝仪皇后神牌升祔奉先殿仪：

> 寅刻。大学士阿桂、王杰恭点神主。皇太子龙袍补服，诣恭制神牌处行礼，恭捧神牌，由奉先殿左门入，进殿东门，安神牌于祗见位。恭代行礼，敬升奉于孝贤皇后神位之次宝座上，行致祭礼，如大享仪。礼成，奉安于奉先殿后殿。①

同日孝仪皇后神牌还需奉安于孝贤皇后陵享殿，乾隆帝遣孝仪皇后另一子，即皇太子颙琰亲弟皇十七子多罗贝勒永璘前往行礼。值得说明的是，乾隆帝在追封孝仪皇后一事上的态度，特别表明了追"赠"皇后与册立皇后的不同：

> 我国家素敦醇朴，不尚繁文。孝仪皇后神牌升祔奉先殿，前期告祭天太后一事，亦未免失当。孝仪皇后乃朕因系嗣皇帝生母，恩旨册赠，止应于奉先殿祭告，若因此而举行天、地庙祀大典，转邻于渎，已着不必举行。后世子孙，遇有册赠母后，即遵朕此旨办理。以昭虔敬而省烦渎，此旨亦着敬录二通。一存贮尚书房，一存贮内阁。我世世子孙，其钦承无忽。
>
> 太常寺奏：本月二十七日孝仪皇后神牌升祔奉先殿，例应前一日遣官告祭天、地、太庙后殿。谨将宗人府送到亲王等职名缮请钦点，得旨，着不必举行。②

清代在举行皇后册立礼前，要遣官告祭天地、太庙、奉先殿。但孝仪皇后神牌升祔奉先殿前，乾隆帝却强调嗣皇帝生母的皇后之位是"恩旨册赠"，且因追封无需礼仪繁缛，前期不必行天、地庙祀大典，只止于奉先殿祭告，还将此旨抄录两份，命后世子孙遵照办理。

五　清代皇后庙享谥号的差异

清代皇后崩逝后皇帝会为其追封谥号，清代皇后的谥号以"孝"字为始，最后加以皇帝之谥。帝后神牌供奉于太庙、奉先殿，帝后御容供奉于寿皇殿享受后世子孙祠祭。但清代皇后庙享谥号也因成为皇后的途径不同而有所差异。

（一）册赠皇后在庙享上的减制

前文已述，清代因特殊原因被册赠为皇后的是顺治帝孝献皇后、道光帝孝静皇后。顺治十七年（1660 年）八月皇贵妃董鄂氏薨逝，三天后顺治帝即谕礼部追封为皇后。董鄂氏虽然被追赠为皇后，但在清代列后中却是个特殊的存在。生前皇帝的万千宠爱集于一身，死后追赠皇后之仪特隆殊典，但顺治帝去世后，董鄂氏的皇后身份在礼制上却被明显压制，其体现在孝献皇后谥号不附帝谥，神牌不祔太庙。

清代皇帝为自己的皇后追谥时仅为两字，即"孝某皇后"，而此后谥号通常会被嗣皇帝数次

① 《清高宗实录》卷一四八九，乾隆六十年十月。

② 《清高宗实录》卷一四八九，乾隆六十年十月。

累加至16个字。如：康熙帝的第三任皇后佟佳氏去世时，康熙帝命“特以册宝，谥曰孝懿皇后”，而此后孝懿皇后的谥号又分别被雍正帝、乾隆帝等后世皇帝累加至“孝懿温诚端仁宪穆和恪慈惠奉天佐圣仁皇后”。孝献皇后董鄂氏在去世伊始即被顺治帝追封为“孝献庄和至德宣仁温惠端敬皇后”，谥号达12字之长，但后世嗣皇帝并未再对孝献皇后累加谥号，因此孝献皇后的谥号仅为初谥的12字，少于清代皇后16字谥号的一般规格。顺治十八年（1661年）正月初七，顺治帝驾崩谥号“章皇帝”。康熙二年（1663年）康熙帝生母慈和皇太后病逝，尊谥为“孝康慈和庄懿恭惠崇天育圣皇后”。康熙九年（1670年）议政王会议遵旨：“太祖高皇帝后称高皇后，太宗文皇帝皇后称文皇后。今慈和皇太后配祀世祖章皇帝前，上孝康慈和庄懿恭惠崇天育圣尊谥，亦宜加上尊谥为章皇后。”① 而此时，去世多年的孝献皇后并未加谥“章皇后”。康熙五十六年（1717年），顺治帝的第二任皇后孝惠皇后去世，在为大行皇太后上谥号时“大学士等初议误不系世祖谥”，康熙帝命其至太庙、奉先殿，瞻礼高皇后、文皇后神位，“大学士等引罪，又以所拟谥未多留徽号字，命更议”②。至此，顺治帝的孝惠皇后、孝康皇后俱称章皇后，而唯独孝献皇后不称章皇后。而《大清会典》中也特别说明“世祖章皇帝三后，孝惠皇后、孝康皇后并称章皇后，升祔太庙。孝献皇后则但于孝陵飨殿奉祀，此我朝之定制也”③。

图8　《喜溢秋庭图》轴中的孝全成皇后、静贵妃等

① 《清圣祖实录》卷三二，康熙九年闰二月。
② 《清史稿》列传一，后妃。
③ 《乾隆朝大清会典则例一》卷七九，升祔（进玉册宝附）。

尽管咸丰帝感念静皇贵妃的抚育之恩，与养母的亲情也是较为真挚的，但作为孝全皇后之子，或受迫于恭亲王母子压力，破例尊庶母为皇后并非其初心。于是在为康慈皇太后上谥号一事上，咸丰帝有意减制以分嫡庶，他以“朕何敢以尽孝之私，致逾定礼”为由，“于尊谥之下，不加庙谥”，拟谥号为“孝静康慈弼天抚圣皇后”，即类似顺治帝的孝献皇后，不系帝谥，神牌不祔太庙。以恭亲王“办理皇太后丧仪疏略”为借口，撤销其军机大臣和宗人府宗令等职。① 但此后孝静皇后庙享之事又发生戏剧性的变化。咸丰十一年（1861 年），咸丰帝突然病逝于热河，慈禧皇太后联合恭亲王发动辛酉政变，为得到恭亲王的支持，慈禧皇太后以同治帝之名发布上谕，称恭亲王生母孝静皇后：“侍奉皇祖宣宗成皇帝，徽柔素著，及保护我皇考，备极恩勤。允宜聿晋徽称，媲隆三后，礼崇配庙，义本承先，用慰皇考在天之志，以申冲人报本之思……恭上尊谥曰孝静康慈端惠弼天抚圣成皇后，升祔太庙，永极尊崇……”② 于是孝静皇后重系道光帝“成皇后”帝谥，再将神牌升祔太庙，这就名正言顺地认定了恭亲王生母的皇后身份等同于清代的历任皇后。

（一）元后、继后、嗣皇帝生母同享庙谥

明代太庙中帝后神主供奉均为一帝一后，除非原配皇后被废，仅原配皇后可升祔太庙，而清代皇后的神牌升祔则不同于前朝。康熙帝的生母慈和皇太后病逝后，“上具礼服恭捧孝康章皇后神牌，奉安于世祖章皇帝神位之右，颁诏天下诏曰：朕维自古帝王以孝治天下，莫不显扬母德，追崇配享，以为绍先启后之本”。顺治帝的元后博尔济吉特氏被废，继任的孝惠皇后此时身体康健尊为仁宪皇太后，孝献皇后虽去世多年仍不附帝谥，神牌不祔太庙。对于自己的生母孝康皇后，康熙帝不但为其上尊号为“章皇后”，还亲自恭捧母亲神牌安于顺治帝之右，并布告天下，作为皇帝要以孝治天下，最重要的就是显扬母德，为母亲追崇配享。康熙二十六年（1687 年）太皇太后崩逝，康熙帝追谥皇祖母为孝庄文皇后，神牌祔享太庙。康熙帝的祖母孝庄文皇后与生母孝康章皇后，分别皇太极次西宫庄妃、顺治帝庶妃，而自康熙帝始，则确立了皇帝生母的崩逝后可与皇帝元后同样配享太庙。

至康熙帝去世时共有四位皇后，即一位原配嫡后，两位继后，一位嗣皇帝生母。因前有孝献皇后不附帝谥，不祔太庙之例，《大清会典则例》中特别记录了雍正帝关于皇考四位皇后尊谥及配飨之仪的谕旨。康熙帝嫡后赫舍里氏去世后被册谥为仁孝皇后，“仁孝皇后允宜配位太室，同飨玉筵，应于皇字上加以庙谥仁字”，但因仁字但与康熙帝的谥号仁字重复，故皇后神主改为：“孝诚恭肃正惠安和俪天襄圣仁皇后，神位择吉升祔太庙”。孝诚皇后为康熙帝原配皇后必要“配位太室”。雍正帝的生母孝恭皇后“诞育朕躬，母仪天下”，所以与孝诚仁皇后同加庙谥，同祔太庙，“此天地之经义不易之常典，无庸更议”③。唯康熙帝的两位继后孝昭、孝懿皇后是否加庙谥及神牌升祔之事，内阁九卿等不敢定论。在雍正帝的谕旨中，明确表明了雍正帝对皇考两位继后的评价：曾被康熙帝赞誉“览史批图，作朕良配”的孝昭皇后“树范宫闱”为后宫典范；雍正帝的养母孝懿皇后“慈抚朕躬”恩情难忘。因此两位继立中宫的皇后均要“尊谥庙谥二字，均称仁皇后”，牌位同祔太庙。至此雍正帝的谕旨中明确了此后清代皇后，除嫡后、嗣皇帝生母外，继任皇后也同样尊庙谥，升祔太庙。

---

① 《清文宗实录》卷一七四，咸丰五年八月。

② 《清穆宗实录》卷八，咸丰十一年十月。

③ 《清穆宗实录》卷八，咸丰十一年十月。

(二) 御容供奉上提高嗣皇帝生母地位

尽管乾隆帝在追封自己的皇后，皇太子生母孝仪皇后一事上强调册赠母后与册立皇后不同，“孝仪皇后乃朕因系嗣皇帝生母，恩旨册赠，止应于奉先殿祭告，若因此而举行天、地庙祀大典，转邻于渎，已着不必举行。后世子孙，遇有册赠母后，即遵朕此旨办理”①。嗣皇帝生母的皇后之位是皇帝“恩旨册赠”，不必如正式举行立后典仪前一日遣官告祭天地、太庙后殿，只于宫中家庙奉先殿祭告。但包括乾隆帝自己在内的清代皇帝对于自己的生母无不尊崇备至，皇太后生前可谓“庆隆尊养”，去世后神牌与嫡后、继后同享太庙。在寿皇殿帝后御容的供奉上，嗣皇帝生母地位甚至已超过继皇后。

清代帝后去世后其御容尊藏在寿皇殿内，清代皇后的御容除尊藏在寿皇殿内，每年除夕至初二日还要随恭悬的皇帝御容一并接受嗣皇帝及王公皇子的展谒祭拜。光绪朝《大清会典》中记载：寿皇殿皇帝御容神龛前“设通连窗槅一层，每至除夕日，于窗槅外设插屏七座，南向，恭请列圣列后圣容恭悬”②。龛前七座插屏悬太祖至仁宗皇帝御容，皆南向，太祖居中，以昭穆之制分列左右。东侧另设插屏悬宣宗御容，西向。西侧插屏悬文宗御容，东向。跟随皇帝一起恭悬的皇后分别是：

> 太祖高皇帝圣容居中。东一座，恭悬太宗文皇帝圣容居中，孝庄文皇后圣容居左。西一座，恭悬世祖章皇帝圣容居中，孝惠章皇后圣容居左，孝康章皇后圣容居右。东次座，恭悬圣祖仁皇帝圣容居中，孝诚仁皇后居左，孝恭仁皇后居右。西次座，恭悬世宗宪皇帝圣容居中，孝敬宪皇后圣容居左，孝圣宪皇后圣容居右。东又次座，恭悬高宗纯皇帝圣容居中，孝贤纯皇后居左，孝仪纯皇后居右。西又次座，恭悬仁宗睿皇帝圣容居中，孝淑睿皇后圣容居左，孝和睿皇后圣容居右。东侧一座西向，恭悬宣宗成皇帝圣容居中，孝穆成皇后圣容居左，孝全成皇后圣容居右。西侧一座东向，恭悬文宗显皇帝圣容居中，孝德显皇后居左。东侧二座西向，恭悬穆宗毅皇帝圣容居中，孝哲毅皇后圣容居左。③

清代皇后，除被废的顺治元后博尔济吉特氏、孝献皇后董鄂氏及被乾隆帝以皇贵妃之仪安葬的继后那拉氏外，无论元后、继后还是被尊为皇后的嗣皇帝生母，其神牌皆祔享太庙。而除夕、元旦日寿皇殿中恭悬，享受后世子孙奠献行礼的帝后御容则为一帝二后规制，并非所有皇后皆享有此权利。皇后御容的恭悬首先取决于皇后本人是否留有画像，例如入关前的太祖高皇后及太宗孝端文皇后并未留下御容，无所谓恭悬。御容恭悬遵照“尊尊亲亲”原则，即仅皇帝元配嫡后和嗣皇帝生母可以享受此等殊荣，恭悬时元后居左，嗣皇帝生母居右。而如孝昭皇后、孝慎皇后、孝贞皇后等继任皇后即使御容尊藏于寿皇殿内，也无法享受除夕元旦恭悬，接受嗣皇帝瞻礼展谒的殊遇。清朝无论一改前代仅原配皇后神牌祔享太庙的制度，还是将寿皇殿中皇帝生母御容提高到与先帝元后同等地位，都与清代皇帝大多为庶出相关。先帝原配嫡后的尊贵地位是不可动摇的，因而遵从“尊尊”之礼，将元后御容供奉于皇帝御容之左。清帝一再强调“君德莫先于

---

① 《清高宗实录》卷一四八九，乾隆六十年十月。

② 《大清五朝会典·光绪朝》，线装书局，2006 年，第 88—89 页。

③ 前揭《大清五朝会典·光绪朝》，第 88—89 页。

图9　景山寿皇殿内景旧影

克孝，礼制莫重乎尊亲”①“自古帝王以孝治天下，莫不显扬母德”②，因而将原为妃嫔身分的皇帝生母与元后并列，供奉其御容于皇帝之右，既提高了皇帝生母的地位，又显示皇帝遵从“亲亲”之礼，克孝尊亲。

综上所述，清代皇后大多通过“皇帝原配嫡妻册立为后”“皇帝妃嫔册立为后”“嗣皇帝尊生母为后”等途径成为皇后，但也因皇帝的嫡妻被废、早逝或皇帝个人情感等因素，存在立后的特例。在册立皇后的典仪上，如皇帝冲龄践祚迎娶皇后则需进行隆重盛大的大婚礼，而“册立嫡福晋或册立妃为皇后”的礼仪中则去掉了婚礼步骤，仅进行“册立”等仪式，以确立其皇后的身份。对于皇后薨逝后的谥号庙享，清帝一方面刻意在礼制上将因特殊原因册赠皇后进行压制，另一方面，清帝又在庙享之仪上提高诸皇后的地位。不同于明制仅原配皇后可与皇帝升祔太庙，清代元后、继后、嗣皇帝生母，皆可与皇帝同享庙谥。而在帝后的御容安奉中，皇帝则更遵照“尊尊亲亲”之礼，进一步提高皇帝生母地位，将皇帝生母的御容与皇帝元后并列，供奉于皇帝御容左右，接受后世子孙的供奉瞻礼。

（作者单位：故宫博物院展览部）

① 《清世祖实录》卷五二，顺治八年正月。

② 《清圣祖实录》卷三三，康熙九年四月。

从清早期的祭天制度看清朝的文化认同

刘　毅

内容提要：本文以清朝开国半个世纪的祭天制度演变为基础，探究其入关前后祭天礼仪的演变，并逐渐发展为具有其民族特点、兼具统御天下的封建王朝礼仪，展现了清朝定鼎中原前后的文化认同之路。

关键词　清朝　祭天制度　文化认同

满族是中华民族大家庭中的一员，在中华文明漫长的发展过程中，满族及其先民同中原王朝始终保持着联系。天命元年（1616 年）清太祖建国称汗，草创时期的国家政权已经产生了祭天活动，之后逐渐发展为祭天制度，至顺治十八年（1661 年）顺治皇帝去世，入关 18 年的清政府已经建立了较为详尽的祭天制度。本文试以清太祖、太宗、世祖朝祭天制度的演变为切入点，讨论清朝入关前后的文化认同之路，以求教于大方之家。

一　文化认同与满族源流

文化认同是一种群体文化认同的感觉，是一种个体被群体的文化影响的感觉。“文化认同是最深层次的认同，是民族团结之根、民族和睦之魂”①。中国自古以来就是一个多民族国家，清朝统治者发源于白山黑水之间，属于我们现在 56 个民族当中的满族，满族的源流最早可以追溯到先秦时期的肃慎。据史书记载，早在上古时期，周边各族来到中原进贡，贡使中就包括东北夷中的息慎，“息慎，东长、鸟夷，四海之内咸戴帝舜之功”②，这段文字当中记录的“息慎”即是肃慎。西周初年，肃慎向周王朝进贡楛矢和石砮，中原王朝则称肃慎为周王朝的“北土”，表明早在先秦时期肃慎人与中原王朝已产生了密切的政治关系。

两汉之际，肃慎人中的一部分开始兴起，改称挹娄，根据考古资料显示，挹娄人种植五谷，擅长养猪，在手工业方面能制造麻布和陶鬲。同时挹娄人也从事狩猎，用楛矢和石砮猎取野兽，并用猎取的貂皮与相邻部族进行交换，因此挹娄貂成为两汉、三国时期中原上层社会的御寒珍品。从历史记载和考古资料来看，挹娄人多次向中原王朝进贡楛矢和石砮，在挹娄遗址中发现了经过琢磨的玉石和流通于中原王朝的五铢钱，说明挹娄部族对于中原王朝的臣属关系，表明挹娄人与中原地区的联系较先秦更加密切了。

南北朝时期，史书记载挹娄人将族名改为勿吉，勿吉人农耕的比重较之前有了显著的增加，

---

① 《习近平在参加内蒙古代表团审议时强调完整准确全面贯彻新发展理念铸牢中华民族共同体意识》，《中国宗教》2021 年第 3 期。

② （西汉）司马迁：《史记》卷一，中华书局，1959 年，第 43 页。

种植的农作物有粟、麦、稷和葵，在耕作技法上采用中原早已淘汰的偶耕。作为森林民族，狩猎仍占主导地位。他们还有了手推车，有牛、马，却不知如何使用它们从事农业劳作。在他们眼里，牛、马和猪狗一样，饲养它们为的就是宰杀吃肉。此外，勿吉人还学会了“嚼米酿酒”。比起他们的前辈来说，勿吉人在社会经济方面的进步是明显的。在与中原王朝的交流方面，勿吉民族与北朝交往密切，北魏“太和十二年，勿吉复遣使贡楛矢方物于京师。十七年，又遣使人婆非等五百余人朝献。景明四年，复遣使候力归等朝贡。自此迄于正光，贡使相寻。尔后，中国纷扰，颇或不至。兴和二年六月，遣使石久云等贡方物，至于武定不绝”①。

隋唐时期，史书当中称勿吉的后人为靺鞨，这一时期靺鞨族与中原王朝的关系进一步加强，频繁的往来与文化交流使得靺鞨的生产力得到显著提高，因此，靺鞨族人口逐渐增多。隋朝末年，有千余户靺鞨人迁徙到营州（今辽宁省朝阳市）定居，隋炀帝授靺鞨族首领突地稽为金紫光禄大夫、辽西太守。② 唐朝时，唐太宗封其为右卫将军，赐李姓。③ 唐玄宗时期，靺鞨族首领大祚荣被唐朝政府册封为左卫大将军、渤海郡王，④ 由此便建立了渤海国。渤海国政治、军事均使用唐朝制度，渤海国王世代接受唐朝中央政府的册封。自此之后，渤海国的贡使几乎每年都会朝贡，因此靺鞨族与中原王朝的联系更加紧密了。大祚荣在位22年，初步创建一个政治、经济、文化迅速发展的多民族政权，为中国古代各民族友好往来和文化互补创造了极其有利的条件，渤海社会的快速发展从此开端。渤海国建立后，陆续派遣大批学生与学问僧来到中原交流学习，他们把盛唐文化源源不断地带回渤海，同时也把东北地区的文化带到中原，有力地促进中华文化的丰富开发。正如唐朝诗人温庭筠诗中所记载的那样“疆理虽重海，车书本一家”⑤。

唐朝灭亡后，今天我国东北地区归于契丹族建立的辽朝统治。在辽代的史书中，靺鞨族的后人被称为“女真”，后来为了避辽兴宗耶律宗真名讳，改称“女直”。辽朝把女真分为熟女真与生女真。生产力比较先进，处于辽王朝直接统治之下的被称为“熟女真”，生产力比较落后，主要从事渔猎活动、脱离于辽王朝直接统治的被称作“生女真”。辽代末年，生女真完颜部崛起，完颜部的首领阿骨打于收国元年（1115年）建立了金朝。金王朝是女真人建立的王朝，金朝的建立巩固了女真内部的统治，加强了女真族军事与政治上的力量。

金朝在最强盛时期统治着南至淮河、北至外兴安岭、西部与西夏和蒙古接壤的广大区域。随着统治的逐渐稳定，金朝统治者在大定十一年（1171年）开始制定并实施祭天礼制，至金朝灭亡的1234年，经过半个多世纪的发展，金朝的祭天制度已发展得较为完备。金朝灭亡之后，女真人大部分又回到了白山黑水之间，此后将近四百年的时间里，中央政府均对女真人实行着有效的统治。但是，对自然的敬畏使得女真人对天有着特殊的感情，这一时期至清太祖建国称汗时期的祭天制度，正如《钦定满洲祭神祭天典礼》中所说的那样“盖自大金天兴甲午以后，典籍散佚，文献无征，故老流传惟凭口授，历年既远，遂不甚可明”⑥。但是金朝的祭天制度对女真族原始的祭天礼仪还是有一定影响的。

---

① （北齐）魏收：《魏书》卷一〇〇，中华书局，1974年，第2221页。

② （后晋）刘昫等：《旧唐书》卷一九九下，中华书局，1975年，第5358—5359页。

③ 前揭《旧唐书》，第5359页。

④ 前揭《旧唐书》，第5360页。

⑤ 潘百齐编著：《全唐诗精华分类鉴赏集成》，河海大学出版社，1989年，第22页。

⑥ （清）允禄等：《钦定满洲祭神祭天典礼》卷四《跋语》，《文渊阁四库全书》第657册，台湾商务印书馆，1986年，第619页。

二 清太祖朝的祭天制度及其特点

从前面的叙述中可以知道，今天的满族及其祖先自先秦时期以来就与中原王朝保持着密切的联系，可以说是中华民族大家庭中重要的组成部分，在清太祖建国之后，女真人根据传统民俗和原始宗教中对于天的认识不断丰富着“祭天”这一项国家礼制，从而开启了一条文化认同之路。

清太祖朝的祭礼以拜天礼最为重要。清朝的拜天礼始于天命元年，这一年清太祖受诸贝勒、大臣所请，加尊号“覆育列国英明皇帝”，正式建立大金国。根据历史记载，“汗离座出衙门，叩天三次”①。从史籍对于太祖朝举行的首次祭天活动的礼仪来看，这次行礼极为简单，仅仅是太祖出衙门行三叩头礼，没有其他繁缛仪式。到了天命四年（1619 年），史籍中出现了祭天行为，这次祭天发生在军礼之中，在祭纛的同时祭天。这一年后金军队在萨尔浒击败明朝军队，为了庆祝胜利，曾“刑八牛祭纛告天”②。天命五年（1620 年）四月十七日，清太祖给五部喀尔喀诸贝勒写信，信中提及“辽东地方文武众官与我盟誓，众人议定，上书与帝，并于帝界刑白马，歃血祭天，设碑碣誓以无论汉人、诸申，毋逾帝界等语”③。这件事记载的是明朝辽东边境的文武官员与清太祖盟誓。天命六年（1621 年），曾出现审断大事和登城巡阅时举行祭天活动的记载，清太祖招抚辽东镇江之书曰：“我亲生之八子，其下八大臣及下属众臣，五日一次，集于汗城理事大衙门，焚香拜天，开读我所颁公诚存心之篇，乃将各案再三听断。”④ 此为审断大事时的祭天活动。另据史籍记载：“汗率诸贝勒大臣登城巡阅，因而拜天。”⑤ 天命八年（1623 年），后金军队攻打蒙古、哈达、叶赫、乌拉、辉发等部获得大胜，“汗率众福晋迎接出征蒙古之诸贝勒，于东京城四十里之古城堡南郊，会出征之诸贝勒大臣及众军士，汗率众贝勒大臣，以凯旋礼祭纛拜天”⑥。天命十一年（1626 年）六月初六，清太祖与科尔沁奥巴台吉结盟，史籍中也出现“杀白马祭天、杀黑牛祭地，誓告天地”⑦ 的记载。这次誓告天地首次出现三跪九叩之礼。此后，这种礼仪方式成为有清一代最为隆重的礼节。

纵观清太祖朝的祭天制度，我们可以看到，此时的国家祭天礼制还处在初期阶段，只在受尊号、盟誓、审断大事、登城巡阅、出征凯旋时举行简单的祭天典礼，这一时间的祭天礼随意性比较强，没有规范的仪式和特定的仪程，并带有浓厚的女真民俗色彩。清太祖朝的祭天制度对此后清王朝近三百年的祭天制度有着深远的影响，受尊号时举行祭天仪式表示统治者承受天命，清太祖称汗前先祭天，把年号定为“天命”体现了其本人及政权承受天命、顺应天命，此后凡遇帝王继立，均亲自或派遣官员祭祀上天，表达顺应天意，因此祭天在整个清王朝的历史中颇具政治意味。清太祖朝祭祀礼仪呈逐渐发展的趋势，从天命元年受尊号时的“叩天三次”发展到天命十一年的三跪九叩礼，三跪九叩这种清王朝国家礼仪中最隆重的行礼模式自太祖朝产生。随着女真民族逐渐向中原内地发展，逐渐借鉴了中原刑白马歃血盟誓之俗。在清代早期，统治者将刑白

---

① 中国第一历史档案馆、中国社会科学院历史研究所译注：《满文老档》，中华书局，1990 年，第 44 页。
② 前揭《满文老档》，第 77 页。
③ 前揭《满文老档》，第 139 页。
④ 前揭《满文老档》，第 199 页。
⑤ 前揭《满文老档》，第 197 页。
⑥ 前揭《满文老档》，第 480 页。
⑦ 前揭《满文老档》，第 697 页。

马盟誓与祭天相结合，提高了盟誓的规格，使参与盟誓者不敢违背誓言，同时刑白马祭天结盟也使得盟誓双方获得了天神的照顾，增添了盟誓的神圣性。军队出征凯旋之后祭纛的同时祭天，本为军队礼俗，在政权草创之时，每一次大型的战役都至关重要，都关系到政权甚至部族的生死存亡，所以在战争凯旋之后祭纛的同时祭天，既表达了战争取得胜利的喜悦之情，也表达了战争取得胜利是天神在保佑，祭天是对天神保佑军队、保佑政权的感谢。

三　清太宗朝的祭天制度及其特点

清太宗时期是清王朝由地方政权向统一多民族政权转型的关键时期。这一时期的祭天制度表现出一个少数民族政权对中原文化进一步的认同。

天聪元年（1627 年）清太宗正式改元登极，与清太祖建立后金的那次祭天相比，这次只是继承汗位并没有接受尊号。这年的正月初一，清太宗率众贝勒、大臣拜天。① 除了继承汗位拜天之外，与其他部族盟誓拜天及接见外藩或是归附人员也是天聪时期后金祭天礼的重要组成部分。天聪元年七月，“在会见地，率来归蒙古诸贝勒拜天，行三叩头礼”②；天聪三年（1629 年），出迎蒙古科尔沁部土谢图汗等人，“于遇见处，即下马近前，拜天行三跪九叩头礼”③；天聪八年（1634 年），迎接来归蒙古察哈尔部林丹汗属下土巴济农时，“对天行三拜礼”④；出迎明朝归附副将尚可喜时，“率诸贝勒大臣拜天，行三跪九叩头礼”⑤。军礼中的祭纛拜天在天聪时期也有相关记载。天聪元年，往迎出征贝勒，“竖纛拜天，行三跪九叩头礼”⑥；天聪七年（1633 年），往迎出征二贝勒“立八纛拜天，行三跪九叩头礼”⑦。

从天聪时期的祭天缘由、礼节来看，这一时期的祭天礼仪与清太祖时期并没有太大区别，仍然只是在继位、盟誓、接见外藩及归附人员、军礼等方面举行简单并带有原始自然崇拜的祭天活动。但是，天聪时期随着后金在东北大部分地区的统治逐渐稳固，更多汉人和汉人的文化进入后金统治阶层的政治与经济生活当中，带有女真原始民族特色的祭天活动已经难以适应天聪后期的统治需求。因此，在天聪八年（1634 年）正白旗备御刘学成奏请设立郊坛，以恭敬之心祭祀皇天后土。奏疏曰：“我国门外设立堂子，凡初一、十五，汗驾亲去叩拜，岂不敬奉天地？这还是寻常的事，昧行天子的礼，还不为大敬。我汗既为天地宗子，须要象汉朝立天地坛，凡与兵出征，天年旱潦，汗当步行到坛祷祝，命道士设斋念经，每年冬至日郊天，用牛一只祭，夏至日社地，用猪羊祭，再把始祖神位入坛配享，道官唱礼，我汗当九升九奏，这便是天子敬天地的道理，朝廷当行的一宗要务。”⑧ 清太宗在收到这封奏疏之后并没有批准刘学成奏请之事，但是对于仿汉制建立郊坛礼敬天地的建议给予了充分的肯定：“建郊社立宗庙，未知天意何在，乍我遽

① 前揭《满文老档》，第 805 页。

② 前揭《满文老档》，第 859 页。

③ 前揭《满文老档》，第 942 页。

④ 中国第一历史档案馆：《清初内国史院满文档案译编》（上），光明日报出版社，1989 年，第 92 页。

⑤ 前揭《清初内国史院满文档案译编》（上），第 75 页。

⑥ 前揭《满文老档》，第 841 页。

⑦ 前揭《清初内国史院满文档案译编》（上），第 32 页。

⑧ 潘喆等编：《清入关前史料选辑》第二辑，中国人民大学出版社，1989 年，第 101 页。

行。果蒙天祐克成大业，彼时顺承天心，恭议大典，未晚也。①

天聪末期清太宗对于天的理解，已经由女真族原始的自然崇拜转化到汉文化政权意义的范围了。这一统治意识上的变化反映到祭天制度上，就产生了崇德时期清朝统治集团的文化认同。

天聪九年（1635 年），后金的军队扫平元后裔察哈尔林丹汗，基本统一了长城以北广大地区。这对后金政权向南扩张无疑是极好的推动。早期降清的汉大臣范文程不失时机地向皇太极提出："汗宜受尊号，今玉玺既得，诸部来降，是诚天意也。若未知天眷，不受尊号，反见罪于天乎？"②

崇德元年（1636 年）三月，"定文馆三院之名，分任职掌。国史院：该院职掌记注汗之诏令，收藏御制文字，凡汗起居、用兵、行政事宜，编纂史书，撰拟祭天祝文"③，至此祭天制度正式纳入到国家礼仪的范畴当中。四月，清太宗将国号由大金改为大清，族名由女真改为满洲，正式建立大清帝国。为适应汉地统治的需要，采纳了两年之前刘学成的主张，开启了由汗国礼俗向帝国礼制的演进之路。"崇德元年四月初八……满洲、蒙古、汉人内外诸贝勒、文武大臣跪于大清门，上表文请汗受遵号。自初九日始，汗与诸贝勒、大臣皆斋戒祭天"④。斋戒三天之后，清太宗以恭谦之心率领诸贝勒、大臣来到位于今天沈阳的天坛，祭祀上帝神位完毕后接受尊号，正式称帝。这是清政府第一次仿汉制举行圜丘祭天的记载。这次祭天礼的具体仪程于《满文老档》中没有记载，但是这次祭天活动在清王朝的历史上具有举足轻重的地位。在这次记载的二十年以前，清太祖先即位后拜天，并且没有专用的祭天场所，清太宗崇德朝这次是先祭天后即位，在减轻了民族传统礼仪的同时，与汉地礼仪更为相似，并在祭祀之前进行了三天斋戒，这也是清政府祭祀活动前进行斋戒的第一次记载，体现了崇德朝更进一步的文化认同。

崇德元年（1636 年）七月，清王朝制定了最初的冬至祭天仪程，开启了仿汉制于冬至日在圜丘举行祭天活动的文化认同之路。十一月，时值冬至，清太宗举行了清王朝历史上首次冬至祭天活动。这次祭天的仪程在《满文老档》中有详细记载。

从清太宗崇德朝的祭天制度来看，这一时期清王朝开始形成一套完整的祭天制度，行礼的风格也一改天命、天聪时期具有鲜明女真族传统民族特点的礼制，转而向汉制靠拢。这对于增强清政府统治集团对于中原的文化认同有着积极的作用，进而争取到当时清王朝统治区域内广大汉族士大夫对于新王朝的支持。这一时期的祭天制度主要表现为用赞礼官赞礼，先行一跪三叩头礼，之后是三上香、献帛酒、读祝文，行三跪九叩头礼，撤除祭祀物品之后由参加祭祀的人员分食祭品再行一跪三叩头礼。这次冬至祭天典礼并没有像明王朝一样形成从迎神、奠玉帛、进俎到初献、亚献、终献再到送神、撤馔、望燎这一整套祭祀仪程，这时的清王朝祭天活动中也不见使用祭祀雅乐的记载，更没有建立起大祀、中祀、群祀（小祀）这样一整套的祭祀体系。在崇德朝的祭天制度中适当地保留了满洲本民族的特色，如行一跪三叩头、三跪九叩头礼等等。由此可见，文化认同是一个渐进的过程，在文化认同的过程中必然伴随着不同文化之间的交流与融合。

据《清太宗实录》等史籍记载，自崇德元年清王朝始行冬至祭天礼以来，终崇德一朝每年均举行冬至圜丘祭天大礼，并于入关后始终作为清王朝礼制最重要的组成部分。清太宗朝的祭天制度虽未完全摆脱传统的祭天习惯，但是形成了逐渐向汉地文化靠拢的趋势，并在逐渐形成的程

---

① 《清太宗实录》卷二一，中华书局，1985 年，第 284 页。

② 前揭《清初内国史院满文档案译编》（上），第 221 页。

③ 前揭《满文老档》，第 1403 页。

④ 前揭《满文老档》，第 1425 页。

式化、规范化祭天制度中增强着文化认同。

四 清世祖朝的祭天制度及其特点

崇德八年（1643 年）八月，清太宗驾崩，清世祖即位，于次年改元顺治。顺治元年（1644 年）清军入关，大清帝国由一个偏居一隅的地方性政权迅速转化为统治全国的中央政权，这时崇德朝所制定的祭天礼制已经不足以适应统治全国的需要了，清朝统治者采取了全面继承明朝礼制的方式来继续加深满洲的文化认同之路。

顺治元年（1644 年）五月，清军进入北京城。七月，清廷决定将都城由沈阳迁至北京。九月，清世祖至北京之后与大学士冯铨、谢升、洪承畴等奏定郊庙及社稷乐章，开启了清王朝在祭天礼仪中使用乐章的先河。“拟改用平字，郊祀九奏”①。清朝初定的礼乐制度与明制大体相同，但改变明朝祭祀乐章，这一方面说明清朝入主中原之后并没有完全照搬明朝的祭仪，而是在明朝祭祀仪程的框架内做了适当调整。在崇德朝制定的祭天仪程中并没有从迎神、三献到送神这一套奠献仪节。顺治朝这一举动说明了清朝在全面继承明朝祭祀体系之始，已经有意识地形成本朝特色。十月，清世祖定鼎北京，亲自来到天坛举行祭祀。在祭祀仪程上用的是明朝的三献之礼，但迎神、送神中的四拜礼改为四跪四叩头礼。跪叩礼是极具满洲民族特色的行礼方式，在太祖、太宗朝，祭祀上天的行礼方式由一跪三叩逐渐发展成为三跪九叩，但是在清王朝祭祀制度的历史上还从来没有出现过四跪四叩之礼。因此，刚刚入关的清朝统治者参照明朝祭祀礼仪，并结合本朝既有传统所制定的祭天礼仪只是清朝统治者入关后在文化认同方面所迈出的第一步，这种行礼方式与满洲历史上发展而来的跪叩礼仪习惯并不相符。可见时值刚刚入关，祭天的礼仪还未完全定型。然而一个月之后，即顺治元年十一月，清王朝入关后的第一次冬至祭天大典在天坛圜丘举行。根据《清世祖实录》中的相关记载可知，这次祭天大典的仪程基本上照搬了明朝嘉靖时期的祭天礼仪，相较一个多月以前定鼎北京时举行的那场祭天大典而言，本民族的特色减少了不少。这次祭天大典三上香、三献、迎神、受胙、送神时皇帝均行四拜礼，而不是满洲传统的跪叩礼，这次祭天大典中的四拜礼也成为有清一代二百余年来的一次特例。当然，这次的祭天大典较明朝嘉靖年间制定的祭天仪程也有些许不同。比如，未以其他祖先或者本朝太祖皇帝的神位配享上帝，从祀神位中缺少五星、二十八宿等。总之，顺治元年这两次圜丘祭天大典是清王朝初步取得全国政权后在文化认同方面走出的关键一步，虽然当时清政府在祭天大典的具体行礼仪程中还有所反复，但这些反复都可以看作是王朝礼仪还未完全定型使然。相较于崇德时期在关外制定的祭天礼仪来看，清王朝在祭天礼仪中所表现出来的文化认同还是有着明显的进步，文化认同与王朝统治的稳固依然在相互促进。

顺治二年（1645 年），清王朝制定坛庙祭祀则例，正式将明朝祭天大典中的四拜礼改为三跪九叩礼，由此完成了对明朝嘉靖年间制定的圜丘祭天大典中关键行礼方式的置换，并在祭天大典中形成了鲜明的满洲特色，增强了满洲统治者及整个王朝的文化认同。顺治十七年（1660 年），顺治皇帝认为明朝洪武年间确立的天地合祀之礼“毕萃神祇，普荐馨香”②，因此决定恢复天地合祀的制度。这一年四月，在大享殿举行了有清一代唯一一次合祀天地百神的祭礼。

---

① 《清世祖实录》卷八，中华书局，1985 年，第 88 页。

② 前揭《清世祖实录》，第 1019 页。

纵观清太祖、太宗、世祖朝祭天制度的演进与发展，可以看出，随着清王朝的统治区域逐渐向汉民族聚居地区深入，其统治集团及王朝内部对于汉民族或者说对于华夏的文化认同逐渐加深。当然，顺治朝之后的清王朝正处于上升期，其祭天制度随着王朝的发展还有着更深刻的内涵。

（作者单位：北京市天坛公园管理处）

图证：辛酉政变再探讨①

于庆祥　张恺晨

内容提要：辛酉政变是以皇权为指归的宫廷政变，它改变了清朝后期中央朝廷的决策机制。自二十世纪八十年代以来，人们主要从档案文献史料出发，对辛酉政变进行研究。本文主要从物证、图片史料的视角重新梳理政变过程，目的在于弄清一些细节问题，并就政变的实质作出分析。

关键词：辛酉政变　慈禧太后　奕䜣　肃顺

辛酉政变是晚清政治史上的一件大事，关乎后来清朝半个世纪的发展方向，是学术研究的热点。四十年来，学界主要从档案文献史料出发对辛酉政变进行研究，习惯性地给当事人贴标签、画符号。本文主要从物证、图片史料的视角重新梳理那段腥风血雨的政变过程，旨在弄清一些细节问题，并就政变的实质作出分析，敬请方家指正。

一　辛酉政变的背景

（一）咸丰帝逃亡避暑山庄

咸丰十年（1860 年）九月，英法联军进攻北京通州八里桥，僧格林沁组织马队正面抗击，战败。英法联军直趋北京城。咸丰帝带着后妃、儿子、近臣逃亡避暑山庄，留奕䜣在北京与英法联军谈判议和。于是在奕䜣周边就形成了一个政务处理的分支机构——以奕䜣为首的留京集团。这部分大臣通过与英法联军的接触，认识到侵略者的目的是攫取权益，掠夺资财，并不在于推翻清廷的统治，因此他们在完成《北京条约》谈判签约后，强烈吁请咸丰帝尽快回銮视政。但咸丰帝对于条约中的允许外国公使驻京问题耿耿于怀，就在回銮问题上，初而拒绝，继而迟疑不决，等到迫不得已宣布回銮时，皇帝身体又垮了，回銮遥遥无期。

（二）朋党争权

此际的咸丰朝出现了两个朋党在争权夺利。一个朋党是以奕䜣为首的留京集团，另一个就是颇有根基的肃顺集团。奕䜣留京集团的人员界线并不清晰，除了奕䜣之外，还有大学士桂良（奕䜣的岳父）、一同办理洋务的文祥等人，以及若干满族皇室亲贵，基本线踩在保持皇室控制朝廷大权上面。肃顺集团长期受到咸丰帝的器重，经办军国大事，因长期随扈皇帝左右，能够影响皇帝决策。因此，在咸丰帝逃亡避暑山庄之前就政声很高，从不低调，久而久之遭到了奕䜣留京集团的忌恨。

①　本文得到故宫博物院“英才计划”和北京故宫文物保护基金会学术故宫万科公益基金会专项经费资助。

图 1 咸丰帝朝服像

图 2 奕䜣旧照

双方的第一个交锋是舆论战。咸丰十年（1860 年）十月二十四日，《北京条约》签订后，英法联军不久撤走，京师恢复了秩序。留京的奕䜣等人多次上奏，请求皇帝回銮。但是咸丰帝在肃顺等人的蛊惑下，迟迟不回京城，长期滞留热河。这令留京大臣担心肃顺等人将影响咸丰帝的决策，蒙蔽视听，矫诏专擅，于是奕䜣留京大臣集团向肃顺等人发动了攻击，指责肃顺挟天子以令诸侯，蒙蔽了咸丰帝，独揽大权，阻碍回銮大事。肃顺也不甘于寂寞，借机向咸丰帝进谗言，挑剔《北京条约》中允许外国公使驻京的条款，诋毁奕䜣已经与洋人沆瀣一气。此时，第三种势力出现了，就是太后集团。咸丰帝拖拖拉拉近一年也不回京，却把身体熬坏了。咸丰十一年（1861 年）七月十六日夜，咸丰帝病势危重，遂召见怡亲王载垣、郑亲王端华、御前大臣景寿、协办大学士肃顺以及军机大臣穆荫、匡源、杜翰、焦祐瀛等，对身后事进行安排。因无力执笔，他由廷臣承写两道朱谕，一谕立年仅 6 岁的独生子载淳为皇太子，二谕委派载垣、端华、景寿、肃顺、穆荫、匡源、杜翰、焦祐瀛八人“尽心辅弼，赞襄一切政务”，即“赞襄政务大臣”，也被称为八大臣。次日晨，咸丰帝在热河行宫病逝，时年 31 岁。是日起，皇太子载淳登基称皇上。肃顺等八人开始以赞襄政务王大臣的身份总摄朝政，办理咸丰帝治丧事宜，定明年改元“祺祥”。咸丰帝的亲弟弟恭亲王奕䜣被边缘化，仅有“恭理丧仪”之名，奉旨继续留京办事，毋庸前来热河奔丧。

如果说，咸丰帝在世时主要存在着奕䜣留京大臣集团和肃顺随扈集团之间的争斗，那么咸丰帝死后，他自己催生出了一个太后势力，即肃顺、奕䜣之外的第三种势力。按照咸丰帝的生前安排，皇后钮祜禄氏、皇子载淳各有一枚分别刻有“御赏”“同道堂”字样的印章。载淳年幼，“同道堂”印章由其生母懿贵妃那拉氏代管。凡赞襄政务王大臣所拟谕旨，须盖上两印作为凭信才能生效，“御赏”钤在字首，“同道堂”钤在字尾。此举的本意是对顾命大臣形成制约，以免皇权旁落，但客观上给后宫干政提供了机会。载淳即位后，钮祜禄氏、那拉氏分别被尊为母后皇太后、圣母皇太后；又因各住在避暑山庄烟波致爽殿东、西跨院，被分别习称为“东太后”“西太后”。

图3　立皇长子载淳为皇太子上谕

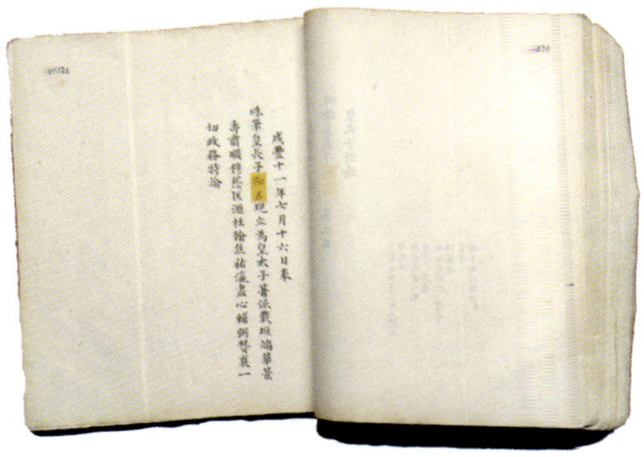

图4　谕派载垣等八人赞襄一切政务上谕

图5　“御赏”“同道堂”印及印匣

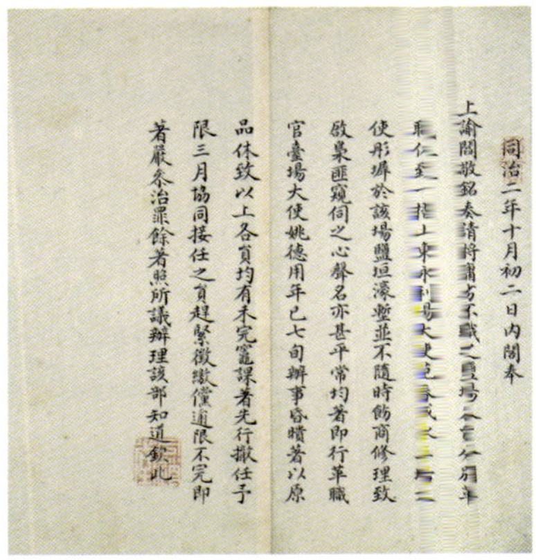

同治二年十月初二日內閣奉
上諭閻敬銘奏請將[illegible]不職之鹽場[illegible]分別革
[illegible]
使彤塀於該場鹽垣濠塹並不隨時飭商修理致
啟梟匪窺伺之心聲名亦甚平常均著即行革職
官臺場大使姚德用年已七旬辦事昏瞶著以原
品休致以上各員均有未完竈課著先行撤任予
限三月協同接任之員趕緊徵繳償逋限不完即
著嚴參治罪餘著照所議辦理該部知道欽此

图6　钤盖“御赏”“同道堂”印文的上谕

（三）遗诏的祸根

现在回头看：咸丰帝遗诏除立独生子载淳继位的决策非常正确外，其他则留下了隐患。咸丰帝遗诏设立“赞襄政务大臣”体制，同时又允许两宫皇太后钤盖印章的权力，这就给赞襄政务大臣与两宫太后发生争端留下了祸患。另一方面，从咸丰帝的遗诏看，奕䜣没有被提及，他被排斥在权力中心之外。

（四）两宫争取到阅示奏折的权力

钮祜禄氏性情懦弱安分，涉及钤印事宜主要由那拉氏拿主意。那拉氏留心政务、工于心计，咸丰帝在世时便曾代阅过奏折，并对肃顺专擅作风很不满意。随后围绕处理诏谕章疏的权限问题，两宫皇太后与肃顺等人便发生争执：肃顺等人主张由赞襄政务大臣拟定谕旨，两宫皇太后只管钤印、不得改易；奏折也不必送两宫披阅。两宫皇太后断然拒绝。双方僵持多天，八大臣认为两宫掀不起大风大浪，便作出妥协，同意将章疏送其阅览。但那拉氏并不满足，一心觊觎最高权力，而肃顺等人是咸丰帝临终指定的合法顾命大臣，要扳倒他们，就不得不借助宫外的力量，于是，那拉氏走到了奕䜣留京势力集团。

（五）太后势力与奕䜣集团的同流

作为肃顺的政敌，奕䜣不甘心接受八大臣总揽一切政务的景状，在他周围聚集了许多或明或暗的支持者，内阁大学士、奕䜣岳父桂良，军机大臣、户部左侍郎文祥，兵部侍郎胜保，科尔沁亲王僧格林沁都表达出对皇太后、皇帝的支持，屡屡上请安折暗示自己的站队取向。兵部侍郎胜保掌握京畿重地的兵权，径自从剿捻前线带兵北上，暗中策应奕䜣，向承德方向派出警戒兵力。总体上，京畿已经处于恭亲王奕䜣的掌控之下。

咸丰十一年（1861 年）八月初一，奕䜣到热河奔丧，叩谒咸丰帝灵柩，伏地大恸。随后，奕䜣奉召拜见两位嫂嫂，即两宫皇太后钮祜禄氏、叶赫那拉氏，肃顺等人一度想以叔嫂不方便直面为借口，阻拦奕䜣拜见两宫皇太后。但没有得逞，奕䜣与两宫太后叔嫂相见后，双方决计待“梓宫回銮”，除掉肃顺等人。那拉氏曾担心会招致外国干涉，奕䜣表示：“外国无异议，如有难，惟奴才是问。”① 八月初七，奕䜣回京，开始密谋政变事宜。

二　辛酉政变的发生

（一）两宫太后与肃顺直接对垒

中国历史上，官吏、文人有一个非常不好的传统——擅自揣测圣意，希图迎合皇帝的旨意而获得个人仕途发展的机会。正当赞襄政务大臣和两宫太后闹得很不愉快的时候，内阁大学士周祖培之门生、山东道监察御史董元醇上奏折，以“事贵从权，理宜守经”为由，对八大臣辅政体制提出质疑，明确提出“皇太后暂时权理朝政”，并提议在亲王中简派一二人与八大臣“同心辅弼一切事务”②。八月十一日，两宫召见肃顺等人，以同治帝名义下令照董的奏折所请传达旨意，双方再起争执。随后，八大臣之一的焦祐瀛拟旨训斥董元醇，严厉申斥太后垂帘听政不合祖制，增添辅弼大臣有违大行皇帝遗训，质问董元醇“是何诚心”“所奏尤不可行”③。两宫太后将焦祐瀛的拟旨与董元醇奏折一并留中不发，进行冷处理。再次召对时，肃顺等人大声抗辩，无一丝臣子恭顺之态，颇多负气忤逆，以至“声震殿陛，天子惊怖，至于啼泣，遗溺后衣”④。八大臣直接表态：伊等系奉诏赞襄幼帝，不能听命于皇太后，前允请皇太后看折亦系多余之事，转身拂袖而出。次日，八大臣见焦祐瀛的拟旨仍未钤印发下，便停止视事，以“撂挑子”相要挟。僵持近正午，两宫太后只得同意将焦祐瀛拟旨钤印发布。八大臣才照常办理公务，一派得意忘形的姿态。同在热河的那拉氏妹夫、醇郡王奕譞见状大怒，声言“俟进城讲话”。太后势力与赞襄大臣双方撕破脸皮。

---

① （清）王闿运：《祺祥故事》，《第二次鸦片战争》第 2 册，上海人民出版社，1978 年，第 326 页。
② 故宫博物院明清档案部编：《清代档案史料丛编》第 1 辑，中华书局，1978 年，第 91—92 页。
③ 前揭《清代档案史料丛编》第 1 辑，第 94 页。
④ （清）李慈铭撰、吴语亭编注：《越缦堂国事日记》第 1 册，文海出版社，1978 年，第 539 页。

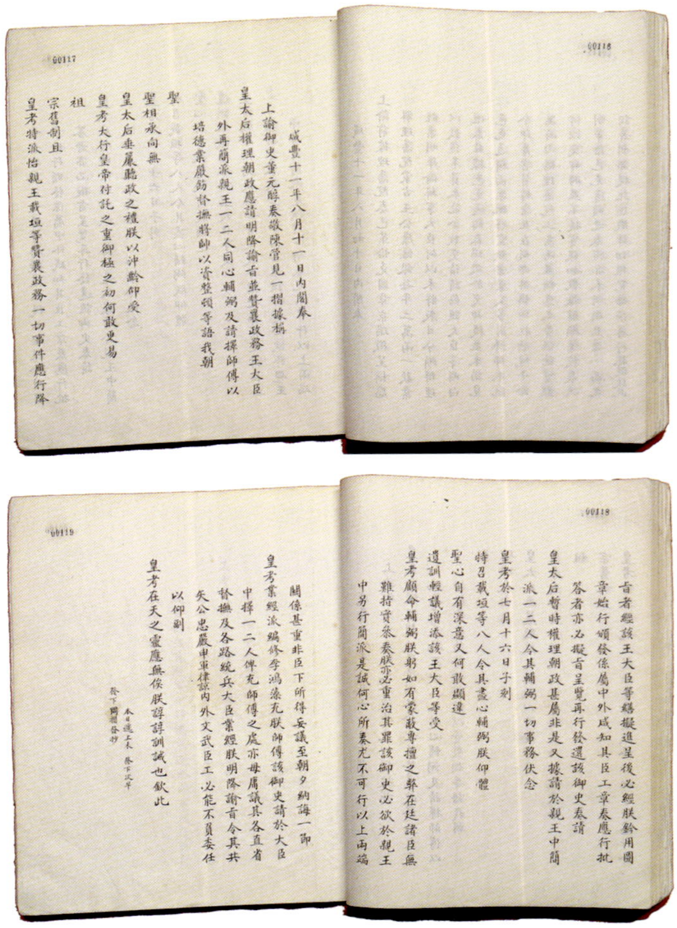

图7　《谕内阁皇太后垂帘听政并另简亲王辅弼均不可行》档案

（二）相对的平静

两宫皇太后的退让意在稳住对方，俟回京后再做决断。董元醇奏折提出的垂帘听政之议虽然被否决，但也为两宫太后制造了舆论，给人留下八大臣欺侮孤儿寡母、以下犯上的嫌疑。在两宫一再催促下，八大臣同意于九月二十三日奉咸丰帝灵柩回京。此后一段时间，双方维持了表面上相安无事的局面。九月初一，赞襄大臣同意给两宫上徽号，正式确定母后皇太后钮祜禄氏称“慈安皇太后”，圣母皇太后那拉氏称“慈禧皇太后”。初四，以为一切尽在掌握的载垣、端华、肃顺三人称差务繁杂，主动提出免除部分职权。两宫皇太后顺水推舟，当日以同治帝谕令准其所请，分别免除载垣銮仪卫、端华步军统领、肃顺向导处等职差，不动声色地悄然解除了肃顺等人兵权，尤其是端华的步军统领一职非常重要，他掌管着维持京师治安的警备力量。

（三）太后势力与奕䜣集团的顺畅沟通

避暑山庄发生的事态，身处京师的奕䜣了然于胸。热河行在当值的数名军机章京一直以密札形式向留京军机章京朱学勤（奕䜣心腹）传递热河发生的事态。有一封信细细地叙述了皇太后因被顶撞“气得手颤”、八大臣“撂挑子”逼迫两宫就范后“笑声彻远近”等细节，并谈到了对事态发展的预见：“此事不久大变，八人断难免祸，其在回城乎？”①

（四）赞襄大臣变囚徒

九月二十三日，热河行宫人员分批回京：肃顺负责护送咸丰帝灵柩；载垣、端华等人扈从两宫皇太后与年幼的同治帝。肃顺随灵柩行进，道路崎岖，队伍庞大，未免滞后；两宫队伍则轻车间道，赢得率先回京准备策动政变的时间差，并达到将八大臣分而治之的效果。

二十八日，两宫皇太后行抵京郊石槽，恭亲王奕䜣出迎，双方再度面商政变事宜。次日下午，皇太后一行自德胜门入城。

三十日，两宫召见奕䜣、文祥以及内阁大学士桂良、周祖培，声泪俱下地控诉载垣、端华、肃顺欺臣跋扈状况，双方议定先将八大臣解职，再行拿问。随后内阁颁布上谕，历数载垣等人三条罪状：一是筹划乖离，导致海疆不靖，英法联军入京烧杀，迫使先皇帝避祸热河；二是京师安谧如常后，排斥回銮之议，导致先皇帝在塞外龙驭上宾；三是对董元醇奏折提议的太后垂帘体制“哓哓置辩”“拟旨时又阳奉阴违，擅自改写”。同治帝的上谕最后决定：载垣、端华、肃顺著即解任，景寿、穆荫、匡源、杜翰、焦祐瀛著退出军机处。②

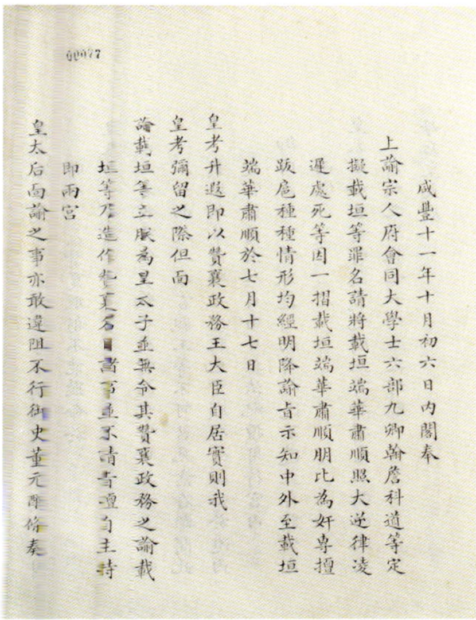

00077

咸豐十一年十月初六日內閣奉
上諭宗人府會同大學士六部九卿翰詹科道等定
擬載垣等罪名請將載垣端華肅順照大逆律凌
遲處死等因一摺載垣端華肅順朋比為奸專擅
跋扈種種情形均經明降諭旨示知中外至載垣
端華肅順於七月十七日
皇考升遐即以贊襄政務王大臣自居實則我
皇考彌留之際但面
諭載垣等立朕為皇太子並無令其贊襄政務之諭載
垣等乃造作贊襄名目諸事並不請旨擅自主持
即兩宮
皇太后面諭之事亦敢違阻不行御史董元醇條奏

图 8　将载垣等即行治罪上谕

图 9　载垣像

① 中国社会科学院近代史研究所近代史资料编辑组：《近代史资料》总 36 号，中华书局，1978 年，第 14 页。按：章士钊推断密札作者之一为领班军机章京、鸿胪寺少卿曹毓瑛（章士钊：《热河密札疏证补》，《文史》第 2 辑，中华书局，1963 年）。从政变后曹氏获重用判断，此说较可信。

② 前揭《清代档案史料丛编》第 1 辑，第 101—102 页。

政变发生时，奕䜣等人入朝，遭到先期到场的载垣、端华的阻拦，声言外廷臣子不应被两宫召见。慈禧太后大怒，马上由奕䜣宣读诏书，谕令将载垣、端华、肃顺革去爵位职权，立刻拿问，严加议罪。载垣、端华不服，厉色质问：“我辈未入，诏从何来？”奕䜣不答，指挥数名侍卫上前将二人擒下，褫其冠带，押到宗人府幽禁。随后睿亲王仁寿、醇郡王奕譞奉旨前往逮捕尚在返京途中的肃顺，当夜在密云将肃顺拘捕。肃顺咆哮不服，被押解至京。在宗人府囚室见到载垣、端华，肃顺瞋目叱言：“若早从吾言，何至有今日？”二人道：“事已至此，复何言！”①

（五）顾命体制变成太后垂帘听政体制

拿下了赞襄政务大臣，顾命大臣体制也就崩溃了，太后势力开始为垂帘听政寻找依据。政变当天，内阁大学士贾祯、周祖培与户部尚书沈兆霖、刑部尚书赵光联名上奏，继续鼓噪两宫皇太后掌政：“寻绎‘赞襄’二字之义，乃佐助而非主持也。若事无巨细，皆凭该王大臣之意先行定议，然后进呈皇上一览而行，是名为佐助，而实则主持。日久相因，中外能无疑虑乎……为今计之，正宜皇太后敷中宫之德化，操出治之威权，使臣工有所禀承，命令有所咨决，不居垂帘之虚名，而收听政之实效。”② 手握兵权的胜保更是先行一步，早在政变的两天前就呈递奏折，建议“为今之计，非皇太后亲理万机，召对群臣，无以通下情而正国体；非另简近支亲王佐理庶务，尽心匡弼，不足以振纲纪而顺人心”。③

十月初一起，两宫皇太后以同治帝名义调整人事，对参与政变者论功行赏：授恭亲王奕䜣为议政王、宗人府宗令、总管内务府大臣；重组军机处，除文祥留任外，改派奕䜣为领班军机大臣，桂良、沈兆霖、户部右侍郎宝鋆、鸿胪寺少卿曹毓瑛为军机大臣；醇郡王奕譞为御前大臣，旋又补授正黄旗领侍卫内大臣；胜保为镶黄旗满洲都统兼正蓝旗护军统领。

同月初六，在慈禧太后授意下，奕䜣、仁寿等24人会奏，墙倒众人推，落井下石，认定肃顺三人犯有“假传谕旨，造作‘赞襄政务’名目”等悖逆之罪，拟凌迟处死，惟载垣、端华系宗室亲王，可有所区别。九月三十日贾祯等人上奏，辨析“赞襄”字义，同日上谕中有“惟思伊等系顾命大臣，故暂行宽免”等语，似在承认肃顺等人“赞襄”的名分。就在此际，慈禧太后显示出她的冷酷无情，她以幼帝名义发布上谕，给肃顺等人扣上“矫诏”的罪名。上谕中说“至载垣、端华、肃顺于七月十七日皇考升遐，即以赞襄政务王大臣自居，实则我皇考弥留之际，但面谕载垣等立朕为皇太子，并无令其赞襄政务之谕。载垣等乃造作‘赞襄’名目，诸事并不请旨，擅自主持，即两宫皇太后面谕之事，亦敢违阻不行……跋扈不臣，均属罪大恶极，于国法无可宽宥”④。圣旨既下，权臣殒命。当天，载垣、端华在宗人府被迫自缢。肃顺由凌迟改为斩立决，由仁寿等人监刑腰斩。穆荫即行革职，发往新疆效力赎罪；景寿、匡源、杜翰、焦祐瀛即行革职，免予发遣，景寿仍保留公爵及额附品级。十月初七，作为八大臣密接者，户部尚书陈孚恩、侍郎黄宗汉、刘昆、成琦，太仆寺少卿德克津太、候补京堂富绩等人被革职。第二天，慈禧太后以同治帝名义下旨，申令惩一儆百，既往不咎，诸臣不得再以查办党援等事陈奏。政变落下了帷幕。

---

① 前揭《第二次鸦片战争》第2册，第294页。

② 前揭《清代档案史料丛编》第1辑，第103—104页。

③ 前揭《清代档案史料丛编》第1辑，第100页。

④ 前揭《清代档案史料丛编》第1辑，第115－116页。

图 10 孝贞显皇后便服像

图 11 孝钦显皇后便服像

至此，咸丰帝病逝不到三个月，他委派的顾命八大臣，被诛戮者三，被放逐者一，被解除职务者四。时年 27 岁的慈禧太后执掌了最高权力，确立了两宫皇太后垂帘听政、议政王辅政的清廷权力新格局。这场政变发生在旧历辛酉年，史称“辛酉政变”，又称“祺祥政变”。

初九，在太和殿举行载淳登基大典，颁诏废“祺祥”年号，改年号“同治”，以明年为同治元年。同日发布上谕：“朕奉母后皇太后、圣母皇太后懿旨，现在一切政务均蒙两宫皇太后躬亲裁决，谕令议政王、军机大臣遵行，惟缮拟谕旨，仍应作为朕意宣示中外，自宜钦遵慈训。嗣后议政王、军机大臣缮拟谕旨，著仍书‘朕’字。将此通谕中外知之。”① 十一月初一，两宫皇太后正式在养心殿垂帘听政。太后与皇帝同御养心殿，中间隔一黄帘。同治帝坐于帘前御榻上，恭亲王奕䜣立于左，醇郡王奕譞立于右。两宫皇太后坐于帘后，慈禧在左、慈安在右。至此，太后垂帘听政格局得到最后的确认。

① 《清穆宗实录》卷六，咸丰十一年十月甲子。

三　辛酉政变之评价

发生在咸同之交的这场政变，改变了清朝中央朝廷的决策机制，除了短暂的同治帝亲政、光绪帝亲政外，朝廷事务基本上都处在太后垂帘听政体制下运行的。晚晴经历了半个世纪的太后临朝理政的时代，刻印下慈禧太后执政风格的发展轨迹。

探讨几个细节问题：

（一）留京的奕䜣集团在避暑山庄有卧底吗

答案是有的。在清朝军机处里，有许多类似“机关办事员”的人，称为“章京”，这些小官吏有自己的小圈子，互通消息，互相提醒，互相帮助。咸丰帝驻跸避暑山庄期间，随行的章京一直与留京的小章京有私信往来，明里暗里透露了一些热河的政情，比如八大臣声色俱厉和太后争吵，吓得小皇帝尿了裤子；再比如八大臣“撂挑子”怠慢政务，两宫不得不钤盖印章同意发布焦祐瀛的拟旨。这些情况身在京师的奕䜣了然于胸。时在热河行在当值的数名军机章京以密札对外透露热河内情，收信人是奕䜣心腹、留京军机章京朱学勤。

热河行在当值的数名军机章京中，有一人比较积极，就是领班军机章京、鸿胪寺少卿曹毓瑛。章士钊先生曾经在《文史》第2辑上发文《热河密札疏证补》考据此事。政变后，曹氏由普通的军机章京晋升为军机大臣，获得重用，不同寻常。

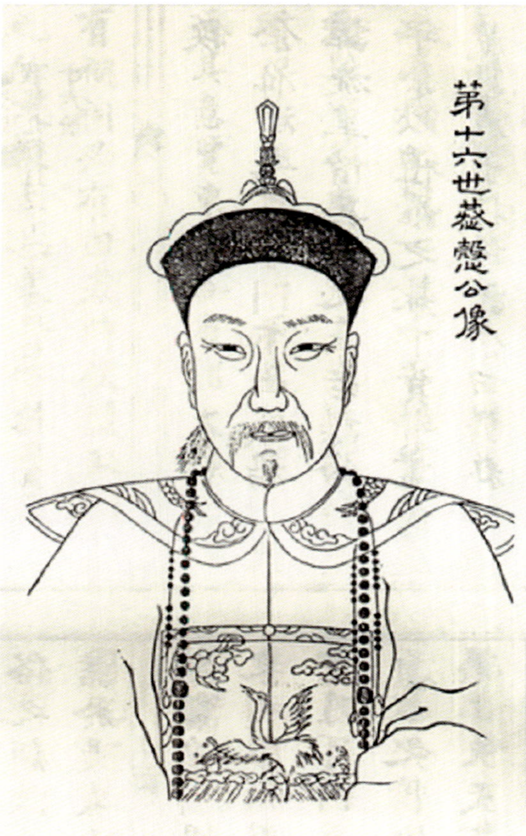

图12　曹毓瑛像

（二）为什么要任命奕䜣为宗人府的宗令

抓住八大臣之后，慈禧太后马上调整中枢机构人选，恭亲王奕䜣获得重用，被任命为议政王大臣、宗人府宗令、领班军机大臣。为什么奕䜣要担任宗人府的官职呢？这是因为八大臣中的载垣、端华、肃顺等人是皇族宗室人员，朝廷的司法机关刑部、大理寺、都察院无权审理他们，只有负责管理皇族事务的宗人府可以管教。所以，奕䜣担任宗令后审理起来就符合逻辑了。当然，后来实际上也没有审判，被慈禧太后直接以小皇帝圣旨的名义处置了。

（三）慈禧太后和奕䜣依靠的力量是什么

换句话说，慈禧太后和奕䜣取得胜利的基本力量是什么？有两个。其一是小皇帝载淳，载淳是皇帝，拥有至高无上的政治伦理制高点。慈禧太后和奕䜣任何政变举措都是以小皇帝的名义发布实施的，这让八大臣也无法从皇权伦理方面进行反抗。其二是胜保。留京的官员中，胜保时任兵部侍郎。他多次向小皇帝和两宫太后上请安折，表示自己的站队立场。八大臣与两宫关系紧张时，胜保置镇压捻军的大任于不顾，直接从“剿捻”前线调兵北上，从长城一线向北布控。是慈禧太后、奕䜣发动政变的依靠力量。

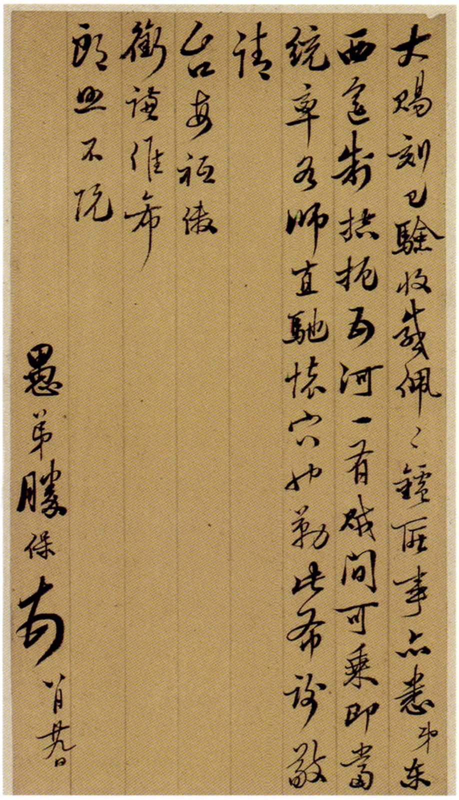

图 13　胜保手札

（四）政变当场的侍卫是哪里的

政变当天，奕䜣在皇宫门禁遭到载垣、端华的阻拦，再考虑官员上朝的惯例，奕䜣的贴身护卫不会浩浩荡荡、有很多人。那么心思缜密的慈禧太后和奕䜣不会不早做准备，会调动其他宫中侍卫力量。

慈禧太后当时住长春宫，长春宫里伺候她的主要是太监宫女，能就近调动的侍卫力量只有乾清宫侍卫比较便利。政变的地点最大的可能是乾清门外的小广场。如果奕䜣已经进入乾清宫，载垣端华再阻拦就没有意义了。当然也不可能在慈禧太后居住的长春宫，太后寝宫，除了本宫太监宫女，以及儿女等至亲，一般的男子是不可能擅自出入的。

辛酉政变是以皇权为指归的宫廷政变，政变双方没有正确与错误的区分，也没有守旧与进步的分别，即是说，顾命大臣不代表守旧，两宫太后与奕䜣也不代表革新，双方只是为了争夺皇权下的朝廷统治权而已。辛酉政变颠覆了顾命八大臣辅政的体制，但清廷内外政策并未因此发生丕变：肃顺重用曾国藩等汉臣、依靠湘军镇压太平天国的策略仍得到认同和贯彻；奕䜣依旧主持总理各国事务衙门，其对外认知和态度对晚晴洋务运动起了促进作用，但这不是奕䜣参与发动辛酉政变的初衷。

（作者单位：故宫博物院研究室、党委办公室）

《大明清类天文分野之书》的体例特点和资料来源

高寿仙

内容提要： 署名刘基的《大明清类天文分野之书》，其实是在刘基去世已近十年才完成的一部集体编纂作品，但其采用的分野模式可能在刘基担任太史令时就已形成。此书将京师应天府所在的吴越分野列在首位，而将元大都所在的燕分野移居末位，为大明王朝的兴起蒙上一层上应天运的神秘面纱。此书的体例也颇为独特，它虽然是以传统分野为纲，但主体内容却是记叙各府州县的建置沿革，看起来颇像一部舆地性质的专志。采用如此独特的体例，应当是出于标榜“山河奄有中华地”的政治意图。此书简述各分野地理范围的部分，很可能抄录自北宋王安礼重修的《灵台秘苑》和元代晓山老人编撰的《太乙统宗宝鉴》；叙述府州县建置沿革的部分，则是脱胎于《大元大一统志》。

关键词： 刘基　《大明清类天文分野之书》　体例特点　资料来源

一　引言

明朝开国功臣刘基（字伯温，1311—1375 年），精通术数，善观天象，深得明太祖朱元璋赞许。如洪武元年《御宝诏书》称其“察列宿之经纬，验日月之休光，发踪指示，三军往无不克”①。洪武三年《诚意伯诰》称其“累从征伐，睹列曜垂象，每言有准，多效劳力”。② 刘基去世后，更逐渐被神化为上知天文、下知地理的大预言家，很多术数作品都署其名以广流传，《大明清类天文分野之书》（以下简称《分野书》）便是其中之一。

南京图书馆藏有《分野书》明初刻本，《四库全书存目丛书》将其收入子部第 60 册，署名“刘基撰”。其实原刻本并无署名，但明代确实有人将其归于刘基名下，如王圻《续文献通考》谓“命刘基等纂”③。清代官修《四库全书总目》亦谓“明刘基撰”，并说明“此书乃洪武中奉敕所作”④。《存目丛书》当是根据这些说法，定其作者为刘基。清人钱曾还为其增加了另一作者，即铁冠道人张中。⑤ 《明史·方伎传》内有张中小传，谓其“遇异人授数学，谈祸福多奇中”，曾数次为朱元璋做出准确预言。⑥ 张中属于“神龙见首不见尾”的传奇人物，明初并未担

---

① （明）刘基：《诚意伯刘先生文集》卷一《御书诏诰》，中国文史出版社，2011 年，第 4 页。

② 前揭《诚意伯刘先生文集》卷一《御书诏诰》，第 6 页。

③ （明）王圻：《续文献通考》卷一七九《经籍考·天文》，《四库全书存目丛书》子部第 179 册，齐鲁书社，1996 年，第 389 页。

④ （清）永瑢等撰：《四库全书总目》卷一一〇《子部二十·术数类存目一》，中华书局，1965 年，第 93[illegible] 页。

⑤ （明）钱曾《读书敏求记》卷二《地理舆图》云：“此书圣祖命属稿于犁眉公、铁冠道人。”《续修四库全书》第 923 册，上海古籍出版社，2000 年，第 205 页。犁眉公乃刘基晚年之号，铁冠道人则为张中。

⑥ 《明史》卷二九九《方伎·张中传》，中华书局，1974 年，第 7640 页。

任过官职，恐怕不会参与官书编纂，钱曾当是由刘基而连类及之，不足为信。

关于此书的纂成时间，《明太祖实录》系于洪武十七年（1384 年）十月。① 现存明初刻本亦明确写道："洪武十七年岁次甲子闰十月二十七日进。"② 而刘基早在洪武八年（1375 年）便已去世，时间上明显不相吻合。《四库全书总目》编者是否意识到这个时差问题，我们不能悬揣，但将刘基视为此书作者，却也并非空穴来风。因为天文分野属于钦天监职掌，而刘基曾担任太史令，就是钦天监前身太史监的长官。《分野书》何时始纂已难考知，但此书"凡例"开篇云："钦天监原定十二分野分配州郡，与唐《天文志》参合异同，今考于后。"③ 说明此书是在钦天监原定分野基础上编纂的，而这个原定分野可能在刘基担任太史令时就已形成，所以此书纂成时虽然刘基去世已近十年，但后人仍将此书与他联系在一起。

笔者曾对署名刘基之术数作品加以梳理，其中简略提及《分野书》，认为此书虽然不能径署刘基之名，但确实与其有些关系，并指出《四库全书总目》对此书的评论存在不确和偏颇之处。④ 其后韩道英、张兆裕对《分野书》做了专门研究，⑤ 有助于加深对此书编纂过程、体例内容、资料来源等方面的认识。但其中有些问题仍值得进一步探究。草此小文，以就教于方家。

二　《分野书》的地域排序

所谓"天文分野"，就是将天上某一星区与地上某一地域相互对应起来。⑥ 分野观念起源甚早，分法亦有多种，经过不断演化融合，到晋代已形成一套复杂的理论体系。其中关于天上的星区，有十二次、十二辰、二十八宿等说法。所谓十二次，就是把黄道带自西向东分成十二个部分，排列次序为：星纪、玄枵、娵訾、降娄、大梁、实沈、鹑首、鹑火、鹑尾、寿星、大火、析木。所谓十二辰，就是沿天赤道从东向西将周天分为十二个部分，排列次序为：子、丑、寅、卯、辰、巳、午、未、申、酉、戌、亥。所谓二十八宿，就是把天赤道与黄道附近的星座划分为东南西北各七宿，其次序为：东方苍龙七宿，角、亢、氐、房、心、尾、箕；北方玄武七宿，斗、牛、女、虚、危、室、壁；西方白虎七宿，奎、娄、胃、昴、毕、觜、参；南方朱雀七宿，井、鬼、柳、星、张、翼、轸。关于地上的分野，主要有十三国和十二州两种说法，但对于国、州的名称及其对应关系，各家说法又有所差异。⑦ 较为通行的说法是，十三国指郑、宋、燕、吴、越、齐、卫、鲁、赵、魏（晋）、秦、周、楚；十二州指兖州、豫州、幽州、扬州、青州、

① 《明太祖实录》卷一六七，洪武十七年闰十月月末条，"中央研究院"历史语言研究所，1962 年，第 2563—2564 页。

② 前揭《四库全书存目丛书》子部第 60 册，第 378 页。

③ 前揭《四库全书存目丛书》子部第 60 册，第 373 页。

④ 高寿仙：《刘基与术数》，《浙江工贸职业技术学院学报》2006 年第 3 期。收入何向荣编著《刘基与刘基文化研究》，人民出版社，2008 年。

⑤ 韩道英：《〈大明清类天文分野之书〉考释与历代"星野"变迁》，暨南大学硕士论文，2008 年；张兆裕《〈大明清类天文分野之书〉索隐》，载中国明史学会、蓬莱市人民政府编：《第十五届明史国际学术研讨会暨第三届戚继光国际学术研讨会论文集》，黄海数字出版社，2015 年（下引张氏观点皆出此文，不另注）。

⑥ 参见高寿仙：《星象·风水·运道——中国古代天地智道透析》，广西教育出版社，1995 年，第 132—137 页。

⑦ 邱靖嘉：《"十三国"与"十二州"——释传统天文分野说之地理系统》，《文史》2014 年第 1 辑。

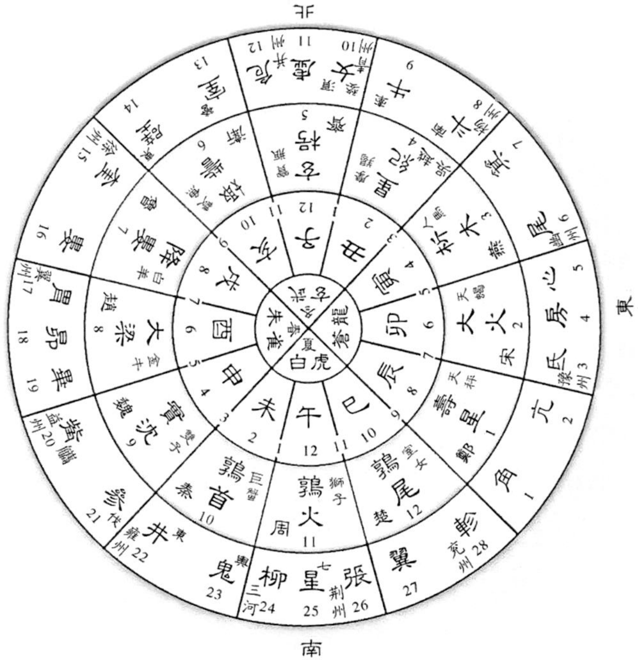

图 1　天文分野各要素对应关系

并州、徐州、冀州、益州、雍州、三河、荆州。古人在它们之间都建立起对应关系。

对照图 1 可以看出，十二次、十二辰、二十八宿的起始点并不互相对应，如二十八宿始于角亢，与其对应的是十二次之第十位寿星、十二辰之第五位辰。因此在排列分野时，就有一个以何者为基准的问题。笔者管见所及，以二十八宿、十二辰、十二次为基准者均有，而以十二次为基准者又分顺排和倒排两种。兹将历代分野排序变动情况汇为表 1。

表 1　历代分野排序变动

二十八宿	十二次	十二辰	历代分野排序			
			晋	唐	元	明
角亢	寿星	辰	①郑/兖州	⑨	③郑/兖州	⑩郑/豫州
氐房心	大火	卯	②宋/豫州	⑩	②宋/豫州	宋/徐州
尾箕	析木	寅	③燕/幽州	⑪	①燕/幽州	⑫燕/幽州
斗牛	星纪	丑	④吴越/扬州	⑫	⑫吴越/扬州	①吴越/扬州
女虚危	玄枵	子	⑤齐/青州	①	⑪齐/青州	②齐/青州
室壁	娵訾	亥	⑥卫/并州	②	⑩卫/并州	③卫/河北
奎娄	降娄	戌	⑦鲁/徐州	③	⑨鲁/徐州	④鲁/兖州
胃昴毕	大梁	酉	⑧赵/冀州	④	⑧赵/冀州	⑤赵/冀州
觜参	实沈	申	⑨魏/益州	⑤	⑦晋/益州	⑥晋/并州
井鬼	鹑首	未	⑩秦/雍州	⑥	⑥秦/雍州	⑦秦/雍州
柳星张	鹑火	午	周/三河	⑦	⑤周/三河	⑧周/三河
翼轸	鹑尾	巳	楚/荆州	⑧	④楚/荆州	⑨楚/荆州

《晋书·天文志》是现存最早将各种要素整合为一体的天文分野体系，它采用二十八宿作为基准，即以东方苍龙为首，始于角亢，终于翼轸；在十二次则是始于寿星，终于鹑尾；对应地域则是始于郑、兖州，终于楚、荆州。[①] 两《唐书·天文志》改用十二辰作为基准，按倒序排列，始于子、终于丑；在二十八宿则是始于女虚危，终于斗牛；在十二次则是始于玄枵，终于星纪；不过，唐《天文志》对十三国与十二州分野均不赞同，认为"郡国沿革，名称屡迁，遂令后学难为凭准"，因而改为"据山河以分"，即只是大致描绘出十二次各次的地域范围，而不言其对应某国、某州。[②] 宋代重修《灵台秘苑》认为"大抵古今事殊，州郡数易，九州之中，以角亢、郑分为首焉"，其分野排序完全依从《晋书·天文志》。不知是有意还是巧合，在这一排序中，京师开封府所在的郑、兖州分野，恰好列在首位。

到了元代，则有意识地采用新的排列规则，以使京师大都所在的燕、幽州变成首位。《太乙统宗宝鉴》（以下简称《太乙宝鉴》）"明太乙经分野疆界术"对此做了清楚说明：

> 大元六合都会于燕，上当箕尾，下应人马，故以燕分为首。[③]

其中所说"下应人马"，是指燕分野对应于黄道十二宫中的人马宫（参见图1）。《太乙宝鉴》这种排序，实际上是采用十二次作为基准，但按倒序排列，即始于析木，终于星纪；在二十八宿则是始于尾箕，终于斗牛；对应地域则是始于燕、幽州，终于吴越、扬州。[④] 明初建都于应天府，当然不能沿用元代的分野排序，但也没有恢复元代以前的传统体系。观察《分野书》的排序，乃是承继元人做法而反其次序，即仍以十二次为基准，改按顺序排列，始于星纪，终于析木；在二十八宿则是始于斗牛，终于尾箕。在十三国和十二州的名称及其对应关系方面，《分野书》也未沿用晋、宋、元这套体系，而是"依《唐书》分配州郡"，即参考《新唐书·天文志》描述的分野地域，做了一些调整和更改，[⑤] 但与十二次对应的首、尾两个并无变化。按照《分野书》的排序，应天府所在的分野便跃居首位，而元大都所在的分野恰好退居末位。

对于分野次序的变动，《分野书·凡例》做了简要解释：

> 晋《天文志》十二次分野始角亢者，以东方苍龙为之首也。唐十二次始女虚危者，以一二支子为之首也。
>
> 今以斗牛为星分之首者，日月五星起于斗宿。古之言天者，由斗牛以纪星，故曰星纪。则星纪为十二次之首，而斗牛又二十八舍之首也。
>
> 本朝应运肇基，而南京应天府，实星纪、斗牛之分，且与天、地、人三统之正相协。自有以来，数千年间，帝王之运，适符于今。则是书之作，岂偶然哉！[⑥]

---

① 《晋书》卷一一《天文上》，中华书局，1974年，第307—313页。

② （后晋）刘昫等：《旧唐书》卷三六《天文二》，中华书局，1975年，第1311—1316页；（宋）欧阳修等：《新唐书》卷三一《天文一》，中华书局，1975年，第820－825页。并参看邱靖嘉：《山川定界：传统天文分野说地理系统之革新》，《中华文史论丛》2016年第3期。

③ 前揭《续修四库全书》第1061册，第457页。

④ 前揭《续修四库全书》第1061册，第457—461页。

⑤ 前揭《四库全书存目丛书》子部第60册，第378页。

⑥ 前揭《四库全书存目丛书》子部第60册，第376页。

十二次以星纪为首，确实是历来相传的规则。但二十八宿中，角亢历来排在首位。《分野书》编纂者以“日月五星起于斗宿”为理由①，认为斗牛才是二十八宿之首，从而证明本书这种新的分野排序是最为合理的。他们还将这种偶然的巧合渲染为天命的象征，声称“自周以来，数千年间，帝王之运，适符于今”，为大明王朝蒙上一层上应天运的神秘面纱。笔者推测，将这种新的分野排序昭告天下，或许正是编纂《分野书》的目的之一。

对于“凡例”中“是书之作，岂偶然哉”一语，张兆裕曾加以分析考证，认为“是书”并非是指这部《分野书》，而是指作为此书“蓝本”的宋元时期的某部分野书，该“蓝本”将吴越分野排在首位，被认为兆示了“本朝”的兴起。如上所述，北宋《灵台秘苑》以鲁为首，元代《太乙宝鉴》以燕为首，笔者尚未发现明代以前存在以吴越为首的分野法。因此“凡例”所谓“是书”，应当是指《分野书》本身。

三 《分野书》的编纂体例

如前所述，分野所说的十三国与十二州，到晋代便已基本定型。但历代行政区划屡有变化，这就需要将本朝行政区划与传统分野框架对应匹配，《分野书》就是此种性质的著作。但此书在体例上颇有独特之处。

此前将本朝行政区划与传统分野匹配的文献，大致可以区分为天文与地理两个系统。天文类文献以传统分野为纲，说明与其对应的本朝行政区划。如《晋书·天文志》列有“州郡躔次”，按二十八宿次序排列，兹以排在最前面的三宿为例：

> 角、亢、氐，郑，兖州：
> 东郡入角一度，　　东平、任城、山阳入角六度，
> 泰山入角十二度，　　济北、陈留入亢五度，
> 济阴入氐二度，　　东平入氐七度。②

地理类文献则以本朝行政区划为纲，重点介绍各级行政区划的建置沿革、山川地理等情况，分野只是作为附带介绍的内容之一。以《隋书·地理志》为例，隋朝将全国分为190郡，该志依次介绍各郡建置沿革、统县数、户数等情况，在将同属十二州分野中某一州的各郡罗列完毕后，便加一段总结语，说明这些郡所属天文分野及其人文地理状况。如该志开篇所述京兆郡至河源郡共28郡，均属雍州，该志在河源郡后总结说明云：

> 《周礼·职方氏》：“正西曰雍州。”上当天文，自东井十度至柳八度，为鹑首。于辰在未，得秦之分野。③

① 此语前此未见，但前人确有“日、月、五星起于牵牛，故为天位”之说，见《汉书》卷二六《天文志》颜师古注引孟康之言，中华书局，1962年，第1296页。

② 前揭《晋书》卷一一《天文上》，第309页。

③ 《隋书》卷二九《地理上》，中华书局，1973年，第816页。

经比对，《晋书·天文志》确立的分野体系，基本上为《隋书·地理志》所沿用。但前者以传统分野为纲，便于读者了解某个分野包括哪些郡县；后者以本朝区划为纲，便于读者了解某个郡县属于哪个分野。

《分野书》实际是把上述两种体例糅合起来。从形式上看，《分野书》是以传统分野为纲，将本朝行政区划分拆纳入十三国与十二州分野。其中有些省分辖区完全属于某个分野，如浙江、江西、福建均属斗牛分，四川、云南均属井鬼分，辽东均属箕尾分。但也有一些省份分属不同分野，如直隶14府虽然均属斗牛分，但州县分属斗牛分、奎娄分、房心分、角亢分；广东府州县分属翼轸分、斗牛分；北平府州县分属室壁分、昴毕分、尾箕分。对于后面这种情况，《分野书》并不顾及其行政区划的整体性，而是将府州县分拆列入相应星分所在卷次中（见表2）。但从内容上看，《分野书》的主体是记叙府州县建置沿革，看起来颇像一部舆地性质的专志。清代徐乾学在《大清一统志》凡例中谈道："其著于经籍志所可得见者，惟唐李吉甫《元和郡县志》，宋乐史《太平寰宇记》、王存《九域志》、欧阳忞《舆地广记》、祝穆《方舆胜览》，元《一统志》，明《清类天文分野书》《寰宇通志》《一统志》《名胜志》诸书而已，其他散轶颇多。"①明显是将《分野书》视作舆地志性质的著作。

表2　《分野书》各分野涉及郡县数目

卷1—7：斗牛/吴越	直隶：府14、州9、县74；浙江：府11、县66；江西：府13、县69； 福建：府8、县50；广东：府8、州5、县49；广西：府1、县4
卷8：女虚/危齐	山东：府5、州7、县59；北平：州1、县3
卷9：室壁/卫	河南：府3、县12；北平：府1、州1、县8；山东：州2、县8
卷10：奎娄/鲁	山东：州3、县13；直隶：州3、县9
卷11：胃昴/赵	北平：府3、州6、县47；山西：府1、州4、县7； 河南：州1、县2；山东：县1
卷12：觜参/晋	山西：府2、州17、县68
卷13—16：井鬼/秦	陕西：府8、州16、县89；四川：府16、州48、县190、平越军民指挥司1；云南：府41、州41、县39、宣慰司1
卷17：柳星张/周	河南：府2、州6、县31；湖广：州2、县3；陕西：县2
卷18—20：翼轸/楚	湖广：府13、州20、县101；广西：府11、州42、县50； 广东：府2、州2、县11
卷21：角亢/郑	河南：府2、州3、县31；直隶：州1、县3
卷22：氐房心/宋	河南：州2、县11；直隶：州2、县7；山东：府1、县10
卷23—24：尾箕/燕	北平：府4、州8、县56；辽东：都指挥司1、卫4、千户所5

对于此书的这种编纂方式，后人曾提出一些批评。如《四库全书总目》评论说："以天之广大，而仅取中国舆地，分析隶属，本不足信。基作此书，更以一州一县推测躔度，剖析毫厘，尤

① 前揭《续修四库全书》第1412册，第773—774页。

不免于破碎。”① 嘉庆《泾县志》谈道：“按县地百里，本不当详星野。况所躔不满一度，分析亦甚难。即晋《天文志》云斗十六度，《三才图》曰斗七度，乃括诸郡而言……《明清类分野》析周天三百六十五度，属配州县，而以宁、池二府十二县分斗三度，后又测入斗四度。占星者已无定说。即占星有定，而斗度亦非泾县一隅所能专举也。”② 这种批评不无道理。因为确定分野的目的，是为了根据某星区内的天体运行情况，推断对应地域内的休咎禨祥。一州一县地域过于狭小，一个躔度往往对应数个州县，从占星术的角度看，为其推测躔度确实没有必要。但如果把《分野书》当作舆地志看待，对其这种做法就容易理解了，因为详列各级行政区划是舆地志的基本要求。

朱元璋敕纂这样一部体例独特的著作，又是出于什么目的呢？最容易想到的理由，是其对天文星占的笃好。朱元璋倚重刘基为其观测天象，前引《御宝诏书》《诚意伯诰》言之甚明。朱元璋自己也是这方面的行家。洪武十年（1377 年），他与群臣谈论天与日月五星运行问题。翰林应奉傅藻等援引宋儒蔡沈的“左旋”说，朱元璋指出当为“右旋”，他谈道：“朕自起兵以来，与善推步者仰观天象，二十有三年矣。尝于天气清爽之夜，指一宿为主，太阴居是宿之西，相去丈许，尽一夜则太阴渐过而东矣。由此观之，则是右旋。此历家亦尝论之。蔡氏谓为左旋，此则儒家之说。”③ 从天文学史的脉络看，宋代以前“右旋说”一直占主导地位，但宋儒张载、朱熹、蔡沈等皆主“左旋说”。限于当时的天文水平，两说都把日月五星的视运动当作了真实运行，但两相比较，“右旋说”要比“左旋说”更加符合实际情况。④ 可知朱元璋多年来一直亲自观察天象，对古代天文知识有着系统深入的了解。他也经常根据天象做出决策。如洪武八年（1375 年），“钦天监言日上有背气，在赵分恒山以北北夷辽东之地。上遣使往北边，谕颍川侯傅友德并定辽等处都指挥使司训戎练兵，严饬守备”。⑤ 次年，“钦天监报五星紊度，日月相刑”，朱元璋遂“以灾异诏求直言”。⑥《明太祖实录》最后概述其丰功伟绩时，也把“察天文，推历数”列为重要内容之一。⑦

朱元璋如此笃好天文星占，下令编纂一部分野书，确实让人感到顺理成章。然而正如上面提过的，传统分野以十三国与十二州为单位，星区与地域之间是一种大尺度的对应关系，从星占角度看，编纂如此细致的分野书并无实际意义。何况此书详述各级政区建置沿革，更非分野书之必要内容。

结合上节所述此书对分野排序的调整，笔者认为，朱元璋敕纂这样一部体例独特的著作，应当主要出于政治方面的考量：其一，从舆地志的角度看，此类书籍的编纂历来带有政治意图。如元朝编纂《大元大一统志》，就是为了“大集万方图志而一之，以表皇元疆理无外之大。”⑧ 朱元璋割据江南后，便以“山河奄有中华地”“宋国江山复宝图”⑨ 相号召。建国不久，命儒士魏

① 前揭《四库全书总目》卷一一〇《子部二十·术数类存目一》，第 938 页。

② 嘉庆《泾县志》卷一《星野》，《中国地方志集成·安徽府县志辑》第 46 种，江苏古籍出版社，1998 年，第 21 页。

③《明太祖实录》卷一一一，洪武十年三月丁未条，第 1850 页。

④ 陈美东：《中国古代日月五星右旋说与左旋说之争》，《自然科学史研究》1997 年第 2 期。

⑤《明太祖实录》卷九九，洪武八年四月甲寅条，第 1684 页。

⑥《明太祖实录》卷一〇九，洪武九年闰九月庚寅条，第 1809 页。

⑦《明太祖实录》卷二五七，洪武三十一年闰五月辛卯条，第 3719 页。

⑧（元）王士点、商企翁编次：《秘书监志》卷四《纂修》，《景印文渊阁四库全书》第 596 册，台湾商务印书馆，1986 年，第 785 页。

⑨（明）俞本撰、李新峰笺证：《纪事录笺证》卷上，中华书局，2015 年，第 101 页。

俊民等“编类天下州郡地里形势、降附始末为书”，到洪武三年（1370年）纂成，名为《大明志书》。[①] 其后“天下既平，薄海内外幅员方数万里”[②]，有必要编纂一部新的舆地志，这部《分野书》便发挥了这种职能，可以视其为一部变体版的《大明一统志》。其二，从分野的角度看，传统分野理论可以说是对“山河奄有中华地”的一种术数化表述。一方面，“分野独擅于中华，星次不沾于荒服”，分野体现了夷夏之别和中华文化至上的优越感；另一方面，“分野既明，疆域乃奠”，分野又是一个王朝疆界与主权的象征，所以历代王朝都把本朝行政区划纳入传统分野框架之中。[③] 分野的这种象征意义，与朱元璋标榜的“驱逐胡虏，恢复中华”，确实具有高度的契合性，其深受朱元璋青睐殆非偶然。

四　《分野书》的资料来源

《分野书》共24卷，可按分野分为12个单元（参看表2）。各个单元体例相同，都是开篇先概述一下天文分野，然后依次介绍各府、州、县的建置沿革。各单元开篇概述天文分野的部分，包括三段内容，兹以卷12《晋分野》为例，展示其体例和内容：

第一段顶格排版，说明星分、辰次、宿距度及所属分野，相当于本分野的一个总纲：

> 觜、参在申，自毕七度至井八度，属晋分，并州。[④]

第二段比第一段缩进一格，内容为简述本分野的地理范围，格式是正文夹杂双行小字注（括号内为原书小字注）：

> 今太原（山西太原府）、河中（今蒲州）、绛、解、泽、潞、辽、忻、代、汾（今并为州）、宪（今太原静乐县）、慈（今吉州）、隰（今州）、岚（今县）、石（今州）、麟符（属葭州）、丰（旧州，今未立）、大通（宋置大通监于太原文成县）、威胜（沁州）、岢岚（今州）、大山（旧隩川，今省入保德）、保德（今州）、宁化（今岚县地），大辽之西偏，夏国之东偏，皆晋分也。[⑤]

第三段比第二段又缩进一格，开头一句均为“今考唐《天文志》云”，格式是正文夹杂双行小字注（括号内为原书小字注）：

> 今考唐《天文志》云：觜觿、参、伐，实沈也。自汉之河东及上党、太原，尽西河之地，古晋（绛州）、魏（蒲州）、虞（河东大阳县）、唐（绛州）、耿（蒲州）、杨（平阳府洪洞县）、霍（霍州）、冀（蒲州冀亭）、黎（潞州壶关县有黎亭）、郇（蒲州猗氏县）与西

---

① 《明太祖实录》卷五九，洪武三年十二月辛酉条，第1149页。
② 《明太祖实录》卷八一，洪武六年四月己丑条，第1462页。
③ 邱靖嘉：《“普天之下”：传统天文分野说中的世界图景与政治涵义》，《中国史研究》2017年第3期。
④ 前揭《四库全书存目丛书》子部第60册，第542页。
⑤ 前揭《四库全书存目丛书》子部第60册，第542页。

> 河戎狄之国……为觜觿之分。①

经比对，这段文字整体抄录了《新唐书·天文志》的相关内容，② 只是对一些唐代地名用小字做了简单注释。其他十一分野亦皆如此，不多举例。

其中第二段内容不免令人感到有点奇怪。这段话以“今”字领起，似乎是要描述此书编纂时各分野的地理范围，但其提到的地名有些明显不是明朝的，甚至出现了“大辽之西偏”“夏国之东偏”这样的文字。张兆裕敏锐地发现了这个问题，他经过细致考证，判断《分野书》之“述州郡”（即各分野此段内容）来源于北宋的某部天文分野书，或者说《分野书》“隐藏”和保存了一部北宋的天文分野著作。笔者完全赞同张氏的判断，认为“述州郡”虽以‘今”字领起，实际也是抄录前代旧文，只有小字注是此书编纂者所加。

经过进一步搜检，笔者发现“述州郡”与北宋《灵台秘苑》和元代《太乙宝鉴》具有明显的同源关系。现抄录两书“晋分野”内容，以与前录《分野书·晋分野》之“述州郡”相互比较：

> 《灵台秘苑》：今太原、河中、晋、绛、解、泽、辽、忻、隰、岚、石、大同、武胜、火山、保德，大辽之西偏，夏国之东，皆为晋之分。③
>
> 《太乙宝鉴》：今太原、河中、晋、绛、解、泽、潞、辽、忻、代、分、宪、兹、湿、岚、石、麟、府、丰、大同、威胜、岢岚、火山、保德、宁化，大辽之西偏，夏国之东，皆晋之分。④

三书均有文字错讹，为不影响对比，姑置不论。可以看出《分野书》与《太乙宝鉴》基本相同，而《灵台秘苑》较其他两书少了一些地名。再以“卫分野”为例，三书相应部分如下：

> 《灵台秘苑》：今开封之白马及大名、卫、濮、曹，皆卫之分。⑤
>
> 《太乙宝鉴》：今开封之白马及大名、澶、怀、卫、相、濮、郓，皆卫之分野也。⑥
>
> 《分野书》：今开封、白马（旧滑州白马县）、大名（府）、澶（开州）、怀（怀庆府）、卫（卫辉府）、相（彰德府）、濮（州）、郓（东平州），皆卫分也。

相互比较，也是《分野书》与《太乙宝鉴》基本相同，而《灵台秘苑》少了几个地名。

如同《分野书》一样，《太乙宝鉴》描述十二分野范围，虽然也是以“今”字领起，实际上也是抄录宋代旧文，而且与《灵台秘苑》对应文字颇为相似，但所列地名又多出一些。这有三种可能：一是《太乙宝鉴》以《灵台秘苑》为底本，根据其他资料略有增补；二是北宋还存在与《灵台秘苑》类似的书籍，所列地名比《灵台秘苑》多，《太乙宝鉴》据其抄录；三是通

① 前揭《四库全书存目丛书》子部第60册，第542—543页。

② 前揭《新唐书》卷三五《天文一》，第820—825页。

③ 前揭《景印文渊阁四库全书》第807册，第27页。

④ 前揭《续修四库全书》第1061册，第459页。

⑤ 前揭《灵台秘苑》卷三《十二分野》，第26页。

⑥ 前揭《续修四库全书》第1061册，第460页。

行的四库本《灵台秘苑》文字有所删节，[①]《太乙宝鉴》系据某种足本抄录。相应地，《分野书》之“述州郡”也有三种可能，一是抄自《太乙宝鉴》，二是抄自与《灵台秘苑》类似的北宋旧籍，三是抄自《灵台秘苑》足本。具体情形尚待究明，但正如张兆裕所说，“述州郡”肯定直接或间接来源于北宋的天文分野书。

《分野书》后面介绍建置沿革的部分，体例也比较独特，它以明朝行政区划为基本框架，却又兼顾元朝行政区划，即对元朝设立而明朝废并的路府州县，仍保留专条介绍其建置沿革，并说明本朝处置情况。如元代常州路领二县（晋陵、武进）二州（宜兴、无锡），明改常州路为常州府，改二州为二县，将晋陵省入武进，又将元江阴州改为县来属。《分野书》在依次介绍武进、宜兴、无锡、江阴四县后，仍为晋陵县设立专条，介绍建置沿革后写明“本朝并入武进县”[②]。再如元代汴梁路郑州下辖管城、荥阳、汜水、河阴四县[③]，明朝将管城并入郑州，并划荥泽县来属。《分野书》在依次介绍荥阳、汜水、河阴、荥泽四县后，仍为管城县设立专条，县名下用小字标注“未立”，介绍建置沿革后写明“本朝并入郑州”[④]。顾炎武从史料保存的角度，赞扬此书“不以一时郡县之有无，而去历代相因之版籍，甚为有体”[⑤]。但正如张兆裕所指出的，作为一部叙述“本朝”且主题是“分野”的书籍，这样做似乎没有必要。《分野书》对这种做法未做说明，笔者推测或许是为了保持分野的完整性。观察“本朝未立”的行政区划，很多都分布在边远地带，尤以卷 13 雍州、卷 23 和 24 幽州为多，这两个分野包括大片明朝已失去实际控制的地域。为了将元朝业已纳入各分野的地域完整呈现出来，便只好采用了这种独特体例。

关于《分野书》建置沿革部分的资料来源，韩道英以丽江府为例，对《大元大一统志》（以下简称《元一统志》）与《分野书》中相应部分做了对比，认为后书借鉴了前书。[⑥]《元一统志》南方各省大多取材于《舆地纪胜》及宋、元旧志，北方各省则多取材于《元和郡县图志》《太平寰宇记》和金、元旧志，具有较高的史料价值，《分野书》将其作为取材对象，实属理所当然。《元一统志》早已散佚，现存为后人辑本，其中所述建置沿革首尾完整、可资对照者，只有岚州、郑州、裕州、房州、峡州路、鄜州、葭州、金州、西和州、兰州、会州、泸州、丽江路、平江路、常州路、抚州路、广州路、郁林州及其属县。[⑦] 将其与《分野书》相应部分比对，可知《分野书》所述建置沿革确实取材于《元一统志》。如《元一统志》“岚州”条云（序号为笔者所加）：

> (1)春秋属晋。后为楼烦王所据。赵惠文王灭楼烦而有其地，以为县。(2)秦为太原郡。(3)汉为汾阳县。东汉末郡邑空虚。(4)曹魏立新兴郡。(5)西晋末为刘元海之赵地。石勒为后赵。

---

① 笔者将京都大学人文科学研究所藏《灵台秘苑》抄本与《四库全书》本比对，其他分野文字基本相同，但“晋分野”所列州郡比四库本多，与《太乙宝鉴》较为接近。录此以供参考：“今太原、河中、晋、绛、解、泽、潞、辽、忻、代、汾、隰、岚、石、大同、武胜、火山、保德，大辽之西偏，夏国之东，皆为晋之分也。”（见抄本《灵台秘苑》卷三《十二分野》，第 7a—b 页）

② 前揭《四库全书存目丛书》子部第 60 册，第 413—414 页。

③ 《元一统志》，中华书局，1966 年，第 225—227 页。

④ 前揭《四库全书存目丛书》子部第 60 册，第 722—723 页。

⑤ （清）顾炎武著、黄汝成集释：《日知录集释》卷三一《交趾》，岳麓书社，1994 年，第 1098 页。

⑥ 前揭《〈大明清类天文分野之书〉考释与历代“星野”变迁》，第 10—14 页。

⑦ 前揭《元一统志》，第 106—107、224—227、246—248、306—308、352—355、369—375、438—439、462—463、467—469、474、520—524、553—555、585—587、592—594、648—652、663—666、730—731 页。

永和六年冉闵灭之，即为魏地。寻属前燕，后为苻坚并之。坚败，后魏道武克并州，围中山，遂有其地。后魏末，于此置岚州，因州界内岢岚山为名。(6)隋大业四年置楼烦郡，以静乐县属焉。(7)唐武德四年平刘武周置东会州，领岚城县，又以北和州之太和县来属。其年分析岚城，置和会、丰润二县。仍自故郡城移岚州于废东会州置岚州。旧领岢岚一县，县移旧岚州。其年又以北管州之静乐县来属。七年置临津县。十九年省和会、岢岚、太和三县。贞观元年改临津为合河。三年又置太和县，八年又省。天宝元年复为楼烦郡。乾元元年复为岚州，领宜芳、静乐、合河、岚谷四县。宋割静乐属宪州，岚谷入岢岚军。初楼烦有县属宪州，乃唐龙纪元年即楼烦监西一里置为州治，至是以县属岚州。(8)金天会六年升岚州为镇西军节度。(9)按州旧治宜芳县，元废宜芳县，至元二年省岢岚、宁化、管州、楼烦入焉。三年复省岚州、宁化、楼烦等入管州。五年以岚州自古名郡，复置，又省岢岚、宁化、楼烦、管州入焉。十年州废，复并入管州。二十二年复置，以辖岢岚巡检司。①

《分野书》“岚县”（明改元岚州为县）条云（序号为笔者所加，括号内原文为双行小字）：

(1)周（春秋属晋，后为楼烦所据，赵灭楼烦，以其地为县）。(2)秦（为太原郡）。(3)汉（为汾阳县，东汉末其地空虚）。(4)三国（魏立新兴郡）。(5)元魏（于此置岚州）。(6)隋（置楼烦郡）。(7)唐（武德四年置东会州，州罢复置岚州，天宝元年改为楼烦郡，乾元元年复为岚州）。(8)金（升为镇西军节度）。(9)元（复为岚州，省岢岚入焉）。(10)本朝为岚县，至洪武九年立岢岚州，以本县属焉。②

可以看出，前者明显是后者的母本，只是由于体例不同，两书存在繁简差别。凡前者叙述较简的部分，后者几乎原文照录；前者叙述较繁的部分，后者则予以删减压缩。

五 结语

《大明清类天文分野之书》被后人视为刘基奉敕编纂的著作，其实此书纂成时，刘基去世已近十年。可能此书采用的分野模式，在刘基担任太史令时就已形成，所以后人仍将此书与他联系在一起。此书对于十二分野的排列顺序，与以前各代均不相同，它将京师应天府所在的吴越分野列在首位，而将元大都所在的燕分野移居末位，为大明王朝的兴起蒙上一层上应天运的神秘面纱。

此书的体例也颇为独特。历来将本朝行政区划与传统分野匹配的文献，大致可以区分为两个系统：天文类文献以传统分野为纲，说明与其对应的本朝行政区划；地理类文献则以本朝行政区划为纲，重点介绍各级行政区划的建置沿革等情况，分野只是作为附带介绍的内容之一。此书则把上述两种体例糅合起来：从形式上看，它是以传统分野为纲，将本朝行政区划分拆纳入十三国与十二州分野；但从内容上看，其主体是记叙府州县建置沿革，看起来颇像一部舆地性质的专志。此书之所以采用如此独特的体例，应当是出于标榜“山河奄有中华地”的政治意图。

① 前揭《元一统志》，第106—107页。

② 前揭《四库全书存目丛书》子部第60册，第549页。

此书的内容大多直接取材于宋元旧籍。除已标明引自《唐书·天文志》的内容外，此书简述各分野地理范围的部分，很可能抄录自北宋王安礼重修的《灵台秘苑》和元代晓山老人编撰的《太乙统宗宝鉴》，只是用小字为原文中的北宋地名标注上对应的明代地名。此书叙述府州县建置沿革的部分，则是脱胎于《大元大一统志》，但对原书叙述较繁的文字做了删减压缩。值得注意的是，此书在以明朝行政区划为基本框架的前提下，却又兼顾了元朝行政区划，仍为元朝设立而明朝废弃的路府州县设立专条。这样做的目的，或许是为了将元朝业已纳入各分野的地域完整呈现出来。

（作者单位：北京行政学院）

清朝武英殿修书处刻书盛衰与中央刻书中心的演变①

张小李

内容提要：清康熙朝在武英殿设修书处，是从明朝延续下来的由内廷参与刻书并掌控中央刻书权的必然结果，也与清初顺治帝、康熙帝重视编纂、刊刻书籍息息相关。康熙朝武英殿修书处处于起步阶段，刊刻能力有限，尚未成为中央刻书中心。雍正朝给予武英殿修书处图记，使其成为内务府下属正式机构，中央刻书中心地位确立。乾隆朝武英殿修书处体制健全，成为中央刻书的唯一、绝对中心，不仅刊刻宫廷编纂书籍，中央官署编纂则例类政书也大都由其刊刻。嘉庆、道光、咸丰三朝，武英殿修书处逐渐衰落，中央官署编纂的则例类政书逐渐由各官署自行刊刻，武英殿修书处中央刻书中心地位被削弱。而到了同治、光绪、宣统三朝，清朝统治处于极度衰弱状态，武英殿修书处的刻书职能不仅向新旧中央官署转移，还向各地督抚建立的官书局转移，清朝中央刻书呈现多中心格局。

关键词：清朝　武英殿修书处　中央官署　总理各国事务衙门　官书局

作为边疆少数民族入主中原的政权，清朝非常重视编纂、刊刻书籍，突出的表现是在清朝皇帝的直接参与下，“钦定”“御纂”“御选”类图书远迈前朝，此外，还在宫廷设立了直接向皇帝负责的出版机构——武英殿修书处。②

目前，学界对武英殿修书处的发展脉络从两个视角进行了深入研究，第一个视角是将武英殿修书处作为清内府刻书的最重要组成部分。所谓内府刻书，其义有二，一是狭义的内府刻书，即宫廷刻书，如嘉庆二十三年（1818年）八月二十二日，嘉庆帝谕内阁，《皇朝通礼》刊刻后，“弆板内府，直省士民，鲜得见闻”，因此命武英殿修书处将《皇朝通礼》每省印发一部，各督抚派人领取后照刊流播，③ 此处所谓“内府”，特指宫廷，尤其是武英殿修书处。二是广义的内府刻书，即中央衙署刻书和宫廷刻书。李致忠先生谓：“历来在运用内府刻本这个称谓时，其概念都是指中央各部院衙署和内廷各部门所刻的书。或者说是指官刻本中，属中央国家机关所刻的那一部分书。”④ 如清世祖福临撰《御制人臣儆心录》，故宫博物院图书馆、辽宁省图书馆编著《清代内府刻书目录解题》著录为清顺治十二年（1655年）内府刻本。⑤ 关于此书，雍正六年（1728年）八月十一日雍正帝谕内阁：“世祖皇帝《御制人臣儆心录》，刻板收贮礼部，著交武

① 本文为故宫博物院2017年课题“清代武英殿修书处研究”的阶段性成果。

② 武英殿修书处于康熙十九年（1680年）开始运作，雍正七年（1729年）铸给“武英殿修书处图记”，正式成为内务府下属机构。参见张小李：《从武英殿修书之处到建制机构武英殿修书处——武英殿修书处的运作时间与机构正式成立时间探讨》，《中国出版史研究》2021年第2期。

③ 《清仁宗实录》卷三百四十五，第5册，中华书局，1986年，第566页。

④ 李致忠：《古书版本学概论》，北京图书馆出版社，1990年，第231页。

⑤ 故宫博物院图书馆、辽宁省图书馆编著：《清代内府刻书目录解题》，紫禁城出版社，1995年。

英殿，将满汉文各印千本进呈。其板内字画圈点，有应加修整者，著武英殿人员校看办理。”①顺治朝所刊刻的《御制人臣儆心录》书版收贮于礼部，且其版心为白口，字体为方体字，而顺治朝接收前明内府司礼监刻书太监所刊刻书籍，大都版心黑口，字体为圆润的手写体。如顺治十二年内府刊刻《御制资政要览》，则《御制人臣儆心录》为礼部主持刊刻的可能性极大，因此，该书著录的‘内府刻本”或为礼部刻本。翁连溪先生《清代内府刻书研究》将含武英殿修书处在内的清内府刻书划分为肇始期（清入关前至顺治），发展期（顺治至康熙前期），鼎盛期（康雍乾时期），渐消渐亡的衰败期（嘉庆至清亡）等五个阶段。②此外，杨玉良先生《清代中央官刻图书综述》也将武英殿刻书作为内府刻书组成部分进行综合研究。③第二个视角是将武英殿修书处作为独立的研究对象。金良年先生《清代武英殿刻书述略》将武英殿修书处的历程划分为四个阶段：康熙十九年（1680 年）武英殿造办处设立之初，并非是个专门的刻书机构；康熙四十三年（1704 年）在武英殿设立书局校订《佩文韵府》等“御纂”“御定”的官修书局及第二年专门到江南三省招考内廷抄书供奉人员等举措，“武英殿造办处真正成了内府的专门刻书机构”；“到了康熙晚年，武英殿刻书业进入了兴盛时期”；到了嘉庆朝，武英殿刻书“在力量上和内容上已远不及前代了”；“嘉庆以后，武英殿刻书业进入了全面衰落阶段”。④肖力先生《清代武英殿刻书初探》将武英殿刻书划分为三个阶段：顺治至雍正时期，武英殿刻书业迅速兴起；乾隆时期，武英殿刻书业走向极盛时期；嘉庆至宣统时期，武英殿刻书业逐渐衰败。⑤项旋先生《皇权与教化：清代武英殿修书处研究》将武英殿修书处的发展脉络分为四个阶段：创始期（康熙时期）、鼎盛期（雍乾时期）、式微期（嘉道时期）和衰亡期（咸同光宣时期）。⑥

以上诸位先生所总结的武英殿修书处的发展脉络各有见地。但从另外一个角度看，武英殿修书处在清朝中央刻书中的地位与清朝皇帝集权尤其是文化集权、出版集权呈现正相关关系。因此，本文从武英殿修书处在清朝中央出版中的地位演变的角度，将其运行脉络划分为四个阶段：第一阶段顺治、康熙、雍正时期，武英殿修书处成立并逐渐成为清朝中央刻书中心；第二阶段乾隆时期，武英殿修书处成为中央刻书的绝对中心，中央官署刻书被挤压；第三阶段嘉庆、道光、咸丰时期，出版权由武英殿修书处向中央官署分散，武英殿修书处的中央刻书中心地位弱化；第四阶段同治、光绪、宣统时期，武英殿修书处没落，中央衙署、官书局出版兴起，清朝中央刻书呈现多中心格局。

一　中央刻书中心从外朝转向内廷的历史趋势与武英殿修书处的成立

清朝入主中原后，尤其重视与“武功”相对的“文治”，而编纂、刊刻书籍，无疑是实现“文治”的重要手段。清朝入关后的前三位皇帝——顺治帝、康熙帝和雍正帝，或组织人力，或亲力亲为，编纂、钦定了大量的经史子集四部书籍。为了刊刻这些书籍，需要在内廷设置刊刻机

① 《清世宗实录》第 1 册，中华书局，1985 年，第 1077 页。

② 翁连溪：《清代内府刻书研究》，故宫出版社，2013 年。

③ 杨玉良：《清代中央官刻图书综述》，《故宫博物院院刊》1995 年第 2 期。

④ 金良年：《清代武英殿刻书述略》，《文史》第 31 辑，中华书局，1989 年。

⑤ 肖力：《清代武英殿刻书初探》，《图书与情报》1983 年第 2 期、第 3 期。

⑥ 项旋：《皇权与教化：清代武英殿修书处研究》，中国社会科学出版社，2020 年，第 57—111 页。

构，而从五代到明朝，中央刻书中心逐渐从外朝国子监转向内府。这两个因素相叠加　催生了武英殿修书处的建置。

（一）建置武英殿修书处是历朝中央刻书中心从外朝转向内廷的逻辑发展

雕版印刷术于唐代发明后，五代、两宋中央政府刻书的主体是国家最高学府和教育管理机构——国子监。国子监进行雕版刊刻、刷印经书始于后唐，长兴三年（932 年）二月，中书门下上奏请“依石经文字刻《九经》印板，敕令国子监集博士儒徒，将西京石经本各以所业本经句度，抄写注出，仔细看读，然后顾召能雕字匠人，各部随秩刻印板，广颁天下”①。西京《石经》也就是唐代的《开成石经》，这道奏章要求皇帝令国子监以《开成石经》为底本刊刻九经，开创并确立了国子监的中央政府刻书中心地位。

两宋时期，国子监仍是中央刻书中心，北宋继承五代传统，在都城汴京设有国子学，地方各级也设置府、州、县学。国子监刻书主要是为了供给官府学生用书。南宋国子监也刻印了大量的书籍。王国维《五代两宋监本考》依据《宋史》《玉海》《麟台故事》等史料，考证出北宋国子监出版书籍 118 种，南宋 69 种，合计 187 种。② 入元后，南宋国子监改为西湖书院，不再是中央官刻书中心，但仍然保存原国子监的书版。元大都虽建国子监，但刻书职能弱化，元朝政府刻书职能分散到南方江浙行省和江西行省下属各路及各路儒学。③

明朝时期，南京国子监和北京国子监都在刻书，明周弘祖《古今书刻》收录南京国子监刻书 264 种，北京国子监刻书 41 种，但刻书多的南京国子监，其书版多数不是自己刊刻的，一部分是接收的元集庆路儒学旧存的书版，更多的是从西湖书院转移过来的旧版。④ 相反，明朝内府刻书崛起，明朝永乐以后，宦官深受崇信，北京 24 个太监衙门中的司礼监位高权重，除负责宫廷礼仪、内外章奏之外，司礼监经厂还负责内府刻书事务，明末宦官刘若愚《酌中志》之《内板经书纪略》“共记录了经史子集四部图书 163 种，加佛经、道经，共计 184 种……而此时库存书板数量较之明万历初年已经‘十减六七’，以此推算，万历初年内府经厂库所存的图书种数当在 460—600 种之间”⑤。明朝内府司礼监刻书丝毫不逊于国子监刻书，其内在逻辑是，“在政治上中央高度集中和封建君主专制加强的影响下，代表国家意识形态的官颁书籍也不再像五代以来一般由国子监、詹事府等某一中央机构固定负责，而是改由皇帝指定相关机构负责刊刻　然后板送禁中，直接在皇宫内印刷，从而催生了‘内府刻书’的产生”⑥。

外朝国子监刻书的历史中心地位逐渐被内廷刻书所取代，中央刻书权归内府，从这个角度看，清朝在内廷设立武英殿修书处这样的刻书机构，是历史的必然，正如陶湘先生所言“清代殿板书实权舆于明代经厂本，惟明以司礼监专司，清则选词臣从事耳”⑦。在这种历史逻辑下，清朝国子监刻书权重远逊于明朝，完全被武英殿修书处取代。

① 影印文渊阁《四库全书》第 607 册，台湾商务印书馆，1986 年，第 512 页。
② 田建平：《宋代书籍出版史研究》，河北大学 2012 年博士论文，第 2 页。
③ 黄永年：《古籍版本学》，江苏教育出版社，2009 年，第 95—96 页。
④ 前揭《古籍版本学》，第 113 页。
⑤ 马学良：《明代内府刻书考》，上海古籍出版社，2021 年，第 105 页。
⑥ 前揭《明代内府刻书考》，第 28—29 页。
⑦ 陶湘编、窦水勇校点：《书目丛刊》（一），辽宁教育出版社，2000 年，第 65 页。

（二）顺治、康熙、雍正三帝重视编纂、刊刻书籍与武英殿修书处的建置

顺治时期，国家初定，非常重视书籍编纂，顺治帝撰写了《御制资政要览》《御制劝善要言》《内则行义》等书，编纂了《劝学文》等书，还为《孝经》《太上感应篇》《道德经》等各类书籍做注。到了康熙朝，清朝对全国的统治基本巩固，思想文化建设更是水到渠成。在康熙帝的推动和参与下，编纂了《渊鉴斋御纂朱子全书》《渊鉴类函》《律历渊源》等多种经史子集类书籍，还推动大型类书《古今图书集成》的编纂。以编纂《渊鉴斋御纂朱子全书》为例，康熙帝全程深度参与，结构和内容都由其钦定，“此书之纂，条条皆经皇上览阅斟酌”①。编纂期间，康熙帝匠患目疾，未能及时细阅，还特地向编纂大臣李光地解释：“前发《朱子全书》第二册第三册后，微有目热多泪，一切奏章照常批发。而朱子书尚未能细阅，即书字亦未曾写。近时存养目光，今已痊愈，仍当朝夕披览。尔等可传谕大学士李光地知之，勿谓朕久疏文翰也。”② 雍正帝编纂书籍尤其是宗教书籍也下了相当的功夫，他选录了《御选语录》《御录宗镜大纲》《御录经海一滴》《教乘法数摘要》《宝筏精华》《金屑一撮》，选注了《妙圆正修智觉永明寿禅师心赋选注》，撰写了《御制拣魔辨异录》等书。

顺治、康熙、雍正三帝不仅重视书籍的编纂，也重视内府书籍刊刻。内府刻书首先服务于皇帝，刊印皇帝御撰、御纂之书为其首先任务。延续元明以来国子监刻书地位下降、内府刻书地位上升的历史惯性，顺治朝宠用宦官，汉经厂等明代延续下来的刻书机构依然存在，内府刻书仍由宦官掌管，均为经厂原有工匠承办，故其格式与经厂本小异而大同。③ 顺治朝沿用明代内府刻书机构，旧瓶终难装新酒，终究名不正言不顺。所以，清朝宫廷需要建成本朝特色的内府刻书机构，利于皇帝得心应手地掌控宫廷刻书。

康熙十九年（1680 年）康熙帝赋予武英殿刻书职能，修书处开始运作。但是，此时的武英殿还是一个综合性的造办场所，还包括砚作、珐琅作等宫廷造办机构。康熙四十三年（1704 年）十二月，为刊刻《佩文韵府》，康熙帝派翰林到武英殿承担校勘工作，“朕新纂《佩文韵府》一书，特派翰林孙致弥等校对，可于武英殿内收拾房舍几间，令伊等在内详细校对”④。他特意交代在武英殿收拾几间房舍，作为特派翰林孙致弥等人的校对处所，表明孙致弥等人是首批进入武英殿办公的翰林的可能性极大。综合性的武英殿造办处承担编纂、刊刻卷帙浩繁的《佩文韵府》等书，显得任务过于繁重。从康熙四十四年（1705 年）开始，逐步裁汰武英殿的造办器物职能，该年“奏准武英殿砚作改归养心殿造办处，裁给监造二人”。十三年后，即康熙五十七年（1718 年），武英殿“珐琅作改归养心殿造办处，裁给监造一人”。经过康熙帝的改造，武英殿从综合性造办机构转型为专司修书、刻书职能的宫廷刻书机构。雍正七年（1729 年），“铸给武英殿修书处图记”⑤，标志武英殿修书处正式成为内务府下属建制机构。

武英殿修书处的业务可以分为行政（刊刻）系统和编校系统，刊刻（事务）系统是武英殿修书处的基本建制，其主体是各个库作。监造是武英殿修书处的最高额设官职，后又在监造之上

---

① 前揭影印文渊阁《四库全书》第 1324 册，第 914—915 页。

② 前揭影印文渊阁《四库全书》第 1324 册，第 911—912 页。

③ 前揭《书目丛刊》（一），第 65 页。

④ 沈云龙主编：《近代中国史料丛刊》第 3 编第 70 辑，台北文海出版社有限公司，1992 年，第 7432—7433 页。

⑤ 前揭《近代中国史料丛刊》第 3 编第 70 辑，第 6557—6558 页。

设三位兼摄总管，在兼摄总管之上，设管理事务王大臣。编校系统比刊刻系统要晚出现，由入值武英殿负责纂修的翰林等文臣组成，但武英殿修书处并不专设翰林岗位，而是随着特定的修书任务机动安排，修完就撤回。①

武英殿修书处专司刊刻，其刊刻的书籍由方略馆、国史馆等常设书馆，实录馆、圣训馆等例开之馆（每当新帝即位便开馆纂修先帝的《实录》《圣训》等）以及会典馆、四库全书馆等特开之馆（为编纂某一大书而特别设立的，书成即撤，有的馆也继续编纂其他书籍）编纂。② 武英殿修书处刊刻书籍有严格的流程。方略馆、国史馆等常设书馆编纂书籍的刊刻流程是，书成之后送交武英殿，武英殿先缮写一份"宋字样本"（即供刊刻上板的方体字样本），送交原编纂书馆校勘，原馆签出武英殿有缮写错误之处，交回武英殿改正，改正后再送往原馆覆校，覆校无误，再送交武英殿刊刻。武英殿刻成板片后，印出一份版样，仍旧送交原馆校勘，再修改原馆签出的错误，原馆确认修改后，再送交武英殿刷印。而例开之馆、特开之馆等非常设书馆刊刻过程中的校勘事务由武英殿的编修人员负责。③

（三）从康熙朝到雍正朝，武英殿修书处刻书权重逐渐加大

康熙十九年（1680 年）起，武英殿修书处开始运作，但康熙朝武英殿修书处刻书并不多。④ 翁连溪《清代内府刻书研究》之附录《清代内府刻书编年目录》著录康熙朝内府刻书 123 种，其中明确著录为武英殿修书处刻书的只有两种，分别为康熙十九年武英殿刻满文本《刑部新定现行例》、康熙五十年（1711 年）武英殿刻《佩文韵府》。项旋《皇权与教化：清代武英殿修书处研究》统计康熙朝殿本书为 29 种，并在该书的附录《清代殿本编年总目》详细著录。⑤ 翁连溪著录的康熙朝武英殿刻本偏少，如著录为康熙五十三年（1714 年）内府刻本的《渊鉴斋御纂朱子全书》，其刻书职名中监造官有武英殿总监造兼管翻书房和素、武英殿总监造兼佐领张常仁、武英殿总监造李国屏，⑥ 该书为武英殿修书处所刻确凿无疑。此外，康熙五十二年（1713 年）刻《御选唐诗》、康熙五十四年（1715 年）刻《御纂周易折中》、康熙五十六年（1717 年）刻《御纂性理精义》、康熙五十九年（1720 年）刻《韵府拾遗》等书都有武英殿校刊官职名。当然，从广义的内府刻书角度，将这些书著录为内府刻本也是没有问题的。

虽然康熙十九年武英殿开始刻书，但当时的武英殿还是一个综合性的造办场所，刻书能力有限。内府刻书的重要承刻者是地方督抚以及内务府派出机构江宁织造、苏州织造。这种刊刻方式始于康熙四十二年（1703 年）江苏巡抚宋荦刻圣祖玄烨撰、高士奇编《御制诗初集二集》。此

---

① 张小李：《对清宫武英殿修书处机构组织的再研究》，《中国文化》2021 年第 2 期。

② 杨玉良：《武英殿修书处及内府修书各馆》，《故宫博物院院刊》1990 年第 1 期。

③ 中国第一历史档案馆编：《嘉庆道光两朝上谕档》（第 19 册），广西师范大学出版社，2000 年，第 998—1002 页。

④ 1933 年故宫博物院排印《故宫所藏殿板书目》《故宫殿本书库现存目》将所有与清宫内廷有关的钦定、呈览诸书都目为殿本。《清代内府刻书目录解题》将清内府刻书根据实际情况著录为武英殿刻本、吏部等中央衙署刻本，其余的笼统著录为内府刻本。《清代内府刻书研究》和《皇权与教化：清代武英殿修书处研究》二书，在吸收学术界清内府刻书、武英殿刻书已有成果基础上，分别编制了《清代内府刻书编年目录》《清代殿本编年总目》，本文对清内府刻书、武英殿刻书的数量统计，以这两个编年目录为基础。

⑤ 《皇权与教化：清代武英殿修书处研究》第 74 页对其《清代殿本编年总目》著录的清朝历代皇帝在位期间武英殿修书处刊刻书目做了统计。

⑥ 《渊鉴斋御纂朱子全书》，康熙五十三年（1714 年）武英殿刻本。

后，宋荦以及江宁织造曹寅组织扬州诗局以及苏州织造李煦承刻了大量内府图书，含康熙四十六年至四十九年（1707—1710年）宋荦等校刊《御批资治通鉴纲目全书》、康熙四十六年扬州诗局刻曹寅、彭定求等辑《全唐诗》等等。

此外，康熙朝由于武英殿承刻能力有限，一些御纂书往往由臣工出资刊刻，再将书版进呈给内府，而成为内府刻书的重要组成部分。“在古籍版本著录中，刊刻责任者为具体出资的臣工，版权和流通权则归清内府，成为清内府刻印书中的一个独特现象”①。据《清代内府刻书目录解题》所载，仅仅故宫博物院图书馆所藏臣工进献的内府刻书就有《绎史》（清马骕撰，1671年马骕刻内府印本）、《诸史提要》（宋钱端礼撰、清张英补，1713年张廷玉请旨刻本）等9种。朝臣刊刻御纂书籍，朝廷节省了中央财政开支，笼络了臣工，宣扬了文治，臣工向朝廷表达了忠心，是一项双赢的事功。

清光绪年间举人朱彭寿《安乐康平室随笔》谓“本朝人所刻之书，以康熙间最为工整，至当时钦定诸籍，其雕本尤极精良，然大都出自臣工输赀承办”，言康熙朝大部分钦定书由臣工“输赀承办”，如“《全唐诗》则为通政使曹寅所刻，《历代赋汇》则为詹事府詹事陈元龙所刻，《佩文斋咏物诗选》则为翰林院编修高舆所刻……”②。康熙朝之后，仍然有臣工刻版上交武英殿修书处。③

雍正朝武英殿修书处刻书能力增强。翁连溪《清代内府刻书编年目录》著录雍正朝内府刻书71种，其中著录为武英殿刻本的有5种，如雍正二年（1724年）武英殿刻满文本《钦定吏部铨选则例》、雍正六年（1728年）武英殿刻本《音韵阐微》等。项旋统计雍正朝武英殿修书处刻书为59种，明显超过其所统计的康熙朝武英殿修书处刻书29种。

雍正朝扬州诗局沉寂，也没有臣工个人刻书，武英殿修书处成为了中央刻书中心。雍正六年

---

① 曹红军：《清康雍乾时期臣工刊书进呈内府现象研究》，《求索》2005年第12期。

② （清）朱彭寿：《旧典备徵》《安乐康平室随笔》合订本，中华书局，1982年，第166—167页。朱彭寿谓“《全唐诗》则为通政使曹寅所刻”。现在的主流观点都认为是江宁织造曹寅组织扬州诗局刊刻，应该为公款刊刻。康熙朝臣工刻书究竟是否是由臣工个人“输赀承办”，学界尚有不同意见。翁连溪先生认为，康熙朝臣工刻书的经费并不一定都是由臣工本人出资，朝廷要给予一定的内帑予以补贴（翁连溪：《清代内府刻书研究》，第73页）。徐倬刻并进呈《御定全唐诗录》，康熙帝《御制序》有“亲为鉴定，赐以帑金”之语。但我们不能否认臣工刻书确实贡献了真金白银。康熙五十二年（1713年）六月，康熙帝催促和素等刊刻满文御制诗，和素等撰告监修巴什的话：“汉文本《御制避暑山庄诗画》，系准奴才所请刊刻。巴什我乃包衣佐领下末等奴才，蒙圣主重恩，奴才可处效力呢。此主子翻译之诗文，奴才乞请亦自备资斧，敬谨上紧刊刻等语。为此一并谨奏。请旨。朱批：刻之可也。”（《武英殿总监造和素等奏满文御制诗刻样二篇折》，中国第一历史档案馆编：《康熙朝满文朱批奏折全译》，中国社会科学出版社，1996年，第883页。）汉文本康熙帝《御制避暑山庄诗》是据巴什的请求而刊刻，巴什愿意为康熙帝的满文御制诗文出资，“乞请亦自备资斧，敬谨上紧刊刻”，言下之意，汉文本《御制避暑山庄诗》也是巴什出资刊刻。

③ 如乾隆三十六年（1771年）高晋等纂修并刊刻进呈本《南巡盛典》。乾隆帝撰《御制拟白居易新乐府》，乾隆四十四年（1779年）分别由于敏中、王杰、姚颐、刘墉、彭元瑞、徐立纲等写刻进呈。同年乾隆帝撰《御制全韵诗》分别由于敏中、刘墉、彭元瑞等写刻进呈（参见《清代内府刻书目录解题》）。这些书籍除《南巡盛典》卷帙浩繁外，其余的篇幅都较短，不需要大量时间和巨额资金支出。嘉庆中《钦定全唐文》为两淮盐政阿克当阿于淮商中集赀承刻（参见前揭《旧典备徵》《安乐康平室随笔》合订本）。咸丰年间，孟保用清文翻译《大学衍义》一书，由镶黄旗汉军校刊，咸丰六年（1856年）九月二十三日，咸丰帝要求“著将刊板交武英殿刷印颁行”（《清文宗实录》卷二百八，第4册，中华书局，1987年，第284页）；同治元年（1862年）三月二十五日准孟保将满洲、蒙古成书添注汉字的三体《圣谕广训》板片呈交武英殿（《清穆宗实录》第1册，中华书局，1987年，第624页）。

八月十一日，雍正帝令将礼部收贮的顺治帝《御制人臣儆心录》刻版交与武英殿，由武英殿将书版修整后刷印满汉文各印千本进呈。① 书版向武英殿修书处集中，证明了雍正帝刻意让武英殿修书处集中内府书籍刊刻权，抬高了武英殿修书处的地位，这也是乾隆朝武英殿修书处出版权高度集中的先声。

二 乾隆朝武英殿修书处成为中央刻书绝对中心与中央衙署刻书职能的消解

清朝入关后的第四位皇帝乾隆帝，对中央出版权的掌控达到无以复加的地步。李致忠先生谓"历来在运用内府刻本这个称谓时，其概念都是指中央各部院衙署和内廷各部门所刻的书"②，指出中央刻书其实分为中央衙署刻书与内廷刻书。而在乾隆朝，武英殿修书处作为体现皇帝出版权的执行机构，侵蚀了中央衙署刻书职能，成为中央刻书的绝对中心。翁连溪著录乾隆朝内府刻书406种，其中武英殿刻《十三经注疏》《二十四史》《大清一统志》《通典》《通志》《文献通考》《钦定古香斋袖珍本》等262种，项旋著录乾隆朝武英殿修书处刻书为411种，其数量远远超过了武英殿修书处成立以来任何一位皇帝在位期间的刊刻量，当然，这也与乾隆帝实际统治时间长有莫大的关系。

（一）乾隆朝宫廷编纂书籍的刊刻与武英殿修书处职能的膨胀

乾隆帝对编纂书籍的重视比起康熙、雍正两帝有过之而无不及，往往下令同时编修、刊刻多部书籍。如乾隆四十二年（1777年），鸿篇巨制《四库全书》编纂工作如火如荼，乾隆帝下令清查编纂尚未完竣的书籍。三月二十九日，军机大臣等统计这类书籍共有16种，含《通典》《通志》《日下旧闻考》《一统志》《西域图志》《辽史》《元史》《明史》《热河志》《明纪纲目》《通鉴辑览》《音韵述微》《太学志》《蒙古源流》《临清纪略》《金川方略》等。③ 这16种书除《明纪纲目》与《太学志》外，均收入了《四库全书》。乾隆五十三年（1788年）十月十五日，乾隆帝再次催促各处加紧编纂书籍，"所有武英殿、国史馆、方略馆、三通馆、翻书房承办各种书籍，著派八阿哥、彭元瑞、金简，会同该管总裁，督饬纂修、誊录等上紧赶办"④。

乾隆朝内府编纂书籍基本上由武英殿修书处刊刻，朱彭寿谓"自乾隆以后，凡奉敕编纂书籍，始无不由内府刊行矣（后惟嘉庆中钦定《全唐文》为两淮盐政阿克当阿于淮南集赀承刻）"⑤。所谓"内府"即武英殿修书处，从乾隆朝开始的奉敕编纂之书，当然不是仅仅嘉庆朝《全唐文》未由武英殿修书处刊刻，但朱彭寿也恰当地指出了一个历史事实，即乾隆朝将"奉敕编纂书籍"集中在武英殿修书处刊刻。

乾隆朝武英殿修书处的组织机构成熟，虽然其业务分为行政（刊刻）系统和编校系统，但乾隆朝之前武英殿修书处并不专设翰林岗位，随着乾隆帝日益重视文化建设，武英殿修书处编校

① 前揭《清世宗实录》，第1027页。
② 前揭《古书版本学概论》，第231页。
③ 《清高宗实录》第13册，中华书局，1985—1986年，第800—801页。
④ 前揭《清高宗实录》第17册，第764页。
⑤ 前揭《旧典备徵》《安乐康平室随笔》合订本，第166—167页。

系统形成了一定的规制：最高负责人为总裁，满、汉各 1 人，从尚书、侍郎内简任；提调 2 人，从纂修内选拔；纂修 12 人，协修 10 人，从翰林官内选拔，笔帖式 4 人。①

（二）中央衙署刻书职能归于武英殿修书处

乾隆帝非常重视国家政权建章立制，重视会典编纂以及以六部为主体的中央各部院则例、法律文本的编修，“这本身就是清王朝统治巩固、制度日益完善、社会日益安定的反映，也是对清廷自太祖努尔哈赤至世宗雍正帝治政的总结”②。乾隆三年（1738 年）六月十八日，御史陈豫朋奏请编修吏、户二部则例。③ 八月十六日，经过梳理，因《吏部则例》原本为律例馆修辑，“所有新增条例，仍请附律例馆汇集成书”。此外，礼部条例在礼部礼书馆编辑，户、工两部事务纷繁，其则例令自行开馆纂辑。④ 此后，乾隆帝陆续安排其他中央衙署撰修则例。乾隆四年（1739 年）三月初三，因吏、兵二部正在纂修则例，乾隆帝要求八旗与步军统领衙门“亦应修定则例”⑤。

清前期的中央官署本身也可以刊刻书籍。如康熙二十四年（1685 年）钦天监刻安泰等纂《钦定选择历书》，整个清朝历书都是由钦天监所刻；康熙五十八年（1719 年）国子监刻李周望、谢履忠撰《国学礼乐录》，雍正年间，国子监也刻《五经四书读本》以及明钱士升辑、清孙嘉淦订《五子近思录辑要》。但到了乾隆朝，乾隆帝往往要求各部院编纂的书籍统一交由武英殿修书处刊刻。乾隆三年九月初三，因国子监奏称其所贮《十三经注疏》、廿一史的书版模糊，难以修补，请重加校刻。大学士等给乾隆帝建议，“令国子监购觅原本各一部，分派编检等官校阅，交武英殿缮写刊刻，即将板片交国子监存贮，以备刷印”。大学士建议保留国子监校阅《十三经注疏》、廿一史书版的职能，因为这些书版本来就在国子监收藏，但乾隆帝将这项工作完全交给了武英殿修书处：“板片不必国子监查办，著交与庄亲王，于武英殿御书处等处查办。”⑥ 可以看出，乾隆帝有意识地加强武英殿修书处的职能，而削弱国子监等中央机构刊刻书籍的职能。乾隆三十七年（1772 年）武英殿修书处刊刻了由蔡新等纂修的《钦定国子监则例》，几乎完全消解了国子监的刊刻职能。

乾隆朝由武英殿刊刻各部院书籍形成了惯例，如乾隆五十四年（1789 年）兵部《钦定军器则例》编辑完成后，兵部上奏“谨缮黄册装订六函，恭呈御览，伏候钦定发下臣部。另缮副本照例移送武英殿刊刻刷印，颁行各省，永远遵照办理”⑦。从“照例移送武英殿刊刻刷印”一句可以看出，乾隆朝各部院衙署书籍刊刻权集中于武英殿修书处（乾隆朝之后，中央各部院的则例又多由各部院自行刊刻，详见下文）。

据《清内府刻书目录解题》，乾隆朝武英殿修书处刊刻的各部院则例不完全统计有 43 部，涵括了中央各部院衙署，仅仅《钦定吏部则例》就有武英殿修书处乾隆七年（1742 年）、乾隆三十八年（1773 年）、乾隆四十八年（1783 年）、乾隆六十年（1795 年）刻本，国家施政是动

---

① 张小李：《对清宫武英殿修书处机构组织的再研究》，《中国文化》2021 年第 2 期。

② 前揭《清代内府刻书研究》，第 82 页。

③ 前揭《清高宗实录》第 2 册，第 138 页。

④ 前揭《清高宗实录》第 2 册，第 188 页。

⑤ 前揭《清高宗实录》第 2 册，第 363 页。

⑥ 前揭《清高宗实录》第 2 册，第 201 页。

⑦ 故宫博物院编：《故宫珍本丛刊》第 293 册，海南出版社，2000 年，第 70 页。

态的，而相应的法规也应动态发展，所以这些政书在乾隆朝经历了多次修订、刊刻。①

乾隆朝中央各部院刻书权限归于武英殿，但出于各自的政务需要，武英殿之外的中央机构仍有刻书，但数量远逊于武英殿修书处所刻的各部院编纂之书。乾隆朝在武英殿集中刊刻权的情况下，为何武英殿之外的中央衙署还有刻书呢？这分为两种情况，一种情况是刻于乾隆帝前期武英殿修书处刻书职能集中的过程中，如乾隆十一年（1746年）苏州织造刻张廷玉等撰《御撰资治通鉴纲目三编》、乐部朱墨套印允禄等编《新定九宫大成南北词宫谱》。另一种情况是刻于乾隆帝晚期武英殿修书处积弊萌生、刊刻效率下滑的时期。如乾隆四十八年（1783年）三月十二日，礼部尚书德保等上奏续修《钦定礼部则例》应如增修乾隆四十五年（1780年）礼部刻《科场条例》之例，由礼部刊刻，其奏折言“如仍照上次纂成后奏交武英殿办理，不独重费板片，亦且有需时日”。武英殿修书处刊刻不仅要支出板片等经费，还费时间，因此请求在礼部书吏内选充供事，令其自备斧资，在一年内编纂完成，刊刻经费也由该供事等自行备办。当然，事成之后，要给予供事议叙。② 但乾隆后期像礼部那样抛开武英殿自行刻书不是主流，如乾隆五十五年（1790年）左右兵部按十六省分述的《钦定军器则例》编成，明确请求由武英殿修书处刊刻，“所有纂办司员及缮写书吏等人，均系分内应办之事，不敢仰邀议叙”，办事人员编修书籍为分内之事，不需自己出资，所以也不请求议叙。③

三　嘉道咸三朝武英殿修书处刻书中心的弱化与中央官署出版职能的回归

嘉庆、道光、咸丰朝武英殿修书处刻书数量，翁连溪《清代内府刻书编年目录》中著录内府刻书，嘉庆朝100种，道光朝81种，咸丰朝24种，总数205种。其中著录为武英殿修书处刊刻的分别为嘉庆朝刻《钦定外藩蒙古回部王公表传》《高宗纯皇帝圣训》等71种、道光朝刻《钦定新疆识略》《钦定平定回疆剿擒逆裔方略》等49种、咸丰朝刻《宣宗成皇帝圣训》《御制翻译孝经》《钦定宫中现行则例》等17种，合计137种。项旋统计嘉庆朝武英殿刻书72种，道光朝50种，咸丰朝17种，共139种。嘉庆、道光、咸丰三朝共66年，比乾隆朝60年还多6年，但相对于乾隆朝刻书呈大幅下降的趋势。这一阶段武英殿修书处主要刊刻与清朝统治关系最密切的宫廷编纂书籍。而中央各部院衙门刻书数量上升，突出的表现是则例类政书普遍由各部院自行刊刻。武英殿修书处出版职能向中央官署分散，其中央刻书中心地位弱化。

（一）武英殿修书处衰落

乾隆朝所确定的武英殿修书处统一刊刻中央书籍的体制，有利于皇帝掌控中央书籍刊刻，但乾隆朝的多次战争，嘉庆朝川楚白莲教起事，道光朝回疆张格尔叛乱、银库失窃案、第一次鸦片

---

① 关于则例类政书的撰修频率，乾隆十一年（1746年）七月二十七日，因御史戴章甫奏请续修《吏部现行则例》，奏称“刑部则例馆，曾奏明三年一次纂辑，今吏部则例，积至五年，似宜先行纂辑”，乾隆帝认为，“从前所定三年，朕意亦谓太速，嗣后刑部似应限以五年，至于吏部等部则例，即限以十年，亦不为迟。”前揭《清高宗实录》第4册，第539—540页。

② 前揭《故宫珍本丛刊》第288册，第1—4页。

③ 前揭《故宫珍本丛刊》第293册，第70页。

战争，咸丰朝太平天国运动、第二次鸦片战争等各种事件、战事耗资巨大，清朝国库空虚，物资匮乏，难以再为刊刻书籍支付巨额资金、采办充足的原料。① 此外，武英殿修书处下述种种积弊，也导致其刊刻效率越来越低下。

首先，武英殿内部存在沟通不畅问题。

武英殿修书处的行政（刊刻）系统和编校系统这两大业务系统的工作沟通存在问题，甚至编校系统的最高负责人尚书、侍郎级别的总裁驾驭不了刊刻（事务）系统低级别司员。嘉庆七年（1802 年）四月二十六日，嘉庆帝在谈及文渊阁、武英殿、御书处、御药房、咸安宫、御船处、乐部、清字经馆等八处的管理体制时，谓："前此丰绅济伦召见时，曾奏及伊系武英殿总裁，于武英殿、御书处司员不能管辖，呼应不灵。"② 这反映出武英殿修书处内部沟通不畅，必然影响刻书效率。

其次，武英殿修书处刊刻与编纂书馆校勘衔接不畅。

如上文所述，武英殿修书处刊刻的书籍由方略馆、国史馆等常设书馆或例开之馆、特开之馆等非常设书馆纂修。但编纂与刊刻分工机制有一个致命的弱点，那就是工作流程衔接不畅，从而导致效率低下。方略馆、国史馆等常设书馆编纂书籍的刊刻流程繁复，无论是由武英殿缮写刊刻样本还是武英殿刻成板片，都需要纂修书馆校勘，每一步流程，纂修书馆与武英殿修书处均未有时间限制，经年累月，"校勘、签出复交修改，是以一书刻成校正，至可以刷印之日，其卷帙较多者，往往迟至一二十年之久"③。而且纂修书馆校勘人员多有变动，一部大部头书还在刊刻过程中，"数年之后有原馆而无原校者居多"，必然需要换人，但生手校勘问题多多，"既属生疏，挖补又多，错误屡驳屡改，传送多次，有一卷之书而迟搁旬日，有数字之误而往返频仍"，导致纂修书馆的前后执事人员之间，纂修书馆与武英殿修书处之间互相推诿。④ 而非常设书馆书编成即撤馆，刊刻由武英殿编修人员校勘，行政效率相对高一些。嘉庆十九年（1814 年）十二月初四，军机大臣议覆原任侍郎鲍桂星奏议武英殿办书章程，要求理顺校勘流程这个问题。建议武英殿刊刻的初写底本，应仍交纂修书馆校对，刊刻后由武英殿的校勘人员根据原馆定本详细校勘，"偶有字画错误，就近挖改"，以提高刊、校效率。⑤ 但鲍桂星的建议并没有落实，武英殿刊刻样本仍旧交原修书馆校对。嘉庆二十五年（1820 年）十月初四日，刚刚继位的道光帝有志于清理前朝积弊，其中的事项之一就是整顿"武英殿刊刻各馆书籍，交原馆校对，有迟至十余年未经办竣者"这个大难题，军机大臣核议后提出了解决方案："武英殿写样交原馆校对者，书百卷以半年为限；武英殿修改误字，一千字以二十日为限。"⑥

第三，武英殿修书处自身管理不善。

武英殿修书处自身管理松弛，总理大臣为武英殿修书处行政（刊刻）系统最高责任人，应该经常到武英殿去查看，但嘉庆年武英殿总理大臣实际上很少到武英殿视事，以致鲍桂星奏请酌定武英殿章程要求"总理应于修书时按期到殿，公同商办，无事之日，亦不时亲往稽查"，嘉庆帝当即同意，要求"嗣后总理二人，俱著随时亲赴武英殿，督率所属，认真经理，毋许疏旷"。

① 如咸丰十年（1860 年）七月十八日，武英殿修书处刊刻《宣宗成皇帝圣训》，"因纸张采办未齐"，只得先行刷印进呈清汉书各一部、陈设清汉书各八部"。前揭《清文宗实录》第 5 册，第 834 页。

② 前揭《清仁宗实录》第 2 册，第 303 页。

③ 前揭《嘉庆道光两朝上谕档》第 25 册，第 510—511 页。

④ 前揭《嘉庆道光两朝上谕档》第 19 册，第 1000 页。

⑤ 前揭《嘉庆道光两朝上谕档》第 19 册，第 1000—1001 页。

⑥ 《清宣宗实录》第 1 册，中华书局，1986 年，第 143—144 页。

此外，武英殿修书处管理编校事务的提调兼职过多，“或本在他馆行走，又于此处挂名，才短事多，彼此俱废”，处理方案是提调官专任，“毋庸令其兼他馆行走，以免顾此失彼，致有旷误”。①

武英殿书版管理也存在严重问题。嘉庆十九年（1814 年）五月十八日，因御史卓秉恬奏详查武英殿书版损失。嘉庆帝要求管理武英殿、御书处王大臣，将现存各项书版逐一查点。颁行过的有用之书，如果板片间有缺坏，需要补刻齐全。如果是不常刷印的寻常书籍，若其板片缺失过多，不用补刊，其所剩书版铲除原刻备用。如收贮书版的武英殿廊房不敷堆积，可以另寻闲旷楼宇，分别存庋，以防朽蚀。② 在这次清理书版的行动中，武英殿提调官谢峻生在南薰殿炉坑内发现了《骈字类编》书版，但少了二千页，因该书版两面刻字，即少一千块书版。③

武英殿的库贮书籍管理也存在漏洞。道光五年（1825 年）爆发武英殿匠役杨得儿、连喜、海亮、常馨等窃书案。④

武英殿人员管理也存在问题。据鲍桂星参奏，管理刊刻和行政事务的总管、监造舞弊，他们挑选的负责具体刊刻事务的笔帖式、库使等“除馈送上司剥削匠役之外，不知刷印装书为何事，是以书愈校而愈讹，板益修而益坏”。匠役滥竽充数，武英殿修书处刷印、装潢二作，共有匠役百名，“衰老居其二，幼稚居其二，少壮而未娴技艺者又居其二，能当是役者不过二三十人”。⑤

（二）中央官署刊刻职能逐步回归

武英殿修书处积弊导致的直接后果就是效率低下，刻书“多积累而少完竣也”⑥。

为了避免武英殿修书处刻书旷日持久，乾隆朝后期武英殿修书处集中起来的刊刻权已经有消解的趋势。乾隆四十九年（1784 年）礼部刻《钦定礼部则例》，因“武英殿办理，不独重费板片，亦且有需时日”⑦，而由礼部刊刻，分担了武英殿修书处集中起来的刊刻权。嘉庆、道光、咸丰三朝，因武英殿修书处的弊端越来越严重，相应地，各部院自行刊刻本衙门编纂书籍尤其是则例类书籍越来越多。嘉庆十年（1805 年）七月十二日兵部上奏，自行刊刻的《军器则例》清汉二书板片告成。之所以未像以前那样交由武英殿刊刻，是因为“所有应行刊刻板片，因从前系交武英殿动帑刊刻，其必须二三年方能完竣，未免稽迟”⑧，既费公帑，刊刻完竣时间过长，所以不如由本衙门组织刊刻快捷。

据《清内府刻书目录解题》，嘉庆、道光、咸丰三朝吏部、户部、礼部、国子监、兵部、刑部、工部等中央官署刊刻的则例类图书就达 43 种。如礼部刊刻了《钦定礼部则例》（恭阿拉、卓凌阿等纂修，1806 年刻本）、《钦定礼部则例》（文孚、萨迎阿等纂修，1820 年刻本）、《钦定礼部则例》（特登额、长秀等纂修，1845 年刻本）、《钦定科场条例》（景安、蔡銮扬等纂修，1818 年刻本、1822 年续刻本）、《钦定科场条例》（耆英、麟桂等纂修，1834 年刻本）、《钦定科场条例》（杜受田等纂修，1852 年刻本、1855 年续刻本）、《钦定磨勘条例》（礼部纂修，道光年

① 前揭《嘉庆道光两朝上谕档》第 19 册，第 998—999 页。
② 前揭《清仁宗实录》第 4 册，第 976—977 页。
③ （清）姚元之：《竹叶亭杂记》，中华书局，1982 年，第 95 页。
④ 前揭《清宣宗实录》第 2 册，第 460 页。
⑤ 前揭《嘉庆道光两朝上谕档》第 19 册，第 1001 页。
⑥ 前揭《嘉庆道光两朝上谕档》第 19 册，第 1001 页。
⑦ 前揭《故宫珍本丛刊》第 288 册，第 1—4 页。
⑧ 前揭《故宫珍本丛刊》第 293 册，第 203 页。

刻本）等。

中央官署编纂、刊刻书籍，其运作方式是在本衙门书吏中选择供事，由供事出资编纂、刊刻，书成后给予供事议叙。这种编纂、刊刻方式，既解决了武英殿修书处难以为继的经费问题，又给各衙门书吏提供了晋身之道。如乾隆五十八年（1793 年）奏修、嘉庆三年（1798 年）告竣的《钦定工部则例》，其经费“所有在馆供事自备资斧，供役五年，检案缮写正副各书，及装潢黄册等项，皆系该供事等备办，不敢开销公帑”①，书成之后，当然要给予议叙。嘉庆年兵部刻本《钦定军器则例》汉文版和清文版都是由供事自备资斧办理，兵部堂官分别为他们争取议叙。其中嘉庆八年（1803 年）五月二十日，保宁等为汉文版供事争取议叙：“除臣及提调、纂修等官不敢仰邀议叙外，所有供事二十四名，均系自备斧资在馆当差，即缮写黄册等项，亦系该供事等承办，俱各始终黾勉，可否照《吏部则例》告成之例，给予议叙。”② 嘉庆十七年（1812 年）续修《钦定工部则例》仍然采用这种办法，正月二十六，“今拟照上届名数，酌添十名，仍于臣部书吏内拣选承充。所需一切纸张笔墨等项，令其自备资斧，赶紧办理”。书编好后，嘉庆十九年四月二十八日奏：“至所需刊刻板片工料等项，毋庸移交武英殿动支公……即在此供事及臣部书吏内拣选三十名，令其自备资斧，勒限一年完竣。……其刊刻板片工料，系该供事等捐资办理。”③

当然，各部院在书吏内挑选供事纂修、刊刻则例，未免有滥竽充数的情况。嘉庆十六年（1811 年）十月，御史何梦莲奏，要求“部院纂修则例，请慎择司员”，因为各衙门撰修则例，“即为将来办案程序”，涉及中央和地方衙门施政准则。二十七日，嘉庆帝要求各部院堂官，选择“在署年久，熟谙政务及平素端谨之人”纂修则例，不能将“新进资浅未谙政务之人，滥派充数”。④

当然，嘉庆、道光、咸丰三朝，武英殿修书处仍然发挥了重要作用，例如仍然刊行了一些则例类政书。如嘉庆十七年刻恭阿拉、福庆等纂修《钦定学政全书》，嘉庆年刻步军统领纂修汉满文合璧本《白塔信炮章程》，道光十九年（1839 年）刻松峻、伊精额等纂修《钦定光禄寺则例》等。

四　同光宣三朝武英殿修书处的没落与新式中央衙署、官书局出版的兴起

同治、光绪、宣统三朝，武英殿修书处没落。同治朝“大乱甫定，天子冲龄，此事遂废。八年夏，武英殿灾，凡康熙二百年来之藏书储板，一炬荡然。幸大内宫廷殿阁、奉天陪都、热河行宫陈设书籍，尚有存者，间有残缺”⑤。光绪朝，西方印刷技术传入，总理各国事务衙门铅印了大批内廷书籍。光绪末年，清政府体制改革，中央各部院大都设有编译局和出版机构，凡经皇

① 前揭《故宫珍本丛刊》第 294 册，第 2 页。
② 前揭《故宫珍本丛刊》第 293 册，第 205 页。
③ 前揭《故宫珍本丛刊》第 294 册，第 6—9 页。
④ 前揭《清仁宗实录》第 4 册，第 370 页。
⑤ 前揭《书目丛刊》（一），第 66 页。

帝钦定的图书，多由各部、院自行办理，① 出版方式多为铅印。此外，同治、光绪年间，各地督抚等大员纷纷建立地方官书局，刊刻地方生员急需的经史书籍。中央刻书中心向新式中央官署和地方官书局转移，其实质是清朝前期建立的统治集权向中央衙署和地方督抚分散，官书局的兴办尤其反映了这一趋势，“从官书局的创办、兴盛、转型到最终的命运，可以看出晚清知识重建过程中，中央与地方权势的转移”②。

（一）武英殿刻书职能继续萎缩

同治八年（1869 年）武英殿发生火灾，延烧房屋 37 间，库房存书、书版付之一炬。③ 所幸收藏在宫廷其他地方的书版、书籍保存了下来。光绪二年（1876 年）三月十一日，左宗棠奏请颁发《周易折中》《书经传说汇纂》等 18 种书各 1 部作为甘肃乡试应用书籍。武英殿查找这些书，发现《十三经注疏》《佩文韵府》《袖珍渊鉴类函》《唐宋诗醇》《文献通考》《前汉书》《后汉书》，“库存无书，板片亦间有糟朽，碍难刷印”，《周易折中》等已无书版，武英殿还尚存《朱批谕旨》《高宗纯皇帝圣训》等一百种书版。④ 武英殿修书处历史上曾经刊刻过的书版大半荡然无存。到光绪九年（1883 年）翰林院侍讲陈学棻奏武英殿书版阙失，三月十一日朝廷要求王大臣“查明现阙书版，先将经籍补刊，余俟陆续刊刻完全，用备观览”⑤。补刊书籍必须要大量经费，但朝廷财政困难，实际上根本无法做到。同年十二月初四日只好妥协：“武英殿奏补刊书籍请领银两一折，现在库款支绌，所有补刊书籍著暂行停办。”⑥ 因经费紧张，补刊书籍无法执行。

翁连溪《清代内府刻书编年目录》中著录同治朝、光绪朝、宣统朝内府刻书分别为 22 种、46 种、10 种。其中著录为武英殿修书处刊刻的有同治朝《文宗显皇帝圣训》《大婚礼节》等 12 种；光绪朝《穆宗毅皇帝圣训》《穆宗御制诗文集》等 20 种；宣统朝《钦定修造吉方立成》《正字考》等 4 种。项旋统计同治朝武英殿刻书为 12 种、光绪朝 20 种、宣统朝 3 种。相对于嘉庆、道光、咸丰三朝，武英殿修书处刻书又大为减少。这一阶段武英殿修书处所刊刻均是与宫廷密切相关的书籍，而与学校教育、施政相关的经史类书籍书多由新式政府机构、官书局承担。

武英殿修书处业务除刊刻书籍外，还有修复旧书，誊录各种呈览书册，钩摹、刻拓御书和御制诗文法帖，缮写、刻印除夕、元旦及皇帝婚、丧、宴请等所需的礼节单等职能。⑦ 其中刻书是“主业”，其余的是“副业”。但是，在清晚期，“副业”的经费往往超过“主业”。“伴随着清晚期大趋势的衰落，武英殿修书处刻印新书的‘修书’职掌只在少数年份是主业，刻印经费在多数年份所占比例很小；装潢、修复旧籍的‘护书’职掌日渐增多，在多数年份所占经费比例较大，在某些年份甚至成为主业……此时的武英殿修书处，已经从引领时代出版潮流的主力机构，变成为应付宫中所有相关‘活计’的一般性出版机构。”⑧

---

① 前揭《清代中央官刻图书综述》。

② 王晓霞：《知识重建与权势转移：以晚清官书局为中心的考察》，《出版科学》2019 年第 5 期。

③ 张小李：《同治八年武英殿修书处火灾及书籍损失探析》，《沈阳故宫学刊》2018 年第 1 期。

④ 《清德宗实录》第 1 册，中华书局，1987 年，第 410—411 页。

⑤ 前揭《清德宗实录》第 3 册，第 259 页。

⑥ 前揭《清德宗实录》第 3 册，第 438 页。

⑦ 前揭《武英殿修书处及内府修书各馆》。

⑧ 朱赛虹：《清晚期武英殿修书处“修书”与“非修书”职能的消长——基于清宫档案的考察》，《中国出版史研究》2015 年第 2 期。

（二）地方官书局刻书

清朝各省府州县学本尊藏大量御纂、钦定诸书，咸丰元年到同治三年（1851—1864 年），太平天国运动纵横 16 省，江浙一带因为是战祸的重灾区，损失惨重，官学书籍荡然无存。同治六年（1867 年）江苏学政鲍源深上书朝廷，言因受兵燹的影响，江苏松、常、镇、扬诸府“向称人文极盛之地，学校中旧藏书籍荡然无存”，藩属旧有的翻刊钦定经史诸书的书版，“亦均毁失”，民间藏书之家“卷帙悉成灰烬”，战乱后虽偶有书肆雕刻经书，但“俱系删节之本，简陋不堪”。面对江浙地区缺书的局面，武英殿难当重任，“臣拟请旨将殿板诸书照旧重颁各学，诚恐内存书籍无多，武英殿书板久未修整，亦难刷印”。当时的地方有实力的督抚，在地方建官书局，刊刻经史等与教育密切相关的书籍，实际上代行了武英殿修书处的职能，“现在江宁省已设局刊刻四书五经，惟所刊皆系学中读本”。[①] 鲍源深所谓“江宁省已设局”即同治二年（1863 年）曾国藩在南京开办的金陵书局（光绪时改名为江南书局）。

金陵书局之后，各地很快纷纷效仿，先后建立了十几个书局，有名的主要集中在南方。主要有：同治六年（1867 年），浙江巡抚马新贻在杭州建立浙江书局，湖广总督李瀚章在武昌建立湖北书局（后称崇文书局）；同治七年（1868 年），江苏巡抚丁日昌在苏州建立江苏书局；同治八年（1869 年），两淮盐运使方濬颐在扬州建立淮南书局；同治十一年（1872 年），江西巡抚刘坤一在南昌建立江西书局；光绪十三年（1887 年），两广总督张之洞、广东巡抚吴大澂在广州倡立广雅书局；光绪十七年（1891 年），王先谦在长沙倡设思贤书局（绅办官助）；光绪二十七年（1901 年），两江总督刘坤一、湖广总督张之洞倡导在南京设江楚书局等。官书局所刻之书称为“局版”“局本”。据朱士嘉《官书局书目汇编》统计，晚清各官书局刻书总数两千多种[②]，有名的如金陵、江苏、淮南、浙江、崇文五局合刻《二十四史》，金陵书局刻《相台五经》《十三经》《四书集注》，浙江书局刻《二十二子》，江苏书局刻《资治通鉴》《续资治通鉴》，崇文书局刻《康熙字典》《说文解字段注》，广雅书局刻《广雅丛书》，等等。[③] 在文化教育领域，官书局本取代了武英殿刻本，成为晚清官刻的主流和代表。

（三）新式中央机构出版

第二次鸦片战争以后，咸丰十一年（1861 年）正月成立总理各国事务衙门。第二年，总理衙门下设教育机构同文馆，馆内设立了教学服务部门和机构，其中有掌管出版的印书处，印书处为总署印刷文件所支费用，每年一千两至三千两白银不等，偶有超过四千两的年份。[④]

总理衙门同文馆藏有从西方传入的铅字，曾任同文馆教习的美国传教士丁韪良谓：“同文馆成立以前，北京的 American Board 已经办了一个印刷所，我们的试卷便是在那里印的。大学士文祥对于印字的精美、手续的便捷，很是赞羡。恰好上海有位教会里的印刷师 Gamble，送我一些自铸的活字，我便转送给他。这就是同文馆印刷所的种子。皇上与同文馆的书籍，它都印刷，因为皇上旧有的印刷所被火毁了。”[⑤] Gamble 即美华书馆主管美国人姜别利。丁韪良所说的“皇上

---

① 前揭《近代中国史料丛刊》第 1 编第 13 辑，第 373—376 页。

② 曾学文：《淮南书局刻书考述》，《中国典籍与文化》2018 年第 3 期。

③ 前揭《古籍版本学》，第 158—161 页。

④ 吴福环：《清季总理衙门研究》，新疆大学出版社，1995 年，第 27 页、第 101 页。

⑤ 张静庐辑注：《中国出版史料补编》，中华书局，1957 年，第 25—26 页。

与同文馆的书籍，它都印刷，因为皇上旧有的印刷所被火毁了”基本上是符合史实的，同治八年武英殿火灾后，宫廷的大部头书籍多由总理衙门铅活字印刷，官方名称为“集字板”。总理衙门用铅活字印行了大量本应由武英殿修书处刊刻的内廷书籍。

同治十二年（1873 年），朝廷决定将《钦定剿平粤匪方略》《钦定剿平捻匪方略》两编七百四十三卷，“用总理各国事务衙门集字板刷印成书，以节经费”。光绪二年（1876 年）二月二十五日，两书修纂、刊刻完成，“拟刷印粉连纸书一百部，毛太纸书三百部”，铅印的工作节奏紧张，“集字板印书，每页轮流更换，必须随印随校，方昭迅速。当饬在馆人员排定日期，逐日轮赴总理各国事务衙门印书处所详细校对”，工作效率非常高。嘉庆年间《钦定剿平三省邪匪方略》只四百卷，刊印装潢达十年之久；道光年间《平定回疆剿擒逆裔方略》只八十卷，刊印装潢亦达两年之久；而总理衙门用铅活字出版《钦定剿平粤匪方略》《钦定剿平捻匪方略》两编七百四十三卷，未及三年刊印装潢完成。① 此后，光绪二年到光绪五年（1876—1879 年），总理各国事务衙门“著用集字板重印”从康熙帝到咸丰帝共六位皇帝的御制诗文集一千二百五十九卷，装成 542 本，76 函，印刷 100 部。② 光绪五年到光绪七年（1879—1881 年），总理衙门铅活字重印从太祖到文宗九朝圣训七百六十二卷，装成 448 本，48 函，共刷印 100 部。③

总理衙门集字板铅印不仅快捷，而且花费少。例如九朝圣训 100 部总共花费二两平足银 1300 两④，而光绪年间武英殿修书处仅仅刊刻《穆宗毅皇帝圣训》就花费了白银 33011.40046 两。⑤

除同文馆外，总理衙门还设了下属官书局。光绪二十一年（1895 年），由强学会发展而来的强学书局改为总理衙门下属官书局，由孙家鼐管理。⑥《官书局奏开办章程》载其职能之一是“刊书籍”：“拟设刊书处译刻各国书籍，举凡律例、公法、商务、农务、制造、测算之学，及武备、工程诸书，凡有益于国计民生与交涉事件者，皆译成中国文字，广为流布。”⑦《征西纪略》即由其铅印出版。

除总理衙门外，清末新政所成立的新式中央机构也刊刻了大量书籍，代表性的有光绪三十四年（1908 年）学部图书馆铅印梅曾亮编《古文词略》，宣统元年（1909 年）邮电部通译局石印日本坂野铁次郎撰《通信要录》，宣统二年（1910 年）农工商部铅印《棉业图说》、邮传部图书通译局铅印杨志洵撰《水运》等等。

此外，光绪三十二年（1906 年）十月三十日，御史赵炳麟上书“设印刷官报局”，从而设立了政治官报局。其主要任务是出版《政治官报》⑧，并铅印了大量与新政有关的书籍，如光绪三十三年（1907 年）印《日本政治要览十编》、光绪三十四印《日本宪法疏证》等。

---

① 中国第一历史档案馆编：《光绪宣统两朝上谕档》第 2 册，广西师范大学出版社，1996 年，第 65 页。

② 前揭《光绪宣统两朝上谕档》第 2 册，第 221—222 页；第 5 册，第 7—9 页。

③ 前揭《光绪宣统两朝上谕档》第 5 册，第 144 页；第 7 册，第 161—162 页。

④ 前揭《光绪宣统两朝上谕档》第 6 册，第 305—306 页。

⑤ 张小李：《〈穆宗毅皇帝圣训〉刊刻研究——兼论清宫武英殿修书处的运作机制》，《西部考古论坛》2021 年第 1 期。

⑥ 前揭《中国近代出版史料初编》，第 45—47 页。

⑦ 前揭《中国近代出版史料初编》，第 48 页。

⑧ 叶再生：《中国近代现代出版通史》第 1 卷，华文出版社，2002 年，第 878—879 页。

五　结论

清朝在宫廷建立武英殿修书处专事刻书，是历代中央刻书重心从外朝国子监等机构向内廷转移的发展和延续。

咸丰朝之前，清朝中央刻书多样化。武英殿修书处，中央官署，内务府派出机构江宁织造、苏州织造以及臣工都是重要的刻书主体。到了清晚期，总理衙门等新式中央官署、地方官书局也承担了中央刻书职责。

武英殿修书处与其他的中央刻书主体存在此消彼长的关系。康熙朝武英殿修书处虽开始运作，但其尚处于发展阶段，中央官署、内务府派出机构江宁织造、苏州织造乃至臣工刻书都有较大空间，此时的武英殿修书处尚未成为中央刻书中心。雍正朝武英殿修书处之外的中央刻书减少，武英殿修书处刻书中心地位确立。乾隆朝武英殿修书处不断压缩中央官署刻书权，成为中央刻书的绝对中心。到了嘉庆、道光、咸丰统治期间，清朝逐步衰落，皇权相对弱化，被武英殿修书处“拿走”的中央官署刻书权逐步回归各官署，武英殿修书处中央刻书中心地位弱化。同治、光绪、宣统三朝，清朝统治处于极度衰弱状态，武英殿修书处的图书刊刻职能不仅向中央各部院转移，还向总理衙门等新式中央机构以及各地督抚建立的官书局转移，清朝中央刻书呈现多中心并存格局。

（作者单位：故宫博物院图书馆）

晚清以来殿本的收藏、出版与研究考述[①]

项　旋

内容提要： 晚清殿本逐渐从深宫之中流散出来，成为收藏家们着力购求的对象，也造就了陶湘等一批著名的殿本藏家。晚清时期殿本的大规模石印，改变了原先有限的流播方式，使其化身千百。北京故宫是殿本的发源地，亦为殿本陈设、存藏的最重要处所。北京故宫展开了馆藏殿本的清理工作，对殿本进行系统陈列、阅览、编目、出版，相继出版了《故宫所藏殿板书目》《故宫殿本书库现存目》等殿本目录著作。陶湘是民国时期收藏、整理和研究殿本的代表性人物，曾主持故宫殿本图书编订工作，编订了《故宫殿本书库现存目》等书目。陶湘还撰写了详细考述殿本源流的《清代殿版书始末记》，其对殿本整理、保护、收藏、流通利用的重要理念至今仍有其价值，值得学界特别重视和研究。

关键词： 晚清　民国　殿本　收藏　出版

武英殿修书处设立于康熙十九年（1680 年）十一月，运转前后历经九朝，延续了二百三十二年。明代以宦官编刊书籍，质量低劣，差错百出。武英殿修书处任用翰林词臣、博学之士负责殿本的编纂，校勘，质量与明代相比有天壤之别。武英殿修书处刊印的殿本数量达六百余种，以精校、精刊著称。近代版本学家叶德辉《藏书十约》评价武英殿刻本颇高："当时馆臣校刊，多据宋刻善本，又处分颇严，故讹误遂少。"[②] 毛春翔的《古书版本常谈》认为："三百年来，刻书之多，超乎前代，而且考证校雠之学，至乾嘉而极盛，校刻之书，多精审而可靠。"[③]

随着清王朝的覆亡，殿本从原来清廷的御用书物转而成为国家文物，甚至被视为"古物"，经由公藏机构和个人的整理、出版和传布，被赋予传承"国粹"的文化功能，例如民国时期的教育部曾草拟禁运须知，把殿本与宋元明刊本、永乐大典等一起视为"文物"，禁运国外："甲：宋元明各朝刊本。乙：清代刊行之各种殿本及善本……永乐大典及四库全书。"[④] 殿本的编目整理也有"保存文物"的内涵。殿本不再只是昔日清帝的御用之物，其由封建王朝文化事业的荣耀象征，转化为全民共享的历史资源。本文拟在爬梳文献档案的基础上，系统考察晚清民国以来殿本的收藏、整理和研究历程，分别以故宫博物院和陶湘作为其中卓有成绩的代表进行探讨，"重寻"时代巨变之中的殿本流播之路。

---

① 本文为"北京市社会科学基金青年项目"《北京清代行宫文化遗产调查与研究》（编号 20LSC018）研究成果。

② 叶德辉：《叶德辉书话》，浙江人民出版社，1998 年版。

③ 毛春翔：《古书版本常谈》，上海古籍出版社，2002 年，第 80 页。

④ 《申报》1930 年 7 月 24 日，第 9 版。

一 晚清时期殿本的收藏和出版

清代武英殿修书处刊刻的殿本虽通过颁赐等方式流通于世，但由于其颁赐对象主要是王公贵族、督抚大臣以及书院、学校等，流通较为有限，大量的原版初印殿本仍贮存于深宫内院，寻常人难以窥见。清人刘文淇感慨道：“殿本（旧唐书）列于二十四史之内，坊肆间罕有单行者，寒素之家购求匪易，而闻版久亡，其书尤为难觅。”① 晚清民国以后，大量原藏内府的殿本逐渐散出，成为藏书家纷纷着力购求的对象，如晚清名臣曾国藩喜好收藏殿本中的初印本，其在致友人书信中曾多次委托代购殿本，并不惜代价。《曾文正公书札》卷四《与袁漱六》：“尊处广搜群籍，如遇有殿板诸善本，及国朝名家所刊之书，凡初印者概祈为我收买。惟《佩文韵府》《渊鉴类函》等向非所好，不必购之。此外，殿板书初印者多可取也，其价银若干觅，便寄呈来。”② 《曾文正公书札》卷六《致刘星房》又云：“敝处书籍太少，江西如有殿板初印廿四史，敬求代为购买，虽重价不惜也。如不能得全书，即购得零种，或一史、二史、三五史、十余史，皆可。总以初印为佳，后印者则不足取。国朝刻书远胜前代，殿板如十三经、廿四史、全唐诗、图书集成、五经萃室、书画谱之类，凡初印者，无不精雅绝伦……如遇前项书，有初印者，敬求代为购买。弟眼非善本书不耐看也。”③ 在曾国藩看来，殿本初印者即为“善本书”，即便不得全书，购得零种亦可。

缪荃孙亦嗜好收藏殿本，尤其是武英殿聚珍版书。1910 年 4 月，孙毓修致信缪荃孙：“有人来求售……殿本《廿四史》（黄纸，价四百两）、聚珍版《丛书》（黄纸，二百两），书极完好，未知果值若干也？上年王鹤琴所说之桃花纸《廿四史》，已为盛杏公购去。”④ 缪荃孙答复：“殿版《二十四史》黄纸四百金太昂，三百金似可购（记得有数种重修者不佳，请查明）；聚珍版丛书如系武英殿原板且完全者，索价二百金不算过昂，若不完全而能有多种可以配补去年所购者，亦可谐价购入。”⑤ 1911 年，缪荃孙再致信孙毓修：“本馆图书馆武英殿聚珍版丛书所缺各种，请速即查明，详开一单，限初七日必须寄到杭州，千万千万。因弟处缺书小本，与兄续寄北京一单不符，一有‘能改斋漫录’之名，一则无之。究不知此书有否，无从臆断也。”⑥ 缪荃孙终在民国初年购得武英殿聚珍版一百三十八种，今藏普林斯顿大学图书馆。

殿本收藏毕竟只是个别收藏家的雅好，晚清时期，随着西方新式印刷设备和技术的输入，相继产生了一批铅印、石印书局。较为著名的是光绪二年（1876 年）创办的点石斋石印书局和光绪七年（1881）成立于上海的同文书局，这些书局均将眼光投向了殿本书籍，认为“殿本流传甚罕，购求不易”⑦，且殿本具有巨大价值，有必要大量石印，以广流传。

创办于 1879 年的点石斋石印书局是清末最早使用石印技术的出版机构，总部位于上海。点石斋石印书局首先以照相缩印技术翻印木刻古籍，如缩印殿版《康熙字典》。1909 年，在点石斋

① （清）刘文淇：《青溪旧屋集》卷五，光绪九年刻本。

② （清）曾国藩：《曾文正公书札》卷四《与袁漱六》，光绪二年传忠书局刻增修本。

③ 前揭《曾文正公书札》卷六《致刘星房》。

④ 张元济：《张元济全集》第一卷《书信》，商务印书馆，2007 年，第 534 页。

⑤ 前揭《张元济全集》第一卷《书信》，第 535 页。

⑥ 前揭《张元济全集》第一卷《书信》，第 542 页。

⑦ “《西清古鉴》招股启”，《申报》，1888 年 8 月 8 日，第 10 版。

石印书局基础上成立的集成图书公司，是当时上海铅、石印全备的最大出版印刷机构。

点石斋石印书局是晚清时期石印殿本的最重要机构，其在数十年间石印了《古今图书集成》《佩文韵府》《子史精华》《康熙字典》《渊鉴类函》等数十种殿本。根据《申报》的报道，点石斋石印书局曾多次求购殿本原版，作为石印底本。如1882年10月12日，在《申报》发布“访购《渊鉴类函》”：“启者，本馆现欲购《渊鉴类函》一部，务须殿版初印，更须洁白棉纸，如藏书家有此书，可让祈先将样本寄示。”① 1885年1月27日，点石斋主人“访购殿板《康熙字典》启”称：“本斋创行石印书籍以来，荷蒙海内君子同声许可，年来精益求精，故销售之数日益加广。现因需用《康熙字典》一书，藏书家如有殿板初印，纸张洁白，字画深黑，愿从割爱者，务请寄至上海点石斋，或议值，或酬书，均无不可。尚祈不吝赐教为幸，此启。”② 1902年1月25日《申报》又刊载了“访求殿板九通启”：“九通全书除武英殿本外，只有浙江局刻，今各家仿印九通，皆以浙局所刻为本，即本局铅铸，亦本浙刻。兹已陆续付之剞劂，详加校书，始知浙刻本讹漏甚多，经局中所延各名宿匡谬正俗，悉心厘剔，然尚恐留遗憾贻误学人。盖前三通尚有别本可稽，续三通与皇朝三通，非得殿板原印本无以折衷。夫体国经世之书将以古溉艺林，表明宪典，大雅君子宜乐成人之美，敢告海内藏书家，如允以殿板九通，嘉惠士林，慨然赐假，敬当庋之净几，奉为鸿宝。”③

点石斋石印书局连续登载广告，访求《渊鉴类函》《康熙字典》以及九通等殿本原版，一方面说明其敏锐地把握住了民众对殿本的巨大需求，另外通过这样的方式，对殿本的价值也起到了一种正面的宣传效果。获得殿本原版后，点石斋石印书局即以当时最为先进的石印技术进行排版印刷，亦通过《申报》刊登广告，大量售卖，如1883年4月19日《申报》刊登了点石斋主人启“新印《子史精华出售”：“《子史精华》一书，向惟大版，计坊间出售者，每部订为四十八本，卷帙繁重，携带不便。本斋现出重价购到殿版初印者，用石印照相法，缩成两厚本，而字迹仍然清晰可玩，天地头格外放宽，部面均用绸绫外，加细木套板，准于三月十六日出书，每部价洋两圆。”④ 同年10月3日刊登“《渊鉴类函》出售”：“圣祖仁皇帝锡名‘渊鉴类函’，制序刊行，诚类书之大观矣。本斋石印《佩文韵府》，既为海内士林所珍赏，今又不惜重价，购得初印殿版《渊鉴类函》，缩为石印，汇订十册，校核则慎之又慎，摹印更精益求精，毫发无遗，须眉毕现……考古家各置一编，昕夕欣赏，其有裨于艺文者岂浅鲜哉。兹准于九月初十日出书，每部十一元售。”⑤ 1885年9月14日，《申报》刊登点石斋主人启“石印《文献通考》出售”：“马端临著述《文献通考》，其书与唐杜佑《通典》相为出入……乾隆戊辰重刊于武英殿，经天语褒美，谓考核精审、持论卓正莫于通考之一书，而草茅好学之士群然知所折衷，奉为至宝。惜简帙繁多，价值昂贵，寒士未易购取。本斋特出巨金，觅得殿板初印本，情善作宋体字者，一律写直行，校对则覆之再覆，期于一字无错，字形则放而又放，期于一目了然，而行间疏落，天头宽长，展玩一通，已觉爱不忍释。”⑥ 同年10月28月《申报》刊登“开印《佩文韵府》”广告又称：“《佩文韵府》一书刊于康熙五十年，囊括古今，网罗巨细，洵韵学之大成，文章之林府也。

① “访购《渊鉴类函》”，《申报》，1882年10月12日，第1版。

② “访购殿板《康熙字典》启”，《申报》光绪十一年，1885年1月27日，第1版。

③ 《申报》，1902年1月25日，第1版。

④ “新印《子史精华》出售”，《申报》，1883年4月19日，第1版。

⑤ “《渊鉴类函》出售”，《申报》，1883年10月3日，第1版。

⑥ “石印《文献通考》出售”，《申报》，1885年9月14日，第1版。

原书卷帙繁重，且辗转翻刻，字画模糊，亥豕鲁鱼，层见迭出，好古者病之。本局购得初印殿本，精描细校，付诸石印。其书式字样与本局所印《康熙字典》无异，而纸墨精妙，更有过之无不及。兹已开印，不日可以告成。拟分装五十本，每部价洋四十四元。”①

从以上四则殿本售卖广告看，在短短的两三年间，点石斋石印书局已经以殿本为底本，石印了《佩文韵府》《子史精华》《康熙字典》《渊鉴类函》等书，这些书多是类书和字典，符合民众的日常所需，也证明日用类型的殿本最受市场欢迎。点石斋石印书局刊登销售广告时对殿本颇多溢美之词，诸如“考核精审”“类书之大观”等等。

点石斋石印书局石印殿本中，影响最大的是《古今图书集成》。1878 年 8 月 23 日，《申报》头版刊登了“访购《图书集成》”的一则告白，为出版《集成》寻找底本：“本馆今欲购取《图书集成》一部，如海内藏家有愿出售者望即信致示明价银若干，惟书须完好不可有缺卷页、霉烂等弊。设或之则乞先行从市示明何卷残缺，何页霉烂，以凭酌夺。缘是书卷帙浩繁，免致辗转往返空费川资耳。”② 五年后，《申报》头版刊登启事，称购得“纸色光洁，并无缺张脱卷”的铜版《集成》一部。③ 1883 年 6 月 2 日，《申报》正式发布了点石斋主人的“招股缩印《图书集成》启”。启文说明，自五月初一起，拟募 1500 股，每股 150 两，3 年缴清。启文还提到，将采用“照相石印之法”缩印《集成》，预计三年售完。最后费时四年，于 1888 年印成。该版采用 3 号扁体铅活字，绘图部分用石印，以连史纸印成。该版细黑口，单框，只有上鱼尾，鱼尾下小字印出汇编、典、卷、部、项目、页数。每部 1620 册，目录 8 册。共印 1500 部。这是继清廷铜活字摆印《集成》后的第二次印刷，称为“美查本”。

1881 年成立于上海的同文书局，是继点石斋印书局之后成立的一家著名的私营石印出版机构，是由中国人自己集资创办的第一家石印书局，翻印殿本也是该书局的一大特色。至光绪十一年（1885 年），先后共印出《康熙字典》《子史精华》《御批通鉴辑览》《佩文斋书画谱》等。其中以石印殿本《二十四史》和《古今图书集成》影响最大。1883 年 7 月 16 日《申报》刊登“同文书局石印廿四史启”，历数历代刊史之具，并且特别高度评价了殿本二十四史：“自汲古阁十七史之刻，后世据为善本，然于南北二史、唐书、旧五代史、辽金二史付之阙如，而国朝所修明史卷帙繁重，外间向无单行本，大率以横云山人明史稿备数。故欲窥全史者，非殿版不可，而殿版又非乾隆初印不可。盖重修晚出之本，往往渐失其具，不足贵也。道光以前，累世承平，人文蔚起，通都大邑必有皮藏全史，以备大雅观摩者。兵燹而后，斯文浩劫，志学之士欲求全史而读之，盖有登天之叹焉。本局现以二千八百五十金购得乾隆初印开花纸全史一部，计五百余本，不敢私为己有，愿与同好共之。拟用石印，较原版略缩本，数则仍其旧，如有愿得是书者，预交英洋一百元，掣取收条，俟出书后挨号给全史一部，限以一千部为止。”④

光绪十六年（1890 年），光绪帝下令石印《古今图书集成》，即由上海同文书局承办，于光绪二十年（1894 年）完成，对铜版字迹修饰描润，照相石印 101 部，每部 5044 册。此版本第一次新增了《考证》二十四卷，是为《集成》第三次印刷，该版称为“同文本”或“描润本”。根据相关档案，石印本《集成》发放至各省学堂，供学子观览。从光绪二十八年（1902 年）至光绪三十四年（1908 年），有颁发档案记录的就包括江西省、山西省、顺天中学堂，京师工艺

① “石印《佩文韵府》”，《申报》，1885 年 10 月 28 日，第 9 版。

② “本馆告白：访购《图书集成》”，《申报》，1878 年 8 月 23 日。

③ “点石斋主人启：购到《古今图书集成》”，《申报》，1883 年 6 月 24 日。

④ “同文书局石印廿四史启”，《申报》，1883 年 7 月 16 日，第 5 版。

局、五城学堂、大学堂、商务部实业学堂、京师法律学堂、高等巡警学堂、宪政编查馆、中国研究会、外务部及储才馆、大理院等。除此之外，《集成》还颁发至海外，槟榔屿中华学校和英绅设立的中国学会也获得了颁赏："蒙恩赏给匾额一方，《图书集成》一部，规模为各校冠。从前商人子弟肄业英校者，仅以律师、医士起，今则讲求政学。研究中文，商智行发达。"①

总之，晚清时期殿本大规模翻印，不仅开启了采用石印技术而非传统的雕版印刷出版殿本的新阶段，也从根本上改变了殿本有限流通的状况，使殿本的影响大大扩展了。可以说，殿本在近代获得了人们的普遍称赞，与晚清时期的出版状况有很大关系。那么，进入民国以后，殿本在公私收藏、整理、出版的状况又是怎样的呢？下文分别以故宫博物院和殿本为例，加以说明。

二　故宫博物院与殿本的整理和研究

殿本的收藏和整理自民国时期即已开始，殿本大量散出，公私收藏均富。尤以收藏殿本最多的北京故宫（包括其后分离出的台北故宫）、沈阳故宫为最。这里先行梳理沈阳故宫收藏殿本的历史变迁。

清朝统治者"追本溯源"，极度重视发祥之地盛京的书籍贮存，凡武英殿修书处新刻殿本，按例送往盛京陈设二部，因此盛京存贮的殿本数量相当可观。盛京宫殿贮存殿本之所为翔凤阁和西七间楼。据《黑图档》载，道光二十七年（1847 年）《西七间楼恭贮书籍墨刻清册》，西七间楼有各类殿本三百零四种，二万二千七百五十册。据光绪二十九年（1903 年）《西七间楼恭贮书籍墨刻清册》，存贮殿本五百零五种，二万五千二百册。据《中国藏书楼》一书的介绍，西七间楼俗称"书籍墨刻楼"，主要贮存殿本及墨刻、档案。楼中有朱红大柜二十二顶，殿本分别贮存于这些柜子中。每种书籍均有书号，从天子一号排至八百六十二号，其中《古今图书集成》三十二典，每典各有标号，从三百四十四号至六百八十三号。其余四百九十号皆为其他殿本，因此可以计算出贮存有殿本四百九十余种。这些殿本书籍均没有裁切装订，每部殿本均以开化榜纸、高丽纸严加包裹。② 1914 年，北洋政府筹建古物陈列所，将奉天宫殿藏品 115199 件运至北京，翔凤阁及西七间楼部分殿本随同运走。据 1930 年东三省博物馆统计，此时盛京故宫所藏"经部 44 种，计 596 册；史部 119 种，计 4429 册；子部 53 种，计 384 册；集部 55 种，计 398 册，满蒙合璧 14 种，计 223 册，满蒙文书籍 76 种，计 2792 册。"

卞鸿儒撰《沈阳故宫藏书整理记》对 1931 年前后开展的殿本整理工作有较为详细的介绍：

> 沈阳清故宫之改为东三省博物馆，既已有年。殆民国十九年冬，复改行委员制，并添置图书部，整理故宫库藏图书，以便陈览。……拟组织选印文溯阁四库全书……故宫存书，皆系清高宗以前送藏，即其最后者，距今亦在百三四十年以前。其版本殿版居多，聚珍版次之，间有官本，经史子集咸备，以史部为多，满蒙文书亦不少。原藏西据库楼，凡二十二柜。每书各自为号，分藏各柜，自天字第一号起，至八百六十二号止。除《图书集成》三十二典，典各一号，及自三百四十四号至六百八十三号为墨刻外，余凡四百九十余号，即宝藏书当为四百九十余种也。而各书以两部者为多，余则一部以至三部五部，最多或至十部。

① 《清续文献通考》卷三百九十一。

② 参见任继愈主编：《中国藏书楼》，辽宁人民出版社，2001 年，第 1298 页。

> 其已装订者，仅数种。余皆纸订毛边，一仍初印之旧。各书分包，内用开化纸，分则高丽纸，封裹既固，虫蛀不生，历百数年，仍不失其本来面目，此其尤可贵也。旧藏书目录今存有清光绪三十三年所造清册，自故宫移归前省公署保管，该册向在省署保存。此次点检藏书，既据此逐一提取，然后另行登记编目。其卒也，卷帙较繁之殿本《图书集成》，已于民国八年八月提出，其在清册标签注明省署提出者，凡百四十六种。内计一书数部，提存各半者，二十一种。提出汉文，仅存满文者六种。一部或两部定全提出者，一百十九种。故现存之书，才三百余种耳。此外为旧目所无而检出者，图书数十种，墨刻数百副，历朝圣训满汉文今为百箱，尚未细检也。书经提检后，按照各书性质，分为经史子集及满蒙文谕折、圣训、墨刻等八类。其重部者，则另置之，以免混淆。一俟分编竣事，便可刊印书目，借编参阅。回忆百数年来之库藏，一旦公诸阅览，尽人可睹……固犹成为巨观也。[①]

1932年5月成立"国立奉天图书馆"，将盛京宫殿殿本书籍归入管理，加上后来购藏，计有殿本书籍36740册及173种，14521册满蒙书籍。[②] 国立奉天图书馆曾据所藏编有多种殿本书目，如1932年的《国立奉天图书馆殿版书目》《翔凤阁殿版聚珍图书目录》，1939年所编《殿版图书分类目录（附满蒙文书目）》以及《馆藏新购殿本书目》等。[③] 根据这些书目介绍，1932年9月清点，奉天图书馆收藏有殿本5600册，另有盛京故宫移藏的殿本281种934包（未装订）。而据1937年的清点结果，奉天图书馆收藏包括铜活字版《古今图书集成》在内的殿本39805册。[④] 1947年，成立沈阳博物院筹备委员会，原翔凤阁、西七间楼藏殿本划入。解放以后，殿本又归东北图书馆保管，最后入藏辽宁省图书馆。

笔者下文以收藏、整理殿本最重要的机构——故宫（包括北京故宫和台北故宫）为例，以点带面，探讨民国以来公藏机构收藏、整理和研究殿本的大致状况。

北京故宫博物院作为殿本的发源地，又是殿本陈设、存藏的最重要处所。民国改元后，如何收藏、整理大量殿本成为故宫管理者相当重视的问题。1914年，北洋政府设立古物陈列所。1925年故宫博物院成立后，筹建了古物馆、图书馆和总务处。施廷镛所撰《故宫图书记》对故宫图书馆的成立和人事安排等有详细记述：

> 鼎革以还，北京禁垣自保和殿后仍属清室，逮至十三年十一月五日，溥仪始行让出，政府即拟订条例，组织清室善后委员会，接收保管，并点查各宫殿物品，编号登记，以资稽考。同时筹办故宫博物院，积极进行，于十四年双十节举行开幕典礼……该院分图书、古物两馆，图书馆复分图书、文献二部。馆长为陈援庵氏垣，而以沈兼士氏、袁守和氏副之。宫中图书所在多有，其藏书之所有专设者，如昭仁殿之贮《天禄琳琅》、文渊阁之贮《四库全书》、摛藻堂之贮《四库全书荟要》等是也。此数处均在宫禁，昔日除宫监外，他人不获涉足。

---

① 卞鸿儒：《沈阳故宫藏书整理记》，《行健月刊》1933年第3卷第1、2期，第224—226页，原部分文字载于《东北丛刊》1931年第15期。

② 前揭《中国藏书楼》，第1301页。

③ 该书目现收录于《明清以来公藏书目汇刊》第五十七册，北京图书馆出版社，2008年。

④ 冷绣锦：《"满铁"图书馆研究》，辽宁人民出版社，2011年，第198页。而据福田实《满洲奉天日本人史》记载，奉天图书馆所藏殿本数量为4000余册，与这一数据略有出入，参见［日］福田实《满洲奉天日本人史》，株式会社谦光社，1976年，第207页。

由此可知，1925年故宫博物院成立后，即设立了图书馆，分为图书、文献二部。馆长为陈垣，沈兼士、袁同礼为副馆长。而图书馆的馆址选定在寿安宫："以上各处故宫图书馆拟作为图书部分，以保遗迹。其不属于专门收藏处所之书，以及其他散于各宫殿者，咸汇集寿安宫，是为总部。寿安宫在外东路，原为咸安宫旧址，乾隆辛未为祝皇太后六十万寿而建，今则杂置乐器及零星用具等，实已成为库房，无保存旧制之价值，遂辟东西楼上下为书库，将来或以正殿为阅览室，一俟经费有着，拟仿普通图书馆，公开阅览。所有宫中善本书籍曾于双十节提出百种，陈列于寿安宫东室，以资观览……内府刊本之书，则未与焉。"① 1927年，故宫图书馆再度改组，据《中华图书馆协会会报》："故宫博物院自十一月管理委员会成立以来，组织略有变更……另设古物馆、图书馆及总务处。每馆设馆长一人，副馆长二人，主任四人……傅增湘为图书馆馆长，袁同礼、许宝蘅为副馆长。"② 1927年曾任故宫图书馆馆长的傅增湘曾发表《故宫殿本书库目录跋》："余于乙丑岁领故宫图书馆事，时方画定寿安宫为馆址，尽移宫中藏书庋其中。楼上下四十八楹，标甲乙丙丁四库，而殿本之书，别萃一室。余以君雅善鉴藏，因修函延君任以编订之事。嗣是继主馆职者，锐志经营，积月累年，连车叠箧……自文渊阁摛藻堂而外，举三殿六宫、御园书房珍藏陈设之书，锦帙牙签，以千万计，咸聚此连栋之中，而规模因之大备。"③

1929年2月，故宫图书馆再度改组新理事会。据时任副馆长袁同礼的记载："民国十八年二月改组，新理事会正式成立。三月国民政府委任本院理事庄思缄蕴宽先生为本馆馆长，袁守和同礼先生为副馆长，就职后先后提出陈援庵（垣）、张庾楼（允亮）、陶兰泉（湘）、朱遏先（希祖）、卢慎之（弼）、余季（嘉锡）、洪范五（有丰）、赵斐云（万里）、刘衡如（国钧）、朱海滨（师辙）诸先生为专门委员，由院延聘。凡关于专门学术之事，咸由专门委员会决定施行。本年以庄馆长暂难到任，改聘本院理事江叔海（瀚）先生代理，业于三月莅馆任事。馆长之下，另设科长、科员、办事员、书记若干人，暂设事务、编目两科，分掌馆务焉。"④

需要指出的是，不少研究者认为庄蕴宽先生曾任故宫图书馆馆长，实际上并未到任。《中华图书馆协会会报》曾报道："故宫博物院院长易培基，近以该院图书馆正馆长庄蕴宽因事暂难到任，不便久悬，特聘江瀚代理。该院接易院长电知后，特于三月十六日开会欢迎。是日上午十时开会。"⑤ 此次成立的图书馆新理事会，除了馆长等人事变动外，最突出的是聘请了专门委员，"凡关于专门学术之事，咸由专门委员会决定施行"。由此缘由，包括殿本专家陶湘在内的一批著名专家学者被礼聘至图书馆，参与故宫图书的整理、编目和出版工作。

当时图书馆人员的主要工作之一就是着手将各宫殿所藏殿本、善本等移藏寿安宫内：袁同礼写于1930年5月的《北平故宫博物院图书馆概况》："本馆成立之始，即以外西馆之寿安宫为馆址，据宫史所载，此宫为咸安宫旧址。外院东西庑各五间……自本馆成立以来，即以东庑为善本库，西庑为办公室。内院南殿为春禧殿，北殿为寿安宫，左右延楼回抱相属。今添置玻璃，改作书库。东楼上下排列经史二部，西楼排列子集二部，北殿则辟为殿本书库，南殿西室为满文书库，南殿东屋则专作庋藏杨氏观海堂藏书之用。此外东西后院之福宜斋、萱寿堂则拟作重复书书库，正在布置中。"那么图书馆所藏殿本等古籍数量有多少呢？袁同礼曾撰文介绍：

① 施廷镛：《故宫图书记》，《图书馆学季刊》1926年第1卷第1期，第53、59页。

② "故宫博物院改组"，《中华图书馆协会会报》1927年第3卷第3期，第20页。

③ 傅增湘：《故宫殿本书库目录跋》，《国闻周报》1933年第10卷34期，第347页。

④ 袁同礼：《北平故宫博物院图书馆概况》，《图书馆学季刊》1930年第4卷第2期，第150页。

⑤ 《故宫图书馆之代理馆长》，《中华图书馆协会会报》1930年第5卷第5期，第37页。

> 善本书库共七百六十四部，一万一千四百四十三册。……殿本书库共七百九十八部，一万七千三百四十八册。又开化纸《图书集成》一部，五千零一十九册。（本库专收钦定书，以宫史及续宫史所著录者为范围，其刊刻在续宫史以后者，如系钦定书，亦一律收入，每种只选一部）……经部书库共八百零七部，一万七百零九册，又重复书七百四十四部，五千五百一十九册。……史部书库共一千六百零三部，四万零五百零七册，又重复书四百八十六部，六千一百零四十册。……子部书库共一千六百零一部，一万六千六百五十九册，又殿本竹纸《图书集成》一部。……集部书库共一千七百一十五部，二万零四十册，又丛书九十部，四千八百二册，又重复书四百六十六部，九千四百六十二册。……满文书库共三百零七部，九千二百一十三册。①

以上数目是1930年的统计情况，彼时各处宫殿之书尚未提竣。至1932年，故宫图书馆收藏有古籍二十八万七千六百九十五册，分类度藏十三书库，各库编有书目。据容媛《故宫图书馆近况》："自该馆成立后，即以东庑为善本书库，西庑为阅书室。内院南殿为春禧殿，北殿为寿安宫……东楼上下排列经史二部及志书，西楼上下排列子集二部及丛书，北楼则辟为殿本书库，南殿西屋辟为满文书库。……殿本书库共藏殿本书八百零六部，二万五千零六十册。又殿版开化纸《图书集成》一部，五百零一十九册（内缺一册）。殿版竹纸《图书集成》一部，五千零一十七册（内缺三册）。满文书库共有满文书三百六十二部一万二千八百四十三部内有精写本《御制五体清文鉴》一部三十六册，为海内极罕见之书。"②

故宫图书馆以编目为重点对殿本逐步开展整理工作。如江瀚就职馆长所强调的："至于图书馆事业，以编目为准则，因各宫殿中所有各种书籍尚未提竣，俟提竣后，即加紧工作编目。"③在具体施行过程中，对不同种类书籍采取区别处理的方式："文渊阁之《四库全书》及摛藻堂之《四库全书荟要》，皆保存保持原状，不予更动，散在其他各宫殿之图书，俱集中于寿安宫，分类移送编目。惟宫中图籍，自乾隆以后，或被偷窃，或被蠹蚀，致曩时遗籍甚多，至可惜也。"对于殿本书库，暂以宫史及续宫史所定编次为范围。"各库书目之编制，大致均已就绪，其属于善本者，则由专门委员张庾楼校正；属于殿本者，则由专门委员陶兰泉增订体例。其四库目录、丛书目录、满文书目、杨氏观海堂藏书目，均由馆员依次编就，陆续付印"。④

1934年5月，袁同礼任图书馆馆长，沈兼士改任文献馆馆长。1935年5月，故宫博物院在太庙内设立故宫博物院图书馆分馆。1931年"九一八"事变后，北京故宫博物院决定文物南迁，图书馆馆藏图书从1933年亦开始南迁。据故宫刘甲良据《北平故宫博物院图书馆南迁图书清册》的研究，当时"分五批装箱起运，共计1415箱。其中第一批：文渊阁《四库全书》（附《图书集成》）568箱，明刻本、清殿本、官刻本34箱。第二批：宋元明刻本及《宛委别藏》44箱。第三批：摛藻堂《四库全书荟要》145箱，皇极殿《图书集成》2箱，蒋衡书《十三经墨迹》7箱，武英殿聚珍版书籍、古香斋十种6箱、宋元版及元写本佛经4箱，清刻本《高宗御译大藏经》54箱，藏文写本《甘珠尔经》54箱，藏文写本《龙藏经》及写本藏经110箱，明刊本19箱，观海堂藏书50箱。第四批：观海堂藏书12箱，乾清宫《图书集成》26箱，清国史馆钞

① 前揭《北平故宫博物院图书馆概况》，第150—152页。

② 容媛：《故宫图书馆近况》，《燕京学报》1932年第11期，第234—238页。

③ 前揭《故宫图书馆之代理馆长》，第37页。

④ 前揭《故宫图书馆近况》，第234—238页。

本及内府钞本38箱，方志46箱，明写本佛经9箱，实录库藏书6箱，备印宋元版十二箱。第五批：明清钞本8箱，明经厂本及乾隆石经4箱，清殿本及内府钞本119箱，满蒙文书23箱”。①每批装箱都包括了《图书集成》《武英殿聚珍版书》等殿本。

1945年抗日战争结束后，故宫博物院职能机构仍设古物馆、图书馆、文献馆和总务处。袁同礼继续任图书馆馆长。1948年12月22日，故宫博物院南京分院开始分批向台湾运送文物，共运3批，古物1434箱，图书1334箱，文献204箱，共计2972箱。原在北京故宫的殿本从此分隔北京、台北两处。

北京故宫图书馆对于殿本所开展的工作主要可分为：编目、出版、陈列和研究等方面。

（一）陈列和阅览

民国时期故宫图书馆设立专门展室，举办各种陈列，先后开展了多次馆藏殿本的专题陈列展览。如昭仁殿进行的“清代御制诗文集及历朝圣训陈列”；在乾清宫、咸福宫进行的“清代名人及乾隆写本佛经和殿本、抄本书籍陈列”等。1931年，故宫图书馆整理图书初步告竣，即设立阅览室，供学界查阅馆藏图书。1931年《图书馆增刊》载有“故宫图书馆开放阅览启事”：“启事：顷接故宫博物院图书馆函，开本馆图书现已整理就绪，所有阅览简章亦经次第公布，兹为便利读者研究起见，特奉上阅览券十张，即希贵馆主任签名盖章介绍，以便来馆阅览。”② 北京各高校也发布了相应公告，欢迎师生前往查阅古籍。《北大日刊》载：“图书部布告：故宫博物院图书馆现已开放，凡本校国文系及史学系四年级学生欲往阅览者，可持入学证，向典书科领取阅览券。”③

（二）编目和出版

1929年5月，图书馆成立了专门委员会，委员包括陈垣、张允亮、陶湘、朱希祖、余嘉锡等。至1931年，除设馆长、副馆长、科长、科员、办事员和书记外，陆续聘请到的专门委员有刘国钧、庐弼、朱希祖、江瀚、朱师辙、余嘉锡、洪有丰、袁同礼、张允亮、陈垣、陶湘、赵万里等先生，均一时俊彦。整理、编目工作皆由专门委员会决定实施，并给予特别指导。他们的参与可以说为馆藏古籍的整理、陈列、筹划善本南迁等发展做出了重要贡献。图书馆以专家委员会为强大后盾，逐步开展了大量的编目工作。

1931年3月，故宫博物院在神武门外东连房设立印刷所，可以进行珂罗版、EII版、铜版、石印、铅印、彩印、照相等部，先后整理出版了《掌故丛编》《故宫周刊》《故宫》（月刊）等一大批刊物和相关馆藏典籍、档案。故宫出版物不仅印制水平一流，且公布了大量殿本书影和研究成果，相当程度上推动了殿本的整理和研究工作。这些与殿本相关的出版工作包括

其一，整理出版殿本书目。包括《故宫善本书影初编》《故宫善本书目》《故宫所藏殿本书目》《故宫普通书目》《摛藻堂四库荟要目》《故宫方志目》《满文书籍联合目录》等。1933年出版的《故宫博物院工作报告》载：“各库书目已编录者为分类书目、人名索引、书名索引三种，历年所提之书及各处寄赠之书随时编入，总登录簿记、书写卡片同时办理，已编成之《善本书目》《殿本书目》《普通书目》业已校印。……排印《殿本书目》每部一册，排印《殿本书

① 刘甲良：《故宫博物院图书馆的民国春秋》，《文史知识》2015年第10期。

② 《图书馆增刊》1931年第168期。

③ 《北大日刊》1931年第2640期。

库现存目》每部三册，排印《满文书籍联合目录》每部一册，排印《普通书目》每部三册，排印《善本书目》每部一册。”① 1933 年 3 月，故宫博物院图书馆出版了《故宫所藏殿板书目》，分为五卷：经、史、子、集及聚珍版、古香斋，分别注记撰者、版本、册数等项，著录殿本约为二百八十余种。② 5 月，整理出版了南迁后的殿本书库目录重编本《故宫殿本书库现存目》，共三卷，附录一卷，分为上、中、下三册。收录四百九十余种，收录范围并非严格意义上的殿本，而是广义上的内府本。其依据《国朝宫史》《国朝宫史续编》，著录书名、卷数、刊年和册数，收录范围是：“至御制、钦定以及呈览诸书，凡刻本、写本、抄本、铜版、聚珍、石印、铅印等（石印、铅印除官书外，均以奏准为限），但与内廷有关者，均归之为殿本书库，即武英殿库之遗意也，编兹书目，一以殿本书库之有无为断，名曰《故宫殿本书库现存目》，以备览者参稽。”③ 1934 年，出版《故宫普通书目》。分为经、史、子、集、丛五部四十七类，丛书俱列子目，总计九千四百余种。每书著录卷数、撰者姓名、朝代，备载不同版本。其中也包括了部分殿本。

其二，影印出版多种重要殿本。包括根据清乾隆四十二年殿本校印了《明史本纪二十四卷附校刊异同录》（1932 年）④；依据清咸丰年内府刻本校印了清邹漪撰《启祯野乘》十六卷（1936 年）⑤；据清咸丰年内府刻本铅印清裕诚、文璧等续纂《总管内务府现行则例》二十卷⑥；乾隆年武英殿刻本《钦定河源纪略》三十六卷⑦。

其三，整理出版了有关殿本的相关报告。1924 年成立的“办理清室善后委员会”开展了点查清宫文物工作，陆续整理出版了《故宫物品点查报告》。⑧ “按中路、内东路、内西路、外东路、外西路、宫外各处分为六编，每编之下再以每一宫殿的物品号装订成册，自乾清宫始，至清堂子止，每册 1 殿至 10 余殿不等，总计 28 册、94 万余个编号、117 万余件文物”。⑨ 故宫博物院在不同年度编制有不同的报告，如《北平故宫博物院工作报告》《国立北平故宫博物院北平本院八年工作报告》《故宫博物院图书馆工作报告》《故宫博物院文献馆工作报告》《北平故宫博物院图书馆南迁图书清册》等⑩，都及时披露了馆藏殿本的整理、编目工作，以及殿本的贮存状况和收藏数量等情况，是民众了解殿本动态变化的一扇视窗。

其四，出版了连续性刊物，登载大量殿本书影和相关研究。这类刊物包括《故宫》、《故宫周刊》《故宫旬刊》《故宫书画集》《掌故丛编》《文献丛编》《史料旬刊》《文献特刊》《文献专刊》《文献论丛》和《故宫博物院年刊》等等。

中华人民共和国成立后，故宫博物院和故宫图书馆在民国故宫的基础上继往开来，对殿本的

---

① 《国立北平故宫博物院图书馆民国二十二年度工作报告》，故宫博物院铅印本。

② 《故宫所藏殿板书目》，1933 年故宫博物院图书馆铅印本。

③ 陶湘编：《故宫殿本书库现存目》，1933 年故宫博物院图书馆铅印本。

④ （清）张廷玉等：《明史本纪二十四卷附原本、补本异同录》，1932 年故宫博物院据清乾隆四十二年武英殿刻本影印。

⑤ （清）邹漪：《启祯野乘十六卷》，1936 年故宫博物院据清咸丰年内府刻本校印。

⑥ （清）裕诚、文璧等纂：《总管内务府现行则例二十卷》，1937 年故宫博物院据清咸丰年内府刻本排印。

⑦ （清）永瑢等纂：《钦定河源纪略三十六卷》，民国二十年（1931）故宫博物院据清乾隆年武英殿刻本影印。

⑧ 清室善后委员会编：《故宫物品点查报告》第 1—6 编，1925—1930 年故宫博物院出版。

⑨ 朱赛虹：《故宫博物院出版事业的首度辉煌——民国时期出版综论》，《故宫博物院院刊》2011 年第 1 期。

⑩ 前揭《北平故宫博物院图书馆南迁图书清册》。

研究、整理、出版、陈列等工作又上了一个新的台阶。北京故宫现存殿本数量和种类均冠盖全国，据《清代内府刻书目录解题》一书著录的满汉文内府刻书就达六百八十种，三万九千余册，其中很大部分都是进呈和陈设殿本。故宫博物院2005年以《盛世文治：清宫典藏文化展》，对馆藏殿本为代表的内府刻书进行了大型展览，该展览按照“武英各殿的格局，分为琅函秘籍、典学治道、稽古右文、锦囊翠轴、佛道同辉、梨枣飘香等六个部分，对清宫典藏文化作了全面系统的介绍”①，其中涉及殿本的刊刻、装潢。2007年，该院继续在武英殿举办了“天禄珍藏——清宫内府本三百年”大型展览，选出内府刻本、抄本、写本约180部，440余册，展示了各个时期清代内府代表性作品。这次展览，殿本是其中的核心部分。展览后，相关图录《天禄珍藏——清宫内府本三百年》由紫禁城出版社出版，以直观的方式公布给社会大众。该图录前有故宫博物院原院长郑欣淼撰写《清内府本概说》、故宫图书馆专家向斯撰写《明清内府本流传宫外考》，对殿本及其他内府本的版本、源流、流通等方面予以概述。② 2008年，故宫博物院又策划了“尽善尽美——殿本精华展”，按照经籍举要、史籍管窥、子集通览、类丛选粹四个专题著录了《日讲四书解义》《钦定诗经传说汇纂》《万寿盛典初集》《御纂医宗金鉴》《子史精华》等数十部殿本书影，同时对每一部做了中英文简介。③ 同年，举办“同文之盛——清宫藏少数民族文字辞书展”，也是满、蒙文辞书类殿本的一次重要展览。除此之外，北京故宫博物院研究人员对殿本版画、装潢方面的研究也领先全国。朱赛虹2002年编著《清宫殿本版画》④ 翁连溪2006年编著《清代宫廷版画》⑤，两书以图文并茂的形式，对殿本精美版画书影和源流分别予以著录和研究。故宫博物院一贯重视殿本的整理和研究工作，除了在民国时期出版《故宫殿本书库现存目》等殿本书目外，还组织了该馆研究人员对殿本展开多方面的研究。2003年，郑欣淼院长提出“故宫学”，明确殿本研究是“故宫学”研究的组成部分⑥，郑欣淼院长还多次以“从武英殿修书处到故宫出版社”为题进行演讲，对武英殿修书处的演变和研究价值进行阐述，把武英殿修书处视作“皇家出版社”。2007年和2014年，由故宫学研究所承办，先后召开了两届清宫典籍国际学术研究会，国内外学者共聚一堂，讨论清宫殿本和其他内府书籍的典藏、传播等情况，有力地推动了殿本的深入研究。⑦

值得指出的是，由于历史的原因，大量殿本运送至台北故宫博物院。1983年台北故宫博物院所编《“国立”故宫博物院善本旧籍目录》著录殿本五百六十余种。⑧ 而据台湾学者吴哲夫《清代殿本图书》一文统计，该院收藏有殿本共计五万三千一百九十八册，大部分是初印精装的珍本。⑨ 他还在《故宫文物月刊》发表的《武英殿本图书》详细列出了台湾典藏殿本的册数：

① 朱赛虹编：《盛世文治：清宫典藏文化》，紫禁城出版社，2005年。

② 故宫博物院编：《天禄珍藏——清宫内府本三百年》，紫禁城出版社，2007年。

③ 故宫博物院编：《尽善尽美：殿本精华》，紫禁城出版社，2009年。

④ 朱赛虹编：《清宫殿本版画》，紫禁城出版社，2002年。

⑤ 翁连溪编：《清代宫廷版画》，紫禁城出版社，2006年。

⑥ 关于“故宫学”的概念和内涵，参见郑欣淼：《故宫与故宫学》，紫禁城出版社，2009年；以及郑欣淼：《故宫学纲要》，《故宫博物院院刊》2010年第6期；章宏伟：《故宫学研究的对象与体系》，《辽宁大学学报（哲学社会科学版）》2012年第4期等论著。

⑦ 关于第一届会议的情况，参见《天禄珍藏——清宫内府本三百年：第一届清宫典籍国际学术研讨会》，故宫出版社，2014年。

⑧ 台北故宫博物院编：《“国立”故宫博物院善本旧籍目录》，台北故宫博物院，1983年。

⑨ 吴哲夫：《清代殿本图书》，台北《故宫文物月刊》1985年第3卷第4期。

台北故宫博物院五万三千一百九十八册，“中央研究院”傅斯年图书馆四百二十三册，台湾图书馆一千零四十一册，台湾大学图书馆三千四百七十四册，台湾师范大学图书馆一百七十一册，东海大学图书馆四十九册，堪称目前为止对台湾典藏殿本数量的最全面统计。[①] 台北故宫博物院近年来多次举办殿本图书的大型展览。2007 年的“皇城聚珍——清代殿本图书特展”，分类展出大量馆藏殿本，展览后编纂了相关图录出版发行。[②] 此次展览是对外界难得一见的台北故宫典藏殿本的一次大规模集中展示，影响颇大。

三　陶湘与殿本的收藏和研究

陶湘字兰泉，号涉园，别号百川书屋、喜咏轩、托跋廛。原籍江苏武进，长于浙江慈溪，生于同治十年（1871 年），卒于民国二十九年（1940 年），享年七十岁。陶湘晚年自编《武进陶涉园七十年记略》，自叙七十岁以前生平，而他即卒于该年，可谓弥足珍贵，我们可借以管窥其生平履历和学术成就。根据《武进陶涉园七十年记略》自述，陶氏出身于官宦之家，其父为慈溪县典史，十岁时“伯父因大房二房人丁稀少，又以湘为嗣”[③]，过继给任山东恩县知县的伯父，陶湘当年即随任之山东恩县读书，自幼受到很好的教育，科举无望后投身实业，历任京汉路北段养路处、机器处总办，上海三新纱厂总办，汉治萍煤矿董事，北京交通银行总行经理等职务，[④] 晚年移居上海。

陶湘是近代著名的目录学家、藏书家和刻书家，尤深于版本目录之学，自谓“生平于缥缃外，无他嗜”[⑤]。曾辑著目录书多种，如《钦定文渊阁四库全书目录》《摛藻堂四库全书荟要目录》《内府写本书目》《钦定校正补刻通志堂经解目录》《钦定石经目录》《石经萃宝藏宋版五经目录》《明代内府经厂本书目》。陶湘又酷好藏书，广求精本善刻，所藏以明本及清初精刻本为主，有明闵刻本及清代殿本等。[⑥]

（一）陶湘与殿本的收藏和编目

陶湘藏书始于光宣之际，与一些藏书家广搜博采、见书即收的做法不同，陶湘一开始即注重专题收藏，[⑦] 尤为重视清代殿本的收藏。那么陶湘收藏殿本是从什么时候开始的呢？他在民国二十五年（1936 年）所撰写的《清代殿板书始末》回忆说：“记予购求殿板书，起光绪十五年乙丑，讫民国十六年己巳，得百数十种，按代为次编目以存。其非购得而内府尚存者，又内府写本书之未发现者，均各编一目以附。又内府不存南北书贾求售而得，以及各书馆照影石印者，低一格录入，以示别。若聚珍板书、袖珍板书均殿板之一，别有端绪，略记始末，并编目以备考焉。”[⑧] 陶湘在这里清晰点明了其收藏殿本始自光绪十五年（1889 年），这一年陶湘才十八岁，

---

① 吴哲夫：《武英殿本图书》，台北《故宫文物月刊》1998 年第 16 卷第 4 期。
② 吴璧雍编：《皇城聚珍——清代殿本图书特展》，台北故宫博物院，2007 年。
③ 陶湘编：《武进陶涉园七十年记略》，中国国家图书馆藏，1939 年刊本，第 2 页。
④ 前揭《武进陶涉园七十年记略》。
⑤ 陶祖椿：《陶公兰泉行述记略》。
⑥ 关于陶湘编刻的书目，部分见于陶湘编，窦水勇校点：《书目丛刊》，辽宁教育出版社，2000 年。
⑦ 傅增湘：《藏园群书题记》附录二《涉园明本书目跋》，上海古籍出版社，1989 年，第 1100 页。
⑧ 前揭《书目丛刊》，第 68 页。

可见其留意殿本书甚久。至民国十六年（1927 年）的 38 年里，陶湘已经收藏殿本书“百数十种”，其弟编有《涉园藏殿版书目》一卷，说“（陶湘）自乙丑迄今四十年，凡得五百数十种，较之今内府所储度越甚远。”① 这里所说的“五百数十种”，应当可信，这一数量是相当可观的。根据笔者编制的《清代殿本编年总目》统计，清代殿本总数为 674 种。而陶湘以一人之力，历经四十余年，所收藏的殿本几乎可以媲美国内外公藏机构所藏。根据《涉园藏殿版书目》，陶湘收藏有一套完整的铜活字版《古今图书集成》，该书只印刷了六十六部，到了民国年间更是损毁严重，陶湘能够购藏一套，可见其收藏之富。

陶湘收藏图书，特别讲究书籍装潢，每得一书，遇残本则整修之，遇珍本则函以红匣，傅增湘曾对“陶装”有形象的描述：“被以磁青之笺，袭以靛布之函，包角用宣州之绫，订册用双丝之线，务为整齐华焕，新若未触。有时装订之钱，或过于购求之费而毫不知吝，故持书入市，一望而识为陶装者。”在陶湘收藏的殿本中，最具特色的是“开化纸”本②，有“陶开化”著称。陶湘在《清代殿板书始末记》中毫不掩饰对殿本中开化纸本（笔者注：实际为连四纸）的喜爱：“殿板书以开化纸印本尤为精美，予生平酷嗜之。吾友吴君眉尝戏予曰：周鼎、商彝，世多赝造，若开化纸自乾隆以后不复制，而其技亦亡。后有巧工无能为役，藏书家宜宝之。此虽谐言，中有至理。”陶湘凡遇开化纸印本，不问何类，一概收之，一时有“陶开化”之誉称。民国以来书林，人人皆知。他在《清代殿版书目》《武英殿聚珍版书目》《故宫殿本书库现存目》等书目中，其中多涉及开化纸印本，可以说重视并揭示开化纸本价值所在，陶湘是民国以来第一人。除此之外，陶湘亦相当重视铜活字本，如《古今图书集成》《数理精蕴》等。铅印本和石印本也在他关注的范围内，所谓“予述殿板而必及铅印、石印之递嬗，固以备始末，亦以见国力之孱弱，而文物相与以俱衰也”③。陶湘把殿本的收藏与国家兴衰联系在了一起，也展示他作为文人浓厚的爱国情怀。“九一八”事变后，在内忧外患的形势下，1933 年陶湘开始将殿本售于北京文友堂书店和直隶书店。据雷梦水先生《书林琐记·涉园藏书聚散考略》记载，陶湘后因经济窘迫，其生平所藏殿本陆续售出：“一九三三年，北京文友堂书店以四万元购妥其所藏毛氏汲古阁千书约一百二十种及明闵齐汲，凌濛初刊本书一百二十八种和殿本开花纸书一百余种。陶氏所藏书皆系宽大初印，书品洁净，墨色十足，装订古雅美观。此后陶氏以售价太廉，则不售，文友堂与其兴讼，经董授经先生调解，结果只将殿板开花纸书一百数十种以原价四万元归文友堂，其中包括平定各省的方略二十种经易培基介绍售归广东中山大学图书馆十余种，其余十余种系松筠阁由日人松村太郎介绍售归日本东洋文库……又丛书部分则由陶氏亲自售于日本京都文化研究所……又其余之殿版开化纸一百余种亦由魏丽生以万元转售于溥仪。”④

尽管陶湘集四十年的殿本收藏转归他人，但陶湘大规模收藏殿本实际上为保存这一珍贵文献起到了重要作用，其贡献不可磨灭。

陶湘除了收藏殿本宏富外，亦亲身参与了故宫所藏殿本的整理和编目工作。1929 年陶湘曾应聘任故宫博物院图书馆专门委员，主持编订故宫殿本工作，为殿本书目的整理和编目做出了重要贡献。20 世纪 30 年代陶湘为故宫博物院编成的殿本书目共有三种：

---

① 陶湘藏、陶洙编：《涉园藏殿版书目》，载李万健、邓咏秋编：《民国时期私家藏书目录丛刊》第五册，国家图书馆出版社，2012 年。

② 据笔者考证殿本“开化纸”实际上是连四纸，是近代以来的讹称。

③ 前揭《书目丛刊》，第 68 页。

④ 雷梦水：《书林琐记·涉园藏书聚散考略》，第 4 页。

《故宫所藏殿板书目》，民国二十二年（1933 年）故宫博物院图书馆铅印本。书扉及封面标题作“殿板”，并有“此册便检点用另有现存目三册嗣出”字样。书目分为经、史、子、集及聚珍版、古香斋五卷，收录殿本约四百八十余种。

《故宫殿本书库现存目》（上、中、下），民国二十二年故宫博物院图书馆铅印本。共计三卷，附录一卷，分为上、中、下三册。该目依据《国朝宫史》《国朝宫史续编》，著录书名、卷数、刊年和册数。其收录范围为“御制、钦定以及呈览诸书，凡刻本、写本、抄本、铜版、聚珍、石印、铅印等（石印、铅印除官书外，均以奏准为限），但与内廷有关者，均归之为殿本书库，即武英殿库之遗意也，编兹书目，一以殿本书库之有无为断，名曰《故宫殿本书库现存目》，以备览者参稽”，收录殿本约四百九十种。

《清代殿板书目》，民国二十二年故宫博物院图书馆铅印本。共著录书籍二百九十七种，其中除殿本外，还包括内府其他机构的刻本、石印和铅印本以及内府抄本等五十三种①。《续修四库全书总目提要》由刘白村著录略云：“《清代殿版书目》不分卷（民国丙子陶氏印本）。武进陶湘编次，所收书目自顺治至宣统朝，凡三百六十六种。”

傅增湘曾发表《故宫殿本书库目录跋》，高度评价了陶湘整理殿本目录的成绩：

> 此内库书三卷，武进陶君兰泉所撰辑也。卷上之目曰实录、圣训、御制、钦定、校刊五门，卷中之目曰方略、典则、官书、经学、字学、史学、志乘、类纂、仪象、目录、类书、总集、进呈、清文书十三门，卷下之目曰校刻梵经、附录书目、总表三门，而以书影附焉。其类别咸仿官史为之。惟进呈一门，为所特增也。余于乙丑岁领故宫图书馆事，时方画定寿安宫为馆址，尽移宫中藏书庋其中，楼上下四十八楹，标甲乙丙丁四库，而殿本之书，别萃一室。余以君雅善鉴藏，因修函延君任以编订之事。嗣是继主馆职者，锐志经营，积月累年，连车叠筐……自文渊阁、摛藻堂而外，举三殿六宫、御园书房珍藏陈设之书，锦帙牙签，以千万计，咸聚此连栋之中，而规模因之大备。君方旅津沽，或累月一至，或一月再三至，则提囊载笔，犯风雪，冒炎热，徒步神武门，经西长安街入殿中，手披目玩，凌晨而届，日暮而出，时而饥疲，或挟饼饵与小史走卒坐食饮，而不以为苦，盖励精焠掌，阅五六寒暑，乃条别而类居之，卒底于成。可谓艰矣。②

除了编有三种殿本书目外，陶湘还编刻了《武英殿聚珍版书目》不分卷（民国丙子陶氏印本）。是书编次者，凡一百三十八种。《武英殿修书处写刻刷印工价等例》不分卷（民国丙子陶氏印本），为武英殿造办处所需物品及各项工资之估价单而成为定案者。这些书目的编刻为以后的殿本研究者提供了极大的方便，嘉惠学林。

（二）陶湘对殿本的研究和贡献

殿本的著录始自清中叶以后，公私著述如《四库全书总目提要》《皇朝文献通考》《国朝宫史》以及《不下带编》《啸亭杂录》等，都有著录和评价。然而，更全面深入的研究则是清亡以后，陶湘成绩最为卓著。陶湘对故宫殿本的偏爱，不仅仅停留在收藏和整理，他利用自己收藏所

---

① 以上三种书目参考了朱赛虹：《武英殿刻书数量的文献调查及辨析》，《故宫博物院院刊》1997 年第 3 期。

② 前揭《故宫殿本书库目录跋》，第 347 页。

得，认真查阅资料，撰写出了详细考述殿本源流的《清代殿版书始末记》，对殿本源流、发展等基本问题做了非常有价值的基础性研究，所编辑《清代殿板书目》《故宫殿本书库现存目》等多种目录书，字里行间渗透着他对殿本研究的心得和成果，至今仍为人所用。由于陶湘本人即嗜好收藏殿本，且颇有研究，因此其结论就比较具体可靠，得到了学界的重视。下文以陶湘民国二十七年（1938 年）撰写的《清代殿板书始末记》为基础，结合相关史料，以期揭示陶湘对殿本研究的重要观点和突出贡献。

首先，较早清晰阐明了殿本实滥觞于明代经厂本，两者之间又颇有不同。关于清代殿本的缘起，各家观点不一，民国二十七年陶湘所撰《清代殿板书始末记》直接阐明他的观点："清代殿板书实权舆于明代经厂本，惟明以司礼监专司，清则选词臣从事耳。顺治一朝纂刻书籍，均经厂原有工匠承办，故其格式与经厂本小异而大同。"① 在陶湘看来，尽管殿本滥觞于明代的经厂本，有一定的延续性，但在具体操办流程、办事人员上则有很大的不同，"明以司礼监专司，清则选词臣从事"。这就为我们研究清代殿本的来源和明清两代刻书的比较提供了很好的视角，至今影响学界。

其次，高度评价殿本成就，其撰写的《清代殿板书始末记》详细梳理了有清一代殿本发展的历史脉络，并对各个时代的殿本刊刻成就予以客观评价，是极为重要的文献。陶湘对历代典籍熟稔于心，举凡宋本、明本等，应该说见多识广，他对清代殿本的评价不可谓不高，称"写刻之工致，纸张之遴选，印刷之色泽，装订之大雅，莫不尽善尽美"，并指出"吾敢断此殿板诸书直将亘百千年而不敝"。对于康熙朝殿本刊刻，陶湘在《清代殿板书始末记》指出，"康熙一朝刻书极工"，并高标康熙年间编纂的铜活字殿本《古今图书集成》；而雍正一朝"精刻内典，别规格式，字体力求方整，刀法力求匀净"；乾隆朝"特简王大臣总裁其事，殿板之名遂大著"。应该说，陶湘的评价是相当高的，也为后世学者经常引用。陶湘的另外一个贡献，就是对殿本分期问题的讨论。在陶湘看来，清代的殿本刊刻经历了高潮和衰落两个时期，也就是呈现出一定的阶段性，而其中一个重要分流点就是乾隆十二年（1747 年）。例如陶湘在《清代殿板书始末记》认为："凡在十二年前刊印者，其写刻之工致，纸张之遴选，印刷之色泽，装订之大雅，莫不尽善尽美，斯为极盛时代。"在陶氏看来，乾隆十二年以前的殿本刊刻可谓登峰造极。而到了乾隆十二年以后，"敕纂各书之写刻印装，每下愈况。试举三十年后所刻之《六通》、四十年后所刻之《旧五代史》、五十年后所刻之《续纂大清一统志》。与十二年前所刊诸书校，其优劣判若霄壤"，呈现出明显的衰落趋势。尤其是到了同治八年（1869 年）夏，武英殿失火，"凡康熙二百年来之藏书储板，一炬荡然……武英殿既灾，纂修协修之官名犹在，写刻印装之工匠亦云散，而刊书之事，终同治一朝阒寂无闻，此为极衰时代矣"②。陶湘的这一论断尽管观点尚可商榷，但确系民国以来首次为清代殿本的分期问题进行了论述，推动了殿本的相关研究。

再次，在殿本编目过程中，对殿本刊刻年代、刊刻经过和版本源流予以著录和考证。陶湘从 1926 年起到故宫编订殿版图书，历时 7 年，完成《故宫殿本书库现存目》3 卷，收录 1290 部，另外考订有《清代殿版书目》《武英殿袖珍版书目》《武英殿聚珍版书目》，成绩斐然。诚如《书目丛刊》校点者所言"陶湘根据个人收藏，在清代殿本书目这加上不少按语，或补充故宫藏书的缺欠，或阐明编印经过，包含着他的许多心思，提供了鲜为人知的可贵的史料"③。傅增湘

① 前揭《书目丛刊》，第 68 页。

② 前揭《书目丛刊》，第 68 页。

③ 前揭《书目丛刊》，第 1 页。

称陶湘编《故宫殿本书库现存目》“记述详赅，参稽明审，使一朝九帝之制作，扃闭于文楼秘阁之中者，一旦挈领提纲，呈露于人人之耳目，为功至伟”。此外，其所编的《武英殿聚珍版书目》收书 138 种，《武英殿袖珍版书目》收书 13 种，也大大方便学人。

最后，他敏锐地注意到武英殿写刻刷印工价资料、殿本书价的价值并予以揭示。清代武英殿刻书，例设有专门的档案房专门负责整理和记录刻书的相关档案，包括钱粮出纳、售卖书籍等，其中《武英殿修书处写刻刷印工价并纸张定例》就是其中的一份重要资料，这份资料详细记载了清代武英殿刻印书籍的操作过程、人员活动、物质消费、生活条件，从中可以看出内府刻书的管理情况和不同时代人工物料用费的开销。1938 年，陶湘将历年所编目录 15 种以《武进陶氏书目丛刊》为名铅印出版。陶湘在其《书目丛刊》注意到这份资料并著录其中，引起了后世越来越多的学者的关注，成为研究清代印刷史和社会史不可多得的珍贵资料。今年，故宫博物院和中国第一历史档案馆合作编选的《清宫武英殿修书处档案选编》出版，收录了大量武英殿刻书的资料，引起了学界极大的关注，从某种意义上说，陶湘是重视并发掘这类资料的先行者。此外，中国古代书价历来受到学界重视，而文献又往往付诸阙如，陶湘较早注意到了清代殿本书的价值，著录《闽刻武英殿聚珍版书目录及价单》在《书目丛刊》中，保存了珍贵的书价史料。

当然，陶湘所编殿本书目和相关研究并非毫无瑕疵，例如他所高度评价的殿本开化纸实际为连四纸，他所编订的《故宫所藏殿本书目》《清代殿板书目》等目录将顺治朝所刻内府典籍亦视作殿本，都有重新探讨的空间。但瑕不掩瑜，从陶湘一生不遗余力地为保存、整理和研究殿本所作出的贡献来看，他的确为典籍的保存和流传，付出了极大精力，理应得到今人的重视和研究。

（作者单位：北京师范大学历史学院）

养心殿老照片综合考察[①]

左远波

内容提要： 反映养心殿建筑及室内陈设的老照片，也同紫禁城其他区域的照片一样，主要拍摄于清末和民国时期。其中，以1900—1901年和1922—1924年两个时间段最为集中。它们虽然数量不多，更不能对整个养心殿区域进行全方位、多角度的立体记录，但每幅照片都记录着一个历史瞬间。它们始于八国列强的野蛮入侵，记录着近代中国曾经蒙受的屈辱；终于逊清皇室被驱逐出宫，又代表着没落的皇宫走向新生。作为昔日政权中心的养心殿，那里的旧藏照片同样值得研究，将一个个具体而微的瞬间串联起来，将会复原一段段真实的历史。

关键词： 养心殿老照片　八国联军　溥仪

近年来，老照片在社会上热度日增，这种特殊的“视觉史料”作为记录历史的重要载体，因其直观、形象和内涵丰富，也逐渐为学界所重视。不过到目前为止，仍然是关注者众，研究者寡，成果大多局限于图录的编辑出版或作为插图进行引用。至于与紫禁城养心殿相关的老照片，则见诸图录者寥寥，更谈不上系统地搜集、梳理与深入研究。

清代养心殿区域是紫禁城乃至全国的权力运作中心，属于外界不能逾越的禁地。清朝末期，这里也同整个皇宫一样，或主动或被动，渐次揭开神秘的面纱，中外造访者得以步入其中，通过摄影镜头留下了最初的照片资料；其后的小朝廷时代和故宫博物院建院前后，反映养心殿建筑及宫廷生活的照片逐渐增多。此外，曾经收藏在养心殿的部分纪实性照片，内容更是十分丰富。这些照片分别定格于不同的历史瞬间，蕴含着十分丰富的历史信息，对其进行必要的整理与研究，对于养心殿整体研究工作而言，将是一件很有意义的事。

本文以养心殿老照片为主线，以国内外相关图书馆、博物馆收藏与相关出版物为对象，结合文献档案、时人记述、文物史迹等材料，解读照片内容，考订时代背景，最大限度地还原照片背后的往事。

一　八国联军占领紫禁城

摄影技术于1839年诞生在法国，鸦片战争后传入中国，开始在南方的香港、广州及上海、宁波等通商口岸流行。到了1860年，英法联军入侵北京，英国摄影师费利斯·比托（Felice Beato，1825—1903年）随军一路北上，跟踪拍摄了一批东部沿海及天津、北京等重要城市的照片。联军占领北京期间（1860年10月25—11月9日），比托虽然没有进入紫禁城，但他分别在

① 本文为“故宫博物院养心殿研究性保护项目”《养心殿老照片调查与研究》（编号：KTYXD2016—31）研究成果。

午门外阙左门南侧、北海琼华岛上，拍摄了午门和紫禁城全景照片。紫禁城这一皇家禁地，也由此留下了最早的影像记录。① 在此之后的整整40年间，中外摄影师再也没有走近皇城一步。

1900年，八国联军攻陷北京，不仅各皇家宫苑、坛庙、衙署等遭到列强的占领和掠夺，而且外国摄影师也得以进入紫禁城。从此，皇宫内部的照片开始大量出现，并通过各类出版物在世界各地传播和留存。

（一）联军攻占皇城

1900年8月14日，八国联军对北京城发动总攻，慈禧太后挟光绪帝连夜西逃。次日早7时许，美军率先从南面对皇城发起攻击，借口是中国人一直在紫禁城对着的使馆区开火，必须把他们从那里赶走。在沙飞司令官的指挥下，瑞利上尉的炮兵连将4门大炮架在前门的内城墙上，向大清门发动炮击。美军的3个步兵团、海军陆战队及部分俄国海军陆战队也进入正阳门，一起汇集在大清门外。

美军第十四步兵团首先攻打皇城的南门大清门。面对上了重闩的坚固木门，他们先是找来一些横木进行撞击。无果，只得向瑞利上尉求援。炮兵连的两门大炮同时瞄准轰击，门闩被轰断，大清门洞开，美军随即冲向天安门。隐蔽在天安门城楼上的清军猛烈开火，甚至沿着广场边缘发起进攻。美军一面增强正面的攻击力量，一面分兵从左、右两翼迂回侧击，激战数十分钟后，仍不得前进。瑞利炮兵连将两门大炮推到广场中间，炮弹一发又一发地爆炸，“每当炮弹击在门上，那布满大头钉的古代城门就被震得颤抖着发出嘎嘎声，裂片横飞，爆炸声在院中回响”“城门颤抖着，但它们还是结实得依然如故”。最后，英国人派来一群日本苦力，架起从天津带来的竹制云梯，爬到里面打开了城门。② 紧接着，美军又用大炮轰开了端门，并将炮口对准了紫禁城的正门午门。

与此同时，其他侵华联军也从不同方向逼近紫禁城。法军在前门东边的内墙上架起火炮，向皇城猛轰；俄军和日军从皇城北面发起进攻；意大利军队则一边攻打一边询问：“美国人、法国人是否已经进入到了皇宫里面，整个皇宫是否已经被掳掠一空了，皇宫是否被烧了……”③ 在这场对皇城的疯狂进攻中，美军死伤15名，那个炮兵连上尉瑞利也在天安门被清军击毙。当然，清军的牺牲则无法统计。

不过，正当侵略者脸上荡漾着胜利的激情，恨不得立即闯入宫门的时候，却传来了不许进入皇宫的命令。因为面对神秘而藏满珍宝的紫禁城，各国垂涎与洗劫之心显露无遗。为避免巨大的利益引发军事冲突，他们不得不相互妥协；另外在局势尚未明朗之前，他们还想以此作为要挟清廷的重要筹码。于是，“联军指挥官与公使的联席会议上通过了决议：任何一支外国军队不得进入皇宫。通过宫殿的所有外门，均派了国际卫兵看守”。④ 此后直到1901年9月17日，即《辛丑条约》规定的八国联军撤出北京的日期，美军一直驻守午门，神武门与东华门、西华门则由日军把守，另有俄军两个中队驻扎在景山。

---

① 照片原版藏于美国洛杉矶盖蒂中心。

② ［英］萨维奇·兰德尔著，方兆麟译：《中国与联军》，天津市政协、北京市政协文史资料研究委员会编《京津蒙难记——八国联军侵华纪实》，中国文史出版社，1990年，第51页。

③ ［英］普特南·威尔著，张启耀译：《庚子使馆被围记》，电子工业出版社，2012年，第212页。

④ ［俄］德米特里·扬契维茨基著，许崇信、谢翰如等译：《八国联军目击记》，福建人民出版社，1983年，第335页。

图1　炮击天安门的美国兵

图2　美军驻扎在午门外

然而，东方帝宫对洋人的诱惑力毕竟太大，所以联军方面随即又决定组织各国军队入内“参观”。

（二）一场“国际大游行”

1900年8月28日（光绪二十六年八月初四），正好是北京陷落后两个星期，联军部队先在大清门内举行阅兵仪式，随即又举行了穿越皇宫的“大游行”。这一天，天气格外晴朗，但对于中国历史来说却是个屈辱和惨淡的日子，标志着皇宫紫禁城已经沦陷。

上午7时半前，各国侵略军在大清门内广场聚齐，他们分别是：俄军800名、日军800名、英军400名、美军400名、法军400名、德军250名、意军60名、奥军60名。7时45分，阅兵开始，俄国的利涅维奇将军以最高军衔的身份主持检阅。同时在场的，还有日本的山口将军和福岛将军、法国的弗雷将军、英国的盖兹利将军、美国的沙飞将军和德国冯·马德伊少校，以及各国使馆的外交官等。

8时整，英国军队鸣礼炮21响，宣告游行开始。利涅维奇率领的俄军为先导，后面依次是日、英、美、法、德、意、奥等国军队，浩浩荡荡地开进天安门、端门和午门。这些来自八个不同国家的侵略者，穿着不同的军服，说着不同的语言，吹着不同的号角，奏着不同的乐曲，举着不同的国旗，在紫禁城中轴线上缓缓前行，耀武扬威。他们“登上白玉石阶，走进幽暗而静寂的古老宫殿”“走过一个有白玉石的露台、台阶和游廊的铺石庭院，又来到另一个古老高大的殿堂内，里面也有宝座、圆柱以及宝座高台前的香炉”“在宫殿的大门前出现了几个朝廷官员，其中有一个头戴红顶帽的官员，据说是军机大臣。这些官员的脸部都带着极其殷勤和令人愉快的表情，但在那表情的深处却相当明显地流露出他们的民族遭到了不幸和屈辱的感觉”，而“在各个

图3　俄军开进天安门

正门和掖门旁鹄立着宫廷侍役，他们像那些殿宇一样，朦胧欲睡、噤若寒蝉、衰颓老朽；像那杂草一样，多余无用”。①

最后，他们穿过“优雅的、柏桧成荫的”御花园，走出紫禁城的北门神武门。在那里，一支俄国军乐队正在待命。每当一个国家的队伍走出皇宫，便开始奏那个国家的国歌。上午9时，正式“游行”告一段落，各国兵队奔赴德胜门，部分上层军官及其随员、各国公使则回过头来继续参观尚未到过的殿宇。例如，他们进入乾清宫，看到“颇令人感兴趣的是皇帝的内宫，内有鎏金的宝座、宝鼎、花瓶、陈设着各色玉器的小几、芙蓉帐、宫扇与写满对联的楹柱。朝廷的官员殷勤地端出香茗与甜食招待客人”②。他们中的不少人，看到自己喜欢的物件便顺手牵羊。

图4 联军头目在乾清门前

① 前揭《八国联军目击记》，第352—353页。

② 前揭《八国联军目击记》，第353页。

图 5　洋人坐在乾清宫宝座上

关于此次洋人入宫情形，清宫档案也有记载。清室留守大臣、大学士昆冈向西逃的朝廷上了一份奏折：

> 八月初二日，据日国（日斯巴尼亚，即西班牙）使臣葛络幹函称：各国统兵各员及公使人等，定于初四日辰刻，俱入大内，瞻仰宫廷，以资保护，请约一二大员先行进内，通知宫内人等，万勿惊惶，等语。臣等以地属宫禁，再三阻拦。该使臣坚称，现在京城暂归各国保护，此系各国使臣及各兵官之意，碍难阻止。臣等系外廷人员，当约总管内务府大臣世续、文廉，于初三日先行公同进内，晓谕各处所值班人等，并传集内监，告知原委，俾免宫内惊惶。初四日辰刻，约同该使臣等入大清门、进内左门、出神武门，仅作洋乐，尚无喧哗情事。臣等窃思，此次洋人入宫，尚知先期约会，未敢擅入，意在顾全邦交……①

八月十二日，清廷军机处收到奏折后则回复：

> 军机大臣字寄庆亲王奕、大学士昆等，光绪二十六年八月十二日奉上谕：昆冈等奏，京城近日情形一折。洋人曾经入宫瞻仰，虽无喧哗情事，难保非别有意见。着昆冈等会同内务

① 《大学士昆冈等折》，光绪二十六年八月初一日，故宫博物院明清档案部编《义和团档案史料》上，中华书局，1959 年，第 533—534 页。

府大臣，酌度情形，妥为保守，勿稍疏虞。庆亲王奕劻日内计已到京，并着将一切应议事宜会商办理。仍随时驰报。将此谕令知之。钦此。遵旨寄信前来。①

（三）洋人自行进宫“参观”

游行仪式结束后，联军司令官和各国公使决定关闭紫禁城。当时，也有人主张像英法联军火烧圆明园那样，掳走宫中珍宝，再将皇宫夷为平地。不过，最终还是“理智”占了上风，认为那样会逼迫清廷迁都，对于联军要求的惩办祸首、索取赔款等十分不利。不过，外国人并未停止入宫“参观”。

清宫档案中有一份《奏呈各国洋人进内日期单》，逐日开列了光绪二十六年八月十五日至九月初二日（1900年9月8日—10月24日），内务府官员世续、文廉、特登额、全寿等引领各国洋人，经景运门进入内宫的批次和人数：

八月十五日，文廉带日本、俄国二十余人；

八月十七日，景运门文连（廉）、特登额、全寿带日本、美国二十余人；

八月二十日，景运门带日本国二人；

八月二十二日，文廉带日本国四人；

八月二十九日，文廉带美国人十五人，内有三女；

闰八月初六日，文廉带日本、美国三十余人，内有四女；

闰八月十一日，景运门带日本国四十余人；

闰八月十二日，世续、文廉带美、法国四十余人；又，景运门带法国十三人；

闰八月十三日，景运门带美国十人，内有二女；

闰八月十六日，景运门带日本国十二人；

闰八月十七日，景运门带美国四人；

闰八月十八日，世续、文廉带日本、美国六十余人；

闰八月十九日，景运门带美、法国九人；

闰八月二十日，景运门带日本、美国七人；

闰八月二十一日，景运门带日本国十二人；

闰八月二十二日，文廉带日本、法国五人；又，景运门带日本、美、英国二十人；

闰八月二十六日，文廉带美国十一人，内有一女；

闰八月二十七日，景运门带日本、美国十人；又，景运门带日本国五人；

九月初一日，文廉带日本、德、美、俄国二千有余人；

九月初二日，景运门带日本、美国七十余人。②

外国人私自入宫之事，同样禁而不止。

如1900年8月，英国人普特南·威尔等拿着俄军指挥官的“介绍信”，从神武门进宫“游玩”，前提是不能走漏消息，也不能“拿走里面的一针一线”。他们不顾太监的苦苦求饶，强行闯入内宫，并进入了慈禧太后和皇帝的寝宫：

---

① 《军机处寄庆亲王奕劻等上谕》，光绪二十六年八月二十六日，前揭《义和团档案史料》上，第549页。

② 中国第一历史档案馆编：《庚子事变清宫档案汇编》第3册，中国人民大学出版社，2003年，第1144页。

图 6　洋人进入太和殿

图 7　联军在储秀宫

终于，我们站在了这位数十年来亚洲地区权势最大的女主人的寝室之中，仔细而热切地观看着。在寝室的一边摆着一张大床，挂着绣满漂亮图案的帐子，周围则有雕刻精细的床罩子，旁边设有欧式的软椅，架子上放着镶嵌有珠宝的钟表，正在滴滴答答地响着；在房间不太为人注意的一角上，放着一只制作精美的银质便壶……我没有讲什么礼节，径直一屁股坐在了这张高贵的床上……而我则找到了一瓶玫瑰酱，顺手取过来一阵猛吃，味道真是香甜可口。接着，我又发现了一些俄国烟卷，也顺便拿过来吸开了……

不久，我们离开这里到别处游玩，来到一处金碧辉煌的地方，里面的陈设琳琅满目、美不胜收，有墙壁上的挂钟，有地面铺设的地毯，有放在桌子上镶满宝石的真金糖果盒，有满屋子的古老瓷器。看到这样的情景，我想这里肯定是皇帝的寝室了……我则寻思着是否能把悬挂的东西扯下来做成一件包袱，如遇到心中中意的物件便纳入自己的囊中，就像印度士兵所做的那样……①

1900 年 10 月，法军上校朱利安·韦奥（即后来的作家绿蒂）也在日本兵的通融下，从神武门进入紫禁城，并命令太监带路“参观”了皇帝的寝宫：

这间奇怪的卧房内不可能透进更多的光，只有一扇门通向阴暗的大厅，封得死死的窗户开向大概有三重院墙围着的某个阴暗的小天井，窗棂上糊着米纸，透着半明半暗的光。摆床的地方凹了进去，很宽敞，像是在一面如城墙般厚实的护壁板里掏成的，挂着床帷，铺着一床宝蓝色的丝绸被褥。没有座椅，此外，空间也很狭窄；也没有书籍，在这里看书肯定很困难。在当桌子用的黑木柜上摆着一些令人伤感的收在玻璃樽里的小古玩：铜制或玉雕的小花瓶，里面还插着几支僵硬非常的假花，花瓣是珍珠或象牙质地的。所有器物上都蒙着一层灰，表明好久没人住过了。②

图 8　皇帝的床

在离开皇帝卧室时，上校的勤务兵故意落在后面，并趁机扑倒在那张挂着宝蓝色床帷的龙床上嬉闹一番，其中一人兴奋地对同伴说：“老兄，这样至少我们能说睡过中国皇帝的龙床了！”③

私自进宫禁而不止，暗中偷窃时时有之。美日两军又为此共同议定了一个《游览紫禁城章程》，现引录于下：

一，此章程自西历（1901 年 2 月）十九日，即中历元旦为始，照行。

① 前揭《庚子使馆被围记》，第 250—251 页。

② ［法］皮埃尔·绿蒂著，马利红译：《在北京最后的日子》，上海书店出版社，2010 年，第 84 页。

③ 前揭《在北京最后的日子》，第 88 页。

一，此章程因方便文武官员及各国士商入紫禁城而设，以免有屡报宫中之物为游客所携失之事。此系美日两国提督会议，开定下列各条：

（一）凡文武官员，及各国士商，应持有联军各管带官之信函，准于每礼拜二、礼拜五等日，自午前十点钟，至午后二点钟止入内。二点钟以后，应请各位退出。

（二）按前条所开之各管带官之信函，应请于前两日预投，或致美提督，或致日提督。函中声明系某官居长，及应偕行人数。美日提督自当互相知会。

（三）游者应由南门入，由北门出。其余各门，均不能擅开。（按第八条所开各位，不在此例）

（四）凡大内悬有免入等牌之门户，均请免入。

（五）当开明各日期时辰内，应有派出值日美日武官照料。

（六）大内所用华仆，除奉有美长官或日长官之准状外，不准带物件外出。

（七）所有华人出宫禁者，应由把门美兵、日兵认真搜检。倘查有违章之物在身上，应由把门兵丁扣留，具报长官，以便申报提督核办。

（八）如瓦统帅（指瓦德西）及联军各官长提督，及其偕来之友，不论何日，在上午十点钟至午后二点钟之间，紫禁城南门可以启开延入。或有人持瓦大帅及联军各官长提督之名片投交守门武官，亦可放行。①

这件“章程”究竟在多大程度上得到了执行，目前已无从得知。至于宫中物品被窃走多少，无论在当时还是事后都很难做出准确统计。

（四）进入紫禁城的外国摄影师

随着紫禁城被八国联军占领，一些外国摄影师纷纷进入这一禁地，留下了大量屈辱却十分珍贵的镜头。他们拍摄的照片除以出版物的形式留存至今外，国内外部分博物馆、图书馆及个人手中也有收藏。

1. 山本诚阳与《北清事变写真帖》

山本诚阳，日本明治、昭和时期著名摄影师，曾在日本开设山本写真馆，后在天津小白楼设立分馆。甲午战争时，也曾作为随军摄影师跟踪拍摄，并于 1905 年出版《清韩战时风景写真帖》。

八国联军攻陷北京不久，山本诚阳便随日本天皇特命侍从武官冈泽精来华慰问日军。他在大沽、天津、北京等地拍摄了大量照片，从不同角度反映了联军的组织、装备、行程、沿途军事要地、主要战场，以及占领北京期间的外交活动等。其后，他从这批照片中选取 114 幅，于 1901 年在东京出版了《北清事变写真帖》。在这本照片集的序言中，山本诚阳说日军“海陆转战，无坚不拔，伐逆抚顺，秋毫无所犯，民人讴歌其德，至有日军来何迟之叹”。如此颠倒黑白的表述，无法掩盖侵略者烧杀抢掠的事实。最后，他直白地道出了此书的出版目的：“一以发扬我军之光彩于四表，一以资军事参照与尚武的教育。”②

① （清）佚名：《西巡回銮始末记》，中国历史研究资料丛书《庚子国变记》，上海书店，1982 年，第 23■—236 页。

② 《北清事变写真帖》绪言，东京印刷株式会社，1901 年。

图 9　《北清事变写真帖》封面

图 10　侵华日军司令官山口素臣在养心殿

在当时众多拍摄天津和北京的外国摄影师中，山本诚阳的照片拍得相对较早，内容大都具有很强的纪实性。如中海慈禧寝宫仪鸾殿被焚前、紫光阁被洗劫和破坏前的照片等，其史料价值是不可多得的。书中收录一幅养心殿东暖阁的照片：一军官手持军刀坐在皇帝宝座上，一日本兵侍立一旁。那位军官正是侵华日军司令官、时任日本陆军第五师团长的山口素臣中将。

2. 小川一真与《清国北京皇城写真帖》

小川一真，日本明治、昭和时期著名摄影师，也是日本近现代印刷技术发展的推动者之一。中日甲午战争时期，以他为首的日本随军摄影师，不仅拍摄大量日本陆军在旅顺、威海、台湾等地登陆作战场景，而且还登上军舰，参与黄海海战等海上大战。他们拍摄的照片几乎贯穿甲午战争的始终，其后出版的《日清战争写真贴》已成为研究甲午战争史不可或缺的影像资料。

小川一真拍摄紫禁城，与1901年日本人对北京的一次建筑与文物考察活动密切相关。八国联军占领北京后，日本高官冈部长职等赴北京慰问日本军队，并参观了皇城。他们惊叹于紫禁城宫殿规模之盏大和构造之庄严，认为包括内部雕饰在内的宫殿群堪称中国建筑的典范，于是商议将其拍摄下来制成影集，供建筑学及美术界参考借鉴。这一想法得到了时任日本驻华公使小村寿太郎及第五师团长山口素臣的赞同，并获得帝室博物馆的资助而成行，其中照片的拍摄工作由小川一真承担。考察活动历时近50余天，并得到了北京皇城特别出入券和紫禁城殿内调查的许可，拍摄了大量紫禁城及其他一些宫殿楼阁的照片。考察的图像成果，最终体现在1906年出版的《清国北京皇城写真帖》中。该图册收录照片172幅，着力于突出北京城建筑，大体分为3个部分：皇城135幅、颐和园11幅、北京城及周边26幅。[①] 其中，与养心殿相关的照片有7幅，即遵义门、遵义门内照壁、养心殿抱厦、养心殿明间宝座、养心殿明间藻井、养心殿东暖阁和养心殿随安室寝宫。

图11 养心殿抱厦

① 徐苏斌、贺美芳：《解读〈清国北京皇城写真帖〉》，《建筑学报》2013年第12期。

图 12　养心殿明间宝座

图 13　养心殿明间藻井

图 14　养心殿随安室

值得注意的是，照片中东暖阁的皇帝宝座实际上是一个座榻，与养心殿大修前陈设的宝座并非一物。在晚清同治、光绪两朝，养心殿东暖阁是慈安、慈禧两太后垂帘听政的地方。听政时，年幼的皇帝坐在前面的宝座上，太后坐在后面的宝座上，两个宝座间象征性地挂上一个黄色的帘子。直到慈禧、光绪去世，这样的陈设一直没有改变。溥仪即位后入居养心殿，垂帘听政场景被撤除。1961 年，故宫博物院恢复垂帘听政处原状，参考的就是小川一真拍摄的照片。可能是当时没有找到皇帝宝座原物，便替换成了一个紫檀木嵌碧玉宝座。新的宝座为传统的三屏式：靠背扶手板心、靠背碧玉板心和靠背背面，均为“苍龙训子”图，内容是苍龙正在教龙子驾云的本领。有专家考证，此宝座是从钟粹宫移来的。①

① 王子林：《“苍龙训子”宝座与皇帝训子》，《故宫学刊》2019 年总第 20 辑。

图 15　养心殿东暖阁

图 16　复原后的养心殿东暖阁

小川一真拍摄的太和殿宝座照片，也成为故宫博物院恢复太和殿原状陈列的依据。因为1915 年袁世凯称帝时，曾计划在太和殿举行登基大典，于是将殿内原有匾额“建极绥猷”、左右联“帝命式于九围，兹维艰哉，奈何弗敬”“天心佑夫一德，于时保之，遹求厥宁”拆掉，把雕龙髹金宝座换成了一个中西结合、不伦不类的大椅。1959 年，故宫便以这幅照片为线索，在一处家具库房中找到了那件残破的金龙宝座，并在精心修复后物归原位。① 后来也是依据这幅照片，恢复了殿内的匾联。

图 17　太和殿宝座

3. 穆默与《摄影日记》

阿尔方斯·冯·穆默（Alfons von Mumm），德国驻华公使。1900 年，前任公使克林德被刺身亡，穆默接替其职，于当年 10 月抵达北京。穆默酷爱摄影，来华后在所到各地拍摄了大量照片，包括天津、北京、唐山、易州、遵化、古北口、热河、山海关、北戴河，以及广州、澳门、汕头、厦门、香港、九江、南京、汉口、上海等地。1902 年，他将来华一年多时间拍摄的 600 多幅照片结集出版，定名《摄影日记》（Ein Tagebuch in Bildern）。全书内容大致分为 6 个部分：出航、在北京、近畿景致、大地俯瞰、南方旅游、在北京的公务。其中，以北京及其近畿景致居多。

书中收录的照片均拍摄于八国联军侵华期间，穆默本人又是以外交途径解决事变、促成《辛丑条约》签订的核心人物，故而照片集中反映了中外各国之间的军事、外交活动，诸如八国

① 朱家溍：《太和殿的宝座》，《故宫退食录》上，紫禁城出版社，2009 年，第 305 页。

联军的进军路线、坚船利炮、辎重补给、军容军貌、高级将领、外交官员、各地领馆，以及中外高官之间的谈判交往等。有李鸿章在上海拜会穆默，联军塘沽登陆、开进大清门、在天安门广场上的升旗仪式、在午门广场集会哀悼英王维多利亚及庆祝德皇寿诞，以及事变后慈禧与光绪回銮、各国驻华官员元旦入宫“朝贺”等。虽然庚子事变期间，有很多来华的外国官员、学者、旅行家等在中国各地拍摄照片，但迄今为止，此书照片数量之多、质量之优和系统性之强，尚无出其右者。

《摄影日记》也收录多幅在紫禁城拍摄的照片，包括一幅养心门的正面照。

图 18　《摄影日记》封面

图 19　养心门

4．德国军官与《北京照相》

《北京照相》（In und um Peking）由德国海军中尉迈尔施耐德·胡列塞姆（Meerscheidt－Hüllessem）和随军王军医（Marine－Stabsarzt Dr. Wang）拍摄，1902年在柏林出版，收录“庚子事变”时摄于北京、天津及大沽的照片220余幅。其中以北京为主体，包括被焚前的西苑仪銮殿、德军拆除观象台天体仪、街市风俗，以及联军处决清朝主战官员和刺杀克林德的恩海等，都是庚子年间重要的历史影像。紫禁城内部的照片包括乾清宫、储秀宫和御花园，而没有养心殿。

另外，庚子事变期间还有一名叫弗里德里希·卡尔·培兹（Friedrich Carl Peetz）的德国海军军官，自带照相机从青岛一直拍到北京，并进入紫禁城、颐和园等宫苑拍摄。从美国杜克大学收藏的照片看，培兹的摄影技术当时还处于业余水平，但其内容却有很高的历史价值。

图20 《北京照相》封面

图21 养心门

5. 詹姆斯·利卡尔顿与《1900，美国摄影师的中国照片日记》

詹姆斯·利卡尔顿（James Ricalton），美国摄影师。1900年初，从菲律宾马尼拉抵达中国，游历了香港、广州、上海、宁波、苏州、南京、烟台、天津、北京等城市。他用手中的立体照相机一路拍摄，从王公贵族到平民百姓，从民风民俗到八国联军占领京津，并对每张照片进行了详细解说。最终，他选定此次中国之行的100幅照片，结集为《1900，美国摄影师的中国照片日记》（1900，The Photo Diary about China of an American Photographer），1901年由美国安德伍德公司（Underwood&Underwood）制作并发行。

利卡尔顿进入紫禁城，首先拍摄的是太和门，他看到那里因疏于管理而呈现的破败

> 这是进入紫禁城南门后的第一个院子，我们站在院子偏左的位置，靠近边上的房子。午门沿院子的对角线看去，面对着的建筑叫太和门。离开前门后我们已经经过了五座巨大的门，院子里的野草长得非常茂盛，整个院子里的草够一群山羊吃的了。金水河里也没有了水，灌木从墙上的缝隙中长出来。尽管现在看着很荒芜，可是一旦把草除尽，你就可以感受到这里的辉煌神圣。①

进入西六宫的翊坤宫院落：

> 院子里虽然没有那么多野草，但仍然是一副年久失修的样子。这里的铜雕塑无论是凤凰、仙鹤，甚至水缸都非常漂亮。门前这些人是太监，皇帝出走后负责看守这些宫殿，我们走到哪里就跟到哪里。墙上的西洋钟已经不走了，不知是不是皇帝逃走的时候停的。②

图22 翊坤宫

从照片中可以清楚地看到，当时翊坤宫前廊的西墙前安置一架圆形大钟。对于后面的储秀宫，解说则这样描述：

> 我们来到另外一个院子，尽管这里是皇太后的寝宫，但建筑的样式似乎和前面的没什么分别。虽然这里是皇太后的寝宫，但这里实际很小，而且她很少在这里住，大部分时间都待在京城西郊的颐和园。门口的人是这里的守卫，我们走到哪里就跟到哪里。本来这里是皇家

① ［美］詹姆斯·利卡尔顿著，徐广宇译：《1900，美国摄影师的中国照片日记》，福建教育出版社，2008年，第191页。

② 前揭《1900，美国摄影师的中国照片日记》，第193页。

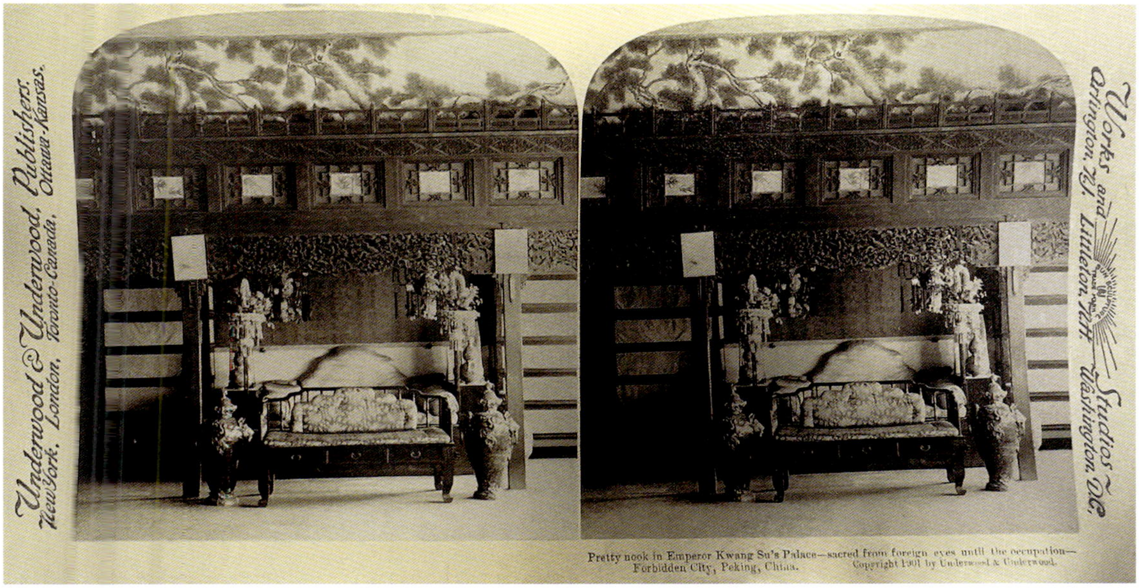

图 23 养心殿东暖阁立体照片

禁地 可现在士兵、军官、摄影师等等各种各样的“洋鬼子”都来参观这神圣之地。①

关于利卡尔顿拍摄的养心殿，笔者曾看到一帧私人收藏的东暖阁立体照片，下面的英文标注是：“中国北京紫禁城，光绪皇帝宫殿中精致的角落——联军占领前外国人眼中这里至为神圣。”这也是目前所见养心殿的唯一一幅立体照片。

6. 三名法国上校与《气球下的中国》

八国联军侵华后，对于天津、北京的城市道路交通很不熟悉，义和团和清军曾趁机与他们展开巷战。于是，法国军队便别出心裁地使用氢气球进行侦察，可以观测十几公里外清军的调动情况和重要目标。当时法军的氢气球容积已经接近300立方米，可以用一个小型吊篮承载一名摄影师及其摄影器材，只是那时的气球还不能自己控制飞行，需要有人在下面牵拉定位。一名叫普雷森特的法国上校便乘坐这种气球，在北京上空留下了十余幅航拍照片。

战争结束后，法国远征军为纪念此次出征，特别制作了一本《气球下的中国》图册，收录普雷森特（Plaisant）、卡梅尔（Calmel）、迪舍尔（Tissier）三名上校拍摄的京津地区照片272幅，其中航拍12幅，于1902年在巴黎出版。

书中收录一幅普雷森特拍摄的养心门照片，标注为“皇宫内皇帝私人寝宫养心殿的入口处”②。

1901年9月7日（光绪二十七年七月二十五日），清政府与列强签订了丧权辱国的《辛丑条约》，八国联军开始陆续撤离北京。次年1月7日（光绪二十七年十一月二十八日），西逃一年多的慈禧太后和光绪皇帝回到北京。此后，紫禁城又成为摄影师无法踏入的禁地。虽然

① 前揭《1900，美国摄影师的中国照片日记》，第195页。

② *La Chine a' terre et en ballon*（气球下的中国），巴黎伯格与莱佛荷特出版公司，1902年。

图 24　养心门

慈禧曾于 1903 年将从法国归来的年轻摄影师勋龄召到宫中，为自己拍摄了数十幅不同场面、不同背景、不同服饰和不同姿势的照片，但地点均在颐和园和西苑，紫禁城内没有留下一幅照片。

二　溥仪入住养心殿

1908 年，光绪、慈禧相继病故，3 岁的溥仪即皇帝位，成为养心殿的最后一位主人。其父载沣为监国摄政王，也在养心殿代幼帝主持朝政。1912 年 2 月 12 日（宣统三年十二月二十五日）颁布《清帝退位诏书》，根据民国政府的优待条件，退位后的溥仪皇帝“尊号”犹存，清皇室的原班人马仍旧住在紫禁城内廷。深宫高墙圈起了一个神秘的“国中之国”，清朝遗老遗少与一些民国新贵，依然对他三跪九拜，尊君称臣。溥仪就这样在紫禁城中长大，由幼年、童年而步入青年，而后大张旗鼓地“立后”“封妃”。溥仪和他的“后妃”都喜欢玩乐，曾在宫中拍摄、收藏大量照片，出宫后都留在了紫禁城。这些照片数量之多，在同期历史人物中是少见的。

（一）溥仪照片的相关问题

溥仪的宫中照片数量较多，在相关出版物中出现得也比较频繁。但有的照片在使用中经常出现误差，并不断以讹传讹，有必要对此进行相应的考证和解读。

1．幼年照片解读

1906 年 2 月 7 日（光绪三十二年正月十四日），溥仪出生在北京什刹海醇亲王府的思谦堂。

他是醇亲王奕譞的长孙，父亲是第二代醇亲王载沣，母亲瓜尔佳氏是清末重臣荣禄之女；光绪帝载湉和同治帝载淳，则分别是他的亲伯父与堂伯父。

溥仪幼年照片数量不多，其中入宫之前拍摄的目前仅见3幅：(1) 溥仪站立照；(2) 溥仪、溥杰合影，当时二人分别为2岁和1岁；(3) 载沣与两个幼子合影，照片中他手牵长子溥仪、怀抱着次子溥杰。

第一幅即溥仪站立照，目前多被当作“宣统皇帝”的照片使用。此说不确，因为他此时尚未进宫。后两幅照片的背景也都是飞鹤屏风，再结合人物的衣着、姿态，应该是同一天拍摄的。这一天还同时为溥杰拍摄了一幅单人照，有的出版物将其标注为“溥仪”。溥仪与溥杰，同父同母，长相相似，单独拿出这张照片断定他就是溥仪，似乎顺理成章。而将其与另外两张合影放在一起对比，则明显可以看出是溥杰无疑。

溥仪入宫后的照片，故宫博物院也收藏有4幅。从照片中人物面部观察，它们

图25　两岁的溥仪在醇王府

图26　两岁的溥仪和一岁的溥杰

均应拍摄于溥仪 6 岁退位之前，此时他的身份是名副其实的“宣统皇帝”：(1) 溥仪与隆裕太后合影，小皇帝身穿龙袍坐在宝座上，隆裕太后则坐在旁边的围案后面，头部仅露出一半；(2) 溥仪龙袍照；(3) 溥仪与隆裕太后等人在假山上合影；(4) 溥仪在假山下与女仆合影。

图 27　载沣与幼子溥仪、溥杰在醇王府

图 28　一岁的溥杰

图 29　隆裕太后与幼帝溥仪

图 30　溥仪穿龙袍照

图 31　溥仪与隆裕太后等人在假山上合影

图 32　溥仪在假山下与女仆合影

这些照片拍摄于何处，表现的都是什么内容？第一幅即溥仪与隆裕太后合影，有的说是上朝时拍摄的，有的说是颁布退位诏书，这些都是缺乏史料依据的过度解读。实际上，它就是一张小皇帝穿上龙袍摆拍的照片，拍摄地点很可能就在养心殿。第二幅即溥仪龙袍照，人物背景与角度与前一幅完全一致，当为其局部剪切。第三幅即溥仪与隆裕太后等人在假山上合影，拍摄地点曾被认为是宁寿宫花园，实际上是建福宫花园无疑。仔细观察，照片中间的山石上有“叠翠峰”3 字，这一刻石至今仍在，就在延春阁前假山偏西，其背后建筑为“玉壶冰”。

图 33　养心门外玉璧

至于第四幅，即溥仪在假山下与女仆合影，照片下面标注为“溥杰”。实际上，幼童的形象和服饰与前一幅照片中的溥仪完全相同。笔者经过仔细比对，照片中除不见隆裕外，其余人物也与前一幅相对应。那么，它是在什么地方拍摄的呢？我们看到，照片的背景有一尊大玉璧，而目前紫禁城内只有养心门外南墙下设有玉璧。仔细比较，二者造型一致。不过，照片上玉璧后面为山石，而养心门

图 34　建福宫花园积翠亭

外玉璧后则是红墙。对比建福宫花园被焚毁前的积翠亭老照片，发现亭子的假山下也有一尊玉璧，问题也就迎刃而解了。积翠亭位于建福宫花园延春阁正南侧的假山上，其背后（南面）为广生楼。建福宫花园复建后，积翠亭、广生楼的状态与老照片有所不同，假山下的玉璧也没有恢复。而溥仪的照片，恰恰拍摄于那块玉璧前。

2. “复辟”照片辨误

1917 年（民国六年）7 月，紫禁城里发生了一场 12 天的复辟闹剧。事情的导演者是前清江苏巡抚兼署两江总督，民国长江巡阅使、安徽督军，人称“辫帅”的张勋，因此习称“张勋复辟”。此时的溥仪还不满 12 周岁（准确地说，应该是 11 岁零 5 个月），同 8 年前首次登极时情形相仿，这次他依然没有什么自主之权。

复辟期间的宫中照片十分罕见，目前很多出版物将 3 幅溥仪穿龙袍、戴朝珠的照片，当作此次事件中的影像而广泛使用。它们是：“溥仪在御花园天一门前站立照”“溥仪坐在室外宝座上”“溥仪坐在乾清宫宝座上”。笔者在搜集整理相关史料时，发现它们明显存在问题。

先看前两幅，照片中溥仪身穿的龙袍、龙褂均为棉服，头上戴的也是冬季的暖帽。而复辟事件发生在 7 月，属于暑热难耐的夏天，二者季节显然不符。从面部特征上看，两幅照片中溥仪的年龄一致，当为同日所拍，但明显大于 11 岁。再看第三幅，也就是溥仪在乾清宫“听政”模样的照片。他头戴凉帽，仅从季节上看与复辟时不存在矛盾。但仔细观察人物面部，可以发现此时的溥仪年龄明显偏大，与 1922 年 16 岁大婚前后的照片比较一致。

至此，我们完全可以断定，这 3 幅照片与复辟事件没有任何关联。

图 35　溥仪在御花园天一门前站立照

图 36　溥仪坐在室外宝座上

图 37　溥仪坐在乾清宫宝座上

那么，这些照片的背后又隐含着怎样的往事呢？我们知道，退位后的小朝廷仍然遵循清朝的礼仪程式，每逢重要节日都接受遗老朝拜，宫中祭祀活动同样必不可少。这个时候，名为皇帝的溥仪自然正装出场。据此推测，照片很可能拍摄于某些活动的间歇。抑或当时什么事情也没发生，他只是随意穿上龙袍摆拍留念。

3．大婚照片考察

图 38　溥仪穿龙袍照

1922 年 12 月 1 日（旧历十月十三日），刚满 16 岁的溥仪在紫禁城举行了隆重的大婚典礼，立婉容为“皇后”，封文绣为“淑妃”。从年初开始，小朝廷上下就一直没有停止忙碌。婚礼主要按以往成例进行，经过“纳采”“大征”“册立”等礼仪程式，同时增加了不少民国以来的新元素。

（1）大婚典礼时，皇帝、后妃都应穿朝服、戴朝冠，婉容、文绣的朝服照在故宫博物院也有收藏。可是不知何故，却不见溥仪的这类照片。目前，溥仪的一幅穿龙袍、佩朝珠、戴凉帽的照片，一直被当作大婚时的照片而广泛流传。实际上，即便抛开礼制因素，这幅照片也不会是拍摄于大婚当日。因为清朝皇帝根据天气冷暖更换冠帽，一般在旧历八月末、九月初，就从凉帽换为暖帽。溥仪大婚已是十月中旬，此时他早已换上了暖帽。再回过头来看溥仪在乾清宫的所谓“复辟”照片，人物形象与这幅几乎完全相同，二者的拍摄时间应大致相同。

（2）大婚典礼的第三天即 12 月 3 日，为溥仪、婉容夫妇的受贺之期，前来祝贺者络绎不绝，包括民国大总统派来的庆贺专使、宗室亲贵、遗老阔少和各国驻京公使等。其中的外宾几乎全部是外交官，因为他们是各国派驻中华民国的使节，而非原来的驻清使节，所以均以个人身份进宫，并不代表各自的政府。这也是民国以来，首次出现在紫禁城的外国官方人士。故宫收藏的两幅溥仪、婉容与外国人的合影，曾一直被认为是当时所拍。但如果仔细比对观察，就会发现它们明显存在问题。

第一幅照片上共有 24 人，溥仪、婉容坐在前排中位，其他人都在站着。背景既不是乾清宫，也不是溥仪居住的养心殿或婉容居住的储秀宫。细看人物衣着和地上摆放的花草，时间应该是夏秋季节，而不是大婚时的冬季。

第二幅照片上有 22 人，均站立在宫殿廊前，人物与上一幅多有重合，包括溥仪、婉容在内的每个人衣着也与上幅相同。据此可以确定，两幅照片应为同日拍摄。殿前荒草丛生，最右边的廊柱旁还有一名执勤军警。殿前廊柱上的对联是：“西岭烟霞生袖底，东洲云海落（樽前）。”下联被人物挡住的最后两个字，应该是“樽前”二字。笔者通过查找和比对，发现它们竟是颐和园谐趣园涵远堂的对联！再通过新老照片的对比，发现二者建筑形式完全相符。涵远堂前面临湖，台阶下面就是一个小码头。老照片中殿前的荒草，实际上是湖中芦苇之类的植物。

由此可以判断，两张照片均拍摄于颐和园，只是第一幅尚不能确定是哪座宫殿。

原来，1924 年溥仪出宫之前，曾派他的英文师傅庄士敦管理颐和园事务。就在洋师傅就任新职的同一天，他们第一次游览了颐和园。当时，民国政府和清室内务府共派 14 辆汽车。庄士

图 39　溥仪、婉容与众人合影

图 40　溥仪、婉容与众人合影

敦回忆说

> 皇上从未出城门一步，而今到了郊外，又是从未到过的颐和园，他心中的兴奋是难以形容的。颐和园的宫殿虽然有些残破，但并不如皇上想象的那样凋敝的程度。他在园中散步着，很高兴地遍游了各宫殿建筑。他游览过各处的宫殿后，我们走上万寿山之巅，然后下来同乘一艘游艇——皇后、淑妃和其他女官们另乘一艘，在后相随——游玩颐和园最可爱的一个地方——龙王庙。
>
> ……自此之后，皇上不时来颐和园游玩。每次驾临，都是汽车成行，车中满是卫兵和随从人员。其实由他们同行完全是多余的，这笔冤枉钱也不必花。有时，皇上也到园中我的住处做客，与我共进午餐。就在午饭时间，他结识许多经我介绍的外国朋友和一些中国社会贤达。①

此后，溥仪还在庄士敦陪同下游览了香山和八大处。涵远堂照片中的军警，应该是政府派去的随行执勤者。

（3）故宫收藏的一本后三宫照片册，表现的则是大婚典礼时的宫殿面貌。该相册包括乾清门、乾清宫、交泰殿和坤宁宫的内外照片共24幅，可以看到各宫殿前面屋檐中部悬彩，上面有“卐字不到头”等吉祥图案。檐下挂吊灯、立戳灯，石栏杆望柱上也立着座灯，灯上有“吉”“祥”字样。乾清宫廊下还陈设编钟、编磬等“中和韶乐”乐器。坤宁宫内部的照片，则有东暖阁洞房的龙凤喜床帐和坐炕等，墙上有双喜字贴落和对联，处处都是与婚礼相关的喜庆氛围。

图41 张灯结彩的乾清宫

① ［英］庄士敦著，惠春林等译：《紫禁城的黄昏》，紫禁城出版社，2010年，第455—456页。

尤其是此时的乾清门，中间的台阶上铺着地毯，门内两侧还有军警执勤护卫。而按照民国政府的规定，逊清皇室的生活范围仅限于紫禁城的后半部分，乾清门平时关闭，他们只能出入于神武门。只有溥仪大婚时，才特许“皇后”凤舆从东华门、乾清门中门进宫，因此这些照片表现的无疑是大婚时的场景。目前，有观点认为它们是宫中过年时拍摄的，因为照片中交泰殿的门上挂有门神。而按清宫旧俗，一般在每年腊月二十三之后，宫中各处才张挂门神。那么，大婚时是否也会挂门神？对此还需要从相关档案中寻找答案。

图 42　张灯结彩的乾清门

(二)“欧洲绅士”生活

溥仪的孩提时代是在紫禁城中度过的。深宫高墙，隔绝于世，没有同龄的孩子同他玩耍，只有太监们朝夕不离左右……入学读书时，他最高兴的事便是在毓庆宫院内看蚂蚁上树，背着师傅与同样天真贪玩的伴读玩游戏。直到 1919 年（民国八年），英国人庄士敦（Johnston，Sir Reginald Fieming）进宫讲授英文后，才引导他放开眼界，逐渐了解到了宫城之外的民国、中国之外的世界。

庄士敦经常同溥仪谈论中国人的辫子如何不好，讥笑它像猪尾巴。于是，溥仪不顾太妃和师傅们的苦苦阻谏，把剃头太监叫到养心殿，要求给自己剪去辫子，太监吓得不知所措。溥仪二话没说，拿起一把剪刀来，随手就把辫子剪掉了，几天后还召照相馆的人进宫照相留念。溥仪剪辫的具体时间是 1922 年 4 月 27 日，这对于溥仪照片的时间断定是个重要节点。而从溥仪的存世照

图 43 溥仪剪辫不久的照片

图 44 穿西装、坐洋椅的溥仪

片看，绝大部分都没有辫子，留辫者则寥寥无几，可知它们主要拍摄于这个时间之后。①

溥仪眼睛严重近视，以前宫里从来没人注意。庄士敦发现后，请来协和医学院的美籍眼科医生，为他做了全面的眼科检查并配上近视眼镜。溥仪戴上眼镜后，视觉既清楚又舒服，从此眼镜便伴随了他的一生。在许多宫中照片中，也可以看到他戴着眼镜。

庄士敦经常推开书本，给溥仪讲些山南海北、古今中外的掌故。洋师傅充满诱惑力的说教，以及那些具有传奇色彩的欧洲生活方式，对于从小就生活在紫禁城这块小天地的溥仪来说，既陌生又新奇。渐渐地，他在生活上开始追求欧化，甚至认为西洋人是最聪明、最文明的人，中国的丝绸不如外国的毛呢，中国的毛笔不如外国的自来水钢笔，中国的草药不如西药，中国的丝弦乐器甚至丹陛大乐都不如英国的军乐……外国人的东西，一切都好；而中国，除了帝制，什么都不好。于是，他学着庄士敦的样子，大量购置身上的装饰品——怀表、表链、戒指、别针、纽扣、领带……开始穿西装、喝咖啡、用钢笔，并在宫中添置洋式家具。“在养心殿装设地板，把紫檀木装铜活的炕几换成了抹着洋漆、装着白瓷把手的炕几，把屋子里弄得不伦不类”②。

溥仪订阅了数十种外国杂志和画报，看到上面外国绅士、贵妇们遛狗的图片，便让内务府购买中外名犬。他养的狗最多时达到 100 多只，包括警犬、家犬和各种哈巴狗，简直如同放羊，让太监牵着在宫里溜来溜去。这些狗都有自己的名字，系以牌号，如“紫球”“蓬头”“蝴蝶”“紫狮子”“小闹”等，并有专人负责喂养，每天都喂以牛肉、猪肝、米饭等，一年下来仅狗食费用就需要数千元。他最喜欢一只受过专门训练的德国警犬“佛格”，是 1924 年春以数千块银元的重金专门从柏林购得的。在运回北京之前，溥仪让人把自己穿过的汗衫，送到柏林让它闻，这样进

① 左远波：《清室剪辫考略》，《明清论丛》第 17 辑，故宫出版社，2017 年。

② 溥仪：《我的前半生》（全本），群众出版社，2007 年，第 91 页。

图 45 溥仪在养心门内照壁前“分身”照

宫后它就一下子跑到了这位新主人的身边。因为佛格只能听懂德语，溥仪还让人将训练用的德语用汉字标注读音。自从佛格进宫后，溥仪就非常喜爱，几乎寸步不离。后来他去东北当伪满“皇帝”时，还把佛格带到了长春。当时，小朝廷中的其他人也以养狗为乐，婉容、文绣等都有与小狗合影的照片存世。

图 46 溥仪的德国警犬“佛格”

大婚以后，溥仪的生活又为之一新。婉容是紫禁城里最后一位拥有“皇后”名分的女性，不仅相貌娇好，仪态不凡，而且受过学堂教育。她在婚前有机会接触社会上的各种新事物，了解很多宫里享受不到的洋玩意儿，诸如爱看外国电影、喜欢吃西餐、会骑自行车，还略通英语。于是，溥仪几乎处处把“皇后”视为知己，不仅为她请了英文教师，还给她起了一个与英国女王相同的英文名字“Elizabeth”（伊丽莎白）。在生活上，溥仪也依从她的习惯和爱好。在婉容的寝宫储秀宫内，专门辟出一间浴室，里面摆放着西式浴缸和搪瓷洗脸盆，

图 47　储秀宫浴室

供她日常洗浴之用；将储秀宫后殿丽景轩西间改造为西餐厅，里面既有中式桌椅，又有西餐用具和玻璃吊灯，溥仪和他的一后一妃经常在那里用餐。

他们还在宫里放映电影，放映厅、电影机和电灯房都设在建福宫花园的德日新殿内。1923年“阴历五月十三日夜内，德日新殿失慎，延及延春阁等处。该殿向系皇室演电影地方，所有电影片及机器均储于宫内，电灯房亦在该殿内，另设粗线专预备演电影之用”①。由于缺乏用电知识和管理不善，火灾起因不排除电线漏电起火的可能。

他们也端着相机，在宫中照相玩乐。这一时期的照片，有很多尺寸较小、不甚清晰，甚至出现重影的，就是溥仪及其“后妃”等人的“娱乐作品”。而那些品相较好、清晰度较高的建筑与人物照片，则是照相馆的专业摄影师进宫拍摄的。溥仪出宫后，文化名人俞平伯曾在婉容的寝宫储秀宫看到：“有照片一大盒，小照片想系他们自摄，模糊不堪，竟少佳品；大的乃照相师所摄，有可看者，如溥仪妻之着色半身相即甚佳，大似扮戏装之梅兰芳。”② 根据照片底部的照相馆标志，当时经常入宫拍照的照相馆主要有三家：“荣光，北京廊房头条”“东华，北京东安市场丹桂商场内路西”“怡生，北京东安市场南花园路西”。在溥仪与婉容的正式合影中，二人的穿着、姿态都很时髦，颇具民国新风，俊男靓女相伴，看似十分和美。照片背景与照相馆中的布景相似，应该是请照相馆的摄影师到宫里拍摄的。这种布景其实很简单，就是将背景布挂在室外墙上或两个廊柱之间，前面再摆放座椅、茶几等简单陈设。

① 秦国经：《逊清皇室轶事》，紫禁城出版社，1985 年，第 97 页。

② 俞平伯：《杂记储秀宫》，刘北汜选编《珍记清宫》，紫禁城出版社，1990 年，第 97 页。

图 48　溥仪、婉容合影

(三) 逊清时期的养心殿

1912 年清帝退位后，逊帝溥仪虽“暂居宫禁”，但活动范围仅限于紫禁城内廷区域，外朝部分则归国民政府管辖。并以乾清门广场为界，砌筑了一道高墙，将外朝与内庭分隔开来。特别是 1914 年古物陈列所成立，外朝中路主体建筑中的太和、中和、保和三大殿，以及东西两翼的文华殿、武英殿等作为文物展室，向社会全面开放，此后各类照片日渐增多。相比之下，紫禁城的后半部分依旧属于外界难以涉足的禁地。

1. 喜龙仁拍摄的养心殿

从现有材料看，民国时期最早拍摄紫禁城内廷的摄影师是瑞典人奥斯瓦尔德·喜仁龙（Osvald Siren）。此人是瑞典艺术历史学家、汉学家，一生中多次访问中国，对中国建筑、艺术深为迷恋。1921 年，他以斯德哥尔摩国家博物馆学者的身份来到北京，在民国政府的特许下，考察了北京的城门与城墙，以及中南海、北海和颐和园等皇家园林，并于次年获准进入紫禁城后半部分进行实地考察和摄影。作为此次考察的成果之一的《中国北京皇城写真全图》，于 1926 年正式出版。

该书共3册，收录照片与建筑绘图300余幅，是一套记录老北京、尤其是北京皇家建筑与园林的经典之作。喜龙仁拍摄的照片，全面展现了紫禁城的城门、角楼、殿宇以及殿内外的建筑、装饰，皇城内的中南海、北海、景山，城外的圆明园、颐和园、西山等皇家园林，以及内城各大王府的原貌旧影，具有极高的历料价值。其中，收录养心殿照片4幅：养心门、养心殿抱厦、养心殿抱厦侧影和养心殿明间外景。

这4幅养心殿的照片，故宫博物院也有收藏。通过仔细对比可以发现，它们无论是拍摄角度还是场景细部，都与书中照片完全一致，推测应该是同时拍摄或用同一底片洗印的。

图49　养心门

图50　养心殿抱厦

图 51　养心殿抱厦侧影

图 52　养心殿明间外景

2. 溥仪在养心殿

养心殿是溥仪的寝宫，他在这里留下的照片，表现的是一种闲散安逸的日常生活状态。

从多幅照片中可以看到，养心殿院内摆满了盛开的秋菊盆景，场景十分壮观。溥仪则戴着墨镜站立其间。据考证，清宫素有养菊、赏菊的传统，养殖花卉的地点是西华门外、西苑门以南的

图 53　溥仪与太监在养心殿院内花丛中

南花园。每到九月，内廷各处都摆放大量菊花，供皇帝和后妃们欣赏。从故宫旧藏的其他照片中也可以看到，此时婉容居住的储秀宫和文绣居住的长春宫，院内也摆放菊花和其他绿植盆景。

养心门外，则成排摆设着大大小小的鱼缸，旁边还有太监忙碌的身影，说明这时的养心殿也在养鱼。

图 54　摆满盆菊的养心殿庭院，抱厦下、影壁门内两侧也各安有一对带罩的电灯

图 55　养心门外的鱼缸

当时，北京的市政电网已经连接到紫禁城，宫中开始普遍使用电灯照明。一些重要宫殿如养心殿、乾清宫、坤宁宫，以及太妃、后妃寝宫甚至安装了玻璃吊灯。从溥仪的一幅背影照片中，明显可以看到养心殿抱厦下安有一盏带罩的电灯。再从上述“秋菊盆景”照片看，养心殿抱厦前、影壁门内两侧也各设置一对带有玻璃罩的西式路灯。古老的宫殿，开始融入新的时代色彩。

溥仪和他的“后妃”等经常端着照相机，在养心殿、储秀宫、长春宫和御花园等各处相互拍照玩耍。溥仪在养心殿院内摆弄相机的照片，应该就是他们“抓拍”的。剃成光头的溥仪还换上宽松的浅色衣袍，在养心殿院内摆出练习拳脚的造型，让婉容等在旁边拍照记录。

图 56　溥仪在养心殿抱厦前背面照，可以看到廊下安有一盏电灯

图 57　溥仪在养心殿院内“摄影”

图 58　溥仪在养心殿院内“练拳”

大婚后的溥仪又多了个玩伴，就是婉容10岁的弟弟、被他赏给“二品顶戴”的“国舅”润麒。溥仪经常召润麒进宫，与伴读溥杰、毓崇一起玩耍。润麒生性顽皮，远比别的孩子淘气和大胆，经常在屋顶上爬来爬去，拿皇帝的御玺到处乱盖，坐在宝座上过皇帝“瘾”，骑在“皇帝姐夫”肩上照相……溥仪偏偏对他十分宽容，不仅丝毫不加以约束，而且有时竟然还很听他的话。溥仪为了骑自行车而锯掉宫中的门槛，主意就出自这位淘气的小“国舅”。

此时的溥仪已经年满17周岁，有了一“后”一“妃”，但仍然不谙世故。

图59　溥仪与润麒在养心殿嬉戏

3. 养心殿原状

故宫收藏的养心殿室内照片，主要包括：养心殿明间、东暖阁东侧、东暖阁北侧、后殿寝宫前檐炕、后殿卧室，以及体顺堂、燕禧堂等。虽然它们的具体拍摄时间不详，有的明显是溥仪出宫后的作品，但都反映了溥仪居住时的原貌。

我们看到的养心殿明间照片，“中正仁和”大匾高悬，两侧还分别挂着“福”“寿”二字，当为溥仪所书。屋顶左右悬挂玻璃吊灯，也是小朝廷时期增设的。匾下就是皇帝的雕龙宝座和御案，宝座后左右陈设两排宽大的书架，用以陈放皇帝喜欢的经典书籍。溥仪幼年即位，其父载沣监国摄政时，宝座东侧还曾设立摄政王座席，此时已经撤去不见。

图60　养心殿明间内景

图61　养心殿东暖阁东侧

图62　养心殿东暖阁北侧

变化最大的是养心殿东暖阁，这里在同治、光绪两朝是太后垂帘听政处，设有前后两尊宝座。宣统时，摄政王载沣曾在此代幼帝理政，接见臣工，原来的陈设也不会有大的变动。但不知何时，溥仪撤除了垂帘听政场景。从照片上看，此时的东暖阁屋顶安装了吊灯，但房间布置却显得杂乱无章，丝毫不见昔日的庄严和神圣。正如溥仪出宫后，参与清宫物品清点的吴瀛所嘲讽："进内右门到养心殿是溥仪的寝宫，他革新了，许多陈设国粹文具、周鼎、商彝之属，大致变换了洋式摆设及东安市场儿童玩具。"①

溥仪的卧室也有很大变动，原来的"龙床"被他换成了西式沙发床，床边放置洋沙发，后面还摆放钟表、香炉、经函等物件，显得十分拥挤杂乱。溥仪被驱逐出宫后，曾被允许派人到养心殿拿取日用衣物，床上的凌乱场面应该是当时翻找物件所致。

体顺堂和燕禧堂，分别是养心殿后殿的东西耳房，在清代属于皇后、宠妃在养心殿侍寝时的居所。同治帝幼年即位，垂帘听政的慈安、慈禧两太后就分别住在体顺堂和燕禧堂，此为"东太后""西太后"称呼的由来。体顺堂、燕禧堂的内景照片，虽然只能看到两个宫室的局部，但保存至今弥足珍贵。

① 吴瀛：《故宫尘梦录》，紫禁城出版社，2005年，第8页。

图 63　养心殿卧室

图 64　体顺堂西间

图 65　燕禧堂内陈设

（四）溥仪出宫后的养心殿照片

1924 年（民国十三年）11 月 5 日，逊帝溥仪被驱逐出宫，随后筹建办理清室善后委员会，开始查封宫殿和点查宫中物品。时任北京大学校医的摄影师陈万里，也跟随军警政学各界人士参与其中，担负起相应的摄影工作。他以独特的视角，跟踪拍摄了百余幅纪实性照片，对部分皇室成员出宫、收拾箱笼的佣人、接受检查的太监宫女、查封宫殿的军警人员，以及部分宫殿的室内外原状等，进行了全景式的记录。其后，他从这些照片中选出 84 幅，于 1928 年出版了《民十三之故宫》；同年，又出版了一本《故宫图录》，收录建筑与文物照片 97 幅。

图 66　贴着封条的养心殿东侧门

《民十三之故宫》收录的养心殿照片虽然只有 3 幅，却是溥仪出宫后留下的最早、最原汁原味的形象记录。这些照片均为查封该院宫殿时所拍：

一是贴着封条的养心殿东侧门。照片旁注：“查封养心殿东侧门时所发见之宣统十六年十月初七日封条，中为国务院封条，下为总管内务府封条。”“宣统十六年十月初七日”即 1924 年 11 月 3 日，也就是溥仪出宫的前两天。看来该门当时已不开启，查封时又加贴了国务院、清室内务府两张封条。

二是养心门外，可见大门紧闭，门外有两名执勤的军警。关于二人的身份，书中标注：“一清室护军警察，一冯军。”可见是原宫中护军警察在遣散前，与冯玉祥的国民军一起维持秩序。

三是养心殿东配殿，殿外摆满了菊花。图下标注：“养心殿东房，为废帝所居院。有盆菊数百，出宫后无人浇花。及至查封，盆菊咸呈憔悴可怜之色。”①

图 67　养心门外

图 68　养心殿东配殿

在中国摄影史上占有一席之地的陈万里先生，更是故宫博物院的摄影先驱和主要开拓者。故宫博物院创建时期的照片，如 1925 年 10 月 10 日开院典礼当日的诸多场面、宫廷陈设与文物原状，以及当年报纸上刊发的故宫风景与文物照片、故宫博物院早期发行的纪念明信片等，大都出自他的摄影镜头。

此后整个民国时期拍摄与收藏的养心殿照片，因拍摄者过于分散而无从统计。不过，尽管照片的质量、内容细节或拍摄角度有所不同，但总体来说与溥仪出宫前的原状没有大的差异。② 而民国时期比较著名的外国摄影师，如美国摄影师西德尼·甘博（Sidney Gamble）、德国女摄影师赫达·莫理循（Hedda Morrison）等，虽然拍摄了不少紫禁城宫殿的照片，却没有发现他们拍过养心殿。

---

① 左远波：《解读陈万里〈民十三之故宫〉》，《明清论丛》第 19 辑，故宫出版社，2020 年。

② 如法国人普意雅于 1900—1930 年间拍摄和收藏的照片约 5000 幅，涉及故宫、颐和园、玉泉山、北海、景山等皇家建筑，以及十三陵、清东陵、清西陵等帝王陵寝和潭柘寺、戒台寺、石经山西峪寺、黄寺、天宁寺、法源寺等寺院坛庙。1932 年全部捐赠给国立北平图书馆，成为目前中国国家图书馆老照片特藏的主体内容。其中，有关养心殿的照片共 4 幅：养心殿外部、养心门、养心殿正殿和养心殿东暖阁。［法］普意雅摄，陈红彦主编：《民国旧影：皇城景致之风景名胜》，上海远东出版社，2016 年。

三　养心殿旧藏各类照片

溥仪出宫后，民国政府接收紫禁城，“化私藏为天下公器”。随后成立清室善后委员会，对宫中文物进行逐宫、逐室清点查收。事竣整理刊印《故宫物品点查报告》，共6编28册。其中，养心殿编排在第3编第4册，文物冠以千字文编号“吕”字。①

检索该“报告”记录的养心殿文物，发现也包含为数不少的各类照片。只是由于当时的命名过于笼统，有的照片内容目前还难以考证，如“吕字第三九二号，皮提包一个（内盛照片不计数）”“吕字第二一〇五号，各式像片十三册”“吕字第二一一三号，宫中像片一册”等等。也有部分成册的照片，根据名称即可了解大致内容，甚至可以与故宫现存照片相互印证。

这些照片大都采用“照相贴册”的形式，即用裱贴的方法将一组照片制成相册。有的明显是相关大臣或地方要员特制的记事照片册，随相关奏折一起向朝廷进呈的。下面按照片的大体时间先后，对点查报告记录的几部照片册进行必要的考证与解读。

（一）农事试验场《博览图景》

故宫收藏的《博览图景》照相贴册，内容为京师农事试验场建成时的场景，收录照片61幅，包括农工商部尚书载振等官员、场内建筑景点和部分动物照片，另有“合场地图”1幅。封面贴有“吕二一〇五”标签，可知是点查报告中记录的“各式像片十三册”之一。

图69　试验场大门

① 《故宫物品点查报告》第3编第4册，清室善后委员会刊行，1925年。以下所引均见本册。

京师农事试验场即今北京动物园的前身。创办农事试验场是晚清时期实行农业改革、推广普及近代农业技术的一项重要措施。光绪三十二年（1906 年）三月二十二日，商部（后改为农工商部）上奏朝廷，提请建立京师农事试验场："京师为首善之区，树艺农桑臣部所职掌，自宜择地设立农事试验场一所，以示模范。"① 经朝廷允准，将西直门外乐善园及其附近的十余顷土地划为农事试验场用地。

1908 年（光绪三十四年），京师农事试验场初具规模，正式开始进行试验和陈列展品。据农工商部档案记载，全场共分为谷麦、蚕桑、蔬菜、果木、花卉五大实验区。还设有试验工厂、博览园和动物园，对各种动植物及其标本进行陈列和实验。试验工厂有温室、理化室、蚕桑馆、昆虫饲养室、农事标本陈列室等项；博览园有各厅、房、楼、屋、亭、谢、桥等建筑，分中式、西式、日本式，作为人们观赏的景物；动物园则有狮、象、虎、豹、熊、猴、斑马、梅花鹿、驼羊、袋鼠、雕鹰、鹦鹉、鸳鸯、孔雀、蛇、鳞介等类。

慈禧太后和光绪皇帝都对农事实验场非常关注，不仅晓谕管理施工的部臣注意场内风景，还于光绪三十四年（1908 年）两次亲临。这册《博览图景》，当为农工商部向朝廷进呈的记事照片册。

（二）《陆军贵胄学堂同学录》

《故宫物品点查报告》："吕字第五六四号，各种名胜地图六本（附《陆军贵胄学堂同学录》）。"

这本"同学录"，故宫现已无存。根据社会上的其他藏本，此照片册为红色硬质封皮，金色印制双龙捧珠图案和隶书"陆军贵胄学堂同学录"字样，由"北京商务印书分馆恭制"，宣统元年刊行。

图 70　《陆军贵胄学堂同学录》

① 《商部奏请拨官地兴办农事试验场折》，《东方杂志》第 3 卷第 6 期，1906 年。

清廷为引进西学和培养军事人才，于光绪三十二年闰四月初五日（1906 年 5 月 27 日），在北京创办陆军贵胄学堂，地址在铁狮子胡同东口路北。这是专门为王公贵族子弟设立的军事学堂，“令王公大臣各遣子弟投考入学，亲习士武，洵属振兴武备之资”①。学堂以副都统、时称“北洋三杰”之一的冯国璋为总办。学员由三部分人组成：一是“听讲王公世爵”，包括恭亲王溥伟、醇亲王载沣等“年长不合定格与充当差事之王公世爵”，主要是听讲并随时到学堂研究兵学；二是“听讲员”，即够不上王公世爵，但又有一定年龄和资历者；三是“学员”。宣统元年十一月初十日（1909 年 10 月 23 日），贵胄学堂学员毕业，已就任监国摄政王的载沣等也领到了毕业文凭，并被刊入同学录。

同学录收录“听讲王公世爵”33 人、“听讲员”46 人、“学员”96 人，以及部分学堂管理人员合影、学堂操练等活动的照片。

（三）“避灾照像”与“赈灾像片”

《故宫物品点查报告》中“吕字第二一二六号”是一个描金红漆木箱，里面存放书籍、奏折、书画、照片等共计 23 种，其中包括“避灾照像一册”；“吕字第二一一四号”则是“赈灾像片一册”。故宫现存照片中，反映“避灾”“赈灾”的照片册也有两本，当为灾害发生地官员进呈的。

1.《常德府城厢被灾图》

收录照片 27 幅，包括府城及河洑镇遭受水灾的场景、德山（在今武陵区）救济灾民，以及相关的防洪工程等，具体时间不详。

图 71　《常德府城厢被灾图》之“德山留养饥民图第三”

① 《陆军贵胄学堂同学录》之“光绪三十一年九月二十二日上谕”，北京商务印书分馆，宣统元年八月刊行。

湖南常德地区江河纵横，水网密布，历史上水灾频仍。据统计，清代常德府遭受的“较大水灾年份”有28年次，“一般性水灾年份”达62年次，平均3年就发生一次水患或水灾。面对频繁水患，常德府在已有基础之上，以防洪堤障为核心，兼顾排涝、泄洪等方面，围绕府城建立了一整套防洪工程体系，在一定程度上减缓了洪灾的发生。① 照片中堤岸上成行的柳树，就是防洪工程的措施之一。

2．反映赈灾场面的照片册

内含照片14幅，无时间、地点信息。从内容上看，当为一次较大的水灾之后。灾民被集中安置在分区搭建的席子窝棚内，标识有“子字围”“寅字围”“申字围”等，场面令人震撼，足见受灾人数之多。再看“医室”外席地而坐、衣衫褴褛的妇孺，更见灾民生活之惨。

图72　“赈灾册”中，“医室”外衣衫褴褛的灾民

（四）丧礼照片册

前述“吕字第二一二六号”描金红漆木箱中，还存放“丧仪照片两册”。在故宫现存照片中，也有与之对应的两册同类题材照片。两个照片册都没有文字标识，但从内容看：一册主要拍摄于紫禁城内，明显是隆裕太后去世后的悼念场景，暂且称之为“悼念册”；二是拍摄于景山前，主要是祭祀用的纸人纸马等冥器，暂且称为“祭祀册”。

1．悼念册

1913年2月22日（旧历正月十七日），逊清隆裕太后病逝，年46岁。清室以溥仪的名义为

① 杨斌：《清代常德府城防洪体系研究》，《求索》2016年第12期。

其尊上谥号“孝定隆裕宽惠慎哲协天保圣景皇后”，民国参议院降半旗并休会一天。“头七”祭奠，袁世凯臂戴黑纱，举哀致祭，并特备赙仪 3 万元。副总统黎元洪盛赞她“德至功高，女中尧舜”。政府还在太和殿设立灵堂，供各界人士瞻仰凭吊。其后，又在太和门广场隆重举行国民哀悼会。参议院议长吴景濂的祭文盛赞隆裕太后的逊位之德，称她以尧舜禅让之心赞同“共和之美”。

紫禁城里的这场悼念活动，可谓声势空前，盛况绝后。在悼念册中，我们可以看到太和殿内的灵堂、太和门哀悼会现场，中华门、天安门和太和门扎起的素彩牌坊，以及身穿旧式袍褂、西式礼服和民国军装的各界人士。

图 73 太和门前“国民哀悼会”现场

2. 祭祀册

收录照片 20 多幅，均拍摄于景山前，内容主要是众多精制的纸人纸马，应该是出殡时皇室举行的祭祀活动。阵容庞大，形象逼真，记录了皇家丧事的奢侈和丧葬礼仪的繁缛。

那么，这些照片是否隆裕出殡时所拍？很多人都心存疑问。因为隆裕与慈禧、光绪的丧事，相隔不过四年，祭祀内容和祭品种类并无明显差异。但是，四年前后，两重天地。慈禧、光绪去世时，景山一带还是宫中禁地，外面的摄影师难以涉足。就目前所知，当年曾有一个端华照相馆得到特许，到这里拍摄了部分慈禧出殡的场景照片，后选取 26 幅，制作了一本名为《清西太后丧事录》的贴册售卖。但照片拍摄得比较呆板，角度与质量也远不如“祭祀册”宽阔和清晰。况且，“祭祀册”与“悼念册”曾在养心殿存放一处，所以笔者倾向于它

图 74　阵容庞大的纸活

也是隆裕丧礼时所拍。

（五）袁世凯祭天照片册

《故宫物品点查报告》："吕字第五七二号，祭天照像一册。"故宫现存的照片册中，反映天坛祭祀场面的，只有袁世凯祭天一种，编号也与点查报告记录相对应。这本相册收录天坛建筑、祭祀场景及相关人物照片 28 幅。

在明清两朝数百年间，天坛祭天都是最重要的官方祀典；辛亥革命推翻帝制，祭天传统也随之终止。然而仅仅过了两年，1914 年 12 月 23 日，旧历冬至，已出任中华民国正式大总统的袁世凯却下令恢复祭天制度，并身穿黑色的十二章衮服亲自到天坛，举行了民国史上唯一一次、也是中国最后一次祭天大典。这次活动在当时就受到质疑，人们已经预感到他恢复帝制的日子为期不远了。

祭天照片的拍摄者是一个叫约翰·詹布鲁恩（John D Zumbrun）的美国人，当时在北京东交民巷经营一家照相馆。这类照片进入养心殿，说明袁世凯的相关活动也受到逊清皇室的关注。

图 75　袁世凯祭天

（六）日德战争照片集

《故宫物品点查报告》：“吕字第二五九五号，日独战写真一册。”

“日独战”即 1914 年的日德战争，是日本与德国为争夺青岛以及周边地区的权益，在中国山东省进行的战争，日本最终获胜并占领青岛。日德战争是第一次世界大战的组成部分，也是发生在亚洲的唯一一场战争，英国也为此投入了部分兵力。

战争结束后，日本方面出版了两本纪念照片集：一是 1915 出版的《日独战役写真帖》，收录战争过程、青岛等地照片和各种作战形势图 300 多幅；二是 1916 年出版的《日独战史写真帖》，收录战争实况及各战场景观照片 75 幅。

日德战争看似与中国无关，但双方的战场都在中国，相互争夺和占领的也是中国领土。列强争夺的是利益，留给中国的只有灾难。养心殿旧藏的“日独战写真帖”，当为上述两本照片集中的一种，说明逊清皇室也在一定程度上关注外界的形势变化。

（七）太监照片册

《故宫物品点查报告》："吕字第一三二五号，八屉洋式木格一个。"此物置于三希堂北小屋，内存"小皮提箱一个、香水八盒、珍珠一包、洋文书三本、太监像片一屉"。其中，"太监像片"在故宫现存老照片中可以看到对应的实物。它们总计300多幅，贴装在"荣光"照相馆制作相册中，每页1人。照片左页贴有墨书题签，上面书写编号、供职地点、身份和姓名，如"第一号，内殿总管邵兴禄""第一百五十九号，敬事房首领路来福"等。由此可知，这些相册就是宫中太监的照片档册，只是没有标注具体的建档日期。

无独有偶，故宫博物院还收藏一本装订成册的太监照片，封面墨书"宣统十五年七月，内廷随侍太监照像册"，并钤盖"总管内务府印"。"宣统十五年"是溥仪小朝廷沿袭使用的清代年号，这年七月即公历1923年8月。内页每页贴4个人的照片，编号冠以"执"字，内容比上面的照片档册增加了年龄、籍贯两项，人物编号总体上与档册相对应。如"执字第一号，内殿总管邵兴禄，年四十四岁，南皮县人"等。与档册不同的是，这本相册具体编号下的照片、人物信息，存在多处改动。如标注"病故""革退""因故革退"等，有的还换上新的人物照片，并在原有人物信息上贴盖纸条，重新写上替换者的身份、姓名等信息。

图76　第一号，内殿总管邵兴禄

图77　执字第一号，内殿总管邵兴禄

由此看来，两份照片册应该是同时制作的。前者是太监的档案"底簿"，存放在养心殿；后者则是内务府管理宫中太监的"花名册"，根据太监岗位的实际变动而随时增删调整。它们的出现，应该是此前不久溥仪大批驱逐太监的行动后，对留用太监登记造册的结果。

溥仪对太监一向没有好感，认为他们有很多恶习：互相勾结，内外贿赂，营私作弊，挥霍无度，聚众赌博，贩毒吸毒，偷窃成风……庄士敦师傅进宫授读后，对太监们的那副形象——长袍、坎肩、搭包、脑后拖着一条辫子，也表示出强烈的反感。特别是1923年6月，建福宫花园突然起火，将数百年的宫殿建筑和无数奇珍异宝化为灰烬。溥仪始终认为这是太监看守自盗，故意放火灭迹。没过几天，宫里又发生了一系列事件，例如养心殿东套院无逸斋的窗户上出现火警，幸好发现及时，一团浸过煤油的棉花刚刚烧着，就被及时发现并扑灭了。溥仪原本心性多

图 73　内殿外随侍周兆奎（因故革退）

疑，此时更是坐卧不宁，担心太监暗中谋害自己。为了一劳永逸消除隐患，他决定将宫中所有太监全部驱逐。

1923 年 7 月 16 日，在宫中当差的近千名太监，在一天之内被赶出了紫禁城。这在当时算得上是一件令人瞩目的大事，一时间溥仪受到了新闻媒体的高度赞誉。诸如："前宣统皇帝遣散太监之举，极为一般人及本地报纸所欢迎。现在人们都称赞他，向他喝彩，并说他是今日少数进步的满族王公中的一个开明分子，如果他早生三四十年，也许今日就不会有中华民国了。"①

不过，溥仪也作了一些妥协，在 3 位太妃、婉容、文绣宫中及其他各处，留用了 300 余名太监。而他自己，则从外面招收一批普通少年随侍左右，称为"外随侍"。所以，在照片册中有多名少年的身份是"内殿外随侍"，内务府"花名册"的题名也是"内廷随侍太监照像册"。可以看出，宫中对"随侍"与"太监"是一同使用和管理的。

综上所述，反映养心殿建筑及其室内陈设的老照片，也同紫禁城其他区域的照片一样，主要拍摄于清末和民国时期。其中以 1900—1901 年和 1922—1924 年两个时间段最为集中。它们的总体数量虽然不多，更不能对整个养心殿区域进行全方位、多角度的立体记录，但每幅照片都记录着一个历史瞬间，照片背后更隐含着许多值得挖掘的往事。总体来说，它们始于八国列强的野蛮入侵，记录着近代中国曾经遭受的屈辱；终于逊清皇室被驱逐出宫，又代表着没落的皇宫走向新生。作为昔日政权中心的养心殿，那里的旧藏照片同样需要进一步考证与研究，结合相关的档案文献，将一个个具体而微的瞬间串联起来，可以复原一段段真实的历史。

（作者单位：故宫博物院研究室）

① 前揭《紫禁城的黄昏》，第 429 页。

清宫财物管理制度探微

滕德永

内容提要： 为了加强宫中财物管理，清代内务府形成了月折制度、查库制度，引入六部官员及设立稽查内务府御史衙门，还采取加强对银库人员的管理等措施。这些制度和措施对宫中财物管理发挥了一定的作用，但受皇权因素及内务府管理的封闭性的影响，其效用有限，至清末时期，弊窦丛生，引发御史频繁参奏。

关键词： 广储司　内务府　宫中　财物

为了加强银库的管理，清宫设立了一些制度。整体来看，这些制度主要确立于雍正、乾隆时期，并在相当长的时期内对宫中财物的管理发挥了重要作用。至清末时期，这些制度遭受考验，并出现了一些新的变化。

一　月折制度

宫中月折制度是清代内务府财政管理制度之一，顾名思义，即按照月份详细记录宫中库房财物收支情况。这一制度发端于广储司，在内务府的财政体系中发挥了重要作用。

广储司月折制度始于何时？档案并未明确记载。广储司则例记载较为笼统："初，六库每月出入金银、缎匹、绸绫、制钱、人参、宣纸、各色皮张、羽缎、铜锡铅等项物件，于次月缮折具奏。"① 文中之"初"，太过宽泛，但从广储司银库设立的情况可知：顺治皇帝设立十三衙门后，尚衣监、御用监因为事涉隐秘，多不向监察机构汇报详细清册，可知此时应该没有月折制度。入康熙朝以后，这种制度即得以确立。康熙二年（1663 年）十二月，宫中奏报十一月用银情况：自十一月初一日为始，迄至三十日，内务府详细记录宫中各处领用银两数目，具体用途以及是月商人购买库中缺少物品数目、用银情况。② 且从此后的档案中可以知悉，这一制度已经形成定例。需要注意的是，此时尚无月折之名，而是沿用户部之例，采用题本的形式，但按月奏销，月折之雏形粗具。至于何时改称月折？史书亦无记载。据笔者所见，康熙五十一年（1712 年）十二月时，宫中奏陈用度情况仍然使用题本，③ 至雍正元年（1723 年）十一月时广储司六库已有

---

① 故宫博物院编：《钦定总管内务府现行则例二种》第 3 册，海南出版社，2000 年，第 375 页。

② 辽宁社会科学院历史研究所等译编：《清代内阁大库散佚满文档案选编》，天津古籍出版社，1992 年，第 130—137 页。

③ 前揭《清代内阁大库散佚满文档案选编》，第 266 页。

月折之名。① 因此，广储司六库月折称谓应该形成于康熙五十二年至雍正元年之间（1713—1723年）。

不过，康熙时期广储司的月折制度尚存在较大不足。雍正继位之后，对此进行了完善。其一，完善了银库的入项制度。从雍正元年的广储司月折中可以看出，其格式为“某月某库月折”，但这里开载的只是六库支放物品，并不包括入项。这种情况一直持续到雍正四年（1726年），广储司银库的月折标题才有了变化，正式有了入项和用项之分，具体格式为“某月银库用项月折”与“某月银库收银月折”。雍正四年三月份以前，广储司银库月折尚未有此区分，就笔者目前所见，最早的用项月折是雍正四年十二月的，以此进行合理推测，该月也应有入项月折。之所以会有这种变化，这与内务府加强宫中财物的管理有直接关系。据《大清会典》显示，雍正四年内务府奏准：“库内所收各银入月折具奏。”② 会典并未详述奏准的时间，而档案的缺失使得入项开列月折的具体时间不详。需要注意的是，进项月折与用项月折出现之后，并非取代了既有的月折制度，而是与之并存。其中，六库月折是记录该月诸多物品进行与用项的总数，而六库每月的进项与用项月折则详细记录各项物品的出入库情况。在中国第一历史档案馆所存内务府月折档案中，既有内务府广储司六库月折档，又有内务府广储司各库物品出入情况的详细记录，即是明证。其二，延长了月折的呈报时间。从康熙时期银库奏陈情况可以看出，基本上是当月奏报上月各处用银情况。至雍正十二年（1734年）十二月，则改为“限三个月内详加核算，具奏”。在实际执行过程中，雍正皇帝也有调整。雍正十年（1732年）五月奏准，“赏赐过银两、缎匹、貂皮、人参等项”每半月具奏一次。③ 其三，扩大了月折统计的范围。在雍正七年（1729年）以前，广储司银库月折记录的主要是黄金、白银的收支情况。雍正五年（1727年）正月银库收银2490余两，支放银12050余两，制钱896串，黄金28两。④ 在雍正七年以后，将珍珠、猫睛、各色宝石、珊瑚、琥珀、玉石、玛瑙、水晶等物品也入月折。雍正十二年，养心殿造办处做活计取用碎小珊瑚二十两。⑤ 此后，这类记载渐多。

广储司月折制度确立之后，内务府还要确保其得到贯彻和执行。其一，开展督查。雍正时期，内务府即会进行督查。雍正十二年正月，内务府呈交了广储司六库月折后。雍正皇帝御览之后，谕令复查之事5件。⑥ 乾隆皇帝也经常令内务府查核相关事宜。乾隆七年（1742年），内务府查核自书房装订《春秋解义》工匠费用，“刷印书篇红格六百六十篇，计六工；红格内砑行，共砑过三百六十篇，计六工，裱工七十；层合背三块，计二工；水平裁齐，装订清汉书八本，做套二个，计九工；裱黄花绫二十尺，计半工；界画书签十五根，计半工；以上共二十四工，每工应给工价银一钱五分四厘，共应给工价银三两六钱九分六厘”。⑦ 乾隆八年（1743年）十月，内

---

① 大连图书馆编：《大连图书馆藏清代内务府档案》第16册，国家图书馆出版社，2010年，第35—61页。

② （清）昆冈等编：《钦定大清会典则例》卷一千一百九十一，《内务府》。

③ 前揭《钦定总管内务府现行则例二种》，第375页。

④ 前揭《大连图书馆藏清代内务府档案》，第377—387页。

⑤ 前揭《大连图书馆藏清代内务府档案》，第742页。

⑥ 《雍正十三年正月三十日总管内务府奏报遵旨查核雍正十二年广储司月折内奉旨交查事件折》，中国第一历史档案馆藏内务府档案（档号：186-045）。

⑦ 《乾隆七年十月初二日总管内务府奏为月折所开换造纱车围等项事》，中国第一历史档案馆藏内务府档案（档号：05-0052-005）。

务府查核武备院八月镀饰甲胄撒袋用纯金数目。① 其二，加强审查。月折开列的各项用款，在领用之前已有奏请。这是因为宫中各项事宜，无论是遵照向例办理，还是遵照新章承办，都要逐级请示，直至皇帝。乾隆元年（1736 年），武备院成造分给王公、陪送公主、赏赐蒙古王公等所用鞍辔 276 副，即奏请领用头等赤金 320 余两。② 广储司银库拨交这些黄金时，即将其列入月折之中。这并不意味着月折工作的完成，恰恰相反，这才是开始。乾隆三年（1738 年），内务府的奏陈即是明证：广储司六库"于次月十五日始行销算完结，交予总管六库事务郎中，即将各处原文与六库稿底较对，至月底查算清楚，复行交予堂郎中，调取各处原文与六库稿底，敬谨查对，至第三个月半，始得完结，仍交回该司办稿呈递"。③ 这与当时下月呈报上月月折的制度有矛盾，以致六库月折"往往迟延，不能依限办理"。④ 乾隆十六年（1751 年），内务府对此进行了改进："嗣后，办理月折务照所定瓷库限前一月初六日，银库、查库限前一月初八日，皮库、缎库、衣库限前一月初十日，送司查对，译汉销算，限于月底送堂，至次月初十日以内，由堂查核完结，交发本司，缮写清册，呈堂具奏。所有呈定限期，交堂查找，勒限每月令将送堂之日赴督催注号，至由堂交出之日，仍至督催销号。其中如有迟误，不依定限完结者，将该库承办之人记过。"⑤ 其三，建立惩处制度。广储司银库月折中所记录各项，必须极为详细、分明，不能互相牵连，否则相关人员必受处分。宫中办理道场，所用银两一为"办理道场官员所领工价等项"，一为"掌仪司所领办理果品蔬菜等项"。银库登录月折时，必须分别记录。乾隆九年（1744 年），专办月折之广储司主事雅尔泰与会同办理之掌仪司郎中关住，"乃竟据各处文移，遽行笼统入折"，以致所用款项"分晰不清，均属不合"。为此，内务府奏请将二人罚俸一年，且"虽有纪录，不准抵销"，以示警诫。⑥ 有的管理人员则因为月折纪录失误而遭受惩罚。乾隆十四年（1749 年），内务府变价人参 760 斤。是年广储司收到变价银 6.4 万两，至十五年（1750 年）十二月全部收讫。问题在于，广储司银库在乾隆十五年"十二月进项内实收过参价市平银四万三千八百四十四两，该库误写市平银七万三千八百四十四两"，是将十五年十一月份的入项重复计算所致。乾隆十六年（1751 年），内务府总管六库郎中查拉等查出，相关人员皆被罚俸。⑦ 此外，有的官员因在办理月折时书写错误、或有遗漏而受到惩处⑧，即使如此，这样的事件也多有出现。

需要注意的是，月折记载的并非广储司银库出入款项的全部。雍正二年（1724 年），雍正皇

---

① 《乾隆八年十月二十日总管内务府（广储司）奏报广储司八月份用项事》，中国第一历史档案馆藏内务府档案（档号：05－0057－050）。

② 《乾隆元年三月二十六日总管内务府奏为武备院成造鞍辔式件数目及料估镀金数目事》，中国第一历史档案馆藏内务府档案（档号：05－0004－037）。

③ 《乾隆三年四月二十六日总管内务府奏报广储司月折调取六库底稿查对后至第三个月底方可缮折具奏事》，中国第一历史档案馆藏内务府档案（档号：05－0020－016）。

④ 前揭《钦定总管内务府现行则例二种》，第 376 页。

⑤ 前揭《钦定总管内务府现行则例二种》，第 376 页。

⑥ 《乾隆九年四月十七日总管内务府奏为议处郎中关住等俱奏办道场所用款项月折分晰不明罚俸事》，中国第一历史档案馆藏内务府档案（档号：05－0061－054）。

⑦ 《乾隆十六年六月初四日总管内务府奏为银库官员奏销钱粮册内书写舛误议处事》，中国第一历史档案馆藏内务府档案（档号：05－0115－013）。

⑧ 《乾隆二十八年七月二十九日总管内务府奏报议处月折内写错字司员片》，中国第一历史档案馆藏内务府档案（档号：264－001），《乾隆四十四年十一月十二日总管内务府奏为三四月无领过物件之处未入折内声明应查议等事折》，中国第一历史档案馆藏内务府档案（档号：357－159）。

帝谕令："广储司所用工钱不必入于月奏，仍照支领工部制钱之例，将库钱补足三千贯备用，俟用过二千贯之后奏取，以足三千贯之数。"①

月折制度也不仅限于广储司，乾隆时期又推广到宫中其他库房。乾隆四十四年（1779年）三月二十一日，乾隆皇帝谕令："嗣后，广储司六库、养心殿月折，俱照依户部三库，将本月进用款项，即于下月具奏。钦此。"② 这充分说明，养心殿内殿库也采用了月折制度。还有养心殿造办处库。乾隆皇帝曾在乾隆十三年（1748年）质问造办处："造办处钱粮按月折奏销，今为何不奏？"③ 造办处如何回奏，笔者并未得见记载，但此后造办处实行了月折制度。乾隆二十五年（1760年），造办处承做天穹宝殿欢门幡、桌围等项。乾隆皇帝令"先画样呈览"，其所用买办工价俱用太监胡世杰所交银两，并令"做得时另行奏闻，不必入月折。钦此"。因此，养心殿造办处的月折制度显而易见。此外，圆明园银库也有月折制度。由于圆明园银库档案缺失，这只能从相关档案中了解其大概。乾隆五十三年（1788年），福长安向圆明园银库借银二万两，后由福康安和福长安两人均摊。二人先后分别归还银7000两和9320两，不足之数，由福康安之子贝勒德麟代二人归还。至嘉庆五年（1800年）正月，德麟代福康安交银1000两，代福长安交银600两。不过，圆明园银库收银之后，"月折内未经分晰，均写员外郎福长安之名，系属错误"。④ 对此，内务府大臣奏请处分圆明园银库人员。因此，圆明园银库实行月折制度确凿无疑。

至晚清时期，内务府财源枯竭，宫中银库入不敷出，不得不频繁借拨户部款项。在此情况之下，宫中银库的月折制度遭受严峻考验。光绪十九年（1893年），总管内务府奏请改变广储司银库"所有出入金银钱文数目"按月具奏的办法，实行"每年汇总奏销一次"的新制度。对此，慈禧太后与光绪皇帝并未完全接受，而是谕令"每月具奏，年终再行汇奏一次"。⑤ 光绪二十四年（1898年），内务府又在内务府堂设立查核处，"专司稽核银库出入款目"⑥，并负责每年的汇总奏销事宜。这一制度沿用至清朝灭亡。

在月折制度之外，宫中银库还实行黄册、蓝册制度。鉴于广储司六库物品数量众多，领用频繁，内务府为了加强管理，规定："凡由六库支领之物，开列细数，按库支领，其由造办处咨领分别实用、暂用，各库于月终开列给过物数清册送司，由司核对某库某物实用若干，暂用若干，移文该库覆核，仍咨覆本司。所有出入各款项，定限磁库于前一月初六日，银库、茶库于前一月初八日，皮库、缎库、衣库于前一月初十日，各将旧管、新收、开除、实在细数，造册送司查对，译汉销算，限于月底送堂，至次月初十日以内，由堂交司缮写清册具奏。"清册有黄册、蓝册之分，"每月奏过各款项其列于黄册者，每年一次造成，于八月题销。其列于蓝册者，每三月一次造成呈堂，至十一月题销"。⑦

---

① 前揭《钦定大清会典则例》，《内务府》。

② 前揭《钦定总管内务府现行则例二种》，第376页。

③ 中国第一历史档案馆、香港中文大学文物馆合编：《清宫内务府造办处档案总汇》第16册，人民出版社，2005年，第210页。

④ 《嘉庆五年二月初九日总管内务府（慎刑司）奏为圆明园月折错写福长安之名将该管官员等罚俸事》，中国第一历史档案馆藏内务府档案（档号：05－0480－038）。

⑤ 《光绪二十三年二月二十九日总管内务府（广储司）奏为一年出入银两数目事》，中国第一历史档案馆藏内务府档案（档号：05－1012－057）。

⑥ 《光绪三十一年七月初三日总管内务府奏为上年出入各款详缴数目均已相符事》，中国第一历史档案馆藏内务府档案（档号：05－1044－001）。

⑦ （清）托津等编：《钦定大清会典》卷七十三，《内务府》。

清宫黄册、蓝册制度始于何时？未见明确记载，尚不清楚，但雍正初年，广储司六库的黄册、蓝册制度尚不健全。① 雍正六年（1728 年）以后，则逐步完善。乾隆时期，这一制度又推广至其他银库。养心殿造办处档案中即有许多黄蓝册，但在圆明园库档案中，只看到有关黄册的记载，而无蓝册。②

从上文可以看出，黄册、蓝册区别有二：成造时限与题销时间。其实，二者登载的内容也有不同。从雍正三年内务府盘查银库的档案可知，黄册登载的主要是银库中所储金银的收支情况，而蓝册登载的则是银库所储金银器皿等项出入情况。③ 这只是概略而言，金银器皿既是器皿，也是贵重金属，在一定情况之下，也可以变为货币。也正因为如此，银库黄册、蓝册记载的内容也并非截然不同，有时也会有所重合。乾隆十一年（1746 年），内务府银库"银库蓝册内满达二十六件，共重二百五两；黄册内银满达九件，共重四百三十两"④。在造办处库中，因为该库并未有银缎皮之分，所以该库黄册记录的价值较高的物品，既包括金银，也包括各种缎匹、宝石等物品。⑤ 而其蓝册所记则主要是木柴、纸、蜡、蔻、梭、镊、剪等价值相对较低的物品。⑥ 有时，蓝册所载物品亦会升级，进入黄册账内。乾隆二十七年（1762 年），蓝册内的"金宝盖四个（内壹件不齐全），金钮子六个（连蜡重一两四钱），金累丝镶松石佛塔一件，银养老牌重五钱至重一两三千五百一面（共重二千三百三十五两五钱），银片一块（重四钱五分），银镶松石玻璃欢门一件，蓝宝石坠角三件，珊瑚珠镶嵌三百二十四块（重四两七钱一分五厘）"及其他诸多物品都被纳入黄册之中。⑦ 且这种情况较为频繁，乾隆三十二年（1767 年），造办处蓝册内有二两重银宝盖一件，二十三两重银雨伞顶二件，后皆熔化，"归来入黄册"。⑧

黄册与蓝册实行的是四柱结算法。四柱结算法是"按照'四柱'的特定格式，定期清算账目的一种会计结算方法"⑨。所谓四柱，即是将财物分为"旧管""开除""新收""实在"四个部分。这种结算方法产生于唐宋时期，并为后世沿用。清宫则不仅用于银库，其他与财物有关者，几乎都采用这一方法，由此可见其便利。

无论是黄册，还是蓝册，其设立都是宫中库储管理日益规范和严密的结果。这些档册的存在使得各库财物管理井然有序。乾隆十五年，银库官员登录月折时失误，将同笔款项两次登入，后核对官员将各项入款与黄册比对，发现错误并进行改正。⑩ 也为日后库储物品的查点提供了便利。据档案显示，查库时，内务府官员即按照库储金银珠玉等类别，"按年逐款，将旧管、新

---

① 《雍正六年八月二十四日总管内务府奏为遵旨查明六库物件事折》，中国第一历史档案馆藏内务府档案（档号：170－134）。

② 《乾隆五十九年二月十九日总管内务府奏为清查圆明园银库器皿库存贮什物事》，中国第一历史档案馆藏内务府档案（档号：05－0451－042）。

③ 《雍正三年十二月初十日总管内务府奏为遵旨盘查银库事折》，中国第一历史档案馆藏内务府档案（档号：170－001）。

④ 前揭《清宫内务府造办处档案总汇》第 14 册，第 327 页。

⑤ 前揭《清宫内务府造办处档案总汇》第 24 册，第 793 页。

⑥ 前揭《清宫内务府造办处档案总汇》第 27 册，第 677 页。

⑦ 前揭《清宫内务府造办处档案总汇》第 27 册，第 767 页。

⑧ 前揭《清宫内务府造办处档案总汇》第 32 册，第 221 页。

⑨ 高月管：《"四柱结算法"与"四柱清册"》，《山西财经学院学报》1987 年第 3 期，第 111 页。

⑩ 《乾隆十六年六月初四日总管内务府奏为银库官员奏销钱粮册内书写舛误议处事》，中国第一历史档案馆藏内务府档案（档号：05－0115－013）。

收、开除、实存斤两、数目详晰核对，逐一查点”①，验看是否与黄蓝册内所载相符。

二　查库制度

为了确保宫中财物的安全，清宫银库还确立了五年一次的查库制度。

据《广储司则例》显示：雍正六年八月，内务府奏准“每五年奏请派员清查六库一次”。②其实，这一制度发端于康熙时期。据档案显示，康熙二十六年（1687 年），内务府曾经查库一次。至康熙四十四年（1705 年）、四十八年（1709 年），内务府又查缎库两次。③ 从中可以看出，康熙时期的查库尚未形成定制，具有较强的随意性。囿于史料的限制，康熙二十六年的查库情况不详，不能确定查验的是广储司六库，还是其中的部分。18 年之后，内务府方又查库，但仅限于缎库。即使四年之后的查库，亦只有缎库，并未涉及其他五库。个中原因，耐人寻味。

问题在于，康熙时期，随着社会经济逐步恢复，宫中财富不断增加。康熙二十八年（1689 年），广储司增设瓷库、查库，由原来的四库变为了六库，④ 这是广储司库储财物日渐充盈，不断丰富的结果。在这种情况之下，若不加强管理，极易为管理人员侵蚀。雍正继位之初，致力于巩固皇权，未有精力进行更易。雍正三年，雍正皇帝赐死年羹尧，圈禁了隆科多。雍正四年，又彻底打垮了允禩集团。由此，雍正皇帝的统治日益稳固，他对广储司六库的整顿提升上日程。

其实，雍正对广储司六库的整顿亦有一个过程。早在雍正三年，内务府即遵旨盘查银库。据乾隆朝内务府档案显示，雍正谕令盘查六库库务的时间是雍正三年八月。⑤ 此次库务盘查，内务府从银库开始，主要清查了雍正元年所奏黄册，“原有金银、东珠、宝石等项数目，自二年正月初一日起至三年八月二十九日止，连所进物件数目，除用过外，实在应存……数目”，以及康熙五十六年（1717 年）所呈蓝册，“内原有玉、玛瑙、水晶等项数目，自五十七年正月初一日起至雍正三年八月二十九日止，连所进物件数目”⑥，用剩之余数目。此外，还有雍正二年七月十八日起至雍正三年八月二十九日，银库所存银钱数目。至该年十二月，内务府方将银库清查完毕，“缮写汉折七件”，分别是查明名册珠宝等项数目清单，查明黄册金银数目清单，查明蓝册金银器皿等项数目清单，查明钱数清单，查明册宝清单，查明黄册蓝册外未入档案数目清单，查明未入档案数目清单，呈交御览。此后，内务府即着手盘查缎库。内务府对缎库的盘查，应该借鉴了银库的办法，其操作如出一辙，亦从其奏呈的黄册、蓝册以及库储情况入手，并将盘查结果缮具

---

① 《嘉庆元年六月二十四日总管内务府奏为清查六库等处库贮金银等项数目相符事》，中国第一历史档案馆藏内务府档案（档号：05－0463－048）。

② 前揭《钦定总管内务府现行则例二种》，第 376 页。

③ 《雍正六年八月二十四日总管内务府奏为遵旨查明六库物件事折》，中国第一历史档案馆藏内务府档案（档号：70－134）。

④ 前揭《钦定总管内务府现行则例二种》，第 348 页。

⑤ 《乾隆二十六年五月初二日总管内务府（广储司）奏为五年一次清查六库事》，中国第一历史档案馆藏内务府档案（档号：05－0190－004）。

⑥ 《雍正三年十二月初十日总管内务府奏为遵旨盘查银库事折》，中国第一历史档案馆藏内务府档案（档号：170－00[illegible]）。

清单六件，交进呈览。① 嗣后，内务府先后盘查了皮库、茶库、衣库。雍正五年，内务府磁库盘查完毕②，标志着内务府第一次系统盘查库务活动的初步结束。此次查库延续了两年之久，内务府彻查了广储司库，应是清宫第一次完全意义上的清查内库。

毫无疑问，此次广储司六库的盘查为五年一次查库制度的确立奠定了基础。此次查库之后，内务府将查库情况进行汇总。“查六库物件与黄册、蓝册数目相符者一千九百三十七项，与数目不敷者一百三十八项，盈余者三百二十九项。虽有物件，未行登记册档者一百九十一项，各处交到暂收未入册档之物一百七十五项。与数目相符金银铜锡器皿等项内，有不曾开明斤两者，亦有各项归为一类，虽有总数，并未分晰名目者”③。之所以出现诸多问题，“皆系库员历年具奏黄册时，不将物件逐一详加查对，因循具奏”之故。内务府奏请令管库官员赔补，但雍正皇帝以“所缺物件，业已年久”“俱从宽免”。内务府还对出现的问题提出了具体的解决办法。其一，完善档册制度，“盈余物件三百二十九项，业经奏准尽行登入档案，毋庸议。其未行登入档案者一百九十一项，皆系库内原有之项，相应造入黄册、蓝册。其各处交到暂收之物一百七十五项，此内亦有原系库贮者，亦有内庭交出者，各处因无用，交送库贮，随即搭签，并未登入档案，若经历年久，不无遗漏舛错，亦行登入册内”。鉴于有的库房档案不全，令其补全。“瓷器库无黄册，衣库无蓝册”，内务府令其“亦照各库分立黄册、蓝册”。其二，完善管理办法，“银库将各色水晶器皿编为一类，各色玻璃器皿一类，大小玻璃镜一类，大小银钮扣一类。缎库将纱罗绉绸编为一类，春绸平绉纺丝一类，祁阳增城贡葛草葛一类。茶库将绒帽缨编为一类，各色琉璃带子石一类。衣库将氆氇、长毛氆氇编为一类。瓷器库将旧瓶坛罐编为一类，碗钟一类，把碗、把钟一类，盘碟台盘一类，各色瓷花尊、花瓶、花罐、花囊、花托一类，粗瓷盘碟一类，大小镀金红铜纽扣一类。此内物件，大小不同，价值多寡各异，不宜编为一类，相应照现今查明各色数目登入档案”。其三，规范对一些物品的处理，“银库蓝册所有嵌宝石金杯台盘等物，内应行移入黄册者，臣等辨别分晰，移入黄册。其金银铜锡器皿，亦有堪用之好者，亦有甚不堪用而亦作一类登入档案者，相应分别，将堪用器皿照常存贮外，其无用器皿熔毁，金银铜锡各归本类，以便应用”。④

发现问题，解决问题这只是第一步，问题的关键在于如何避免此类问题的再次发生。对此，内务府在此次盘查六库的基础之上，明确提出了五年一次的查库制度：“六库物件，甚属紧要。今因奉旨查库，始将盈余不敷等处得以清楚。今虽照依查明，设立档案，但年久不行盘查，则互相交代不无疏忽，复至亏缺遗漏舛错，相应咨命下之日，起至五年，奏请查库一次。”继而，为了加强广储司六库物品管理，内务府提出了具体办法。首先，设值年官员，“照从前奏准之例，于广储司郎中内派出二员，每库员外郎一员，司库一员，停止亲随住班各项差遣，令其专管值年。每年将黄册、蓝册具奏呈递后，对照册内数目，验明交与接代值年官员。其所交出物件数目，有无相符之处，令接代值年官员具由呈报”。从中可以看出，值年官员任期一年，如此则每年都要有更替，每次更替都要进行库内财物的盘查，易于发现问题，杜绝纰漏。其次，加强流动

---

① 《雍正四年二月二十八日总管内务府奏为遵旨盘查缎库事折》，中国第一历史档案馆藏内务府档案（档号：170－046）。

② 《雍正五年闰三月二十八日总管内务府奏为遵旨盘查磁库事折》，中国第一历史档案馆藏内务府档案（档号：170－109）。

③ 前揭《雍正六年八月二十四日总管内务府奏为遵旨查明六库物件事折》。

④ 前揭《雍正六年八月二十四日总管内务府奏为遵旨查明六库物件事折》。

物品的管理。“六库互相支领什物，并不行文，但开写所用物件数目及官员职名，即行领用。因并无凭，遂致不肖之徒，每有指称冒领之弊”①。为此，内务府给六库各发图记一颗，令相互借用物品时，须交钤盖本库图记的公文，以为借出库房月底备查。

内务府三年查库制度确立之后，得到了较好的贯彻。雍正十一年（1733 年），距离上一次盘查六库，已满五年，内务府遵照制度，进行查库。② 因为有上次的盘查经验，此次查库较雍正三年用时稍短，不足两年，至雍正十三年（1735 年）七月即汇总、具奏完毕。③ 此后，内务府盘查六库速度加快。至乾隆三十一年（1766 年）六月，内务府奏请盘查六库④，至十二月，内务府即将六库全部盘查完毕，并汇总具奏。⑤ 不过，五年查库制度也有不足之处。“广储司六库系臣等所管之处，每届应查之年，所派查官亦系内务府司员，但以内府之事，仍派内府司员，恐有瞻顾草率之情”，因此，乾隆三十二年（1767 年）内务府奏称：“拟请钦派大臣数员，将广储司六库逐加详细查明具奏。”⑥ 乾隆三十六年（1771 年），经内务府奏请，乾隆皇帝谕令诚亲王、庄亲王、额驸塞卜腾巴尔珠及刑部侍郎桂林、户部侍郎五诺玺等人盘查六库。⑦ 嘉庆二十一年（1816 年），嘉庆皇帝朱笔圈出睿亲王、仪亲王、成亲王、尚书崇禄、侍郎廉善、熙昌、成格、诚安查核。⑧

五年查库也不局限于广储司六库。乾隆二十六年（1761 年），在盘查广储司六库之际，内务府大臣和尔经额奏“请将织染局库务亦随六库一体盘查，嗣后以为定例”⑨，得到乾隆皇帝谕允。其后，五年查库制度又有所扩展。首先是造办处库。据档案显示，早在乾隆二十七年（1762 年），内务府盘查过造办处库，主要清查“由内庭交出材料、什物，库贮金银，并行取外库各项材料”。三年之后，内务府再次奏请盘查。⑩ 在道光朝的档案中，则明确记载造办处的五年查库制度。道光十六年（1836 年），造办处奏请查库，开篇即言为“五年一次清查库务事”，并以上

① 《雍正六年八月二十四日总管内务府奏为遵旨查明六库物件事折》，中国第一历史档案馆藏内务府档案（档号：170-134）。

② 《雍正十一年九月初五日总管内务府奏请派员详查六库折》，中国第一历史档案馆藏内务府档案（档号：183-2120）。

③ 《乾隆五年闰七月十一日总管内务府（广储司）奏为照例盘查六库事》，中国第一历史档案馆藏内务府档案（档号：05-0039-024）。

④ 《乾隆三十一年六月十二日总管内务府（广储司）奏为清查六库事》，中国第一历史档案馆藏内务府档案（档号：05-0235-060）。

⑤ 《乾隆三十一年十二月二十日总管内务府奏为清查六库汇奏事》，中国第一历史档案馆藏内务府档案（档号：05-0240-023）。

⑥ 《乾隆三十二年十二月十日总管内务府奏为派出王大臣清查六库事》，中国第一历史档案馆藏内务府档案（档号：05-0248-033）。

⑦ 《乾隆三十六年五月初三日总管内务府（广储司）奏为五年一次盘查六库请旨钦派大臣清查事》，国第一历史档案馆藏内务府档案（档号：05-0287-038）。

⑧ 《嘉庆二十一年七月十五日总管内务府（广储司）奏为请派大臣清查六库事》，中国第一历史档案馆藏内务府档案（档号：05-0585-019）。

⑨ 《乾隆二十六年十二月十九日总管内务府（广储司）奏为清查织染局库贮物件事》，中国第一历史档案馆藏内务府档案（档号：05-0195-024）。

⑩ 《乾隆三十三年四月初四日奏为清查造办处库钱粮什物事折》，中国第一历史档案馆藏内务府档案（档号：291-335-1）。

次查库在道光十一年(1831 年),现在“循例奏请简派总管内务府大臣一二员,会同查办”①。此后,造办处经常进行五年一次的盘查。其次是圆明园银库。乾隆二十八年(1763 年),内务府规定:“嗣后,圆明园银库、器皿库,照内务府各库之例,五年一次奏请,派员清查。”② 虽然圆明园银库档案毁于战火,但其清查情况仍散见于宫中档案。乾隆五十九年(1794 年)、嘉庆四年(1799 年),圆明园银库都曾进行清查。最后,官房收租库。乾隆三十二年(1767 年),内务府在奏请改用“钦派大臣”查库时,以官房收租库盘“每于年底派员查核,具本题销,但相延日久,理宜查核清晰”为由,“亦请交交派出大臣一并查明”。乾隆皇帝予以认可,谕令“将广储司六库并官房收租库查明”。③

内务府五年一次的查库制度,一直延续至清朝晚期。光绪三十二年(1906 年),清宫最后一次盘查广储司等库。④ 宣统三年(1911 年),内务府本应继续五年一次的各库盘查,“惟自武汉变起,各省关应解本府银两、皮张、缎匹等项,均未能照案解交,以致应收、应发款项,多未划清,拟请暂缓清查”⑤,并希望待形势好转,再为恢复,但不久清帝退位,内务府五年一次的查库活动成为绝唱。

三 稽查内务府事务御史衙门

乾隆时期,广储司银库的管理发生了较大的变化——引入外部人员。内务府是皇室管理体系,独立于国家体系之外,若皆用内务府人员管理,库中财物存有安全隐患。乾隆三十三年(1768 年),内务府以广储司员外郎“向系以内务府人员补用”,而库中所存“大内所需物件,关系紧要”,而“内府人员非姻族则交旧,彼此熟悉,既非互相觉查止意,亦恐潜滋循隐之患”为由,奏请“每库用各部旗员一员,与内务府库官一员,一同办理”⑥,如此则“彼此互相纠察,自必一无容隐”⑦。为了便于实行,“令六部各保勤慎之员外郎一员,由内务府带领引见,分拨六库行走”⑧。仅仅如此,尚不能完全杜绝潜在危险。广储司有总管六库郎中二人,“凡六库事务,该员俱得考核稽查,其责甚重”,原亦皆由内务府人员充任,如今六库员外郎兼用内外官员,所以内务府奏请事同一律,“令六部拣选精明强干郎中各一员,咨送内务府,带领引见,简

---

① 《道光十六年总管内务府(造办处)奏为五年一次请派本府大臣清查库务事》,中国第一历史档案馆藏内务府档案(档号:05-0692-085)。

② 《乾隆五十九年二月十九日总管内务府奏为清查圆明园银库器皿库存贮什物事》,中国第一历史档案馆藏内务府档案(档号:05-0451-042)。

③ 《乾隆三十二年十二月十日总管内务府奏为派出王大臣清查六库事》,中国第一历史档案馆藏内务府档案(档号:05-0248-033)。

④ 《光绪三十二年十二月三日总管内务府(广储司)奏请派员清查广储司六库并官房租库折》,中国第一历史档案馆藏内务府档案(档号:891-187)。

⑤ 《宣统三年十一月二十六日总管内务府奏请五年清查六库并造办处请暂缓派员清查年》,中国第一历史档案馆藏内务府档案(档号:05-1071-001)。

⑥ 《乾隆三十三年十二月初五日总管内务府奏请将内务府六库司员与户部员外郎调换以杜弊端事》,中国第一历史档案馆藏内务府档案(档号:05-0259-007)。

⑦ 前揭《钦定大清会典事例》,《内务府》。

⑧ 前揭《钦定大清会典事例》,《内务府》。

派二员，令在六库郎中上，与内务府六库郎中一同办事”①。

此次调整之后，又出现新的问题。乾隆三十四年（1769 年），兼缎库行走之户部员外郎灵毓升任郎中，本应由户部选派人员接替，但总管内务府大臣则以“人明白，办事详慎，在库行走以来，诸务谨慎妥协”，而“库中巨细，无不关系钱粮，难得勤慎持守之员，与其骤易新手，不若熟谙者，办理裕如”② 为由，奏请令其继续在缎库当差。对此，乾隆皇帝予以认可。行之不久，乾隆皇帝认识到其中存在的问题。乾隆三十五年（1770 年），兼摄广储司查库的兵部员外郎五十三升任礼部郎中，总管内务府大臣亦奏请“仍令在兼办查库员外郎上行走”。③ 对此，乾隆皇帝态度鲜明，认为“内务府人员习气不好”，是选派六部“诚干司员”兼职“六库”的根由，“此等兼摄之员，若令久于其任，则不但不能纠察，转恐沾染积习，彼此联为一气”，与选派初衷相悖，为此谕令“嗣后，六部人员兼管六库者，并定限三年更换一次，其有升任等事，总管内务府大臣概不准奏留”。④ 此后，这一制度得到贯彻执行。乾隆三十七年（1772 年），兼摄六库郎中的户部郎中兴泰、兼摄衣库员外郎的工部员外郎诚德三年期满，经总管内务府大臣奏请，“各部保送到郎中六员，工部保送到员外郎二员”⑤，交内务府带领引见。道光三年（1823 年）十一月，因事广储司银库员外郎缺出，总管内务府带领引见吏部选派的员外郎延龄与珠尔杭阿。道光皇帝谕令延龄补缺。⑥

总管内务府针对广储司六库采用的这一制度，有一定的积极作用，也存在两方面的不足。首先，缺乏力度，制度的改进并不彻底。这主要表现在人员选用方面仅限于旗人。固然，这是由于内务府的排他性所决定，但因此背离了这一政策的初衷，使得其制度虚有其名，不能完全发挥其应有的作用。其次，对人员的选用具有较强的随意性。银库、皮库等六库，存储物品不一，需要相对专业的人员进行管理。也就是说，内务府应该选用户部员外郎，而不是要从全部的六部中选取。从上文可以看到，在实际的运作过程中，户部员外郎兼管的是缎库，吏部员外郎兼管的是银库。兼管库务与专业的脱离，必将妨碍其监管效能的发挥，极大地降低其效用。

在引入六部官员辅助管理广储司六库之外，清宫还设立稽查内务府事务御史衙门，也有监管宫中财物之责。

雍正四年，为了加强内务府的管理，雍正皇帝援引“部院事件均有御史监察”之例，认为内务府事务亦应照此办理，“应将内务府官员内，拣选四人，授为御史，互相稽察，于事务有益”⑦ 为由，设立稽查内务府事务御史衙门。宫中档案有时亦简称为“御史衙门”。该衙门“在

---

① 前揭《钦定总管内务府则例》，第 350 页。

② 《乾隆三十四年七月初六日总管内务府（广储司）奏为新升户部郎中灵毓请仍令兼摄缎库事》，中国第一历史档案馆藏内务府档案（档号：05－0266－040）。

③ 《乾隆三十五年十月二十六日总管内务府奏请兵部员外郎五十三升任郎中仍否兼摄库务事》，中国第一历史档案馆藏内务府档案（档号：05－0281－062）。

④ 《乾隆三十五年十月二十六日总管内务府为兵部员外郎五十三升任郎中不准兼摄库务事奉旨单》，中国第一历史档案馆藏内务府档案（档号：05－0281－063）。

⑤ 《乾隆三十七年正月二十七日总管内务府奏为更换兼摄六库郎中衣库员外郎等事折》，中国第一历史档案馆藏内务府档案（档号：308－110－2）。

⑥ 《道光三年十一月初六日总管内务府著补放兼本府银库吏部员外郎延龄并热河苑丞等缺事述旨》，中国第一历史档案馆藏内务府档案（档号：05－0627－007）。

⑦ 前揭《钦定大清会典事例》，《都察院》。

景山西门路北，房四十有六楹。以都察院满监察御史二员稽核其事。”① 由此得知，该衙门取法于中央机构的管理办法，但初期的官员依然出身于内务府。此外，在御史数量方面也有变化，雍正四年初定为四人，乾隆时期编订的《日下旧闻考》显示为两人。这应是后期所更改。雍正六年六月，雍正皇帝认为内务府自添设御史以来，“于事甚有裨益”，所以较为重视御史的选用。鉴于该御史所办为内府事务，在人选方面亦颇为用心，“今各旗虽原有御史，稽查事务，并未查奏一事。尔八旗，不论满洲、蒙古、汉军，骁骑参领、前锋参领、护军参领内，有为人诚实，能通文义者，各旗大臣及前锋统领、护军统领等，会同每旗拣选八员引见，补授御史四员，稽查旗内事务。仍兼原任行走，如果实心办事，朕将伊等补用部院衙门”。② 这也就是说，雍正六年时内务府的稽查御史仍然是四人。此后，为了充分发挥该御史的任用，雍正皇帝又令吏部议奏其任用与所涉事务的处理办法。吏部覆奏：“稽察内务府御史员缺，于内务府郎中员外等官选授。所办事件，年终赴京畿道刷卷，其升转照各部院司官升转御史之例，不兼内务府职衔。凡有题参事件，不必会同内务府总管列衔，如有徇隐，照例议处，并各设笔帖式二员。”对此，雍正皇帝基本予以认可，但认为“内务府所办稿案，不必送京畿道刷卷”。③

据《大清会典》显示：雍正十三年该衙门被裁撤。是年，雍正皇帝崩逝，新君乾隆皇帝继位，因此该年有两位皇帝，而文献记述又极为简略，没有明确何人裁撤。这可从乾隆皇帝的谕旨中管窥蛛丝马迹。乾隆皇帝登基之初，着手调整办理雍正陵寝事宜的官员，撤回了不熟悉工程事务的礼部侍郎留保，另派工部尚书查克丹前往总办，“太常寺卿衔兼内务府御史偏武，内务府郎中王山，随往协办”。④ 谕旨中尚有内务府御史之名，说明当时这一机构应尚未裁撤。这也就是说，御史衙门是乾隆皇帝裁撤的，但裁撤不久，乾隆皇帝即认识到该机构设置的必要性。为此，乾隆三年（1738 年）弘历颁布谕旨称：“内务府向有专设之御史，近经裁汰，现在无稽察之人，著专委御史二人稽察，照八旗之例，不必逐年更换，将来员缺顶补，即着办理稽察内务府之事。”⑤ 由此，御史衙门得以复设。乾隆三年七月十四日，乾隆皇帝谕令御史恩特和穆沈瑜二人办理稽察内务府之事。⑥ 同时规定：“稽查内务府衙门并上三旗之御史，亦照稽查八旗之例，不必逐年更换。如该御史有升迁离任等项事故，即令新补之人办理稽查，傥有迟延违限，经该御史查出题参，将承办之郎中员外郎等官，及徇隐之内务府总管，均照事件违限例议处。如该御史徇隐不参，照不据实陈奏例，降一级调用。”⑦ 在前文谕旨中，乾隆皇帝特别指出“专委御史二人稽察”，这为后世所沿用。嘉庆四年内务府奏准，“稽察内务府事务，都察院将各道满洲御史通行开列，奏请简派二员稽察，一年更换”⑧。

对于稽查内务府事务御史衙门的职责，档案之中亦有明确记载。雍正四年，经内务府奏准，“稽察内务府事务，请照各部院衙门注销之例，将三院七司并上三旗内府佐领内管领，令其稽察。凡有钦案事件、咨文、呈状，照部院定限完结。其有不能依限完结者，豫行声明，令该御史

① （清）于敏中等编纂：《日下旧闻考》第 4 册，北京古籍出版社，1981 年，第 1186 页。
② 《清世宗实录》第 7 册，中华书局，1985 年，第 1056 页。
③ 前揭《清世宗清实录》第 7 册，第 636—637 页。
④ 《清高宗实录》第 9 册，中华书局，1985 年，第 147 页。
⑤ 前揭《钦定大清会典事例》，《都察院》。
⑥ 中国第一历史档案馆编：《乾隆朝上谕档》第 1 册，广西师范大学出版社，2008 年，第 293 页。
⑦ 前揭《钦定大清会典事例》，《吏部》。
⑧ 前揭《钦定大清会典事例》，《都察院》。

酌量展限，稽察注销，月终奏闻”①。雍正八年二月，稽查内务府事务监察御史三保等以番役头目五十八等伙同乱行讹拿民人王世臣后，慎刑司未能及时审结，而是迁延三月之久，“殊属不合”②，奏请查处相关人员。雍正九年三月，广储司缎库将所储高丽布3万匹交商人售卖，共价银2.2万余两。至雍正十二年将近四年，该商人只交银1.2万余两。稽查内务府事务监察御史傅参等认为：“此项银两，库帑攸关，内务府管理应加意严催，乃至四年之久，所交银两未足一半，显系瞻徇情面，有意因循”，故奏请将内务府总管等查议，并作速严催商人交银，“以完库帑”。③ 颙琰的谕旨亦说明御史衙门稽查事务的广泛性。嘉庆七年（1802年）谕令：“内务府养育兵缺出，自应仿八旗挑补章程一律办理。嗣后着该司员将应挑幼丁，呈报该管大臣，于挑甲之日亲往挑补。倘该管大臣竟无人前往，即着稽察御史据实参奏。”④ 嘉庆五年（1800年），内务府奏准：“内务府衙门事件，倘有迟延违限，稽查该衙门御史查出题参。如徇隐不参，降二级调用。”⑤

毫无疑问，稽查宫中财物是该衙门最为重要的事务之一。具体的执行办法则是内务府各处支领银两，皆由堂郎中督理稽查，到月底再行造册，呈送御史衙门审核，以防止作弊。当然，在实际执行过程中，御史衙门参与的力度与广度有限，随着时间的推移则时有增加。乾隆五年（1740年），内务府奏准：“武备院每年用过钱粮数目，照司院之例，将旧管、新收、开除、实在，按款开造黄册，岁终进呈御览，仍送稽察内务府御史衙门，察核注销。”⑥ 乾隆十三年（1748年），内务府又奏准：“内发府广储司六库等官，遇更调交盘及取用存贮物件之数，该御史不时稽察，每月初五日、二十五日注销。”⑦ 至乾隆十八年（1753年）以前，养鹰鹞处、养狗处、雍和宫、礼器馆、乐部等五处，因有王大臣专管，其领用银两的稿件只在各该处收存，并不报送内务府与御史衙门稽查。此外，养心殿、武英殿、御书处、咸安宫四处虽然经御史衙门按注销查核，但呈稿不报送内务府查对。由此引发了养鹰鹞处笔帖式景福偷用图记，冒领银两案件。为了杜绝此类事情的再次发生，内务府认为应当统一管理，“嗣后，凡支领一切银两，俱着照依臣衙门所属各处支领一切银两之例，将领过银两数目、日期，逐件造册，一面咨送臣衙门，照例稽查外，其领过银两数目、日期，俟月底仍令各该处逐件造册，咨送御史衙门，并将签押原稿一并咨送，详加查对。如果相符，将原稿令各该处撤回本处”⑧。由此，清宫各处经费皆报御史衙门注销。光绪七年（1881年）九月，造办处咨送御史衙门的注销档可以为我们提供笼统而又具体的概念：“造办处为咨送御史衙门光绪七年九月初一日至三十日应入注销事：初四日，一件行文广储司为行取运送陈设并焚化等项车脚盘费银三千三百八十六两七钱九分一厘事；一件行文广储司为行取买办珐琅什件等项材料银三千九百七十八两五钱事；一件行文御史衙门为咨报领取广

---

① 前揭《钦定大清会典事例》，《都察院》。

② 《雍正八年二月二十七日稽查内务府事务监察御史三保等奏为特参迟延事务之慎刑司官员交该管处查议事》，中国第一历史档案馆藏内务府档案（档号：05-0001-024）。

③ 《雍正十二年十二月初五日稽查内务府事务监察御史傅参等奏为特参买卖人马成隆领买高丽布未完银两内务府总管瞻徇情面事》，中国第一历史档案馆藏内务府档案（档号：05-0002-039）。

④ 前揭《钦定大清会典事例》，《都察院》。

⑤ 前揭《钦定大清会典事例》，《都察院》。

⑥ 前揭《钦定大清会典事例》，《都察院》。

⑦ 前揭《钦定大清会典事例》，《都察院》。

⑧ 《乾隆十八年九月二十五日总管内务府奏为议奏嗣后养鹰鹞等处支领银两每月底造册咨送御史查核事》，中国第一历史档案馆藏内务府档案（档号：05-0130-058）。

储司催长等并各作匠役等菜蔬银六十八两一钱五分六厘，钱票二百五十吊五百八十三文事……初八日，一件行文御史衙门为咨报领取广储司成做大旗暖亮轿乘、焚化冠服、供几、黄酒、桌灯项并车脚盘费银三万八千七百四十八两八钱五分事；十一日，一件为行文广储司为行取买办花梨木等项材料银五十六两四钱六分八厘事；一件粤海关来文为解交备贡银一万两，随加平银四百两事……二十七日，一件行文广储司为行取亮铁等项材料银二千四百四十二两八钱九分一厘事。”①

其实，御史衙门对宫中财物的监管存在弊端。这主要体现在其参与的方式方面。从上文得知，御史衙门只是审核内务府各处交进、领用财物的单据是否相符，并没有参与到财物收支的具体过程。在这种情形之下，若内务府人员勾连，御史衙门难以发觉。至乾隆中后期，这种情况稍有改善。乾隆三十九年（1774年），内务府以广储司“六库事务，钱粮攸关”，奏请奏派值年大臣和御史，“每年请旨，于内务府大臣内特派一二员，令其值年一年。凡一切钱粮出入、物项收发，俱由值年大臣率同六库郎中等严密稽查，详慎考核，于内务府监察御史二员中，每年轮流一员，协同内务府大臣值年”。具体办法如下：

> 一，六库所有收发款项，遇有奉旨交传及一切大宗钱粮，回明管库大臣、御史收发。再会计司、钱粮衙门钱粮为多，凡此二处交项，无论多寡，俱回明管库大臣、御史，再行收入。至六库小项出入，令六库郎中眼同该库郎中、员外郎收发，所有收发各项，each日禀知值年大臣、御史。
>
> 二，堂官上库，即请值年御史公同查办，所有行文之处，值年御史与值年大臣一并列衔，以昭画一。
>
> 三，六库欠项，按限催追。一应变价、交价、回交等项钱粮，无论多寡，自堂抄到司，交库日起，即照限严催，入未有定限者，回明值年大臣定议、遵办。如耽搁不办，及逾限不催，经值年大臣查出，或六库郎中查禀，即分别参奏。如六库郎中不查不禀，亦以扶同参奏。
>
> 四，前往圆明园住班各库，备带什物，除应行预备外，或有毋庸备带之物，恐致猝不及备者，该库官员开单回明值年大臣、御史，再行携往。其贵重之物，必须该库库官亲行押送，即零星碎物，亦应回明，酌派司库等官，前往押送。
>
> 五，遇有奉旨交传什物，立即回明值年大臣，钤印咨行，出门后补画堂押，于咨领前数日，预先知照，以便该库办稿，写门单，呈堂，再行支放。②

此次内务府的改进力度也颇为有限。此次广储司六库设立值年大臣与御史，依然停留在公文的批示方面，并没有参与实际的支放过程。直至清末，御史衙门方将之提上日程。光绪二十三年（1897年）三月，御史衙门奏陈其参与广储司六库管理情形：“除皮库每年黑龙江、吉林等处解到貂皮，按照向章预目呈请上库，是日公同拣选不计外，其余银、缎、茶、瓷、衣等库，均俟收放后，祇用图记，按照各款开单，呈报本衙门。六库办理未能画一，以致本院无从查核。”面对这种状况，御史衙门提出变通办法，“相应移会贵府，查照转饬该库，启闭之日，仿照皮库一律办理。且本院奉命稽察，自应按照台规，亲往眼同收放，但贵处均于收放后，始行呈报本衙门，

① 《光绪七年九月分造办处来往广储司等处文移送御史衙门注销清单》，中国第一历史档案馆藏内务府档案（档号：05-08-030-000508-0055）。

② 前揭《钦定总管内务府现行则例二种》，第423—424页。

是收放已过，何所谓之稽查乎。嗣后，遇有各库收放款项，务于前期二日，移会本院，亲往查验，以期核实而除弊混”①。

御史衙门的存在一定程度上有助于宫中钱粮的管理，对防止官员贪冒有一定的威慑作用。光绪六年（1880年）三月，御史衙门认为内务府掌仪司果房买办果品用款过多，要求其按月详细开列用银数量，进行查核。对此，内务府进行了详细的答复。道光二十五年（1845年）以前，内务府买办果品，“一年用银总在三万数千两”“近年以来，增至七万四千两之多”。其中，既有果品使用制度的因素，也有宫中用项较多的因素。而且内务府“每次由银库领出银两亦随时将所领数目知照该衙门稽考，并可与银库所报放款互相校对”②。更为重要的是，至咸丰以后御史衙门更是多次参奏内务府属员的贪冒行为。这对维持内务府财政的正常运转具有一定的意义。

其实，对于御史衙门的稽查，无论是皇帝还是内务府都有一定的限制，并不容许其随意扩大稽核的范围。咸丰七年（1857年）二月初五日，咸丰皇帝颁布上谕，就御史英喜奏请将内务府收发各款一事会同监视的办法，做出批示：“该御史等有稽查内务府之责，所有广储司六库出入各款，何项立由该御史会同收放，何项向不会同监视，着总管内务府大臣查例具奏。”③ 咸丰皇帝并不赞同英喜之奏，显而易见。同治十一年（1872年）七月三十日，同治皇帝对御史秀文等奏工部制造车支领内务府款项有捏饰朦混情弊的批示更能显示这一观点：“工部制造金册，应领款项，既据查无捏饰朦混等弊，该御史所奏，着毋庸议”，并“着都察院堂官饬令稽察内务府御史，嗣后恪遵定例，于例应稽察衙门之外，不得再有干预。如实有应查事件，亦着由内务府转行，以免纷歧”。④ 这其实是在维护内务府的利益，对御史衙门进行限制。

光绪三十二年十二月十二日（1907年1月25日），督察院奏请裁撤稽查宗人府、内务府等差，“以归画一”，并得到清帝谕允。不久，都察院将“稽察内务府御史衙门印信一颗，锁钥印牌各一件，备文送交，并称衙内房间及一切文移、册档应由内务府一并查收。至御史衙门笔帖式系内务府专缺，人员仍归内务府当差”⑤。至十二月二十五日，内务府将都察院交来的锁钥印牌并档案文书交广储司存储，印信交礼部销毁，衙署房间作为内务府公用，笔帖式七人纳入内务府候补序列。至此，御史衙门最终退出历史舞台。

四　银库防范措施

对于广储司及其他宫中银库，内务府还有额外措施。

乾隆三十七年（1772年）七月，正在承德避暑的乾隆皇帝收到留京办事大臣的奏折，得悉宫中弘义阁南边衣库房上查出布袋元宝，以及皮库瓦陇内有一杉槁。乾隆皇帝非常警惕，意识到

---

① 《光绪二十三年三月初七日稽察内务府事务监察御史衙门为咨明嗣后内务府广储司六库每月收放款项务于前期二日移会监察御史衙门亲往查验致内务府事》，中国第一历史档案馆藏内务府档案（档号：05-13-002-002453-0056）。

② 《光绪六年四月二十五日总管内务府（掌仪司）奏请照章咨报御史衙门查核果房买办果品支领银两折》，中国第一历史档案馆藏内务府档案（档号：780-085）。

③ 中国第一历史档案馆编：《咸丰同治两朝上谕档》第7册，广西师范大学出版社，1998年，第48页。

④ 前揭《咸丰同治两朝上谕档》第22册，第155页。

⑤ 《光绪三十二年十二月二十五日总管内务府奏为接收御史衙门印信等项事务折》，中国第一历史档案馆藏内务府档案（档号：891-313）。

其中的问题："至所藏杉槁，固系接脚上檐之具，但杉槁长至丈余，携带难于潜匿，西华诸门出入，盘诘甚严，如何能听其混入？若竟将此等杉槁，皆得携至大殿院内，漫无稽查，则各门之防察，及管理银库之人，平日之一切疏懈，概可知矣！"更为重要的是，乾隆皇帝还洞察其中的关键，"且紫禁城内，断非外贼所能到。"乾隆皇帝进一步地推断藏匿杉槁者的身份，"而初次勘验情形，谓窗棂不能容手探试，闩钥难以自外而开，此必库门启闭时，查点稍疏，致在库执役之人，潜混匿迹库内，攫取逸出，装点贼踪"。据此推测，这只能是经常出入宫中之人所为，"但拜唐阿等，虽熟悉路径，究系内府旗人，谅不能习为上屋行窃之事，此必库丁内有技惯穿窬者，乘懈窃取"。乾隆皇帝的推测稍显武断，带有鲜明的个人倾向，不过，这并未影响其决策。借此机会，乾隆皇帝谕令王大臣等，"于库丁中之形迹可疑者，详加究诘，设法根线，正贼自不难于就获"。①

乾隆皇帝还限定了宫中银库的抬夫来源。清代宫中各项事务，主要由内务府包衣三旗人员承应，有时也会雇觅京中各行人士。乾隆年间，宫中银库支放银两，需要搬运抬送，即经常招募抬夫。乾隆五十二年（1787年），内务府拨交户部银两时，吴朝喜等受雇抬运元宝4个。② 乾隆皇帝以其"私自偷窃，实属目无法纪"为由，谕令将涉案的吴朝喜、高老儿、吴老谣、李得、马黑子、八一儿、王二格、得山、雨子等及夫头曹大、李六"俱着交刑部严行审究，并查明各犯，内如系内务府食钱粮苏拉，即着问拟绞罪，赶入本年秋审情实。其余闲散人及民人等伙窃各犯，亦着从重分别发遣，其内务府银库库使等交总管内务府大臣分别责处。总管内务府大臣等向不经心，亦着交该部察议"。乾隆皇帝以此为戒，为杜绝此类事情再次发生，还谕令"嗣后广储司、造办处等库，应行拨发银两，即着内务府苏拉、匠役抬运；圆明园库拨发银两，即着苑户抬运，概不准雇用民夫，以示慎重"。③

道光年间，内务府对广储司银库的管理又有所加强。这与宫中银库迭次失窃有直接关系。道光十八年（1838年），内务府规定："嗣后将一四七等日，令库官按季呈报景运门，由前锋、护军统领，派定章京一二员，率领值班护军校、护军等在库门外，严密稽查。"此次稽查的主要内容有三。其一，可疑人员。"如有别项当差人等在库门外附近窥探，立即盘诘驱逐"。至封库时，仍按照旧章办理，"该库官眼同该章京及置办章京、护军校等公同封锁后，交护军校、护军等敬谨看守"。若有临时收取"库内别项什物及传用金银，不在定期开库，应由该库官等报明值班前锋、护军统领，随时派员稽查，封库时照前办理"。其二，严查值守人员。"倘日久疏懈，一经查出，将看守之护军，由臣衙门行文景运门值班大臣惩处，库使、库丁等臣等从重办理"。其三，更换锁具，包括银库门上以及库中箱柜桶支应用大小铜锁。锁具交由各库负责官员等逐细详查，"如有应行添置更换者，向系官锁，照旧行知，妥为打造领用，应买办者，即行买办更换，以昭慎重，而免疏虞"。④

至于封锁之后，夜间如何巡查？内务府议增添护卫，加强巡视。道光皇帝否定了内务府增设兵丁的设想，认为紫禁城内"旧设官兵，为数不少，已足备巡查之用，若相率怠玩，有名无实，

---

① 前揭《清高宗实录》第20册，第234页。

② 《乾隆五十二年十二月二十日吏部为拨贮户部银两被抬夫吴朝喜等中途偷窃议处失察之总管内务府大臣事务多罗质郡王永瑢等员事致内务府等》，中国第一历史档案馆藏内务府档案（档号：05－13－002－000475－0081）。

③ 中国第一历史档案馆编：《乾隆帝起居注》第36册，广西师范大学出版社，2002年，第313页。

④ 《道光十八年十月初六日总管内务府（广储司）奏为酌议银库每逢开库日期库使匠役等人数章程事》，中国第一历史档案馆藏内务府档案（档号：05－0703－053）。

即再议增添，亦成虚设”。道光皇帝认同内务府加强宫中巡视的办法，“至中左门、中右门、东大库、西大库等四处，除原设更筹三支外，着准其于景运门另添更筹三支。俟阖门后，由后左门隙传进中左、昭德、贞度、中右，以次递传，由后右门隙传出，接续巡传，用昭稽核。又每逢一四七开库之日，应需库使、库丁、匠役人等，着由内务府派委司员带进，事毕带出。并于前期造具人数花名清册，咨送景运门查核放入。其由昭德、贞度等门出入执事人等，着该衙门造册咨送景运门备查。并由各衙门派委司员、章京等，自昭德、贞度、左右两翼等四门带进，差竣带出。倘各衙门偶遇紧要事件，不及前期造册，准于临时呈递名单，以凭考核而免弊混”。①

道光二十一年（1841 年）二月，广储司银库失窃之后，景运门值班大臣议定防护章程：东西大库阶下添设毡棚各两座，添派护军参领各一员，“在毡棚常川住宿”“东西各旧设护军校等十八人，轮流每更二人，在毡棚坐更，其余仍住廊下，遵照旧例，传递更筹，看守各库”。至同治九年（1870 年），因为值班官兵“因循疏懈”，以致银库外库“下杴大铁锁失去，库门上锁封撕坏”。当步军统领、顺天府、五城正在缉拿人犯时，该库外库锁封被再次撕去。内务府以此事“实属不成事体，且广储司钱粮重地，岂容连次任意不法，究属看守库门值班之官兵等懈驰”为由，请令“各该值班章京、护军等务须遵照奏准旧章，在毡棚值宿坐更，传递更筹，严密巡查”。②

此外，为了加强对宫中财物的管理，内务府还制定了严格物品的出宫制度。首先，宫中财物出宫要报景运门。景运门位于乾清门广场东侧，是外朝进入内廷的重要门户。清代，此处有护军统领值守，设立有景运门档房③——负责内廷禁卫的文书管理。康熙时期，内务府规定：紫禁城之外备用器物及由广储司领取者，均须呈堂填注领送官员职名，并由景运门值班护军统领查验。④其次，对于出宫物品，须由内务府颁发相应的出门印票，经守卫禁门护军验看，方可放行。乾隆三十九年（1774 年）十一月，广储司皮库库使郭兴阿请太监徐贵帮忙，将貂皮持出西华门。⑤在郭兴阿取出门印文时，徐贵因天气寒冷，且为时已晚，即私自背携出宫，为守卫护军拿获，交景运门审讯。再次，财物即使不出宫，仅在内部转运，亦需提前报备。其报备的内容包括运送财物的事由，以及经由路线。嘉庆十九年（1814 年）闰二月，成做腰刀处“由广储司银库领银八百两，走左翼门，出东华门，相应知会景运门，用清文印文一张”⑥。清宫银库及各作坊之间经常有银两往来，故各处申领出入各门的印文之事甚繁。嘉庆二十二年（1817 年）二月，造办处拨给广储司银 18720 两。因为造办处库在西路，而广储司银库在太和殿西侧的弘毅阁内，所以此项银两要经右翼门运入。为此，造办处钱粮库呈文：此项银两“进右翼门，相应知会景运门，用清文印文一张”⑦。

这些制度的存在为宫中银两及其他财物的安全提供了保障，然而，宫中财物管理的封闭性则

① 中国第一历史档案馆编：《嘉庆道光两朝上谕档》第 43 册，广西师范大学出版社，2000 年，第 420 页。

② 《同治九年八月二十六日总管内务府（广储司）奏请饬值班护军等在广储司银库毡棚坐更巡查事》，中国第一历史档案馆藏内务府档案（档号：05－0855－036）。

③ 景运门档房在南三所西夹道，共计房六间。

④ 盲揭《钦定大清会典事例》，《内务府》。

⑤ 中国第一历史档案馆编：《乾隆朝上谕档》第 7 册，广西师范大学出版社，2008 年，第 720 页。

⑥ 《嘉庆十九年闰二月十四日成造腰刀处为由广储司领银走左翼门出东华门用行清字印文事》，中国第一历史档案馆藏内务府档案（档号：05－08－030－000134－0020）。

⑦ 《嘉庆二十二年二月初一日钱粮库为奉旨拨给广储司银进右翼门用行清字印文事》，中国第一历史档案馆藏内务府档案（档号：05－08－030－000149－0004）。

大大降低了保障的效力，以致仍不时出现种种问题，使得宫中财物有所损失。

五　对侵蚀财物官员的管理

《春冰室野乘》记载轶事两则。其一是乾隆朝事：

> 汪文端由敦一日召见，上从容问："卿昧爽趋朝，在家亦曾用点心否？"文端对曰："臣家计贫，每晨餐不过鸡子数枚而已。"上愕然曰："鸡子一枚需十金，四枚则四十金矣，朕尚不敢如此纵欲，卿乃自言贫乎？"文端不敢质言，则诡词以对曰："外间所售鸡子皆残破，不中上供者，臣能以贱值得之，每枚不过数文而已。

其二为道光朝事：

> 上（道光皇帝）一日思食片儿汤，令膳房进之。次晨，内务府即递封奏，请添置御膳房一所，专供此物，尚须设专官管理，计开办费若干万金，常年经费，又数千金。上乃曰："无尔，前门外某饭馆，制此最佳，一碗直四十文耳，可令内竖往购之。"半日，复奏曰："某饭馆已关闭多年矣。"上无如何，但太息曰："朕终不以口腹之故，妄费一钱而已。"①

与之相类的还有《南亭笔记》，是书记载：

> 光绪每日必食鸡子四枚，而御膳房开价至三十两，光绪因举以为问曰："此种贵物，师傅（翁同龢）亦尝食否？"翁对曰："臣家中或遇祭祀大典，偶一用之，否则不敢也。"②

以上三则轶事都揭示了同样一个问题，即御膳房管理人员的腐败，中饱私囊。诚然，内务府是服务于皇帝的机构，其管理人员的贪腐问题长期存在，但实际上，这种贪腐是有着较大的限制，并非毫无节制，更不可能出现上文中出现的问题，但腐败问题确实存在于内务府之中。

武英殿御书处即是其一。自乾隆六年至十八年，该处"共领过钱粮十二万零五百两，共得余平银三千四百七十三两六钱零"。其中，和亲王于乾隆六年至乾隆十三年管理武英殿事务，此间所得余平银2250余两，该处支用时"只有堂呈总账，并无动用细账"。乾隆十四年（1749年）以后，果亲王接管该处事务，该处又得余平银1210余两，所支各款虽有细账，但"此内有与例不符，动用银二百四十余两，又有历年装修书籍亏空银三百九十余两，无项开销，指称修理房间将余平垫补"。③ 经内务府彻查，该处人员浮冒贪污余平银2900余两。④ 更为重要的是，该处共

① 李岳瑞：《春冰室野乘》，内蒙古人民出版社，2003年，第43页。

② 李伯元：《南亭笔记》，内蒙古人民出版社，2003年，第169页。

③ 《乾隆十八年六月十四日总管内务府（慎刑司）奏为将管理武英殿御书处官永忠等治罪事》，中国第一历史档案馆藏内务府档案（档号：05－0128－070）。

④ 《乾隆十八年五月二十九日总管内务府奏参武英殿官员滥行开销余平银事》，中国第一历史档案馆藏内务府档案（档号：05－0128－046）。

收存有字铜子101万余个，无字铜子18.8万余个，而管库人员为讨好管理武英殿事务的和亲王，并不将无字铜子记录档册，私自隐匿，转交和亲王。此项无字铜子共重7500斤，值银1720余两。后为内务府察觉，相应人员皆受到惩处。

几乎与此同时，乾隆皇帝的专用库——养心殿内殿库中的财物也为管库人员侵蚀。乾隆二十三年（1758年）四月二十一日，该库管库首领程彬偷换库中所藏珍珠事发。内务府即行严加审讯，由此揭开了程彬长期盗窃皇帝财物的事实。据涉案各人供词，自乾隆十一年以来，程彬"侵盗库物，不可枚举"，其偷窃的"珠宝玉器等项甚多，也有记得的，也有记不得的"。仅其所记，即有早期抵换的珍珠坠4副，金累丝流苏3对，偷过珍珠522颗，黄金100两（卖银800余两），金条一根（卖银600余两），盗窃银1000余两，人参1小匣，皮褂2件，乾隆十九年（1754年）端午节，偷窃纱葛布一箱，还零碎盗窃绸缎一二百匹，偷窃库中珍珠500颗（后售卖得银1600两），珍珠坠子4副；乾隆二十一年（1756年），偷窃玉扛头瓶1个，瓷炉1个，玉磬1个，玉炉1个，共卖银270两；乾隆二十二年（1757年），偷窃金凤5支，金簪花5对，售卖共得银540两，同年还偷得大小青白拱璧5件，白汉玉秋蟾1件，白玉兽1件，卖银90两；乾隆二十三年二月，抵换珍珠十二颗，以及其他各样古玩二三十件，尚未售出。此外，还有汉玉扛头瓶、汉玉大圆洗、汉玉带钩、汉玉觥、珊瑚数珠、伽南香数珠、紫檀木嵌玉如意等多件物品交太监刘进玉、赵德等人售卖，所得价银已经记不清楚。还有一些物品，被程彬改作他用。① 程彬之所以能够长期偷窃，与其窃盗方式有关。他"每每窃盗官物，售卖图利。或将元年册档潜行删改，获奖上库之物匿不登记，任意偷窃"。还与诸多太监的配合有密切关系。此案之中，涉及宫中诸多人员。其中，本库太监曾璐、郑玉等"朋比为奸，希图从中染指"，太监赵福寿"听伊指使，将盗出官物代为售卖"，太监赵德、赵琏、刘进玉常为程彬"售卖玩器，得利分肥"。事发之后，这些人员还"钳口隐遁，坚不承认"。更与其他管库人员——刘沧洲、杨义年老，曹进孝有外差，以致常常只有程彬一人开库，便于窃盗有关。

至嘉庆年间，内务府属员依然不断侵蚀宫中财物。嘉庆十四年（1809年），更是引发了书吏王书常等人冒领广储司库银大案。王书常本是工部堂书，后告退。自嘉庆十一年至十四年，王书常与他人一起私自雕刻官印，捏造工程名目，冒领户部银库、缎匹库、颜料库及内务府广储司银两及物料多达14次，折合银7万余两。令人震惊的是，在此三年之间，无论是户部三库，还是广储司银库管库官员竟无一察觉。若非承应工程商人无意之中发现广储司银库咨文与事实不符，呈报主管官员，进行严密寻访，方拿获王书常等人，否则将会绵延更久。这令嘉庆皇帝非常震怒，谕令严查，并严厉处分涉案人员。此案之中，涉案的内务府人员有原在广储司当差的谢兴邦、丁凤诏，以及现在应差的王嘉鼎、胡学云，共计四人，他们串通王书常等，共冒领广储司银8次，其中自嘉庆十三年五月至十四年八月，即多达7次，共领银2.8万余两。②

嘉庆皇帝的处罚并未警醒内务府属员，这种冒领银两的事情依然存在。道光年间，宫中又有营造司铁库库掌珽璋等人冒领广储司银两之案。珽璋是营造司铁库库掌，伙同骁骑校庆丰、拜唐阿海升、正红旗满洲马甲乌林布等人，自道光十五年至二十二年，共九次捏造工程名目，冒用他

---

① 《乾隆二十三年六月初二日奏请惩办内库首领程彬偷盗官物售卖案内各犯折附件程彬等人口供》，中国第一历史档案馆藏内务府档案（档号：242-471）。

② 中国第一历史档案馆：《嘉庆道光两朝上谕档》第15册，广西师范大学出版社，2000年，第47页。

人之名，领用银3790余两。①

咸丰以后，内务府的腐败问题更为严重。同治十三年（1874年），御史孙凤翔以李光昭办理重修圆明园木植过程中“肆行欺罔”，其“呈进木植皆系现任内务府大臣贵宝署理堂郎中任内之事”，而“贵宝朦混具稿呈堂”，“与李光昭交通舞弊”，奏请严惩。② 同年五月，御史张景青以内务府堂郎中文锡“承办公事，巧于营私，遇有传办之件，动多浮冒”为由，奏请将其裁撤一切差使。③ 入光绪朝后，御史呈请处分贪冒内务府官员事件益多。光绪三年（1877年）二月，御史邓庆麟以内务府候补郎中那隆阿与酒醋房库掌中祥“朋比为奸”“包揽关防衙门各仓库恭备内廷差务，销至十余万两，遇有发放款项，派成克扣”之故，奏请将涉案人员“开去差使”。④ 光绪六年（1880年）二月，御史邓庆麟奏：内务府广储司银库库掌李元二，即李元裕，任听伊子李七，即李惠龄，代办差务，有勒索规费，冒领公款，扣减发项诸弊，以致造办处近年核销款项多达数十万两，请严惩相关人员。⑤ 光绪七年（1881年）五月，御史英俊奏参内务府拨用户部款项，扣成浮冒。⑥ 光绪八年（1882年）六月，通政使司参议嵩溥参奏内务府造办处郎中英绶，“图谋差务，贪婪无厌，任用家人，勾结官役，冒领浮销”。⑦ 此类事情，层出不穷，不再赘述。

问题在于，几乎所有参奏案件都没有得到落实。接到参奏奏折之后，内务府对御史所参诸人进行详细盘查，认为皆是无中生有，并一一驳斥。令人费解的是，既然这些被参之人并不存在御史参奏各情，即不应遭受处罚，但内务府却又对相关人员进行了处罚。前文中的贵宝、银库库掌李二等都被革职。

其实，对于内务府属员的贪冒情况，清朝最高统治者并非毫不知情。对于御史的参劾，光绪皇帝即认为“内务府承办及传办各事”，虽然“屡经谆谆告诫，不准稍有虚冒”，但因“积习相沿，罔知悛改，办理要务往往将工料银两笼统开报，其中浮冒不知凡几。每遇一差，钻营瞻徇，上下相蒙，其于传办之件有意迟延，藉端渔利，不实不尽，积弊极多。甚至勾通织造等衙门，书吏辗转朦混，虚糜帑项，实堪痛恨”。为此，光绪皇帝谕令“总管内务府大臣破除情面，务将种种弊端切实禁止，并严定章程，迅速覆奏，以资遵守”。⑧ 对此，内务府自有应对之策。他们一面宣称要“严行稽查，遇有支发之项，力求核实，不准稍有浮冒；遇有传办之差，认真督催，不容任意延缓。其应派各项差使，由臣等详加拣选，秉公酌派。如有不肖之员钻营请托，立即举出，奏明参办”。同时，内务府又进行拖延。他们首先奏称制定章程的困难：“臣衙门至要之事，

---

① 《道光二十二年十一月初六日宗人府宗令载铨呈珽璋等冒领广储司银款次数清单》，中国第一历史档案馆藏内务府档案（档号：03－3811－025）。

② 中国第一历史档案馆编：《咸丰同治两朝上谕档》第24册，广西师范大学出版社，1998年，第243页。

③ 《同治十一年六月初七日总管内务府奏为确查郎中文锡虽无浮冒唯承办未能处置得宜事》，中国第一历史档案馆藏内务府档案（档号：05－0862－060）。

④ 《光绪三年三月二十六日总管内务府奏为查明候补郎中那隆阿等并无朋比为奸实迹请开去差使折》，中国第一历史档案馆藏内务府档案（档号：767－101）。

⑤ 《光绪六年三月初七日总管内务府大臣奏报遵旨覆奏银库库掌李元裕被参情弊及片奏造办处并无坐扣关银折》，中国第一历史档案馆藏内务府档案（档号：780－057）。

⑥ 《光绪七年六月初三日总管内务府奏报遵旨核查御史英俊奏参内务府拨用部款扣成浮冒等情弊折》，中国第一历史档案馆藏内务府档案（档号：786－065）。

⑦ 《光绪八年七月二十日总管内务府奏报遵查造办处郎中英绶未有浮冒侵吞及任用家人勾结官役情弊折》，中国第一历史档案馆藏内务府档案（档号：790－101）。

⑧ 中国第一历史档案馆编：《光绪朝上谕档》第11册，广西师范大学出版社，1996年，第324页。

首重支发，而款目纷繁，皆分隶于各司各库，除传办之件应由臣等随时稽查核减，其各司处所例支之款，向凭旧案，而案卷繁多，参差不一，必须详查酌核，逐款厘定，某项不准复有加增，某项应即切实核减，确定一不易之规，永远遵守。”其次，时间紧迫，请求推迟制定章程：“惟款目繁多，逐件详查，必须多费时日，现届年终在迩，各司处皆有预备之差，谨吁恳天恩，容明岁开印后，赶紧逐款清查，详细厘定章程。”① 这是内务府的惯用伎俩，但却行之有效。光绪皇帝予以谕准。

内务府的封闭性是造成这种结果的重要原因，其基层官员主要来自内务府所属三旗，其中诸多职位都在较小的范围内选取。内务府“各部院司员，遇有曾任局库差使，年满后非过十年，不得再行保送别差”。光绪三年（1877 年），缎库郎中巴克坦布调补广储司银库郎中，由海绪接任，至光绪九年（1883 年）正月三年任满，由缎库郎中齐克森布调补。② 关键在于，齐克森布为巴克坦布胞兄，二人在九年之内都先后出任缎库和银库郎中，在某种意义上来说，广储司最为重要的两个库房都为他们兄弟所掌控。还有前文中的李元裕在银库充任库掌，其子亦同在银库应差。这种父子在同一库房当差亦不利于管理。不仅如此，内务府机构具有较强的独立性。虽然乾隆皇帝令户部等官员参与其中，但实际效用有限。即如御史奏参各款，其稽查也只能是内务府自查，外部机构并不能干涉。至于最终的调查结果，清朝最高统治者亦不深究，偏听偏信，以致最终不了了之。此外，内务府各级官员之间形成了盘根错节的利益网络，他们一荣俱荣，一损俱损，所以御史的参奏往往并非局限于某一个机构，某一个人员，而是涉及多个机构，多个人员。

由此，清季的内务府机构增设有限，但其经费却不断膨胀，从每年的几十万两增长至上百万两，至光绪末期更是增长至三百余万两，而这种膨胀又是出现在国家经济困难之际，进而加剧了国家的财政危机，引起时人抵制。

总之，清宫财物管理制度是随着宫中物品不断增加，清代统治者就如何有效管理而进行的探索。这种制度曾经对宫中财物的管理发挥了一定的作用，但由于皇权以及内务府人员的封闭性因素，影响了其效用的发挥，至清末更是弊端丛生，引发御史频繁的参奏。

（作者单位：故宫博物院宫廷历史部）

① 《光绪十一年十二月二十七日总管内务府奏为遵旨详定章程以除帑项弊端事折》，中国第一历史档案馆藏内务府档案（档号：806－301）。

② 《光绪九年三月初七日总管内务府奏为缎库郎中贵存调转银库事》，中国第一历史档案馆藏内务府档案（档号：05－0932－008）。

从造办处活计档看乾隆时期宫廷唐卡镶做用途与安挂场所

刘舜强

内容提要：乾隆时期，清宫造办处形成了完整的宫廷唐卡制作流程，乾隆帝对于制作完成唐卡的具体流向给予了极大的关注。结合造办处活计档与其他宫廷档案分析，乾隆时期宫廷唐卡的主要用途是收藏、赏赐与安挂。收藏与安挂主要集中在紫禁城内外的藏传佛教场所、行宫园囿等地。赏赐的对象为藏传佛教首领及部分王公大臣。

关键词：乾隆时期　活计档　宫廷唐卡　镶做　安挂

故宫博物院收藏有两千多幅唐卡，其中以乾隆时期的作品最为集中，乾隆帝本人信仰藏传佛教，对于宫廷唐卡的制作与使用给予了极大的关注。在乾隆帝的推动下，宫廷唐卡的制作与使用形成了完整的流程与制度。学术界在以往对宫廷唐卡的研究多侧重于宗教学、图像学、名相解析等方面。① 本文结合以造办处活计档为主的清宫档案，从宫廷唐卡制作完成后的流向入手，对乾隆时期宫廷唐卡的用途与安挂场所进行讨论。

清代文献中并无“唐卡”一词，唐卡在清宫档案中常被称为画像佛或挂像佛，唐卡的装裱制作活动被称为镶做，镶做好的唐卡在室内悬挂供奉被称为安挂。关于清代宫廷唐卡绘制、镶做、安挂的信息主要记载于造办处活计档中。乾隆时期，宫廷唐卡镶做活动开始形成体系与规模，宫廷唐卡的镶做，一般由皇帝下旨，造办处相应机构承办，镶做完成的唐卡依据皇帝的不同意愿，送往宫内宫外各处进行收藏、安挂和赏赐。

一　清宫唐卡的镶做用途

（一）收藏

收藏是乾隆时期宫廷唐卡镶做的主要用途之一，是指造办处根据皇帝的旨意将制作完成的唐卡呈交内廷进行收贮供奉的活动。如在乾隆二十八年（1763 年）皮裁作的档案就记载：“（三月）二十四日，郎中白世秀来说，太监如意交画像无量寿佛三轴，传旨：静宜园学古堂现挂画像上药王一轴、秘密佛一轴、呀蔓达噶一轴上锦边拆下镶做此无量寿佛三轴挂在学古堂，其上乐王等佛三轴另挑锦呈览，准时镶做，在如是室佛柜内收供。钦此。”② 这是一次换挂静宜园学古堂唐卡的活动，换下的三幅唐卡被要求另挑锦镶做，做好后在如是室佛柜内收藏。类似的记载又

---

① 刘舜强、张迪：《清代宫廷唐卡研究综述》，《西藏艺术研究》2020 年第 2 期。

② 中国第一历史档案馆、香港中文大学文物馆：《清宫内务府造办处档案汇总》第 28 册，人民出版社，2005 年，第 295—296 页。

如同年十二月支裁作的档案中记载："二十二日，郎中白世秀将苏州送到缂丝不动金刚一轴、释迦佛一轴持进交太监胡世杰呈览。奉旨照吉云楼佛箱内收供挂像佛边一样镶边，先挑锦呈览，得时在此佛箱内收供。钦此。"① 这是乾隆皇帝要求造办处按样式镶做缂丝佛像，然后放入吉云楼佛箱内收供的记录。类似的记载在档案中还有很多。

通常，经造办处镶做完成后的唐卡，在内廷打完结子后若无具体安挂旨意，这些唐卡会按照皇帝的要求被送往佛堂进行短暂的过渡性存放收藏，以备赏、用。如在乾隆五十四年（1789 年）十二月二十三日灯裁作的档案中记载："员外郎大达色、库掌福海、催长舒兴来说，太监鄂鲁里交画佛像二张（系画佛像喇嘛进），传旨：镶边配轴头。钦此。于五十五年十二月初五日将画像佛二张镶得洋锦边配得紫檀木轴头呈览，奉旨交内庭打结子。钦此。于十二月初九日将佛像二轴内庭打得结子呈进交佛堂讫。"② 又如乾隆十七年（1752 年）一月七日，灯裁作："七品首领萨木哈来说，太监胡世杰交画像三张，传旨：着用万寿山现挂佛像旧边改小换挂，其下佛像交佛堂。钦此。"③ 再如，乾隆五十五年（1790 年）十一月十三日，灯裁作："郎中五德、员外郎大达色、库掌福海、催长舒兴来说，太监鄂鲁里交墨刻吉祥天母六张（系宁寿宫）。传旨：挑寻常锦镶边成做。得时赏喇嘛。用其佛像托高丽纸一层。钦此。于本月十八日，将墨刻吉祥天母六张挑得内库石青锦一匹镶边，黄红洋锦各一块做牙子，呈览。奉旨准用。钦此。于五十六年三月十七日将墨刻吉祥天母六轴镶边配得轴头呈进，奉旨交佛堂做赏用。钦此。"④

紫禁城内外的皇家佛堂众多，负责收贮唐卡的佛堂具体是哪一座，档案中并没有明确的指出。但是，档案中显示佛堂除承担镶做完成唐卡的收纳职能外，还承担着唐卡认看、安排安挂场所等职能。如乾隆四十四年（1779 年）二月二十九日，灯裁作便有交唐卡给佛堂看地方确定安挂场所的旨意："员外郎四德、五德、催长大达色，将班禅额尔德尼佛像十三轴镶得边，配得银轴头，安在养心殿呈览，奉旨交中正殿收什颜色，得时交佛堂看地方供。钦此。"⑤ 由此可推测，承担唐卡收贮工作的佛堂不是简单的礼佛之地和收纳之所，应是负责收纳佛教用品、管理佛事活动的机构，这个机构极有可能是中正殿念经处的别称。

（二）赏赐

在清代，唐卡一直是蒙藏地区王公大臣、宗教首领进献宫廷的重要礼品种类，自乾隆时期宫廷开始成规模进行唐卡镶做活动之后，清代统治者与蒙藏地区王公大臣、宗教首领互相赠送唐卡的现象变得常见，宫廷唐卡逐步成为拉近中央政府与蒙藏地区关系的一条重要纽带。

早在雍正时期，档案中就出现了为送给蒙古王子、符合皇帝心意的唐卡由造办处对唐卡进行镶做的记载。如雍正十年（1732 年）二月二十一日，铜作、玉作的档案中记载："朕记得从前曾造过铜佛给过果亲王，尔可查明照此铜佛式样铸造。再从前亦画过画像佛几轴，其轴上佛像甚多，轴式亦大，今不必照前大轴式画，或长四五尺宽一二尺，要在蒙古包内可亦悬挂，但新画之轴收小，恐不能如旧轴能容佛像之多，尔问土官胡图克图喇嘛，若少画些使得，即减些画，着李正芳带领中正殿画佛像人，多画几轴，至于所造所画佛像，务使速得，不可迟滞，朕欲给蒙古王

① 前揭《清宫内务府造办处档案汇总》第 28 册，第 313 页。

② 前揭《清宫内务府造办处档案汇总》第 51 册，第 377 页。

③ 前揭《清宫内务府造办处档案汇总》第 18 册，第 662 页。

④ 前揭《清宫内务府造办处档案汇总》第 52 册，第 151 页。

⑤ 前揭《清宫内务府造办处档案汇总》第 42 册，第 757—758 页。

子用，得时交与总管太监，供奉在中正殿用时，令伊等取用。钦此。”① 此处不但记载了雍正帝给蒙古王子唐卡作为礼物，还具体给出了唐卡的内容与规格。

乾隆时期，清宫与西藏地区的关系日益紧密，乾隆皇帝将宫廷唐卡作为礼物送给藏地宗教首领的记载更加常见。如乾隆四十四年十一月二十一日，灯裁作有为班禅额尔德尼镶做特定样式的唐卡，以便在其来京时赏赐给他的旨意：“员外郎四德、五德、催长大达色来说，太监鄂鲁里交绣上乐王佛一轴、秘密佛一轴、呀吗达嘎一轴（各镶蓝洋锦包首红黄洋锦牙子银轴头俱系佛堂），传旨：另换大红西番莲片金边黄绸帘，得时，俟班禅额尔德尼来京递丹书克赏给。钦此。”② 第二天的活计档行文也记载了为赏赐班禅额尔德尼特别镶做唐卡的旨意：“员外郎四德、五德、催长大达色来说，太监鄂鲁里传旨：佛堂收供缂丝上乐王一轴、秘密佛一轴、呀吗达嘎一轴，俱配黄纺丝帘，得时赏班禅额尔德尼，再交苏州织造全德，照先绣缂做过上乐王、秘密佛、呀吗达嘎一样，缂做三轴、绣做三轴，送来收供。钦此。”③

乾隆皇帝通过将镶做好的唐卡赠送、赏赐给蒙古王公及西藏地区宗教首领，拉近了中央和蒙藏地区的关系，加强了政府对边疆民族地区的治理。

（三）安挂

安挂有时也称供挂，是清代宫廷中将制作好的唐卡在室内进行悬挂供奉，用于修行和室内装饰的活动，安挂唐卡的记录在乾隆时期造办处历年的档案中频繁出现。如乾隆十二年（1747 年）十二月皮作：“本月初七日，七品首领萨木哈将画像佛五张做得镶片金边，挂像佛一轴用旧铜镀金轴头持进，在如是室安挂讫。”④ 乾隆二十四年（1759 年）六月皮裁作：“初二日，郎中白世秀、员外郎金辉来说，太监胡世杰传旨：含经堂现挂挂像佛五轴着瓖（镶）五分红片缎边。钦此。于本月十一日付催长方刚将含经堂挂像瓖（镶）得边持赴安挂。”⑤ 乾隆三十一年（1766 年）六月皮裁作：“二十日，催长四德笔帖式五德来说，太监胡世杰交画像佛五张（中正殿新画来热河有地方），传旨：归入热河画像佛内按堂配边框牙子，得时送往热河安挂。钦此。”⑥ 乾隆四十五年（1780 年）造办处档案中还记载：“（六月）十二日太监厄勒里交，石青片金边红黄片金牙子画像无量寿佛五轴、石青缎边红黄缎牙子画像释迦源流五轴（俱系芳园居收供），传旨：将此佛像五轴一连厢边成做二堂，在须弥福寿庙北群楼下东西转角楼殿内板墙上安挂，所用材料向芳园居挑用呈览。钦此。”⑦ 乾隆五十一年（1786 年）造办处的档案中又有：“六月初六日，太监鄂鲁里交镶大花锦边班禅挂像一轴（扎什伦布有地方），传旨：照此样大花锦一样向芳园居库内挑锦一匹，一并发往京内，将画像班禅交中正殿照画心高矮尺寸画章嘉喇嘛像一轴，得时交造办处用发去之锦镶边成做，俱随报发来在扎什伦布一处安挂。钦此。”⑧

和以上记载类似的内容在造办处档案中数不胜数，安挂是宫廷唐卡镶做完成后最主要的去向，涉及的地点、场所范围也最为广泛。

---

① 前揭《清宫内务府造办处档案汇总》第 5 册，第 228 页。
② 前揭《清宫内务府造办处档案汇总》第 42 册，第 795 页。
③ 前揭《清宫内务府造办处档案汇总》第 42 册，第 640 页。
④ 前揭《清宫内务府造办处档案汇总》第 15 册，第 318 页。
⑤ 前揭《清宫内务府造办处档案汇总》第 24 册，第 337 页。
⑥ 前揭《清宫内务府造办处档案汇总》第 30 册，第 278 页。
⑦ 前揭《清宫内务府造办处档案汇总》第 43 册，第 663—664 页。
⑧ 前揭《清宫内务府造办处档案汇总》第 49 册，第 116—117 页。

二 清宫唐卡的安挂场所

（一）中正殿佛堂区

中正殿建筑群位于建福宫花园南，以中正殿为中心，自南向北分布了十座藏传佛教建筑，分别为中正殿、中正殿东西配殿、中正殿后楼、香云亭、宝华殿、雨花阁、雨花阁东西配殿和梵宗楼,① 中正殿建筑群是紫禁城内最大的藏传佛教建筑区。康熙年间中正殿设立念经处，作为管理清宫藏传佛教事务的最高机构，掌管宫中藏传佛教佛堂的一切佛事活动以及佛像的铸造、唐卡绘制等宗教艺术活动。1923 年，建福宫花园大火殃及中正殿建筑群，此区域的大部分殿堂毁于大火。历经康雍乾三朝，清宫对藏传佛教的管理机构不断地进行完善，至乾隆时期最终定型，中正殿佛堂区是最主要的藏传佛教活动中心。乾隆身后的诸帝再也没有增建一处佛堂，但都遵循祖宗成法，把宫中佛堂及佛教活动一直维持到宣统小朝廷时期。②

中正殿佛堂区作为雍乾时期最主要的宫廷藏传佛教佛事场所，是宫廷唐卡供奉和收藏的主要地点之一，这一点在活计档中也有所体现。中正殿在乾隆朝之前便作为藏传佛教活动的中心，乾隆时期各类设施已经较为完善，陈设比较固定，乾隆早期对中正殿陈设进行了较大改动。据记载，乾隆十四年十月初六，中正殿有一次大型唐卡换供活动，北京喇嘛画师绘制的白救度母唐卡六十八轴换下之前同一主题的旧唐卡，送往清净地安挂。③ 这一批唐卡是此后中正殿正殿的主要唐卡类供器，中正殿正殿以白救度母唐卡为主的唐卡类陈设基本固定。档案中常见关于中正殿东西配殿、中正殿后殿、宝华殿、雨花阁及其配殿、梵宗楼等地的安挂旨意，极少有中正殿正殿、香云亭的安挂旨意。如乾隆四十四年九月二十三日，灯裁作记载了中正殿东西配楼所用唐卡的镶做与安挂过程："传旨：将挂像佛八轴另镶扁金片金边，俱用紫檀木轴头，再将此八轴内交中正殿，一轴照样添画一轴亦镶边配轴头，共成挂像佛九轴，并班禅额尔德尼十三轴，得时俱在中正殿东西配楼上安挂。钦此。于四十五年五月初十日，员外郎五德、催长大达色来说，太监鄂鲁里交狮吼观音一轴（中正殿东配楼），传旨：着归八轴内一样镶边配轴。钦此。"④ 乾隆二十五年（1760 年）七月六日，皮裁作记载了宝华殿换供唐卡的旨意："首领尹国泰来说，太监胡世杰交画像佛二张。传旨：着镶边在宝华殿换供。钦此。于八月初一日催长方刚将画像佛二张镶得边持赴宝华殿供讫。"⑤

（二）六品佛楼

除中正殿佛堂区外，乾隆二十二年到四十七年建造而成的八座六品佛楼也是清宫唐卡的重要收藏场所。何谓六品佛楼？藏传佛教格鲁派（黄教）针对修密者不同的根机（灵性、悟性）将密宗修习内容根据程度的深浅、成就的大小分为四个层次，即下品根机者修事部密法，中品根机

① 罗文华：《清宫六品佛楼模式的形成》，《故宫博物院院刊》2000 年第 4 期。

② 王家鹏：《中正殿与清宫藏传佛教》，《故宫博物院院刊》1991 年第 3 期。

③ 罗文华：《清代中正殿的陈设思想及其宗教职能考》，《中国紫禁城学会论文集》（第五辑下），紫禁城出版社，2007 年，第 423—437 页。

④ 前揭《清宫内务府造办处档案汇总》第 42 册，第 773 页。

⑤ 前揭《清宫内务府造办处档案汇总》第 25 册，第 350 页。

者修行部密法，上品根机者修瑜伽部密法，上上品根机者修无上瑜伽部密法，其中无上瑜伽部又分为父续和母续两部，加上大乘佛教（即“般若部”，“显宗”），共称“六品（部）”。六品佛楼即是按照此六部内容分别供奉相应的佛像、法器及佛塔的建筑。六品佛楼是清宫佛堂的主要建筑形式之一，其特点是：共七间，包括楼上下两部分。明间上供宗喀巴大师像，下供佛龛、塔或旃檀佛像，左右两边各三间，是六品间，楼上分别供奉各部经典以及经典所出诸尊及法器，楼下隔间分别供奉各式佛塔一座。[①] 六品佛楼在清代佛堂中占据独特地位，乾隆年间修建的八座六品佛楼分别为建福宫花园内的慧曜楼、中正殿后淡远楼、慈宁宫花园内的宝相楼、宁寿宫花园内的梵华楼、含经堂西梵香楼、珠源寺中的众香楼、普陀宗乘之庙（档案中称之为布达拉庙）大红台西群楼、须弥福寿之庙妙高庄严西群楼。活计档中也常出现六品佛楼安挂宫廷唐卡的记载。

建福宫花园慧曜楼。慧曜楼位于紫禁城建福宫花园内，建于乾隆二十二年（1757 年），是自乾隆七年（1742 年）始建建福宫花园最后完成的一座建筑。慧曜楼分上下两层，内部供奉有佛像唐卡等，建福宫火灾时烧失。慧曜楼建成后，乾隆皇帝即下令在其实内安挂供奉唐卡等器物。相关档案如乾隆二十三年二月二十一日，皮裁作：“郎中白世秀、员外郎金辉来说，太监胡世杰交慧曜楼静室佛像三张。传旨：着用从前交做佛像锦镶边安挂。钦此。”[②]

含经堂西梵香楼。含经堂位于圆明园长春园中心地带，是该园内最大的园林建筑群。始建于乾隆十年（1745 年）。含经堂西配殿外侧为两层转角佛楼，上下各十三间，外檐悬“梵香楼”匾。此楼初称长春园中所头层殿西楼，或含经堂南北转角楼，乾隆二十六年（1761 年）正月清宫档案中始见“梵香楼”称谓。在梵香楼安挂唐卡的档案如乾隆二十六年十一月八日，皮裁作：“郎中白世秀、员外郎寅著来说，太监胡世杰交画挂像佛六堂计十八张。传旨：著照慧曜楼现挂的挂像佛锦边一样镶边得时在梵香楼安挂。钦此。于二十七年四月十二日，付催长兴德将做得挂像佛六堂持赴梵香楼安挂讫。”[③]

中正殿后淡远楼。淡远楼位于中正殿后，是中正殿建筑群中最北的建筑，毗邻建福宫花园，档案中常称中正殿后楼、中正殿后新建楼。有关在此处安挂唐卡的记录如乾隆三十一年（1766年）十二月十三日，皮裁作：“十三日催长四德、五德来说，太监胡世杰交画像佛十二张。传旨：着照吉云楼佛箱内挂画像佛一张镶边成做，先挑锦呈览，得时着喇嘛认看次序，在中正殿新建楼挂。钦此。”[④]

珠源寺众香楼。珠源寺为承德避暑山庄内大型佛寺之一，位于临近西湖的山坡上，建于乾隆二十六年，寺内主要建筑有：钟鼓楼、天王殿、石牌坊、宗镜阁、大须弥山殿和众香楼等。众香楼又名“小西天”，内供三方佛与八大菩萨。楼后有蹬道通往寺的后门。乾隆二十七年（1762年）六月七日，皮裁作档案中有：“郎中白世秀来说，太监胡世杰传旨：中正殿现画热河重（众）香楼上挂像佛六堂，得时着镶洋锦边。钦此。”[⑤]

宁寿宫梵华楼。宁寿宫位于紫禁城内皇极殿后，始建于康熙二十八年（1689 年），宁寿宫最北端为梵华楼，建于乾隆三十七年（1772 年），倚北宫墙而立，供奉了大量藏传佛教器物，是清宫中非常重要的藏传佛教场所。关于梵华楼安挂唐卡的档案如乾隆四十三年（1778 年）一月十

① 前揭《清宫六品佛楼模式的形成》。
② 前揭《清宫内务府造办处档案汇总》第 23 册，第 240 页。
③ 前揭《清宫内务府造办处档案汇总》第 26 册，第 274 页。
④ 前揭《清宫内务府造办处档案汇总》第 30 册，第 295—296 页。
⑤ 前揭《清宫内务府造办处档案汇总》第 27 册，第 578 页。

六日，灯裁作：“十六日四德、五德来说，太监鄂勒里传旨：宁寿宫梵华楼上东板墙假门内贴护法一张揭下，其假门筒亦拆下，照慧曜楼现供御容挂像佛一样交中正殿画像喇嘛绘画一轴，先量准尺寸画样呈览。钦此。于四日将梵华楼对门筒新挂御容佛像一轴，随换下天王画像一轴，呈览，奉旨：换下天王叫中正殿再拟画天王三张三世佛三张成一堂。钦此。”①

普陀宗乘之庙大红台西群楼。普陀宗乘之庙在河北省承德市双桥区狮子沟镇狮子沟村，为承德外八庙中规模最大建筑群，又称小布达拉宫，是乾隆皇帝为了庆祝他本人六十寿辰和崇庆皇太后八十寿辰而下旨仿西藏布达拉宫建设的佛教庙宇，活计档中称之为热河布达拉庙。关于此处安挂唐卡的记载有乾隆三十六年（1771 年）六月四日，皮裁作：“初四日库掌四德、五德来说，太监胡世杰交热河布达拉庙六品佛楼楼上宗喀巴源流三张、楼上六品佛六张、楼下护法十八张……共三十六轴一堂（都罡殿）；大红西番莲片金二匹、七臂达赖喇嘛七张（后楼）、大力金刚一张、大轮手持金刚一张（紫福有地方）、释迦牟尼佛源流十二轴（宗喀巴楼下正面挂三轴两山墙各挂四轴）、白伞盖佛母一轴、积光佛母一轴（宗喀巴楼下门斗上）。传旨：……其释迦牟尼佛源流十一轴得时在宗喀巴楼下正面挂三轴，两山墙各挂四轴，其余者得时俱按地方安供，俱赶出外以前要得。钦此。”②

须弥福寿之庙妙高庄严西群楼。须弥福寿之庙位于河北承德避暑山庄北面狮子沟的南坡上，普陀宗乘之庙的东面。建于清乾隆四十五年，是乾隆皇帝为迎接西藏六世班禅入觐朝贺其七旬庆典而仿照班禅居所扎什伦布寺形制兴建，又称“班禅行宫”，档案中有时记作“扎什伦布”。妙高庄严殿亦称都罡殿，位于须弥福寿之庙主体建筑大红台中心区域，高三层，面阔七间，是六世班禅讲经之所。关于都罡殿安挂唐卡的档案如乾隆四十四年十月八日，灯裁作：“初八日员外郎四德五德等来说，太监厄勒里交画像佛十八张（系须弥福寿之庙都罡殿西面群中层六次间）、画像佛三张（上层明间）、画像天王四张（南面群楼南门内壁板上）、画像佛八十四张（御座楼上下东西进间）。传旨：将佛一百九张并中正殿现画像佛一百九十一张俱镶边成做，先挑材料呈览。钦此。”③

慈宁宫花园内宝相楼。慈宁宫花园位于紫禁城内廷外西路慈宁宫西南，始建于明代，是明清太皇太后、皇太后及太妃太嫔们游憩、礼佛之处。宝相楼位于慈宁宫花园北部，明代原为咸若馆东配殿，清乾隆三十年改建为楼式建筑，是园中主体建筑咸若馆的东配楼，清代为皇太后、太妃们的礼佛之所。档案中记载，乾隆三十二年（1767 年）四月五日，皮裁作：“初五日催长四德五德、笔帖式富呢呀汉来说，太监胡世杰交画像佛六张（慈宁宫楼上）、画像佛十八张（慈宁宫楼下）。传旨：着镶红洋锦边成做安挂，先挑锦呈览。钦此。于五月二十六日催长四德五德为镶做慈宁宫挂像佛十二堂挑得内库红洋锦六匹呈览，奉旨准做。钦此。”④ 档案中尚未发现宝相楼内安挂唐卡的记录，但是关于慈宁宫花园吉云楼唐卡的镶做记载档案中一般会明确指出吉云楼，因此档案中提到的慈宁宫花园中这座楼可能为宝相楼或者慈荫楼，慈荫楼虽也有藏传佛教供器，但是宝相楼改建成六品佛楼的旨意是乾隆三十一年，乾隆三十二年填充大量唐卡陈设较为合理。所以推测这里的“慈宁宫楼上”为宝相楼二层。

① 前揭《清宫内务府造办处档案汇总》第 41 册，第 681 页。
② 前揭《清宫内务府造办处档案汇总》第 34 册，第 573 页。
③ 前揭《清宫内务府造办处档案汇总》第 42 册，第 780 页。
④ 前揭《清宫内务府造办处档案汇总》第 30 册，第 712 页。

（三）其他佛堂

除中正殿佛堂区以及八座六品佛楼存有大量宫廷唐卡之外，宫内外其他佛堂同样是唐卡的重要安挂、储存场所。为满足皇帝及其家眷日常礼佛修行的需求，在后廷之中，几乎每座宫殿都有佛堂，无论是皇帝的寝宫还是太后、皇后的寝宫，或是普通的书房都配有小型佛堂来满足藏传佛教信仰。皇家园林、行宫等地方也都常见各类佛堂安供宫廷唐卡，宫内有斋宫、慈宁宫佛堂、养心殿西暖阁、凝晖堂、佛日楼、萃赏楼等，宫外有圆明园的清净地、永日堂、法慧寺；含经堂蕴真斋、慧福殿、乐安和佛堂；北海的大西天殿和万寿楼；热河的同福寺、碧峰寺、三方佛楼；雍和宫的永佑殿和阐福寺；除此之外还有盛京佛堂、万寿寺、拈花寺、香山等。如乾隆十二年（1747 年）六月初五，裱作：初五日司库白世秀来说，太监胡世杰交连挂像佛一轴。传旨：着冷鉴卢鉴将佛脸上褶皱收拾，其余不必动。钦此。于本月初六将收拾佛脸上褶皱连三挂像佛一轴交副首领杨元请赴香山安供。① 乾隆十二年二月六日，皮作：“七品首领萨木哈为镶挂像上天地，因无三蓝片金将月白金并写得大西天六字真言持进，交太监胡世杰呈览。奉旨：准用月白片金成做其对字准写。钦此。于本月十九日七品首领萨木哈将挂佛像五轴镶得蓝片金边铜镀金轴头持进在凝晖堂安供讫。”②

以上两条档案分别为宫外的香山与宫内凝晖堂安供唐卡的旨意，上文提到的其他佛堂安供宫廷唐卡的旨意在活计档中均有对应记载，此处不一一列举。

（四）起居场所与行宫园囿

清代宫廷唐卡在制作过程中融入了乾隆帝的美学思想，在选材及色彩搭配方面均力求宫廷气韵。除宗教功能以外，清宫唐卡也作为宫廷艺术品和日常陈设融入宫廷文化之中。在活计档中可见，并非所有的唐卡都被送往佛堂或者收纳起来，也有部分唐卡被送往皇帝及其家眷的日常起居之所或者宴饮之所。紫禁城各宫殿与皇家园林、行宫的日常陈设中常见宫廷唐卡的身影。比如作为皇帝起居之所的养心殿东暖阁与圆明园九州清晏、春宇舒和，皇太后居所长春仙馆、收藏之所北海阅古楼，另在西苑瀛台、盘山行宫等地也会有安挂唐卡作为日常陈设，如乾隆三十年，铜钹作：“三日，笔帖式五德来说，太监胡世杰传旨：春宇舒和挂像佛上着做钩头钉二十个、铜把圈三十六个、香色绦子六丈。钦此。于本月二十七日催长二了图将钩头钉等持赴春宇舒和挂像佛上用讫。”③ 此处是为春宇舒和的挂像佛制作配件的记载，虽不是正式的唐卡安挂旨意，但也能证明春宇舒和安挂有宫廷唐卡。乾隆三十六年一月十一日，皮裁作也有将宫廷唐卡送往北海阅古楼安供的旨意：十一日库掌四德五德来说，太监胡世杰交旧月白片金边挂像佛二轴、旧月白片金边六字真言一轴、画像佛二张（阅古楼）。传旨：将旧片金边拆下并佛像俱沿一色片金边成一堂。钦此。于本月十三日库掌四德五德将镶边挂像佛五轴挑得内库石青片金一块、长一丈一尺六寸红片金一块、长三丈三尺三寸二分并画得纸样三张，持进交太监胡世杰呈览，奉旨准用照样镶边。钦此。于本月二十八日柏唐阿双保将沿边挂像佛五轴持赴阅古楼安供讫。④

---

① 前揭《清宫内务府造办处档案汇总》第 15 册，第 487 页。

② 前揭《清宫内务府造办处档案汇总》第 15 册，第 304 页。

③ 前揭《清宫内务府造办处档案汇总》第 29 册，第 547 页。

④ 前揭《清宫内务府造办处档案汇总》第 34 册，第 560—561 页。

（五）奉三无私

奉三无私虽然不是宫廷唐卡的安挂场所，但是乾隆二十九年（1764 年）以后的活计档中奉三无私是唐卡在确定具体安挂地前最常被提及的地点，意义特殊。唐卡在镶做完成后，确定具体安挂地点前常会“安在奉三无私”等待皇帝下达具体的安挂旨意，如乾隆四十三年（1778 年）二月二日，灯裁作：“员外郎四德、五德来说，太监厄勒里传旨：御书处新送到七佛偈四分，除盛京安供一分余剩三分内再用一分照去年呈准热河七佛偈边样一样镶边，得时在布达拉庙南楼安供。钦此。”四月二十九日，员外郎四德、五德将墨刻七佛偈一分镶得边安在奉三无私，呈进交盛京安供讫。四十四年四月十九日将做得七佛偈一分交副催长鹤龄送往热河讫。四月二十九日将做得七佛偈二分打得结子安在奉三无私，呈进交佛堂讫。[①] 乾隆四十五年四月十日，记事录：“接得报上寄来信帖一件，内开四月初三日太监鄂鲁里交黄龙洞墨刻佛像十副。传旨：着果报发京交金简镶金五副，其余五副用鄂奇里轴头好好成做。钦此……奉旨准用大花红片金镶边黄绿锦牙子，轴头亦照样成做。钦此。”九月二十日将黄龙洞佛像五轴镶得边配得轴头安在奉三无私呈进交佛堂讫。[②]

圆明园中有奉三无私殿，奉三无私，寓意天无私覆，地无私载，日月无私照。圆明园奉三无私殿为御园祭殿，摆有祭殿神供。乾隆帝每年初次临幸圆明园或离园赴承德时，皆先至奉三无私供前叩首。圆明园奉三无私殿也是每年正月十四日举办宗亲宴之处，皇帝万寿节及端午、中秋，有时亦在奉三无私殿设宴。除圆明园奉三无私殿外，养心殿西小殿中也有“奉三无私”匾额，从档案记载看，与前述佛堂相比，此处提到的奉三无私功能更为单一，只是负责唐卡确定归属地前的暂时中转，所以要求这一地点不仅能暂存唐卡还要方便呈览，圆明园奉三无私殿是宴饮之所且距离皇帝起居之所较远，而养心殿西小殿正好位于中正殿和养心殿之间的位置，便于唐卡的转呈，因此可以推测档案中记载的奉三无私应是指养心殿的西小殿。

三 结语

乾隆时期宫廷唐卡流向众多，功能也各有不同，研究清代宫廷唐卡的用途与安挂场所具有极大的现实意义。活计档中记载的宫廷唐卡安挂场所有些因为时间和历史原因损毁，所藏唐卡也随之消失。有些保存完好，安挂场所与宫廷唐卡依然维持原状。研究宫廷唐卡安放地点可为唐卡的鉴定与断代提供重要线索。此外，宫廷唐卡是藏传佛教在清宫发展的重要见证，也是乾隆帝审美情趣的集中反映，对于宫廷唐卡去向的研究不仅能为宫廷唐卡的收藏与保护提供文献支撑，对于清代的宫廷工艺美术发展、藏传佛教信仰、民族政策等方面也有重大意义。

本文在写作过程中得到中央民族大学张迪同学的大力帮助，特此致谢。

（作者单位：故宫博物院科研处）

① 前揭《清宫内务府造办处档案汇总》第 41 册，第 683 页。

② 前揭《清宫内务府造办处档案汇总》第 44 册，第 126 页。

光绪时期清宫天生野术考实[①]

关雪玲

内容提要：光绪时期清宫对天生野术需求旺盛，朝廷几次谕令浙江、安徽巡抚采办。浙江巡抚从光绪九年起每年均有采办进呈，成为定例。安徽巡抚从光绪九年至十七年间也先后几次采办。透过天生野术采办这一个案，可见光绪时期，在常态机制之外，清宫药物采办尚有针对特需药物所采用的奉旨采办方式。此外，一些善纳贡献的大臣也在设法搜购，择机进贡。进入清宫的天生野术被纳入御药管理体系，用清宫特有的方式记述。

关键词：天生野术　清宫　浙江巡抚　安徽巡抚

白术是菊科多年生草本植物白术的根茎，“有强胃去湿之功，为除风痹之上药，安脾胃之神品”[②]。作为常用补益中药之一，俗有“北参南术”“十方九术”之说。白术有天生野术和种术之分。天生野术是指原生地天然生长的白术。种术则是人工种植的白术。天生野术历来为国人所推崇，所谓“天生野产不论何处，皆能扶土生津，挽回造化。”[③] 白术因产地的不同而出现各种品名，与本文相关的便有于术[④]、黄山野术、祁术[⑤]等。

光绪时期清宫对天生野术需求旺盛，几次谕令浙江、安徽巡抚采办进呈。浙江巡抚从光绪九年（1883 年）首次采办起，直至光绪三十四年（1908 年）每年均有进呈，成为定例。而安徽巡抚在光绪九年至十七年间也陆续采办几次。此外，一些并不承担采办差务的大臣，如张之洞也设法搜购天生野术，择机进贡。本文依据大量档案，结合故宫博物院所藏的《药味底簿》，梳理浙江、安徽巡抚采办详情，同时对张之洞搜购、进贡天生野术的史实作考察，并在此基础上，探寻清宫叙事中的天生野术。希冀通过天生野术采办这一个案，对清宫药物采办有更明晰的认识。

一　浙江巡抚采办详情

光绪九年朝廷第一次发布采办谕旨，由军机大臣廷寄浙江、安徽巡抚。“光绪九年七月二十九日奉上谕：浙江于潜县向产白术，近闻安徽黄山所出白术亦有佳者。着刘秉璋、裕禄即于各该

---

① 本成果得到故宫博物院“英才计划”和北京故宫文物保护基金会学术故宫万科公益基金会专项经费资助。

② （清）郭佩兰：《本草汇》卷九，康熙五年郭氏梅花屿刻本。

③ （清）黄退庵：《药笼小品》，《友渔斋医话》丛书第六种，嘉庆七年刊本。

④ （明）《杭州府志》云：“白术以产于潜者佳，称于术”。（清）嵇曾筠等：《浙江通志》卷一〇一，台湾商务印书馆，1986 年，《景印文渊阁四库全书》第 521 册，第 577 页。

⑤ 祁术，即祁门白术之简称，是安徽著名的道地药材。

处采办天生野术，不拘多少，解交内务府应用。将此各谕令知之，钦此。”①

这条指令浙江巡抚刘秉璋、安徽巡抚裕禄采办天生野术的谕旨中透露了朝廷对白术的认知。朝廷认为品质优良的白术产地有两处：浙江于潜县和安徽黄山。两地的情况又不尽相同。浙江于潜县所产白术（于术）历史悠久，且品质优良，声名远播。安徽黄山白术中也不乏佳品，但“近闻”一词表明朝廷关注黄山白术的时间不长。基于此，朝廷令两省巡抚各自在当地采办天生野术，解交内务府应用。

浙江巡抚刘秉璋八月份接到军机大臣寄信谕旨，迅即闻令而动，从刘秉璋奏折可知采办景况。刘秉璋“访询在城绅士”，了解于潜产术情况。绅士“咸谓于潜素称产术，数百年来挖掘殆尽，本处乡民往往以种术冒充，其天生野术出产甚为稀少。而省城大药铺每于于潜、天台、仙居各处深山零星采觅，转有得其真者”。也就是说，绅士提供了采办的两个去向，那便是产地和省城大药铺。获知情况后，刘秉璋兵分两路，一面“饬司遴委素谙药味之员，前往于潜县设法采购”，并“许其不论价值，惟求真正野产方为合式”。同时在省城药铺内逐细搜求。然而半个多月后在产地空手而归，“委员未能购到”，好在省城药铺有货可供择选：“于省城著名庆余堂药铺罄其所有，购得白术四斤。”此四斤白术据称是顶上之品，用其他药铺所谓的野术与之比较，“皆弗如远甚”。②

这并不是光绪九年的采办全情，光绪十年（1884 年）五月的一件刘秉璋奏片呈现了更多讯息。以下先将奏片内容转录，再做分析研判。“臣承准军机大臣字寄，光绪十年五月十三日奉上谕，前经谕令刘秉璋、裕禄于浙江之于潜、安徽之黄山采办天生野术，等因，钦此。遵旨寄信前来。臣查天生野术出产甚少，且须冬季草枯乃能寻觅。上年委员采办，历数月之久仅得二十余两，是以先于省城药铺购买呈进。经臣先后陈明在案……”③

刘秉璋的奏折和奏片相互连缀勾勒出光绪九年浙江首次采办天生野术的图景。当年浙江采办了两次。八月份刘秉璋接旨时，恰逢秋季，并非采取季节，因而在产地“半月有余，委员未能购到”。刘秉璋从著名药铺庆余堂购买进呈，以解燃眉之急。迨至冬月，适宜采收，委员在产地购得二十余两。至于这二十余两的进呈时间，就目前占据的资料而言，尚无从知晓。刘秉璋的双管齐下也成为此后一段时间内（1883—1885 年）浙江沿用的一个模式。即一面遴委素谙药味之员，前往于潜县设法采购。采购时不计成本，不论价值，只求是真正野产。同时又在省城药铺内搜求。

在探讨刘秉璋首次采办时，有一个现象令人深思。上谕明令要求采办于潜所产天生野术，而从刘秉璋所奏称“省城大药铺每于于潜、天台、仙居各处深山零星采觅，转有得其真者……于省城药铺内逐细搜求，迄今半月有余，委员未能购到，仅于省城著名庆余堂药铺罄其所有，购得白术四斤”来看，浙江所办的天生野术可能有两种：一种是朝廷钦点的真正于术，另一种则是与于潜毗邻的天台、仙居所产的天生野术。这难道是刘秉璋张冠李戴？其实不然，很大程度上可能是因为天台、仙居所产天生野术在当地也被视为于术。

对此，刘秉璋三子刘声木的相关记述可为佐证：“光绪□□年，孝钦显皇后圣躬不豫，须服于术。先文庄公时任浙江巡抚，奉廷寄命采办，供内府用，以后每年遂著为例。先文庄公立委知

① 中国第一历史档案馆藏上谕档，光绪九年七月二十九日，第一条，书同文古籍数据库。

② 《奏为购得上品白术四斤交内务府查收事》，光绪九年九月初四日，中国第一历史档案馆藏军机处录副奏折（档号：03－5539－044）。

③ 《户部奏稿》，光绪十年闰五月，清咸同光三朝朝政档案，书同文古籍数据库。

县二人，赴天台山采办入贡……"① 刘声木首先交代了浙江贡奉于术的缘起是慈禧太后身患疾病需要服用。时任浙江巡抚的刘秉璋奉廷寄采办，从此每年成为定例。其次，描述了采办情况。刘秉璋迅速委派两名知县赴天台山采办入贡。刘秉璋派员去天台山采办之举说明在其心目中天台山同属于术产区，否则是不会派员前往的。至于用仙居白术冒充于术的现象，乾隆时期已然存在。成书于乾隆三十年（1765 年）的《本草纲目拾遗》记载："今于术绝少，市中皆以仙居所产野术充于术，功亦相等。"② 据此推测，光绪时期，浙江可能仍沿用这种做法。

光绪九年即谕令浙江、安徽巡抚不拘多少采办天生野术，无奈天生野术资源奇缺，两处所得分别仅有四斤③、五十六两④，不久便不敷使用。有鉴于此，光绪十年（1884 年）第二次发布采办谕令："军机大臣字寄，浙江巡抚刘安徽巡抚裕。光绪十年五月十三日奉上谕：前经谕令刘秉璋、裕禄于浙江之于潜、安徽之黄山采办天生野术，业经该抚等先后呈进，现在将次用竣。着再于各该处采办，不拘多少，即行解交内务府应用。嗣后仍着随时采办，陆续呈进。将此各谕令知之，钦此。"⑤

第二次承旨后，浙江沿用光绪九年的做法，左右开弓。即饬令相关机构遴选妥员，多雇熟谙药性之人前往于潜采办。考虑到产地采办"恐未能迅速"，为了及时交差，便"先于省城著名药铺购得顶上野术四斤，解交内务府查收"。⑥ 半年后，在产地也有所收获。"据该委员禀报，亲往于潜各处深山雇夫分头寻挖，并在四处零星选购"，共得真正天生野术八十枚，鲜术焙、晒干燥后，计重四十九两三钱二分。⑦ 据此可知，光绪十年浙江先后采办了两次。

光绪十一年（1885 年）浙江同样采办了两次。据档案记载，刘秉璋先是委派候补知县江景桂前赴于潜，"商同知县石维堂于深山穷谷之间谕令土人设法寻觅"，购得陈术一斤，新术三斤，装盛四匣，共为一箱。此外，"又于省城铺中选购佳品四斤，亦装四匣，共为一箱。"⑧

光绪十二年（1886 年），浙江巡抚卫荣光委派候补知县王瑞成前往于潜，带土人入山再三寻觅野术，最终选购四斤，装盛四匣，共为一箱。⑨ 光绪十二年是个分水岭，从当年直到光绪三十三年（1907 年），22 年间浙江每年进呈一次，每次所进数量恒定，均为四斤。采办的方式也如出一辙，那就是赴于潜产区遍加采购。

光绪三十四年有所不同。当年光绪帝病情复杂，久治不愈，为获良效，御医在辨证立方的同时，每味药均注明产地，要求使用真优药味，以期达到质纯效宏之目的。在这种背景下，七月十五日，军机处致电浙江、直隶、四川、云贵等十省督抚，令速采办解交御用上品药材。⑩ 浙江接

---

① 刘声木：《苌楚斋随笔续笔三笔四笔五笔》下册，中华书局，1998 年，第 993 页。

② （清）赵学敏：《本草纲目拾遗》，中医古籍出版社，2017 年，第 72 页。

③ 前揭《奏为购得上品白术四斤交内务府查收事》。

④ 《奏为恭进野术送内务府查收事》，光绪九年十一月二十日，中国第一历史档案馆藏军机处录副奏折（档号：03－5539－095）。

⑤ 中国第一历史档案馆藏上谕档，光绪十年五月十三日，第一条。

⑥ 《奏为呈进野术送内务府查收事》，光绪十年十一月十二日，中国第一历史档案馆藏军机处录副奏折（档号：03－5540－077）。

⑦ 前揭《奏为呈进野术送内务府查收事》。

⑧ 《奏为遵旨采办天生野术专弁赍交内务府查收事》，光绪十一年十一月初十日，中国第一历史档案馆藏军机处录副奏折（档号：03－5542－053）。

⑨ 《奏为遵旨采办天生野术并委专弁赍交内务府查收呈进事》，光绪十二年十一月十一日，中国第一历史档案馆藏军机处录副奏折（档号：03－5544－064）。

⑩ 光绪三十四年七月十五日，中国第一历史档案馆藏外务部档案第 5121 卷（档号：爱字第 420 号）。

到的上交御用上品药材单内开写："浙江所产之野于术、杭白菊迅速采购极品各六瓶交内务府。嗣后每年进呈二三次，每次各进数斤，以备御用"。浙江巡抚增韫面临与前任同样的困境："浙省天生野术甚少，采办綦难。"然而面对需要，自应设法购采。"当饬藩司委员赴于潜县出产之区遍加采购"，共得真正天生野术五斤，分装四匣，共储红木一箱。又在省城赴庆余堂药铺购办顶上杭白菊四斤，增韫复验后，即遣专人赍送交内务府查收呈进。①

对此《申报》也曾报道："前经军机处、内务府电传谕旨，著浙江巡抚增韫办浙产药品，野于术、杭白芍、大生地、金菊花等类，迅速赍京，以备上用，等因。昨闻已由增中丞派委候补知府，恭送内务府，转交御药房查收，并闻已由内务府大臣进呈御览。"②

浙江巡抚历次采办情形如下表所示。

表1　浙江巡抚采办一览表

具折时间	承办人员	数量	备注
光绪九年九月初四日	浙江巡抚刘秉璋	4斤	
光绪九年（采办时间）		20多两	
光绪十年十一月十二日		4斤	
		49两3钱2分	装盛2匣
光绪十一年十一月初十日		4斤（陈术1斤，新术3斤）	装盛4匣，共为1箱
		4斤	同上
光绪十二年十一月十一日	浙江巡抚卫荣光	同上	同上
光绪十三年十月初十日		同上	同上
光绪十四年十一月十五日		同上	同上
光绪十五年十一月十二日	浙江巡抚崧骏	同上	同上
光绪十六年十一月十五日		同上	同上
光绪十七年十一月十二日		同上	同上
光绪十八年十一月初六日		同上	同上
光绪十九年十二月二十日		同上	同上
光绪二十年十一月初八日	浙江巡抚廖寿丰	同上	同上
光绪二十一年十一月初八日		同上	同上
光绪二十二年十一月十八日		同上	同上
光绪二十三年十一月初七日		同上	同上
光绪二十四年十一月十一日		同上	同上

① 《奏为呈进野术及白菊并以后每年加贡事》，光绪三十四年八月二十四日，中国第一历史档案馆藏宫中档案（档号：04－01－14－0101－085）。

② 《申报》，1908年9月6日，第二张第二版，爱如生中国近代大报库。

具折时间	承办人员	数量	备注
光绪二十五年十一月初一日	浙江巡抚刘树堂	同上	同上
光绪二十六年十一月初六日	浙江巡抚恽祖翼	同上	同上
光绪二十七年十一月初一日	浙江巡抚任道镕	同上	同上
光绪二十八年十一月初一日	护理浙江巡抚诚勋	同上	同上
光绪二十九年十月二十八日	浙江巡抚聂缉槼	同上	同上
光绪三十年十一月初一日		同上	同上
光绪三十一年十月二十日	杭州将军、 署理浙江巡抚瑞兴	同上	同上
光绪三十二年十一月十四日	浙江巡抚张曾敭	同上	同上
光绪三十三年十一月初九日	浙江巡抚冯汝骙	同上	同上
光绪三十四年八月二十四日	浙江巡抚增韫	5 斤	4 箱

资料来源：《军机处录副奏折》（档号：03－5352－088、03－5539－044、03－5540－077、03－5542－053、03－5544－064、03－5554－181、03－5556－065、03－5564－116、03－5567－005、03－5573－089、03－5575－081、03－5742－072、03－7225－008、03－7225－012、03－7225－016、03－7225－020、03－7225－023、03－7225－024、03－7225－028、03－7225－033、03－7225－038、03－7225－043）、《宫中档朱批奏折》（档号：04－01－12－0610－037、04－01－14－0097－051、04－01－14－0101－085）、《户部奏稿》。

本章节还有一个问题尚待探讨，那就是采办银两的来源。这点从《申报》的相关报道中可窥知一二。光绪三十三年（1907 年）《申报》刊发了浙江委员采办天生野术的消息：“浙省历年遵旨遴委干员赴于潜县属采办天生野术进贡。兹署藩司喻方伯①以时已深秋亟须采办，特委试用县丞毛燮枢即赴厘饷收支总局请领价银，克日驰赴于潜采办。”② 第二年《申报》持续报道了这方面的动态：“增中丞日前接奉政府来电，令将浙省所产野于术、杭白菊等件赶速采购极品解交内务府进呈，已志本报。兹悉颜万伯③已特委正任仁和县林孝恂大令先往厘饷局请领款项后，即将采办各件购齐呈送，以便解京进呈。”④ 两则报道明确交代了采办银两从厘金中支出，由负责采办的委员从藩库厘饷局领取。

二　安徽巡抚采办详情

安徽巡抚裕禄首次接到军机大臣寄信谕旨的时间是光绪九年九月，比浙江巡抚刘秉璋稍晚。裕禄在采办时先对黄山白术现状进行摸底。据称：“安徽歙县之黄山与浙江山脉相通，亦称产术”，山民每于冬季入山采取，然而野术“多生于深岩穷谷之中，搜寻甚为不易，故真正野术亦

① 浙江布政使喻兆蕃。

② 《申报》，1907 年 11 月 12 日。

③ 颜万伯为颜方伯之误，指浙江布政使颜钟骥。

④ 《申报》，1908 年 8 月 19 日，第二张第四版。

颇为难得"。与浙江情况相同，安徽市间所售白术也多以种术冒充。裕禄接旨后，即督饬黄山属地的徽州府知府春岫、署歙县知县吴以敬、署徽州同知孔广洋率领熟谙药性、近居黄山之县绅巴堂谊、汪起堂等人广为搜采，慎加选择。两个多月共选得真正野术五十六两，这些野术就黄山所采可言可称上品。裕禄将其"谨装四箱，专弁赍送交内务府查收"。[①]

如前所述，光绪十年五月第二次谕令浙江、安徽采办天生野术。安徽迅即作出回应，巡抚裕禄督饬徽州府知府春岫、署歙县知县吴以敬共同采办，购得野术三十余两，专弁赍送内务府。并在奏报折内声明："仍饬该府县随时采办。"[②] 然而，残酷的现实是野术愈采愈少，"且采得鲜质必须晒晾，干洁透彻方可选择"。这意味着短时期内无法获得新术，因而，当年并没有呈进。直到光绪十一年（1885 年）的三月，新任巡抚卢士杰才把经过精医识药的县绅巴堂谊悉心鉴别的五十六两多天生野术，谨装四箱，专弁送交内务府查收。[③]

安徽第三次采办是光绪十三年（1887 年）的事情。光绪十三年十月初六日，安徽巡抚陈彝接总理衙门电信，令其奉旨采办野术贡进。陈彝不敢怠慢，一番调查后奏报："遵查黄山野术，以天生者为最贵，以其不由种植而生，故曰天生。天生大抵在深岩堑谷，人迹罕到之处。见之者少，采之也难，故历年多而秉气厚。乡民偶采得之，或藏以待价，或秘为家珍，非需以时日辗转觅购，不可多得。"无论面对怎样的困境，采办任务刻不容缓。于是，陈彝与司道反复商议后，决定派其幕府中夙精医理的直隶州州判祝焕勋前往产地探访。经过徽州府知府春岫、署歙县知县吴以敬，以及绅士巴堂谊、鲍家瑞等敬谨搜采，详加选择，历经四十余日，共购得天生野术四十两，解送内务府呈进。[④]

此后，朝廷"仍饬徽州府知府春岫，署歙县知县吴以敬接续搜采"。光绪十五年（1889 年）三月二十八日，陈彝复奏："兹据该府县禀称，雇募居近黄山，熟谙采药之人入山寻挖，并访问藏术之家。随时收买，邀同知医绅士敬谨选择，共得天生野术三十六两。"陈彝亲加查验后，认为"系属真正野术，可称上品，谨装盛两匣，专弁赍送内务府查收呈进。"[⑤] 可见陈彝采办的途径有两个：一是雇采药人进山寻挖，二是探访藏术之家，随时收买。

光绪十六年（1890 年），新任安徽巡抚沈秉成持续采办天生野术。关于采办情形，沈秉成具奏："臣到任后，又经饬令署徽州知府王汝砺、署歙县知县吴以敬陆续搜采。兹据该府县禀称，雇募居近黄山，熟谙采药之人入山寻挖。并访问藏术之家，随时收买，邀同知医绅士敬谨选择，共得天生野术五十二两，呈送前来。臣亲加查验，系属真正野术，可称上品。谨装盛两匣，专弁赍送内务府查收呈进。"[⑥]

光绪十七年（1891 年），沈秉成再次采办。承担具体事宜的是署徽州府知府刘宗海、歙县知县单光禄，他们沿用前任的方式，"雇募居近黄山，熟谙采药之人入山寻挖，并访问藏术之家，

---

① 前揭《奏为恭进野术送内务府查收事》。

② 《奏为采办野术专弁送内务府事》，光绪十一年三月十二日，中国第一历史档案馆藏军机处录副奏折（档号：03－5541－030）。

③ 前揭《奏为采办野术专弁送内务府事》。

④ 《安徽巡抚陈彝奏为遵旨采办野术送内府折》，光绪十三年十一月二十一日，《宫中档光绪朝奏折》第三辑，台北故宫博物院印行，1973 年，第 520－521 页。

⑤ 《奏为遵旨采办野术专差呈进事》，光绪十五年三月二十八日，中国第一历史档案馆藏军机处录副奏折（档号：03－7225－013）。

⑥ 《奏为遵旨续采野术专差呈进事》，光绪十六年二月二十二日，中国第一历史档案馆藏军机处录副奏折（档号：03－7225－017）。

随时收买。邀同知医绅士敬谨选择共得天生野术五十七两”。沈秉成对呈送的野术“亲加查验，系属真正野术，可称上品。谨装盛两匣，专弁赍送内务府查收呈进”①。

安徽巡抚7次采办情形见下表。

表2　安徽巡抚采办一览表

具折时间	承办人员	数量	备注
光绪九年十一月二十日	安徽巡抚裕禄	56两	装4箱
光绪十年五月二十一日至十一年三月二十一日之间（采办时间）		30多两	
光绪十一年三月十二日	署理安徽巡抚卢士杰	56两多	装4箱
光绪十三年十一月二十一日	安徽巡抚陈彝	40两	
光绪十五年三月二十八日		36两	
光绪十六年二月二十二日	安徽巡抚沈秉成	52两	
光绪十七年十月二十八日		57两	装2匣

资料来源：《军机处录副奏折》（档号：03－5539－095、03－5541－030、03－5546－084、03－5554－174、03－7225－013、03－7225－017）。

三　其他进献

除浙江、安徽两省全力保障天生野术供给的同时，在两宫“西狩”的特殊时期，因药物匮乏，朝廷直接向他省官员索要天生术。如，光绪二十六年（1900年）闰八月，两江总督刘坤一委派原江南江安粮台道、新简福建按察使吴重熹解交贡品前赴行在。慈禧太后面谕：“陕西缺药材，要点天生术、好橘红，不是要贡，不可多花川资。”十月十六日，吴重熹把旨意电专刘坤一。刘坤一听令而行，先是在辖区肆所中寻觅，遗憾的是肆所中售卖的白术、橘红均不如人意，因而刘坤一又分别致电广东、浙江两省购办。同时，把手头上旧存的二十片化州橘红，分匣严密封固，交军机处代为呈进。② 吴重熹也积极响应，并有所斩获。故宫博物院所藏《药味底簿》显示，光绪二十六年十二月十五日新收的药味中有吴重熹进呈的于术一匣，计一百七十个。③

浙江、安徽巡抚把采办天生野术作为要差竭力采办的同时，其他省份的一些大臣也在设法搜购，择机进贡。时任湖广总督的张之洞便是其中之一。关于张之洞进贡野术情况，茅海建先生在《张之洞的别敬、礼物与贡品》一文中已有论及，并在脚注中收录有相关史料。因笔者撰写本文时与原始史料无缘谋面，故在讨论此问题时直接转引茅先生大作中的史料，在此对茅先生致以谢意。需要特别说明的是，这些史料中数次出现的“祁山天生野术”应为祁门天生野术之讹误。

① 《奏为呈进野术事》，光绪十七年十月二十八日，中国第一历史档案馆藏军机处录副奏折（档号：03－5554－174）。

② 《为呈化州橘红一匣事致军机处咨呈》，光绪二十六年十月十八日，中国第一历史档案馆藏军机处录副奏折（档号：03－5739－042）。

③ 故宫博物院藏《药味底簿》，封面无题字。

这点通过茅先生文章脚注中所录史料本身便可证实。如“致安庆支应局石守：黄术按寻常秤七斤十两，祁术计八斤零，来电云共十一斤”①。祁术是祁门白术之简称，是安徽著名的道地药材。由此确认“祁山天生野术”是祁门天生野术之讹误。

光绪二十六年十二月，湖广总督张之洞、湖北巡抚景星进呈的冬贡物品颇费心思。二人在奏折中对进贡之举做解释：“鄂省每年冬间督抚向有贡品，此次自应循旧备办。”进贡之举虽是相沿旧式，但贡品却不完全局限于例贡的品类，而是审时度势，有所增益。考虑到关中地气高寒，“两宫宵旰忧劳，服御所需或有未备”，于是，特地在例贡物品之外，又赍呈两种天生野术，“以备宫廷颐养、葆和益寿之需”。② 此次进贡是例行的冬贡。除此之外，另有加贡黄山天生野术七斤、祁山（门——笔者注）天生野术八斤。③

张之洞进贡的天生野术是委托其亲戚、候补知府石镇在安庆购买的。张之洞的多通电稿透露了事情的原委。先看其中一通。光绪二十六年十月二十三日申刻发：“闻安庆省城内有胡开文笔墨铺，寄卖真野术，务望速询该铺，现在可觅得数斤否？一两斤亦好，必须上等，价稍贵无妨。此系备贡之用，要紧要紧，必须从速，数日内买妥，即须寄鄂。”④ 张之洞闻知省城安庆的胡开文笔墨铺中寄卖真野术，于是希望石镇速去探访，以期有所收获。最好是多多益善，实在不行，一两斤也好。但品质要高，必须是上等的，为此价格略高也无妨。张之洞强调真野术是备贡之用，事关重大，时不我待，办妥后，立即寄到湖北。几天后，张之洞又再次请购。光绪二十六年十月二十六日辰刻发：“致安庆支应局石守：敬电悉。野术六斤，望即购，虽不能及皖省所贡，总须真好者。速专妥人送鄂，价交来人带缴。速覆。”⑤ 求真始终是张之洞的诉求，毕竟是跨省在安徽购买当地所产的野术，按常理，最好的天生野术极有可能被当地官员作为贡品。对此，张之洞心知肚明，所以退而求其次，说道虽然与安徽所贡无法比拟，但“总须真好者”。不久，张之洞收到非常满意的、高品质野术，认为这样的野术无论是作为贡品还是自用都是不错的选择，提出照此标准再购买一些。光绪二十六年十一月初五日未刻发：“致安庆支应局石守：野术收到，甚好。能照样再觅几斤否？此术或备贡，或自用，均好。”再看另一通。光绪二十六年十二月十一日未刻发：“致安庆支应局石守：前代购黄山野术计若干斤，价若干？祁山（门——笔者注）野术计若干斤，价若干？楠木匣装潢，价若干？两次差弁四人往来川资若干？均希电复，以便照寄。此系公用，不必阁下代出资。至要。”从电文中看，张之洞请购的野术有黄山、祁山（门——笔者注）两种。野术系公用表明可能还是备贡。野术在产地经过装潢，配装楠木匣后，由专人送到湖北。有意思的是，张之洞收到的“黄术按寻常秤七斤十两，祁术计八斤零”，二者相加应该是十五斤多，而石镇的回电中则说只有十一斤。众所周知，清代衡器1市斤是16两。但“药秤向系20两为1斤”，因而张之洞询问十一斤是按皖省药秤计算而来，抑或是电码有误。⑥

张之洞精心搜购的野术进到行在西安。故宫博物院所藏的《上收人参于术账》记云：“光绪二十七年二月初七日喜寿传：上交于术二匣，每匣计四屉，系张之洞进。头号一屉二百零五个；

---

① 转引自茅海建：《张之洞的别敬、礼物与贡品》，《中华文史论丛》2012年第2期，第70页。

② 《湖广总督张之洞奏为加备冬贡物呈进事》，光绪二十六年十二月十九日，中国第一历史档案馆藏军机处录副奏折（档号：03－5400－050）。

③ 前揭《张之洞的别敬、礼物与贡品》，第61页。

④ 前揭《张之洞的别敬、礼物与贡品》，第69页。

⑤ 前揭《张之洞的别敬、礼物与贡品》，第61页。

⑥ 前揭《张之洞的别敬、礼物与贡品》，第69—70页。

二号一屉二百一十五个；三号一屉二百零五个；四号一屉一百八十五个；五号一屉一百二十五个；六号一屉一百二十五个；七号一屉一百三十八个；八号一屉一百三十一个。”①

张之洞进贡野术并不限于西狩期间。光绪二十九年（1903 年）二月，张之洞奉旨进京。在召对时面奏进献野术、厚朴花。出宫后张之洞便着手进贡相关事宜，比如，对野术、厚朴花进行装潢，擅写贡单，派专人呈递等。野术、厚朴花最终能否呈递给慈禧太后和光绪皇帝，张之洞并没有十足把握。于是，他想到外甥默生（即鹿传霖之子鹿浔里），请“贤甥即托尊处并娃，转托奏事处孙姓呈进”。至于打通关节所需的花费，张之洞表示“即请酌办，容照送上”②。张之洞所贡野术顺利进到清宫，故宫博物院所藏《上收人参于术账》的相关信息可为佐证：“光绪二十九年五月十九日，喜寿传收：于术二匣，每匣计六个，系张之洞进。”

四　清宫叙事里的天生野术

进入清宫的天生野术被纳入御药管理体系，用清宫特有的方式记述。由此清宫《药味底簿》中便出现了一种现象，那就是除于术之外，其他天生野术的产地信息被忽视，甚至直接被归为于术。清宫记录的准确度给后人辨识清宫《药味底簿》中所记采办野术带来困扰。基于此，本章节的讨论以底簿中明确标注为浙江巡抚所进的天生野术为例来展开就尤显严谨和必要。需要声明的是，在不同的文本中天生野术说法各异，巡抚奏折中通常用“天生野术”，清宫《药味底簿》中则记作“于术”，在确定二者为同一物的情况下，引用时不做统一，仍保留原貌。

（一）关于天生野术的块茎

前面章节已交待浙江巡抚呈报天生野术时通常奏明总数若干斤（两），分装若干豆，共为一箱（匣）。而在清宫《药味底簿》中的描述有时则不标注重量，而是记为一木匣，计四小匣，每匣若干个。为使表述更加清晰，以下不妨罗列光绪二十九年至三十三年浙江巡抚所进的天生野术情况。

光绪二十九年十一月二十日，传收聂缉椝所进于术一木匣，计四小匣。其中两匣里各盛放六十三个，另外两匣里则分别装有六十七个和六十九个。第二年，聂缉椝所进的四小匣于术规格有所不同，分别是一百三十三个一匣，一百二十六个一匣，一百二十八个一匣，一百十八个一匣。

光绪三十一年十一月初九日，传收浙江巡抚瑞兴所进于术，每小匣内盛放于术分别是：一百零八个、一百一十个、一百二十五个、一百二十一个。

> 光绪三十二年十二月初四日，春喜传收：于术一木匣，计四小匣，一百二十个一匣、一百十五个一匣、一百十四个一匣、一百零四个一匣。系浙江巡抚张曾敭进。
>
> 光绪三十三年十一月二十五日，永福传收：于术一木匣，计四小匣，一百三一个一匣、一百四十个一匣、一百七十个一匣、一百五十个一匣。系浙江巡抚冯汝骙进。

前文已知，光绪二十九年至三十三年间，浙江巡抚每年均采办四斤天生野术，分装在四小匣

① 故宫博物院藏《药味底簿》，封面无题字。

② 前揭《张之洞的别敬、礼物与贡品》，第 89 页。

内。光绪三十四年则不同以往，所进野术数量增至五斤，仍分装在四个小匣内，每匣内的数量相应变多，分别为一百七十五个、二百零七个、一百九十个、一百九十八个。①

综上可见，浙江每年所进天生野术块茎大小是有差异的，有时还较为明显。光绪二十九年聂缉椝所进天生野术较大，按清代衡器1市斤为16两计算，平均1两是4.093个。三十年至三十四年各巡抚进献天生野术的块茎变小，分别是1两7.89个、7.25个、7.078个、9.375个、9.625个。

通常块茎大小是白术品质高下的外在指征之一，清代天生野术有形小的说法。《本草纲目拾遗》记载："野生者名天生术，形小，有鹤颈甚长，内有朱砂点，术上有须者尤佳，以得土气浓也。"② 此说法亦见诸于《药笼小品》："白术，天生野产不论何处，皆能扶土生津，挽回造化。近时不可得矣！即有，亦支如钮大。"③ 以清宫《药味底簿》中记载为依据所得出的数据，是天生野术块茎大小的量化体现，这恐怕也正是这些看似枯燥的数据之意义所在。清宫《药味底簿》的相关记述，使天生野术的面相更加清晰，有助于我们对天生野术的历史状况有更为切实的了解，破除对天生野术的一些不切实际的认识。

值得关注的是，清宫对天生野术块茎的记述与现代药物学对白术的评价标准有别。1984年由国家医药管理局和卫生部制定的《七十六种药材商品规格标准》对白术商品规格等级作了明确规定。仅就块茎大小而言，一等每千克40支以内，二等每千克100支以内，三等每千克200支以内，每千克200支以上则为四等。如果换算成以两为单位的标准，则是一等每两2支以内，二等每两5支以内，三等每两10支以内，四等每两10支以上。④ 如果按此标准，浙江巡抚所进野术，除光绪二十九年聂缉椝所进的可归为二等外，其余的都只能视为三等。相比之下，二者差别明显。作为商品，现代白术以大为上的价值取向显而易见。

（二）关于天生野术的用项

试以光绪三十二年十二月浙江巡抚张曾敭所进天生野术的使用情况为例来解答。清宫《药味底簿》中用黄色浮签标记了天生野术使用情况："光绪三十三年二月十四日，春喜传：赏张百熙于术四两；光绪三十三年五月初三日起至二十九日，上用于术一两一钱七分，随汤剂用；光绪三十三年五月初二日起至二十九日，赏连英于术二两一钱七分，随汤剂用；光绪三十三年六月二十日，长雲传：赏陆华云于术七钱五分，随汤药五剂；光绪三十三年六月初二日起至二十四日，上用于术一两一钱四分，随汤剂用……"⑤

综观使用情况，按时间顺序列表如下，以便对照分析。

表3 天生野术使用情况表

时间	用途	用量	备注
光绪三十三年二月十四日	赏张百熙	4两	

① 《上收入参于术账》。

② 《本草纲目拾遗》，第71页。

③ 《药笼小品》。

④ 金世元主编：《金世元中药材传统鉴别经验》，中国中医药出版社，2012年，第7页。

⑤ 《上收入参于术账》。

时间	用途	用量	备注
光绪三十三年五月初二日至二十九日	赏连英	2 两 1 钱 7 分	随汤剂用
光绪三十三年五月初三日至二十九日	上用	1 两 1 钱 7 分	同上
光绪三十三年六月初二日至二十四日	上用	1 两 1 钱 4 分	同上
光绪三十三年六月初三日至二十五日	赏连英	2 两 2 钱 5 分	同上
光绪三十三年六月二十日	赏陆华云	7 钱 5 分	随汤药 5 剂
光绪三十三年六月二十六日	赏陆华云	4 钱 5 分	随汤药 3 剂
光绪三十三年六月二十八日至三十日	赏连英	4 钱 5 分	随汤剂用
光绪三十三年六月二十九日	上用	1 钱	同上
光绪三十三年六月三十日	上用	1 钱	同上
光绪三十三年七月初二日	赏连英	1 钱 5 分	同上
		1 钱	同上
光绪三十三年七月初三日至三十日	赏连英	3 两	同上
光绪三十三年七月十一日至三十日	上用	9 钱 4 分	同上
光绪三十三年九月初二日至三十日	赏连英	3 两 5 钱 5 分	同上

不难发现，天生野术首先是御用，以资调摄。就本例而言，用来煎汤药。在其他事例中，除煎汤药外，天生野术还用来合配丸药（如参术白苓丸），熬膏药等。另一用项是赏赐。赏赐者不一而足，既有连英（即总管李连英），其获得赏赐最多。同膺恩宠的还有曾为内廷供奉的著名京剧小生陆华云；以及生命垂危的邮传部尚书张百熙。光绪三十三年二月十四日，赏赐张百熙四两于术，几天后，二月十八日张百熙遗折提及赏赐始末：“窃臣自上年十二月感受外邪，去次蒙恩赏假，岁杪复蒙赐馔问疾，感激下忱，沦肌浃髓。私冀医治痊愈，销假当差。讵意卧病日久，正气大亏，药石无功，自知不起。本月十四日内务府大臣增崇钦奉懿旨，至寓看视，并传取方案。旋蒙颁赏肉桂、于术珍品，高厚恩施，穹天极地，弥留床褥，涕泗交流。”①

此事例反映的是光绪三十三年二月至九月间天生野术的使用情况，虽时长有限，但事例典型，足可以小见大，反映天生野术使用普遍状况。一言以蔽之，清宫中天生野术用项有二，那就是御用和赏赐。首先保障皇帝、后妃使用。其次用来赏赉，赏赐对象有王公、群臣、其他人等。有意思的是，李连英屡屡出现在赏赐名单中，无论是获赐次数，还是数量，都是他人难以望其项背的。有时浙江所进四小匣中的一整匣，查收当天便赏给李连英，随后仍从其他匣中不断赏赐。李连英受宠眷之优隆、权势之显赫，从天生野术赏赐中可见一斑。

（三）关于天生野术的进呈

浙江、安徽巡抚进呈野术之前，例行相应的公文。光绪二十二年（1896 年）浙江巡抚咨呈便是其中之一。咨呈原文如下：“恭录咨呈事。为照遵旨采办天生野术专弁赍交内务府查收恭进缘由。经本部院于光绪二十一年十一月初八日恭折专差具奏，当经抄折咨行在案。兹于二十二年

① 《晚清官员遗折选编》（下），《历史档案》2022 年第 3 期，第 43—44 页。

正月十一日差弁赍回原折，奉到朱批：该衙门知道。钦此。除行藩司钦遵外，相应恭录咨呈贵大臣，谨请察照，钦遵施行，须至咨呈者。右咨呈内务府大臣。”① 也就是说，野术呈送内务府之前，需专差具奏采办详情，伏乞皇太后、皇上圣鉴，等候朱批。朱批和军机处发抄后，赍回批覆原折，批行藩司遵照，并咨呈总管内务府大臣察照施行。

浙江、安徽专弁进呈野术时，从指定的大门进入，按固定的路线行走，履行既定的程序。

试以光绪十六年（1890 年）浙江、十八年（1892 年）安徽进呈为例。《申报》1890 年 2 月 3 日载：“浙江巡抚崧大中丞委弁恭赍于潜所产天生野术约四两②有奇，盛以黄绫匣，上黏印花。报明东华门，赍进大内，至内务府堂上投文交纳。经坐办堂郎中齐君验明回堂，于翌晨进呈御览，赏收存库。”③ 安徽进呈情形概莫能外。《申报》1892 年 2 月 5 日云：“安徽巡抚沈仲复中丞委弁恭赍徽州府歙县黄山所产天生野术五十七两，均系上品，以黄绫锦匣二个分盛，上黏印花条封。于去腊初九日报明东华门，赍进大内，至总管内务府堂上投文交纳。经坐办堂郎中验明禀堂，于次晨进呈御览，赏收存库。”④

综上可知，赍送野术专员由东华门进入大内，到内务府堂投文，并交纳野术。经内务府堂郎中验明、禀堂后，野术于翌日清晨进呈御览。最后查收存库，以备应用。

此外，报道中所谓的“盛以黄绫匣”“以黄绫锦匣二个分盛”，涉及野术的装潢问题。装潢包括两方面内容，一是配备黄绫匣之类的包装匣，二是对野术本身进行修饰，以求美观。缠绕彩色丝线是通行的修饰方式之一。故宫博物院庋藏有清宫遗存的野术，可作为药物装潢的代表性实例。术为鹤形，柄上缠绕红、黄两色丝线，盛放在玻璃盖面匣内。匣高 8.5 厘米，长 20.5 厘米，宽 15.5 厘米。匣内外裱黄绫，玻璃面上贴有金色“万福来朝”四字。玻璃盖面匣外加有锦匣盖。

图 1　故宫博物院藏天生野术

① 《为采办天生野术专弁交内务府查收恭录咨呈致内务府大臣》，光绪二十二年正月二十六日，中国第一历史档案馆藏内务府档案（档号：05－13－002－000937－0027）。

② 对照《奏为遵旨采办野术专差呈进事》（档号：03－7225－016）的相关内容，可知此处为四斤之误。

③ 《申报》，1890 年 2 月 3 日。

④ 《申报》，1892 年 2 月 5 日。

五　结语

光绪时期清宫对天生野术需求旺盛，几次谕令浙江、安徽巡抚采办。不拘多少，随时采办，陆续呈进是朝廷的宗旨。不惜成本，不论价值，悉心拣选，不以民间常用之种术蒙混，只求真正野产是浙江、安徽采办中奉行的原则。对天生野术的推崇和利用致使资源逐渐稀少，两地面临采办綦难的困境。

浙江巡抚从1883年首次采办天生野术起，直至1908年每年均有进呈，成为定例。头三年（1883—1885年）甚至每年进呈两次。采办伊始，浙江所进数量并不固定，每年多寡不一，1886到1907年间，进呈数量恒定，均为4斤，1908年增至5斤。浙江的采办方式并非一成不变，而是因时制宜。1883—1885年双管齐下，即一面派员前往产地于潜县觅购，同时在省城药铺内逐细搜求。在产地觅购受采收季节等因素影响，需等待合适时机。这种情况下，从著名药铺购买无疑是一种行之有效的方式，可解燃眉之急。1886年以后，采用单一方式，那就是委员赴于潜产区遍加采购。采办银两从厘金中支出，由负责采办的委员从藩库厘饷局领取。

安徽巡抚从1883—1891年间也先后7次采办天生野术。与浙江不同的是，安徽并未形成定例，进呈数量也不固定。其采办方式或是雇采药人进山寻挖，或是探访藏术之家觅购。

野术鲜品在冬季采取，挖出后立即进行加工，除去非药用部分，干燥排出水分，以免腐烂或发油。至于加工方式，据不完全统计，浙江是“焙、晒干燥”①，安徽则是“阳光晒晾干洁透彻”②。加工之后的野术，经过修饰、装潢，黏贴印花条封，专弁进呈内务府。

通过浙江、安徽巡抚的奏报可见清末两地天生野术资源现状。作为天生野术的重要产地，长期采挖致使天生野术几近枯竭，真正野术难觅，市间多以种术冒充，种术的使用已相当普遍。天生野术的真与伪、优与劣二者差异何殊霄壤，而其价值亦不啻十百千倍。药材真伪优劣的鉴别是根据其外观形状，体形的大小、长短、薄厚，表面特征，内外色泽，质地软硬、轻重，折面纹理和气、味，以及用火烧、水试等方法来进行，是一项技术性很强的工作。虽浙江、安徽巡抚屡有“臣亲加查验，系真正野术”之类的言辞，但他们并非专业人士，辨别真伪优劣的权威性值得商榷。此举更多是向朝廷表明衷心和态度，以示对采办的重视。素谙药味之员、知医乡绅等关键人物在采办过程中充当重要角色，他们的参与才是品质保障的根本。

官办、商办是清宫药物采办的常态机制。③透过天生野术采办这一个案，可见光绪时期在常态机制之外，尚有针对特需药物所采用的奉旨采办方式。奉旨采办作为一种补充方式，在保障清宫药物供给方面起到重要作用。

清宫《药味底簿》中白术品名概念并不清晰，由于“于术”声名显赫，于术之外的、一些来源有自的天生野术的产地信息被忽视，甚至直接被归为于术。如前文已述的两宫西狩期间，张之洞所进的黄山野术和祁门野术，在清宫《药味底簿》里记为于术。含糊不清的记录造成研究时的困扰，因此面对清宫《药味底簿》中的“于术”一词时必须谨慎，需要同时检视其他文本

① 前揭《奏为呈进野术送内务府查收事》。

② 前揭《奏为采办野术专弁送内务府事》。

③ 清宫药物采办机制问题见关雪玲：《清宫药物采办探究——兼论同仁堂与清宫关系》一文，《北京史学》（总第14辑），社会科学文献出版社，2022年。

中的相关资料，综合研判以确定其究竟是真正产自浙江于潜的于术，抑或是包罗其他产地天生野术的“于术”。

进入清宫的天生野术被纳入御药管理体系，用清宫特有的方式来记述、表达。清宫药物管理自成一体，具体到药味奏销方面便是逐日登记使用情况，每月将用、存数目具稿呈明，三月一次将领用过药味数目缮折奏闻，每年把旧管、新收、开除、实存药味分晰呈明。[①] 在此体系下，新收的天生野术以“个”为单位登录在《药味底簿》中。此举除了御药管理方面的考量外，我们还应关注到其在本草学研究方面的意义。清宫药味底簿的相关记述，使天生野术的历史面相更加清晰，有助于我们对天生野术的历史状况有更为切实的了解，破除对天生野术的一些不切实际的认识。

（作者单位：故宫博物院宫廷历史部）

① 《奏为药房添设主事等五条事》，乾隆五年闰六月十三日，中国第一历史档案馆藏内务府档案（档号：05－0038－023）。

宫之味与民之味

——清宫厨役的流动

伍容萱

内容提要： 清代宫廷饮食是一个备受社会公众关注的话题。特别是在普罗大众的认知里，宫廷饮食是具有皇权属性的，清宫御厨的烹饪技艺自然出类拔萃，御膳的味道更不是民间饭铺的菜肴所能及的。本文运用大量文献资料，探讨清代宫廷厨役供职宫廷、传承继替和遣返民间等情况，试图纠正人们关于清宫饮食的刻板印象，并进一步指出宫廷和民间的饮食不是二元对立的，两者也没有绝对的高下之分。

关键词： 清宫　宫廷饮食　厨役

清代宫廷饮食是一个备受社会关注的话题。普罗大众对于宫廷饮食的绮想从未中断——钟鸣鼎食的排场、八珍杂陈的御膳、身怀绝技的御厨、秘不示人的菜谱、养生益寿的功效……种种附丽于清宫饮食的传奇故事和影视作品，推动了刻板印象的形成。在这种认知里，宫廷饮食是具有皇权属性的，清宫御厨的烹饪技艺自然出类拔萃，御膳的味道更不是民间饭铺的菜肴所能及的。事实上，清宫厨役是一个庞大的群体。负责皇帝日常膳食的仅仅是这一群体中的一小部分，宫中各处机构、各阶层人等都需要厨役提供膳食，三大节及大婚等典礼的宴席则由光禄寺厨役负责。将他们统一冠上“御厨”的名头，或是比照个别名厨的事迹来看待，显然是不合理的。本文选取清宫厨役作为关注点，探讨这一群体入宫供职、传承继替与遣返民间等情况，试图纠正人们关于清宫饮食的刻板印象，并进一步指出宫廷和民间在饮食上不是二元对立的，两者也没有高下之分，宫廷与民间的饮食一直是双向流动、相互影响的。

一　清宫厨役的主要来源

满族统治者入关后，原来的厨役无法支撑整个宫廷生活和典礼运转。所以，大量向民间招募厨役是必然的选择。总的来说，清宫饮食以明朝京城盛行的鲁菜食风为基底，保留了部分满洲特色，加之以苏州菜为代表的江南风味。此外，清真菜肴也时常出现在皇帝的膳单里。到了逊清小朝廷，溥仪为了品尝西餐，还专门设置番菜房。可以说，清宫厨役来自大江南北，为宫廷带来了丰富多样的美味。

（一）长期供职

有清一代，宫廷都有招募民间厨役入宫供职。嘉庆朝《大清会典》中明确规定：“惟内膳房六十七名内，有十名召募民充，余俱于三旗人丁内挑补。”① 无论是内务府三旗人丁还是普通的

① 嘉庆朝《大清会典》卷八十，“内务府·御茶膳房”。

民间厨役。在清宫长期供职者本质上与内务府、光禄寺等机构构成了一种相对稳定的雇佣关系。只是清早期这种雇佣关系是在强迫之下发生的，而在社会稳定、经济繁荣、民族关系相对缓和之后，在宫中任厨役还成为一项令人艳羡的工作。根据厨役入宫供职的渠道与来源，笔者总结了外解、举荐、继承等几种招募形式。

1. 外解

大规模的厨役外解主要发生在清早期，带有一定的强制性。满洲入关伊始，宫中人手不足，制度尚未完备，须地方遴选、发送厨役到京城。这一时期，厨役惨遭压迫，生活凄苦。顺治十七年（1660年）一月，负责宫廷宴饮的光禄寺上奏：

> 于顺天等八府选熟娴厨役，送寺顶补老疾不堪名粮。嗣后遇有老疾逃故者，该寺查勘明白，照例行文原籍选补。至于冬衣、布花应听该寺照例支给可也。今巡视科道臣题请停其外解厨役，若有逃故，令臣寺招募。奉此。该臣等查得，外解厨役只身在寺，粮少差多，朝夕奔驰，且有内顾之忧。况户部又将布花停止，是以一闻停取外解厨役，尽行潜逃。今各处道场、各项造作缺人。臣寺屡经招补，虽有善作厨役，不肯投认。查得明季旧额厨役原有三千四百名，每名月支本身米六斗、妻粮三斗，岁终于户部太仓库给布花银五钱，且又分班轮流应差，不应者赡养家口。本朝以来止留用四百二十四名，每日供应各处扛抬差遣，俱系照差留用，所以日每应差，不暇赡养家口，且止给与本身米一斛。见今造作缺少熟娴厨役，臣寺转咨都察院于伍城选年壮善做厨役，起解一百名顶补逃故名缺。此后厨役老疾逃故，仍行伍城取补。将此肆百余名厨役仍请户部月给米一斛外，再给与妻粮三仓斗，其每名折给布花银不便照明季例，臣等于新旧厨役内拣选二百名，并熬茶蒙古十一名、挤奶子女人一口，每年所需衣服户部照例给与布花银，身家均有养赡而无惧公事矣。①

由以上材料可知，清早期宫中各处广泛吸纳京城等地区的厨役，起初对这些厨役以掠夺、压榨为主。这些被剥削的底层厨役工作繁重、生活艰辛，时常发生逃跑事件。康熙朝《大清会典》还规定“太常寺、光禄寺厨役，逃三次以上”，发配到口外。② 其后，为了稳固人心，统治者也参照明宫旧制出台了一些体恤下情的政策。总的来说，大规模从民间招募厨役，充实宫中各处膳房，奠定了清宫承继前明之鲁菜食风的基底。

在乾隆朝平定西域后，部分厨役作为俘虏被押解入京，可视作一次小规模的外解厨役。宫中有了和贵人等信仰伊斯兰教的维吾尔族妃嫔，这些厨役便入宫为帝王、妃嫔烹制清真菜肴。甚至在出巡途中，他们也一路相随，烹制了羊渣古、羊西尔占、羊它它士等佳肴。③

2. 举荐

外地厨役入宫供职还有一种相对温和、风光的方式，即举荐。在市井传奇和影视作品里大名鼎鼎的御厨张东官，便是在乾隆帝南巡时由地方官举荐，受到皇帝青睐，最终进入宫中供职的。乾隆三十年（1765年）二月十五日，南巡途中的乾隆帝在船上进早膳。膳单如下：

---

① 《为招补厨役事》，中国第一历史档案馆藏内务府档案（档号：05－08－030－000304－0068）。

② 康熙朝《大清会典》卷一百二十七，“刑部・罪名二”。

③ 中国第一历史档案馆：《清宫御膳》第一册，浙江富阳华宝斋书社，2001年。档案中，乾隆帝南巡途中几乎每日的御膳中皆有一道清真菜肴。皇帝在膳后将此菜赏赐给容嫔。

用折叠膳桌摆炒鸡家常杂脍热锅一品、燕窝鸭丝一品、羊肉片一品、清蒸鸭子烀猪肉攒盘一品、匙子饽饽红糕一品、竹节卷小馒首一品。上传春笋炒肉一品。苏州织造普福进糯米鸭子一品、万年青炖肉一品、燕窝鸡丝一品、春笋糟鸡一品、鸭子火熏馅煎黏团一品(系普福家厨役做)、银葵花盒小菜一品、银碟小菜四品。随送粳米膳一品、菠菜鸡丝豆腐汤二品(系普福家厨役做)。额食二桌:饽饽六品、内管领炉食四品、盘肉二品,十二品一桌;盘肉二品、羊肉二方,四品一桌。上进毕,赏用。总管马国用奉旨赏织造家厨役张成、宋元、张东官每人一两重银锞二个。①

由档案可知,其时共有三位厨役为乾隆帝烹制菜肴。按赏银的顺序来看,张成和宋元排在张东官的前面,可能更具资历。乾隆帝对普福进献的菜品应该是很满意的,不仅赏银,还将三名厨师留在队伍中,轮流为自己烹制美食。在皇帝的膳单中,名称靠前的菜品,通常是一餐中的主菜。在二月十五日当天,三位厨师就开始为乾隆帝的晚膳烹制主要菜品了。

二月十五日未正,崇家湾大营码头进晚膳,用折叠膳桌摆肥鸡徽州豆腐一品、燕笋糟肉一品(此二品系张成、宋元做),肥鸡攒丝汤一品。后送火熏摊鸡蛋一品、蒸肥鸡鹿尾野鸡攒盘一品、果子糕一品(系张东官做)、猪肉馅侉包子一品、象眼棋饼小馒首一品。总督尹继善进肉丝酿鸭子一品、燕笋火熏白菜一品、腌菜花炒面筋一品、火腿一品(此二品五寸盘)、小菜二品、银葵花盒小菜一品、银碟小菜二品。随送粳米膳一品、鸡肉攒丝汤一品。额食五桌。……

晚晌伺候酸辣羊肚一品、腌菜炒燕笋一品、燕窝炒鸭丝一品(此二品系宋元做),总督尹继善进糖醋萝卜干一品、火腿一品。……

3. 继承

笔者目前并未找到清宫“御厨”由家族继承的直接证据,但是在中国第一历史档案馆收藏的一份内务府慎刑司呈稿上,发现了同治七年(1868年)军机处厨役中存在家族继承“厨差”的现象,现节选如下。

……万中鹏系宛平县民,在军机处充当厨役。万玉昆系万中鹏族侄,伊家由祖充当厨差。族中立有字据,承当此差之人帮助族中银钱。万中鹏原亦每月帮给万陈氏养赡,后因数目过少,于上年十月间万玉昆因寒苦难度,将伊族叔万中鹏铺盖一卷、水缸一口、铁一品锅二个、锡汤罐一个、锡酒茶壶各一把、锡油罐二个拿去当买度日。后又向万中鹏索要帮项。万中鹏不给。万陈氏随遣伊子呈控到案……②

由此档案可知,叔侄双方矛盾的起因是宫中的厨差,这个差事是由宛平县万氏一族世代继承的。万中鹏未必继承了祖辈的手艺,但是却能凭借血缘关系直接继承差事。值得注意的是,万中鹏虽然在军机处当差,但他是受内务府直接管理的。对他的聘用和审判,都是内务府官员负责

① 前揭《清宫御膳》第一册,第105、106页。

② 《为审明万陈氏遣子万玉昆呈告族叔军机处厨役万中鹏把持厨差不给养赡等情一案依律拟结事》,中国第一历史档案馆藏内务府档案(档号:05-08-008-000104-0024)。

的。笔者推测，厨差的继承者应该只是拿到了进宫供职的机会，具体在哪个机构应差，则是根据其表现由内务府官员定夺。如果表现优异，其是有机会成为一名“御厨”的。

（二）临时性供职

在清宫，除了相对固定的厨役提供稳定、持续服务外，还有民间厨役临时性地为宫廷提供服务。其中，最有代表性的就是清宫买卖街上的荤素饭铺。本文以圆明园同乐园买卖街为例来探讨。

同乐园，位于圆明园四十景之一“坐石临流”的东部。其西侧的南北向“丁”字形铺面街即同乐园买卖街。买卖街在正月里是同乐园“庆丰图”的重要组成部分。街市上铺肆林立，热闹非凡，宛如民间的庙会。买卖街上饭肆的厨役，是由崇文门监督从外间点选的。

以往有研究者认为，这些厨役是宫中御厨，笔者对此持不同意见。① 首先，在《钦定总管内务府现行则例》中明确规定了进宫服务人员出入圆明园的各类情形，其中“各行买卖及厨役人等，本处派员同崇文门官员俱点名后带领，由北楼门出入”。② 嘉庆九年（1804 年）以前，“向来同乐园大戏十日后外传买卖摊子撤去，荤素铺照旧开设。嗣后大戏十日后，荤素铺一并撤去”。③ 可知荤素饭铺不是常设机构，其厨役是由崇文门官员在民间搜访招募的。其次，乾隆四十八年（1783 年）正月的膳底档完整保留了荤素饭铺做了哪些菜品、菜品在皇帝的膳单中占据怎样的地位，以及相关厨役的受赏情况。

> 正月二十六日未初二刻，同乐园进晚膳。用填漆花膳桌，摆葱椒鸭子热锅一品（张东官做）、肉丝水笋丝热锅一品（郑二做），杂脍热锅一品、燕窝肥鸡丝一品、口蘑冬笋锅烧鸭一品，后送炸八件小鸡一品、炒木樨肉一品（此五品铺内伺候）；蒸肥鸡烧猪肉卷攒盘一品，银他狍肉攒盘一品，象眼小馒首一品，白面丝糕、糜子米面糕一品，猪肉馅烫面饺一品，鸭子馅合手包子一品（此二品铺内伺候）。银葵花盒小菜一品、银碟小菜四品、咸肉一碟、野鸡瓜一品。随送粳米干膳，进一品；燕窝三鲜汤，进一品（铺内伺候）。额食一桌……共十三品一桌。上进毕，赏用。上进晚膳毕，总管萧云鹏据白折片二个奏。同乐园摆摊子关东货，赏南府景山众人，折片一个。赏同乐园荤素饭铺厨役三名，每名大制钱三贯；厨役九名，每名大制钱一贯。共大制钱十八贯，折片一个。奏过。奉旨：知道了。钦此。

① 苑洪琪、余同元、何伟等学者将档案中的“铺内伺候”解读为买卖街上的“苏造铺”，并认为此铺是御膳房的一个下辖机构。在乾隆四十八年正月膳底档中“苏造铺”“苏造肉铺”各出现过一次。二者都出现在正月二十一日的晚膳中：苏造铺进攒盘一品，苏造肉铺进片饽饽一品。此处有两种可能性。一种是档案抄录时的笔误，攒盘和片饽饽都是苏造肉铺进的；另一种可能是两铺确实是独立的。笔者认为，无论是哪一种可能，“苏造铺”“苏造肉铺”都是独立于荤素饭铺之外的。因为整月的档案中，除了正月二十六日宣赏时全称为“荤素饭铺”，其他小字注释皆用“铺内”指代荤素饭铺。而且就在二十一日的档案中“苏造铺”“苏造肉铺”和“铺内”也是并列出现的。荤素饭铺受赏时共三名厨役，其中必定有一名是素食厨役，负责烹制素食，若其他两名一人开“苏造铺”，一人开“苏造肉铺”，未免太过单调，安排不够合理。而目前仅在开设买卖街期间的膳底档里见到“铺内伺候”的字样，也足证荤素饭铺并非宫中常设机构。其他具体证据在正文中详述。余同元、何伟编著：《历史典籍中的苏州菜》，天津古籍出版社，2014 年，第 57 －58 页。《紫禁城》杂志编辑部编：《皇帝怎么吃》，故宫出版社，2019 年，第 47 页。

② 故宫博物院编：《钦定内务府则例二种》第二册，海南出版社，2000 年，第 148 页。

③ 前揭《钦定内务府则例二种》第二册，第 150 页。

> 正月二十六日晚晌，铺内伺候燕窝三鲜汤一品、五香鸡一品、炒杂拌一品、醋溜鸭子一品、炒燕窝一品、燕窝冬笋锅烧鸡一品。上进毕，赏用。记此。[①]

由以上档案可知，档案中的“铺内伺候”指的就是荤素饭铺所烹制菜品。其在晚膳的膳单中，位列张东官、郑二两位宫中名厨之后，可以让皇帝充分享受民间厨役带来的新鲜感。晚晌皇帝所食不多，荤素饭铺烹制的六样菜品即可独当一面。此外，铺内菜品数量众多，种类丰富，除了炒菜、炖菜，还包含主食和汤。从菜品名称上来看，这些菜品和宫中厨役所做菜品并无特别大的差别，像燕窝这类名贵食材也运用自如。而且，支撑买卖街上荤素饭铺运转的仅为三名厨役，他们效力一月后，每人得到的赏赐是宫内厨役的三倍。

此外，在正月十六日午正，正大光明设摆上用苏宴一桌。其中，群膳热膳32品，内有铺内伺候6品。此外，主食中还有粳米干膳一品，是由铺内伺候。[②] 可见，来自民间饭铺的厨役还参与了宫中苏宴。事实上，江南味道在皇宫内外都很流行。《都门竹枝词》中言：“京城各式称南式，珍错烹调味足尝。大蒜胡椒都不用，于今一样要清汤。”“不是西湖五柳居，漫将酸醋溜鲜鱼。粉牌豆腐名南炒，能似家园味也无?”[③] 想来崇文门官员在民间遴选厨役时也兼顾了皇帝的偏好。

迨至晚清，越来越多的民间厨役参与到内府临时性的招募中。诸如，光绪十六年（1890年）闰二月十五日，光绪帝奉慈禧太后谒东陵，就是由前门外樱桃斜街东邻堂贾姓厨役先期备办沿途御膳，以及诸王公大臣应用筵宴。[④] 又如，光绪三十一年（1905年）九月初八、初九两日各国使臣、参赞、随员，暨各馆内眷等，在颐和园仁寿殿觐见游燕。外务部组织了厨役、茶役、洋厨役、洋茶役、挑夫等120人来筹办宴会饮食。[⑤]

二　技艺传承与职位继替

（一）清宫厨役的技艺传承

烹饪技艺具有活态传承的属性，其传承主要依托于人。清宫广向民间招募烹饪能手的时期，各路烹饪大师身怀绝技，厨役群体内部的技艺传承之紧迫性并不强，甚至还会存在技艺流动的壁垒。但是，在清宫以遴选内务府包衣应差为主的时期，御膳的口味就很难有所保障。学习、传承民间厨役的烹饪技艺，就成为一项重要任务。

以乾隆中晚期为例。内务府为了照顾包衣生计，打算遴选包衣来顶替内膳房的部分岗位。但是，内务府担心贸然更换厨役会影响御膳品质，所以，总理御茶膳房处想到了一个办法：裁退部分民间厨役，给包衣让出岗位后，让“新挑包衣人等与招募民役互相学习”。所谓的“互相学习”，其实更多的是新挑包衣向民间厨役学习。待学有所成后，这些包衣就可以替代民间厨役。

---

① 中国第一历史档案馆编：《圆明园》下，上海古籍出版社，1991年，第955、956页。

② 前揭《圆明园》下，第938页。

③ （清）杨米人著，路工编选：《清代北京竹枝词》十三种，北京古籍出版社，1982年，第41页。

④ 《恭备御膳》，《字林沪报》1890年3月26日第2版。

⑤ 《为各国使臣参赞等在颐和园仁寿殿觐见游谳将进内应差之苏拉厨役人等开单制造腰牌事致内务府》，中国第一历史档案馆藏内务府档案（档号：05－13－002－001747－0110）。

总理御茶膳房处为遵旨裁退厨役钱粮米石事堂档房呈称：乾隆四十六年二月十七日经本处具奏，查内膳房四局向有招募厨役，于乾隆四十年遵旨减去八名外，现有厨役二十六名。奴才等面奉谕旨，与其招募民役，莫若由内务府挑取，既可预备差使，而包衣人等亦可借以养赡家口。钦此。伏查四局应备差务固多，而招募民役充当诚如圣谕，不若由内务府挑取，于事两有裨益，所有向募民役自应即行退去，但思此项厨役当差有年，于一切预备供应较为熟习。若一齐更换，则新挑生手不能供役，恐于差使稍有贻误，殊多未便。奴才等悉心商酌，此项招募民役为数本多，今拟减去六名，其余二十名仍暂令供役，俟其出缺时即于内务府挑选充补。如此办理，则厨役既不至骤易生手，其新挑包衣人等与招募民役互相学习，亦可渐就熟谙，而陆续更换四局厨役自可尽由内务府挑取补用，是否有当，伏乞皇上睿鉴训示。为此谨奏请旨。等因。具奏。本日奉旨：知道了。钦此钦遵。相应将应减招募厨役刘德亮等六名之旗分花名另缮清单，咨呈内务府转交会计司，将伊等每月所食三两钱粮米石裁退。此内厨役赵琏每月所加钱粮五钱照例挪给镶黄旗舒喜佐领下食三两钱粮厨役董兆禄支领外，并将伊等佩带腰牌六面缴回，都虞司查收销毁可也。①

由以上档案可知，这个办法得到了皇帝的支持，并付诸实践。但可以肯定的是，直至乾隆朝结束，内膳房也没有全部更换成包衣厨役。可见，厨役传承并非一朝一夕可以完成的。

中国国家图书馆收藏有宣统二年（1910 年）十二月的部分御膳单。整体来看，一个月之内每日菜品变化不大，具有很高的同质性。本文选取其中十二月初五日的早膳膳单来探讨清宫御膳的延续性。

十二月初五日，养心殿进早膳，用黑漆膳桌摆祭神肉片汤一品（银碗）。后送野意锅子一品、炖五香羊肚丝一品、羊肉片炖萝卜一品、黄焖羊肉一品、肉丝炖菠菜一品、羊肉片炖冻豆腐喀哒英豆芽一品（三号碗此五品），鸭条溜海参一品、鸭条溜脊髓一品、鸭丁溜葛仙米一品、黄花煎丸子一品（四号碗此四品），肉丁焖喀哒英一品、肉片焖冬笋一品、炒肉末一品、小肚一品、韭黄炒肉一品、山鸡丁炒酱瓜丁一品、炸春卷一品、炒鸡蛋花一品、熏肘花一品、熏肝一品（此十品碟菜）。片盘二品、白煮鸡肘子一品（银碗）、烹白肉一品、银碟饽饽二品、大馒首一品、枣糖糕一品（此二品黄瓷盘）。随送元宝汤老米膳旱稻粳米粥膳、果子粥、粳米豇豆粥、玉米仁粥。上进素早膳一桌，三鲜一品、大件苏会一品，大件口蘑白菜一品、卤煮豆腐一品、炸豆腐丝炖菠菜一品、面筋丝炖海带一品（中碗此四品）。后送什锦豆腐闹杂会一品（中碗），口蘑白菜一品、会软筋一品、喀哒英炖冻豆腐一品、会冒冬一品、卤煮豆腐一品、栗子白菜一品（三号碗此六品），香菜炒豆腐脑一品、糖溜茨菇一品、口蘑如意面筋一品、溜荸荠一品、苹果茄一品、豆豉豆腐一品（四号碗此六品），口蘑罗汉面筋一品、喀哒英炒芽豆一品、炒咸食一品、面筋丁果子酱一品、口蘑面筋焖白菜一品、清沙干子丝一品、腌菜花炒玉兰片一品、五香豆腐干一品、八宝果羹一品（此八品碟菜）。马蹄烧饼、油炸糕、甜油炸果、咸油炸果、孙泥额芬、素煮饽饽。随送逛尔汤老米膳、旱稻粳米粥膳、甜浆粥、果子粥、玉米仁粥。克食二桌：饽饽五品、菜二碗、奶子一品，共一桌；炉食四，内有二大盘，一桌。早膳后上安熏肘花一品、小肚一品、烧饼一品、

① 《为咨请裁退厨役刘德亮等钱粮米石并缴回佩带腰牌事致内务府等》，中国第一历史档案馆藏内务府档案（档号：05-13-002-000453-0045）。

粥三品、小菜四品。①

与本文前述的乾隆朝膳单相比，宣统帝的御膳延续了排场，保留了上菜的规矩。主食基本与乾隆朝无异，满族特色的点心和用于赏赐的克食犹在膳单上。然而，膳单中的热膳菜品已经大相径庭。道光朝，东南燕窝之贡因“英夷滋扰”难以为继。② 所以，宣统帝的餐桌上少了以燕窝为原料的菜品，相应地，海参等海鲜类食材出现在其膳单中。一百余年的光景里，两位皇帝膳单上的菜品已经分化出诸多显而易见的差异。更遑论世殊时异，宫中厨役的手艺也是大有不同了。

（二）清宫厨役的继替

为了激励厨役发挥技艺、尽心当差，内务府为厨役们设立了品级。不同的品级，对应着不同的待遇。通常，厨役因病长期无法应差或是亡故，内务府就会终止聘用，并停其俸禄米石。诸如，光绪二十七年（1901 年），“储秀宫膳房八品厨役陶士奎每月现食八两钱粮，八品厨役董玉璋、厨役松贵每名每月现食三两钱粮，厨役高明海每月现食六两钱粮，厨役藏长春、王有才、富兴阿此三名每名每月现食四两钱粮，厨役宋富兴每月现食二两钱粮，此八名均以病故止退。八品厨役陈顺至今久未当差，每月现食五两钱粮，止退”。③

这种处理方式是因人而异的。诸如，前文提到的乾隆朝与张东官齐名的厨役郑二，在乾隆五十四年（1789 年）官至八品催总，在其 71 岁时因腿疾无法继续当差。按照规矩，郑二本该被去掉品级，停止各项待遇。但是，内务府顾念其二十几年的小心勤慎，便将此事报给嘉庆帝。其时已经是嘉庆六年（1801 年），乾隆帝已经驾崩，嘉庆帝决定保留其品级，终止其俸禄米石，并每月另行添给二两钱粮米石，直至郑二去世。④ 在光绪朝，储秀宫膳房八品厨役宋福兴、佟永祥，厨役屈恩普也曾享受过类似的待遇。⑤

至于止退厨役所空之缺，通常从其下等级的厨役中择优递补。笔者在中国第一历史档案馆找到一份慈禧太后内膳房厨役的遗缺与补放档案，清楚反映了低级厨役向上继替职位的办法。

> 查正黄旗恩良管领下皇太后内膳房食二两钱粮厨役松贵于上年十二月十二日病故遗缺，着将正黄旗文光管领下食一两钱粮厨役恒恩补放，恒恩所遗之缺，着将正白旗文龄署理、恒启佐领下内膳房效力厨役凤龄补放。其松贵恩加赏银照例裁撤。再镶黄旗庄达佐领下皇太后内膳房食三两钱粮厨役陶世魁于上年十二月十六日病故遗缺，着将镶黄旗庄达佐领下内膳房效力厨役沈荣照补放，其陶世魁恩加赏银照例裁撤。再正黄旗祥贵管领下内膳房食二两钱粮厨役明海于上年十二月十五日病故遗缺，着将正白旗恒启佐领下内膳房食一两钱粮厨役文玉补放。文玉所遗之缺，着将镶黄旗诚章署理、钟福佐领下内膳房效力厨役增保补放，其明海恩加赏银照例裁撤。再正黄旗成祥署理、常贵管领下皇太后内膳房食一两钱粮厨役言兴阿于

① 中国国家图书馆藏：《御膳单》，宣统二年钞本。

② 《奏为秋贡应进燕窝不及采办事》，中国第一历史档案馆藏军机处档案（档号：03－2828－046）。

③ 《为储秀宫膳房八品厨役陶士奎等病故将每月现食钱粮米止退并八品厨役陈顺久未当差每月现食钱粮米止退事》，中国第一历史档案馆藏内务府档案（档号：05－13－002－000957－0225）。

④ 《为咨报患病之御膳房八品催总厨役郑二病故查照办理其钱粮米石事致内务府》，中国第一历史档案馆藏内务府档案（档号：05－13－002－000524－0009）。

⑤ 《为储秀宫膳房八品厨役宋福兴等俱因病在家调养钱粮全行止退再加恩每名赏食钱粮事》，中国第一历史档案馆藏内务府档案（档号：05－13－002－000952－0041）。

本年正月十八日病故遗缺，着将正黄旗扎拉芬佐领下内膳房效力厨役常寿补放。再正黄旗祥贵管领下皇上内膳房食三两五钱钱粮厨役永寿于本年正月十八日病故遗缺，着将正黄旗斌成佐领下内膳房食二两钱粮厨役福伦补放，福伦所遗之缺，着将正白旗恒琛管领下内膳房食一两五钱钱粮厨役文海补放。文海所遗之缺，着将镶黄旗广润管领下内膳房食一两钱粮厨役荣春补放。荣春所遗之缺，着将正黄旗祥贵管领下内膳房效力厨役宝林补放。再镶黄旗庄达佐领下内膳房食三两五钱钱粮厨役高成祥于本年正月十六日病故遗缺，着将镶黄旗庄达佐领下食三两钱粮厨役夏玉林补放，夏玉林所遗之缺，着将镶黄旗庄达佐领下内膳房效力厨役薛瑞如补放。再镶黄旗庄达佐领下内膳房食三两钱粮厨役贾得山于本年正月二十日病故遗缺，着将镶黄旗庄达佐领下内膳房效力厨役温崇秀补放。以上各缺均于本年四月初六日呈堂挑补。①

从以上档案可见，慈禧太后内膳房厨役皆是内务府三旗下人，尽为天子家仆。每有待遇较高的厨役身故，就有低等级厨役补缺，其所遗之缺又被更下一等级厨役继承。补缺之人未必所属同一旗，看不出明显的师承关系，应该仅仅是因为工作表现出色或是得到内务府官员青睐。

此外，在清宫厨役群体内部还存在跨越膳房流动的现象。诸如，光绪三十四年十月二十五日，“掌案春喜奉皇太后懿旨：御膳房厨役德寿改为皇太后膳房厨役，赏加二两钱粮米……其德寿系镶黄旗文绅佐领下每月现食二两钱粮米，之外再添二两钱粮米，每月得给四两食”。② 当月，光绪帝与慈禧太后已先后驾崩，宣统帝尚未继位。德寿必定颇受隆裕太后青睐，光绪帝刚刚驾崩三天就被隆裕太后纳入自己的膳房。

三 遣返民间后的作为

前文已经述及，绝大部分清宫厨役会因年迈或者疾病离宫。这些厨役风烛残年、满身病痛，在民间也难有作为。但是，因为要给内务府包衣让出职位或是因为机构变革而被裁退的厨役，倘若年富力强，在民间还是很有作为的。这种情况在晚清、民国期间特别常见。逊清期间，溥仪将御膳房的 200 个厨师尽数裁去。③ 这样大规模的裁退厨役，为社会上兴起宫廷菜的热潮奠定了人员基础。而清皇室权力衰微，社会上新思潮兴起，为“御厨们”烹制民众想象之中的皇家味道提供了时代背景。

翻阅民国报刊，可见许多饭店以“御膳”“宫廷菜”“满汉全席”“乾隆饭店”为招牌。其中，最为有名的是位于北京北海公园的仿膳，时至今日，仍在营业。

在旧京时，北海公园松坡图书馆旁，有茶点处，其商标曰仿膳，盖取仿御膳制法之意。所用庖丁，即清御膳房之旧人，所制小吃，如豌豆糕、芸豆糕、栗子糕、豌豆黄、各种糖

① 《为皇太后内膳房厨役松贵病故遗缺将厨役恒恩补放并松贵恩加赏银照例裁撤等情事致总管内务府》，中国第一历史档案馆藏内务府档案（档号：05－13－002－000959－0191）。

② 《为御膳房厨役德寿改为皇太后膳房厨役赏加二两钱粮米厨役王成明赏食四两钱粮米事》，中国第一历史档案馆藏内务府档案（档号：05－13－002－000987－0138）。

③ 溥仪：《我的前半生》，中国言实出版社，2019 年，第 161 页。

食、各种蜜饯，以及包子、饺子、千层糕、蝴蝶卷、一品烧饼、小窝窝头之类，精美洁净，非比寻常，不愧为御膳制品，尤以小窝头最精致，形如小酒杯，而质甚薄，不但式样与贫民所食不同，即面粉亦较常粉细腻。①

以御膳为特色的饭店不唯在北京流行，在上海同样受到追捧。诸如，上海的罗曼饭店以慈禧太后御厨点心为噱头；② 上海宣武门外忠信堂饭庄号称掌灶者是宣统帝御厨，吸引了许多前清官员。③ 还有食品公司以御膳点心为卖点。上海就有一家滋养食品公司宣称特聘了逊清御厨喀图哈克监制了一款“冰冻白木耳糕”。④

除了在民间以“御厨”身份任职于饭店、食品公司，还有的厨役受聘于权贵，成为私家厨师。伪满洲国初立，溥仪派人到京津一带重金寻访旧日“御厨”，其中有一名年逾六旬的厨役叫胡禄，是光绪朝召进宫廷的，因为擅做汤而被称为“圣手汤”。⑤

那么，这些在民间具有赫赫声名的御厨技艺究竟如何？他们烹制的菜品确实能延续宫中味道吗？要厘清这个问题，首先，须明确清宫厨役在宫中有等级之分，具有顶级技艺的可谓寥寥无几，且晚清膳房分荤局、素局、点心局、饭局、包哈局，每个人都有专门负责、各自擅长的领域。这些厨役对于民间消费者而言都属于“御厨”的范畴，则他们的厨艺必然是有差别的。

半老书生生前，有一八十岁之男仆，其人不识字，辄自诩为西太后之老厨房。半老书生精研食谱，尝命此人治肴，余屡啖之，似从未吃到北方味，所制皆无锡菜，尤以三炒馍背锡抢为擅长。

其人健谈，每述在故宫之事，如白发宫女谈天宝遗事，奈询以见过西太后未？曰：西太后未见过，诸位王爷则常在三贝子花园请客，以肃亲王为严厉，稍有不是，辄被责。以意度之，其人殆一宫中执事于厨房之小厮。斯人若开菜馆，亦可以御厨为号召，故号称御厨者，大率类此。⑥

宫中太后、皇帝膳房的厨役焉能时常为王爷设宴所用？斯人的御厨身份水分极大。由是可见，民国期间有许多厨役借“御厨”之名谋生，擅其名而无其实。

其次，是前文已经略有述及的问题，厨艺传承的核心在人，不仅要学其形，而且要得其神。在民间备受好评的仿膳饭庄创制了“满汉全席”。

据已故的北京著名史学家叶祖孚先生回忆，50 年代后期，廖沫沙曾在北海仿膳饭庄，请已是中央文史馆员的溥仪吃过一次“满汉全席”，实际上只吃了一天，约占整个宴席的三分之一，远未吃全。饭后溥仪表示，有些菜有的做法和当年的宫廷菜完全相同，但吃起来已

---

① 老饕：《纪旧京之仿膳》，载于《南京晚报》1948 年 5 月 10 日第 3 版。关于慈禧太后吃窝头的故事，赵荣光先生已证其伪。这条文献，旨在展现民国以来以清宫饮食为名的餐馆百态。

② 伯琦：《西太后御厨》，载于《社会日报》1943 年 11 月 16 日第 2 版。

③ 泪儿：《北京“小专电”之一则》，载于《时报》1923 年 5 月 20 日第 13 版。

④ 《逊清御厨精制冰冻白木耳糕》，载于《新闻报》1938 年 7 月 24 日第 17 版。

⑤ 小记者：《溥仪遣使招御厨将赐群臣宴》，载于《上海报》1932 年 11 月 8 日第四版。

⑥ 猫厂：《所谓御厨》，载于《小日报》民国三十六年 11 月 24 日第 3 版。

找不到昔日的味道了。①

这其中固然有溥仪心境转变的原因，但口味差异也是必然存在的。

第三，品鉴美食本来就是一件主观的事情。正所谓“众口难调”，不同口味的食客对同一家饭店的美食评价往往也千差万别。中国幅员辽阔，许多南方人吃不惯北方菜肴，对御膳的评价也是褒贬不一。

> 颐和园、北海两处，都见有广大黄纸广告招牌，大书“内庭御膳”字样，此种派头，在外埠确未见过，更不容易吃到颐和园之御膳。在前七八年，曾去领教过一次，据本地人都盛赞其如何佳妙，实则彼之拿手菜，如红烧海参、醋溜大鱼，及点心之盒子酥等，其味并不佳妙，海参之油腻特重，尤为我南方人不惯。前天有友邀往北海小坐，在仿膳进茶点，招牌亦大书御膳字样。主其事者，孙绍兰年近八十，据孙云：在宫内时要专为西太后制点心，彼最拿手者，即豌豆黄，即禁粉万头、杏仁豆腐、九盒酥等，余等即试食杏仁豆腐即豌豆黄二种，确与别处不同，材料亦丰，其味特佳，后询诸一般本地人，都云孙在前清时，确实在宫内制点心者，现在故都除孙之外只有两人，有谓已被京中权显雇去者……②

此文的作者是南方人，和当地人口味不同，品鉴美食的标准自然不同。他嫌鲁菜油腻，却偏爱精致的点心，在对颐和园“内庭御膳”的评价上得出了负面评价，也在情理之中。

综上，清宫厨役流入民间后，在晚清至民国社会上引起了较大轰动。民众对天家御厨的期待带动了宫廷菜的蓬勃发展。但是，由于身份难辨，一众厨役鱼龙混杂，令食客们对清宫御厨的厨艺莫衷一是，开始纷纷质疑清宫御膳是否真正美味。当然，时代的浪潮披沙拣金，留存到最后的必然是人民的选择。

四 结语

衣食住行，是人类生活的基本内容。清代建筑、舆服皆有森严的等级制度以别尊卑，在皇权与民众之间形成了鲜明的对立，唯独对饮食一项没有明文规定。所谓的“分例”和宴仪，也仅是在清宫内部区别了等级，却不能限制民间饭铺的花样翻新、各派厨师的技艺角逐、豪门餐桌上的穷奢极欲。因此，在清代饮食研究上应当警惕厚宫中而薄民间，形成宫之味与民之味的对立。

在清宫向民间广泛雇募厨役的历史阶段，御膳的品质往往比较有保障。一旦宫中厨役群体流动缓滞，人员选拔皆出自内务府三旗，则御膳的味道在重重规则下更无美味可言。咸丰帝就曾因饭菜无味，惩罚过相关官员和厨役。③ 与民间相比，清宫膳食还有一个弱点就是单调。在民间，各个菜系各种风味可依个人喜好随机而定。但在宫廷，膳单是相对固定的，在日复一日的重复

---

① 周家望：《老北京的吃喝》，北京燕山出版社，2007 年，第 7 页。

② 王：《北平御膳》，《真报》1947 年 8 月 1 日第二版。

③ 《为膳房厨役做菜无味尚膳正文瑞等着罚俸等情事》，中国第一历史档案馆藏内务府档案（档号：05 - 13 - 002 - 000764 - 0208）。“咸丰九年十二月十四日，奉朱谕：膳房厨役做菜无味，尚膳正文瑞着罚俸三个月，厨役高玉成着革去顶戴，董国成着革去五钱钱粮。钦此。”

中，美味也变成了乏味。

> 光绪之季，云南缪素筠女士供奉内庭召见之日，慈禧皇太后传旨，御膳夫二膳比例贵妃，盖隆之也。有顷，御膳房持菜牌入，请女士采择，曰须点十六色。女士如其言。膳时肴馔尚丰，味亦不恶。晚餐亦如之。明日复如之。女士厌其不变更也，商之于监，则曰择定之物已奏明太后，行文光禄寺、内务府。如须变更，必请旨而后可。女士遂安之。居数年，每日必如前所择者。不得已，一月假出宫至亲戚家大嚼一次而去。①

郑逸梅先生在《御膳珍谈》一文中整理溥仪的膳单后，也曾慨叹“帝王的口福，尚不及那些富商豪贾”。②

近年来，受影视剧和一些文学作品的影响。公众对清宫御膳颇为追捧，但事实上是否有厨艺精湛的厨役，是一个变量。若仅以一朝一人来论清宫御膳如何，难免以偏概全。晚清“御厨”离开宫廷，和民间厨役真正对比过后，民国的美食家们纷纷对“御膳”除魅。至此，清宫御膳是人间至味的幻想尽可以消除了。

当然，皇家对天下食材的占有是御膳得天独厚的优势。事实上，在清代更为广泛的民众尚有果腹之忧，为一日三餐疲于奔命，充裕与匮乏、丰盛与饥馑才是宫之味与民之味最为根本的对立。在食材相对一致的情况下，宫中与民间的关系流动的、互补的，二者实难分高下。

（作者单位：团结出版社）

---

① 《申报》1922 年 7 月 21 日第 18 页。

② 郑逸梅：《御膳珍谈》，《茶话》1946 年第 3 期。

论旗人家谱的功能

——兼论满族的形成[①]

许淑杰

内容提要： 清代旗人群体较为复杂，因此旗人家谱的功能也具有一定独特性，除发挥了家谱在一般意义上的尊祖、敬宗、收族和道德教化功能，在旗人的族源建构、政治身份强化、民间宗教信仰传续方面也发挥了重要作用，从而对满族的形成产生了重要影响。

关键词： 旗人　满族　家谱　功能

清代旗民分治、八旗恩养之制使旗人修谱之风长盛不衰，而旗人家谱也因旗人这一特殊群体的复杂性，在功能上与一般意义的家谱也有所不同。旗人家谱除记载旗人家族血缘传递的脉络，发挥家谱在通常意义上所具有的尊祖、敬宗、和亲、睦族功能，在满族族源的追溯与建构、旗人政治身份的标榜与强化、满族民间萨满教信仰与祭祀的传续等方面也发挥了重要作用，从而深刻影响了满族共同体的形成。

一　族源的追溯与建构

家谱作为私家文献，一个基本特点就是重视对家族源流的追溯，汉满家谱都是如此。所不同的是，汉人修家谱，大都乐于将家族起源追溯于上古某王，或历史上的某位名士、伟人，如欧阳修，将其祖上追溯为初唐著名书法家欧阳询。旗人家谱也不例外，但与汉人极为不同的是，旗人家谱对族源追溯呈现出明显的趋同性——大都乐于将族源追记于长白山。这样的例子在旗人家谱中非常多见，如八旗满洲《钮祜禄氏谱书》载，钮祜禄氏“原居长白山，后迁英额峪，顺治十四年拨归打牲乌拉，康熙年间又迁三姓”。《白氏源流族谱·凌云堂白氏事宜录》载：“吾白氏，满洲人也。北有长白，是吾故里，清太祖在此发祥，招服满洲，编立八旗，吾白氏编入正黄旗黑太佐领下。”[②]《沙岔氏千秋记》载：“（满族沙岔氏，谢氏）本长白山望族，后迁居奉天，入燕京（今北京），康熙二十六年始祖达色回防岫岩，其后人遂家焉。”[③]《永陵喜塔腊氏谱书》载：“喜塔腊氏始祖昂武都理巴彦，在明朝中期迁居长白山喜他拉（塔腊）地方，明末迁兴京（今辽宁新宾），顺治元年，除二世祖都理金护守永陵外，其余从龙入关。康熙二十六年（1687 年），

---

① 本文为“国家社会科学基金项目”《东北民间八旗谱牒文献收集整理与研究》（编号：14BZS012）研究成果。

② 《白氏源流族谱·凌云堂白氏事宜录》，吉林师范大学八旗谱牒馆藏本（馆藏号：K820.9/58/3－1）。

③ 《沙岔氏千秋记》，吉林师范大学八旗谱牒馆藏本（馆藏号：K820.9/61/8－1）。

都理金十世孙图黑，升任永陵防御。”①

有些旗人家谱还将族源进一步追记为源自于长白山的某某道沟。如《佛满洲镶白旗金州东门外瓜尔佳氏宗谱》载：“镶白旗金州瓜尔佳氏世居长白山五道沟，先祖于明末移居苏克苏护河，一世祖雅思哈顺治元年从龙入关，居北京草帽胡同，康熙二十六年回防盛京所属金州城。”②还有的旗人家谱在族源地记述上存在矛盾，既载实际源出地，又说源自长白山。如《穆舒氏·花氏全族谱书》就载，家族祖居“长白山”，又说发祥于“三姓”，乾隆四十七年（1782 年）由京城拨迁辽中，隶正白旗佛满洲达牛录下。更有趣的是，《八旗满洲氏族通谱》对该氏记载阙如。未收此姓，却也没有影响其源于长白山的族源认同。

耐人寻味的是，满人大致兴起于黑龙江流域、大兴安岭地区、松花江流域、长白山地区等明代野人女真、海西女真和建州女真活动的区域，八旗满洲将族源追记为长白山，尚可理解，但是八旗中的蒙古、汉军等，甚至明知世居之地，也有此举，就显得不同寻常。如八旗蒙古白氏在《白氏宗谱》载：“我白氏原系蒙古族，世居察哈尔，清前迁徙至长白山六道沟，国初先祖投奔努尔哈赤，效命疆场；崇德元年攻击朝鲜，两次入关征明崇祯皇帝，隶陈满洲正白旗音得牛录。康熙二十六年始祖巴扎力由京城拨往盛京奉天，调入岫岩做骑兵官，被老鹤岭后高家招为养老女婿，二位老人所留遗产，均归后人，后传几世而生吾辈。”③ 八旗锡伯赵氏《依尔根觉罗樊伯肇宗谱》记载，该族先世系长白山西伯部落地方人氏，康熙二十八年（1689 年）迁归盛京镶红旗满洲第二佐领处。

此外，清代加入八旗的汉军，也不乏这种情况。如初修于乾隆时期的吉林《刘氏谱书》记载，汉军厢红旗刘氏，原籍山东登州府蓬莱县，居城东三十里刘家沟，后投至长白山。据有学者调查，清代福建水师驻防（今福建省长乐县琴江村），本为清代八旗汉军，到琴江已 200 余年，然至今仍在当地聚族而居，使用一种与当地不同的北方方言，且极少与当地人通婚。在这些驻防旗人的墓碑上，都刻有“来自长白山某某道沟的文字”④。

正如我们所知，满洲先民所出并非一处一地，黑龙江、松花江流域，大兴安岭地区，当然也包括长白山地区，都是其源出之地。后来的满洲共同体来自祜尔哈、卦尔察、尼玛察、费雅喀、库雅喇、索伦、赫哲、蒙古、汉人等不同部族，也本非一族。然而这些所出并非一地、所源并非一族的族群，最后却大都认定源出长白山。这一方面是满洲统治者通过编写《满洲实录》《八旗满洲氏族通谱》而建构民族历史的引导，同时也是通过一续再续的旗人家谱而进行的对本族过去经历的解释与看法的“历史叙述”。这种不断被突出、强化的共同记忆，最终促成了满洲共同体意识的形成。

考察满族的发展，发现在其兴起过程中，部族的迁徙流动是异常频繁的、大范围的，部族分解也是有多次分合的。正如有学者所说：“清朝前期，旗人血缘群体（从家族到宗族）经历了多次分解过程。第一次是入关前的编旗设佐（牛录）；第二次是由关外到北京的大迁徙；第三次是部分族人由北京陆续派往全国各地驻防。其结果，同一血缘群体成员在少则几十年多则上百年间，由原来聚居一地转变为散处全国各地。”⑤ 清代官修《八旗满洲氏族通谱》中所记诸多旗人家族一姓分驻多处的实例，就是这一民族分散情况的证明。如所记，正黄旗锡克特理氏分居于东

① 《永陵喜塔腊氏谱书》，吉林师范大学八旗谱牒馆藏本（馆藏号：K820. 9/58/1－1）。

② 《佛满洲镶白旗金州东门外瓜尔佳氏宗谱》，吉林师范大学八旗谱牒馆藏本（馆藏号：K820. 9/59/3－1）。

③ 《白氏宗谱》，吉林师范大学八旗谱牒馆藏本（馆藏号：K820. 9/50/12）。

④ 见定宜庄、胡鸿保《从族谱编纂看满族的民族认同》，《民族研究》2001 年第 6 期，第 62 页。

⑤ 刘小萌：《关于清代北京旗人谱书：概况与研究》，《文献》2006 年第 2 期，第 36 页。

北地区的卦尔察、松花江、伊兰费尔塔哈、锡喇河、黑龙江、讷殷、吉林乌喇、卦尔佳等9处。① 正白旗满洲叶赫纳喇氏分驻于东北、北京、乌什、伊犁、察哈尔、凉州、归化城、西安、易州、沧州、密云、河南、广东、青州、福建等43处。②

显而易见，入关前至清前期旗人血缘群体的分解和流散，一方面是人口自然迁移的结果，另一方面，也与实行八旗驻防制度密切相关。统治者调拨八旗驻防于全国各地形成的机械性人口迁移，进一步扩大了女真兴起之初部族自由迁移的范围和规模，直接造成了八旗人口分布更大范围的集散状态。对这种部族迁徙流动状况的考察，《八旗满洲氏族通谱》的记载是历史性的。而旗人家谱因为各个家族的一修再修、一续再续，其中对家族迁徙的分析与生息繁衍的记载，动态地反映了满洲兴起和部族迁徙的全过程。正是通过家谱所进行的这种对民族“历史记忆”的反复叙述，源出于“长白山”的共同认识便日益形成，统一的“满洲”认同也就被逐步建构了。

二 尊祖敬宗与收族

尊祖敬宗与收族是旗人家谱的重要功能，也是旗人修谱的主要目的。所谓“收族”，就是将族人收于一谱，以增强家族的凝聚力。③ 在明海纂《黑龙江库雅喇氏宗谱》中，协领巴齐那于雍正元年（1723年）撰《再修库雅喇氏谱图原序》中说，之所以编修家谱，是因为“其中本支承袭世职及本族调拨，惟恐年远，无从察考，于是按照曩昔经过诸端以及自己战功履历，编辑一书，以备世守勿替焉”。并且该谱书的“移驻考”部分也再一次强调：“天下事未有久合而不分者，亦未有久分而不合者，吾族系窝集部绥分路人，国初来归，征调频仍，自始祖以次，凡四支……谱牒之修，愈不容已，盖修之即所以合之，聚族之道在兹焉。”④ 这些都说明了该家族之所以修谱，原因就在于“盖修之即所以合之，聚族之道在兹”。清代祥安等续修《叶赫那拉氏族谱》中四世孙常英于乾隆十一年（1746年）所撰“原序”也记载，该家族修谱宗旨为“尊祖故敬宗，敬宗故收族”⑤。吉林《爱新觉罗·佟赵全书》申明其“编辑宗旨”即：“我乃是同宗之一分子，即系同宗，就宜维持同宗的事情。”并撰“收族序”，详述佟赵一族族众流散，难以聚集，平素又鲜有联系，致使部分族人宗支淡漠，因此应修谱以收族的目的。⑥

“收族”之外，旗人家谱的重要功能还在于和宗睦族，纯洁家族血脉。汉人修谱强调“子以孝事亲也，弟以敬事兄也；贫而无归者，富者收之；愚而无能者，才者教之；富且贵不加于宗亲，生相庆而死相吊也”⑦。在这一点上，旗人修谱亦与汉人别无二致。《赫舍哩氏宗谱书·序》载：“我赫舍里氏始祖从龙入关，忠以持身，宽以抚众……惟是齿生日众，一户分而为千户，世远年湮，因名变而为异性（姓），视骨肉如路人者，往往然也……族大枝繁，恐有疏失，故与本族人商议，欲将凤凰城一支派修立谱书，使万殊归于一本，庶几自今以后，承□不紊……与其欲

① 《八旗满洲氏族通谱》，见北京图书馆编《北京图书馆家谱丛刊·民族卷》，北京图书馆出版社，2003年。

② （清）裕彬等修：《正白旗满洲叶赫纳喇氏宗谱》，前揭《北京图书馆家谱丛刊·民族卷》。

③ 前揭《关于清代北京旗人谱书：概况与研究》，第36页。

④ （清）明海纂：《黑龙江库雅喇氏宗谱》，收入《北京图书馆藏家谱丛刊·民族卷》。

⑤ （清）祥安等辑：续修《叶赫那拉氏族谱》，道光二十九年九思堂朱丝栏稿本，见《北京图书馆藏家谱丛刊·民族卷》。

⑥ 《爱新觉罗·佟赵全书》，吉林师范大学八旗谱牒馆藏本（馆藏号：K820.9/1/1－2）。

⑦ （清）王秋农重修：《京口顺江州王氏家乘·王松明隆庆四年序》。

亲睦宗族，何若修此谱为妙也。”①

旗人一向重视血统，雍正年间整饬旗务，比丁册按三代开载，更强化了这种传统意识。② 这一点与汉人修谱如出一辙。比如《黑龙江库雅喇氏宗谱》十三世候补从九品奎凯撰《库雅喇氏家谱序》中就明确规定：“修举族中公事者，修于谱，录功也；凡吾谱之续入，干犯名义者不书，逃入二氏者不书，螟蛉抱养者不书，不详所出者不书，防乱宗也。”在“家训”“嗣续”篇规定：“一妻妾均无嗣出，不愿继嗣者，听之。惟不得抱养外姓之子为嗣，倘有故违者，即将此子勒令归其本宗，不准冒姓外，将抱养之父母各处罚金二十元至三十元，以乱宗者论。”③

三　旗人身份的标榜与强化

在旗人家谱中，对姓氏起源、原住地、所隶旗属的追述，是其重要内容。如《镶蓝旗满洲萨嘛喇氏族谱》载：“萨嘛喇氏即蔡氏，始居宁古塔（今黑龙江省宁安），后移居北京，隶属镶蓝旗满洲。清康熙二十六年始迁祖邦牛由京城拨至凤凰城实边驻防，隶于佐领卡克都里麾下。”④ 辽宁本溪《马氏谱书》载：“原籍山东登州府栖霞县马家营，顺治十三年二世祖马国庶被盛京内务府拨至辽阳城东大汤沟镇红旗界太子河南小市充当鱼差，入都京内务府正黄旗。”⑤《凤城卢氏家谱》载：“祖籍山东莱州府栖霞县卢家大夼人，于顺治八年从山东逃荒到东北……卢氏随军八旗，汉军八旗镶黄旗，隶属盛京管辖。”⑥ 从家谱所记内容看，不论八旗满洲抑或汉军，都非常重视旗人身份。之所以如此，与清代社会政治制度密切相关。

在清代，旗民分治、“首崇满洲”的政治原则下，旗人是社会特权阶层，而旗人中的满人又是特权阶层中享受最高优遇者。清代自皇室、宗室、勋戚、八旗世家至普通旗人，凭借旗人身份，各依其在八旗体系中的地位，享受高低不等的待遇。因此，旗人身份就成为享受优遇与特权的资格，而家谱则是“核承袭次序，秩俸等差，及养给优恤诸事”的基本依据。⑦ 正因如此，在清代皇室、宗室的《玉牒》《宗谱》之外，八旗世系谱档与旗人家谱对于旗人尤为重要，它是旗人承袭官职的重要凭证。如雍正元年（1723 年）规定：“八旗承袭世爵，将原受爵人之子孙，按其名数，详列谱牒。如一谱不能尽者，即缮二谱具奏。”⑧ 对于旗人家谱，清制规定，每年年终八旗都要“进呈袭官家谱”。到乾隆朝，因八旗生计问题日益严重，对旗人袭爵限定日益增多。如乾隆十五年（1750 年）“恩诏以后所授之爵，不分别定议，概定为袭有次数。则将来生齿日繁，世爵日少，于旗人生计甚有关系”⑨。基于此，对旗人身份、袭爵资格等的查验就更为严格。如乾隆三十三年（1768 年）诏令：“凡承袭世职、外任官员、列在拟正者，始行咨取。但各有交

---

① 《赫舍哩氏宗谱书》，吉林师范大学八旗谱牒馆藏（馆藏号：K820. 9/8/4 -2）。

② 前揭《关于清代北京旗人谱书：概况与研究》，第 32—33 页。

③ 前揭《黑龙江库雅喇氏宗谱》。

④ 《镶蓝旗满洲萨嘛喇氏族谱》，吉林师范大学八旗谱牒馆藏本（馆藏号 K820. 9/13/6 -1）。

⑤ 《马氏谱书》，吉林师范大学八旗谱牒馆藏本（馆藏号：K820. 9/58/5 -1）。

⑥ 《凤城卢氏家谱》，吉林师范大学八旗谱牒馆藏本（馆藏号：K820. 9/51/4）。

⑦ 赵尔巽：《清史稿》卷一一四《志八九・职官一・宗人府》，续修四库全书本。

⑧ （清）昆冈等修，刘启端等纂：《钦定大清会典事例》（光绪朝），《续修四库全书》第 813 册，上海古籍出版社，2003 年，第 616 页。

⑨ 前揭《钦定大清会典事例》（光绪朝），第 617 页。

代盘查等事，来京引见，迟延时日，如不补放，往返徒劳。嗣后外任袭职人员，先呈家谱，再行咨取。”[①] 甚至承袭爵位的具体情况也须在谱档中注明。如乾隆三十七年（1772年）规定：“八旗承袭官员缺出，于奏折家谱内，俱将此官例应承袭几次，业经袭过几次，再应承袭几次，声明填注。”[②] 因此，旗人家谱越来越重要，家谱的政治功能也越来越突出。到嘉庆朝仍是如此。如嘉庆十八年（1813年）规定，八旗袭职“仍照例前期进谱，著为例”。嘉庆十九年（1814年）规定：“嗣后八旗继嗣袭职者，务将其本生祖父履历查明具奏，庶杜捏报冒入旗籍之弊。”[③]

正如有学者所说：“谱牒在中国历史上的出现，本来有它的政治上的实用价值。”[④] 在清代社会政治制度下，更是如此。清代旗民分治、“首崇满洲”的八旗制度，使得旗人家谱政治功能显明。出于证明血缘渊源，承袭世爵世职的需要，旗人家谱备受重视，而家谱中对旗人血统、世系的重视和强调，也使得旗人的身份意识得到不断强。有清一代，“旗人”成为了特殊社会身份地位的标志。

四　道德的训诫与教化

道德的训诫与教化功能蕴涵于旗人家谱之中，与汉人家谱如出一辙。如在旗人家谱“恩荣”篇中，一般都集中记载统治者对本族成员的褒奖、赏赐，包括敕书、诰命等。对家族的重要人物或节孝楷模，则立传记载。有的家谱还收有艺文、祖先遗像等，以褒扬先祖，奖谒后世，光耀门楣。

在旗人家谱中普遍存在的族规、家训，内容广泛，多以中国传统伦理道德和宗法制度为基础，提倡“三纲五常”和忠孝观念，在礼仪上按照儒家之传统，强调尊卑有序、男女有别的等级制度等等。如《黑龙江库雅喇氏宗谱·祠宇记》载：“吾族忠孝传家，岁时勤祀，不设享堂，各就静室陈衣裳而荐时食，尊祖敬宗，跪拜如礼，盖即古者设享之意。及今世俗变迁，礼法渐替，故亟拟建祠宇，修祭祀，使子与孙各伸追远之道。”[⑤]《满族叶赫·佟氏宗谱·家训》中有“好学：勤学不倦，学仕则优（优则仕）”的内容，并强调“万般皆下品，唯有读书高”。[⑥]《那拉氏族谱》在“劝训子孙十八条”中宣扬“好花能几日，转眼两鬓霜”“理家风（夙）有定章，女子当家报败亡”[⑦]。旗人家谱在修谱的原则上，也直接体现男尊女卑观念，一般不载女性；有的家谱或载入之妻室，而不载嫁出之女儿。

五　神明的崇拜与创造

萨满信仰通过旗人家谱得以传承，这是旗人家谱的又一重要功能，也是旗人家谱与汉人家谱

---

① 同上，第620页。

② 同上，第621页。

③ 同上，第615页。

④ 冯尔康：《清史史料学》，沈阳出版社，2004年，第242页。

⑤ 前揭《黑龙江库雅喇氏宗谱》。

⑥ 《满族叶赫·佟氏宗谱·家训》，吉林师范大学八旗谱牒馆藏（馆藏号：K820.9/20－3）。

⑦ 《那拉氏族谱》，吉林师范大学八旗谱牒馆藏（馆藏号：K820.9/10/2－1）。

的最大差别之一。考察汉人家谱，其中更为突出的是中国传统社会的宗法关系属性，而基本不附带全民族的统一的宗教属性。旗人家谱则不同。从满洲旗人讲，首先满人信奉万物有灵，在其心目中，举凡蛇、蟒、鹰、雕，狼、虫、虎、豹，无不有灵，这种万物有灵的信仰特征在旗人家谱中得到了充分表现。如吉林九台满族锡克特里氏（石姓），其供奉的家萨满谱系图当中，就绘有蛇、蟒、鹰、雕，狼、虫、虎、豹的形象，该姓人将其与自己的祖先一起明确列入祭祀之列，视其为家族之神。因此，万物有灵是满族信仰文化与谱牒文化密切结合的思想基础。①

其次，萨满教作为满族的原生宗教，其深刻影响在满族家谱中反映得十分明显。表现为：其一，家谱的作用之一是满足生者对逝者的祭祀需要，而满族的祭祀需要在萨满主持下，通过萨满祭祀仪式完成；其二，许多满家谱都非常重视祭祀的相关问题，并专列篇目对祭祀的神歌、礼节、仪式，甚至安放祖宗牌位的方位、所用物件等都详加记述，以作为祖先成例约束和指导后人的祭祀活动，这其中就反映了明显的萨满信仰特色。

尤其入关以后，受汉族宗法思想的影响，满人开始有意识地通过祭祖的形式，增强族众的血亲感情，维系家族的和睦与团结。因此，祭祖成为与满人家谱密切相关的内容。许多旗人家谱中，都有祭祖仪式的详细记载。如前文所说，1944 年那寿山编《那氏族谱》中就专门列出“大祭祀所用物件草图”“本族冬腊月祭祀祖上礼节”两篇，不但对大祭祀所用物件做出明确说明，对祭祖礼节的规定也事无巨细。《富察氏谱本》也有“祭祀应用器具等物品”一节，记载该家族祭祀前要准备“小簸箕一件，条帚、刷帚、新布一尺；挫左股绳子三条，绑猪嘴用的；新三盆一个，浇酒用；好秫秸三根，做梭龙杆子用；铁钓九把，烤猪皮用；木把小铁尖刀一件，筷子二双。其余酌核办理，在临时现做”。同时，还要请人选定吉日，在吉日的前一日午后抓猪绑好，以为贡牲之用；在抓猪的同时，还“令优秀妇女多名，午下刻元米元豆面子，以备作饽饽用”。②其他如《厢蓝旗马鲁佐领下陈满洲赵姓氏谱》《白氏源流族谱》等旗人家谱中，也均有“祭祀事项”相关内容。《北红旗关姓宗谱书》（即《凤城瓜尔佳氏四修宗谱》）、盖县瓜尔佳氏《关姓族宗谱书》中还载有汉字标注满音的祭天祭文。

除萨满信仰的内容外，东北满洲旗人家谱中还有佛教、道教及其他民间地仙信仰的记载。如《福陵觉尔察氏谱书·各户供奉神板香碟之神名位》载，觉尔察氏“南边神板之正座，关圣帝君，清封护国明王佛。左边之座，观音菩萨。右边之座，弥勒菩萨。北边神板之首座天，二座地，三座君，四座亲，五座师”。③

总之，清代特殊的社会政治制度使得旗人修谱之风盛行，旗人群体的特殊性也使得旗人家谱的功能具有独特性，尤其家谱中对旗人共同族源的追记和对旗人血统、世系的重视、强调，使得“满洲”共同的民族“历史记忆”得以建构，旗人的身份意识得以不断强化，从而促使满族共同体日益形成。

（作者单位：海南师范大学历史文化学院）

① 于鹏翔、许淑杰：《中国东北满族谱牒特点研究》，《社会科学战线》2010 年第 4 期。

② 《富察氏谱本》，吉林师范大学八旗谱牒馆藏（馆藏号：K820.9/58/8－1）。

③ 《福陵觉尔察氏谱书·各户供奉神板香碟之神名位》，吉林师范大学八旗谱牒馆藏（馆藏号：K820.9/6/5－2）。

明代经济史的文化考察

战雪雷

内容提要：文化活动的经济化和经济活动的文化化，是明代经济史的一个重要特征。以明代文化与经济的视角切入，可以更深入地揭示文化对于中国经济史、中国近代化道路选择的影响；中国近现代经济发展中存在的制度性、文化性的疑问可以在明代经济史中追溯答案。明朝经济史研究在经济—文化的构架中展开，在变换切入角度的前提下从不同维度来观察思考社会经济现象，将为我们深入了解这一时代的深层历史发展动力和特征提供一个新的思路。

关键词：明代　经济史　文化视角　内源性

中国的经济活动中，文化的影响远大于我们想象。相比于其他技术和自然禀赋，文化甚至不弱于这些因素。中国文化本身的超强绵延，其文化范式对社会各个系统的超强支配性使中国在与外界边冲突边融入的近代、现代乃至当代社会，都不可避免地带有中国独有的社会文化模式，因此探讨经济活动中的文化因素不是没有价值的。不理解中国历史的独特性也就难以理解中国的现实性，从文化角度切入，对于经济史的研究不能给出全部答案，但是造成这一独特性的最大因素在于文化。对于文化作为一种内源性的动力是如何对经济活动发生影响，具有重要的现实意义。

一　明代经济的“文化渗透”特征

明代经济史有一个重要的特质，即文化活动的经济化和经济活动的文化化。文化产品成为商品进入经济活动，或在经济活动中呈现文化特征，当然不自明代开始，但确实是在明代特别是明朝中后期充分地“展开”了，并且在万历之后达到高潮。对这一问题的相关探讨，在“士商合流”“以文治主”“市镇经济”“手工业发展”“民间社会”“宗族社会”等领域或专题的研究中取得了丰富的成果。

任何商品都凝结着一定的文化因素，都是特定的世界观、价值观、哲学、文学、艺术、宗教、个体和区域的文化个性和审美意识的表达。吴承明先生即指出，“所有经济的、制度的、社会的变迁，最后都要受民族文化思想的制衡”。① 因此对文化这一维度的考察，就不仅仅是对研究视野的拓展，更是对中国历史独特性的认知所必需。

如果从广义的文化概念来说，一切人类活动及其成果莫非“文化”，任何社会经济活动理所当然地可以归结为某种意义上的一种“文化活动”，则明代文化经济的研究也就失去了意义。本文所谓文化，主要是指文化哲学中区分的物质文化、制度文化、精神文化三个层面的文化结构

---

① 吴承明：《现代化：历史观和方法论》，《经济史研究资料》2000年第5期。

中，“精神文化”的部分，并包含了部分“制度文化”的成分，也就是通常所说的“狭义文化”。当然，文化与一切人类活动的关系是如此具有整体关联度，如果这种关联在某个历史时期没有呈现出有别于其他时期的独特性，则研究也会同样失去价值和意义。

文化的定义众说不一。据美国文化学家克罗伯和克拉克洪1952年出版的《文化：概念和定义的批评考察》中统计，世界各地学者对文化的定义有160多种。其后又有200多种之说。时至今日，仍有不同领域的学者不断地在试图给文化一个清晰的定义，因此其数量不可究诘。其中，近代人类文化社会学之父泰勒（E・B・Tylor）在其《原始文化》一书中比较早地定义了文化：“文化或文明，就其广泛的民族学意义来讲，是一复合整体，包括知识、信仰、艺术、道德、法律、习俗以及作为一个社会成员的人所习得的其他一切能力和习惯。”① 这个定义也基本上涵盖了我们今天所说的“大文化”的概念，后人对此褒贬不一，最主要的诟病是因其无所不包，同时也说明不了问题。因此，在后来各个学科的文化定义中，比较注重对文化进行区别和划分，如主流文化和亚文化、显性文化和隐性文化、传统文化和现代文化等等。

英国人类学家马林诺夫斯基曾对靠近新几内亚的西太平洋中的特里布里安群岛的库拉圈进行了考察，一种名为“库拉”的物品在各个岛之间以顺时针和逆时针方向交换，互相交换“库拉”的部族和人群，就构成了一个“库拉圈”。他注意到，这种除了交换没有其他任何意义的库拉物品，其交易行为背后的动因显然不仅仅是经济的。这个研究结果也提示我们，不是一切有关交换和贸易的行为，都单一地遵从经济学所揭示的规律。② 马林诺夫斯基首次从人类学的角度，“超出传统经济学的正规范围去说明经济活动是如何紧密地同文化的其他方面交织在一起”。③ 这项研究对于经济人类学具有开创性意义，对本文也不无启发，即解释一切经济问题，如果缺少了文化的维度，其结论一定是不完整的乃至是错误的。

在自然经济或更早的经济形态中，经济活动中的文化因素体现不明显。任何物品的制作生产和交换，都主要是为了满足一定的实用性功能，如铲子的功能是可以铲土，粮食的功能是可以食用等等。单纯满足实用性功能的物品，其价值更重要的是以“用”来衡量。只有当超乎“用”的趣味体现出来时，文化就开始显现。如类似从打制石斧到磨制石斧的发展，除了“便利性”这个功能因素外，“美观”的追求开始进入了。作为武器的一把青铜剑，其实用性在“锋利”和“坚硬”，而装饰精美的剑鞘和剑把、剑身精细的花纹并不增加其实用性，有些物品的过度装饰甚至会损害其实用性，但该物品的价值却越来越因为其非实用的装饰那部分而增加，我们说这个过程中，文化因素开始越来越明显地体现出来了。而另一方面，对“功能”本身的无限追求，也可以带来另一种发展，青铜剑代替石斧、火器代替冷兵器、核武器代替常规武器，在这个过程中，科学技术因素越来越明显地体现出来。向非功能装饰性方向的发展，为使用附着了文化艺术因素，产生了艺术品，但是这种附着不一定带来应用上的便利，相反还可能带来不便。对功能的发展有可能带来科学，但却不一定追求美观，当然也可能在此过程中产生新的美学观念，如在当代大规模生产的工业产品上所体现出的“工业美”。

那种以科学技术进步支撑的社会经济发展，可以叫作“科技渗透型”。西方自文艺复兴以来，科学技术日益进步，对社会经济生产的推动作用日益显著。时至今日，科学技术作为社会发

① ［英］爱德华・泰勒：《原始文化》，上海文艺出版社，1992年。

② ［英］马林诺夫斯基著，梁永佳，李绍明译，高丙中校：《西太平洋的航海者》，华夏出版社，2002年。

③ ［美］E・勒克莱尔、H・施奈内德著，石奕龙译：《经济人类学发展概况》，《中国人类学学会通讯》167，1992年。

展的推动力已经渗透于经济活动的每个细节。因此，六百年来西方经济发展中，在商品价值的形成和凝结中，科技因素的作用是显而易见的。马克斯韦伯认为，西方从传统社会进入到近代社会，工业资本主义、科学和技术是西方近代精神的最中心、最具体的表现。① 西方的商业活动中体现出明显的技术渗透的特征。而相对地，在某个历史时期或某个国家区域，主要以文化因素的导入而支撑的社会经济发展，可以叫作“文化渗透型”。

明朝中后期商品经济的发展，呈现出极具典型意义的“文化渗透型”特点，迥然有别于同时欧洲文艺复兴时期及以后的欧洲“科技渗透型”。科技渗透是西方近代化的商业特征，中国商业活动中体现的则是文化渗透。之所以作此判断，并不是单纯地否定科技因素在这一时期商品经济发展中的作用，正像以往学者的研究所指出的那样，这个时期，在社会生产的各个领域，技术的改良和进步都极大地促进着生产力的提高和消费的扩大化。举凡在纺织、印刷、手工技艺、农业生产等领域出现的新技术，确实为这个时代商品经济的发展注入了活力。但从对历史的深远影响而言，我们很难在这一段历史中找出类似达·芬奇、牛顿、布鲁内莱斯基这样的科学巨匠，也无法找出类似佛罗伦萨大教堂的大圆顶那样体现着数学、工程、建筑、机械等方面综合成就的象征物。相反地，和意大利拥有彼得拉克、但丁、文艺复兴三杰一样，我们在这个时代也拥有文化上的巨人，他们对社会的影响也不逊于前者，只不过，他们并不像前者那样兼具人文学者和科学家的双重身份，而是兼具人文学者和艺术家的身份更鲜明。徐光启这样的学者，很显然，如果去除了外来的影响因素，他或许只是众多士大夫中的一员。因此，本文对“科技渗透”与“文化渗透”之间的区分，所求者是“同中之异”，而非探讨“异中之同”。因为“异”的因素往往是导致“分途”的动因，是探讨某种社会形态何以没有出现、某种发展阶段何以没有到来、某种社会组织方式何以没有发展之类问题的必要工作。

明代中叶之后，中国进入了前所未有的文化商品消费的高潮时期，从宫廷到民间，从权贵阶层到士大夫乃至普通市民，都成为各个层次文化商品的消费者，消费范围较之以前有明显的扩大。与此同时，文化因素开始大规模渗透到经济生产活动领域，一个明显特征，就是经济文化化和文化经济化，即经济行为带有明显的文化追求特征，同时，文化的发展比以往更显著地依赖于经济活动。

由于“文化渗透”现象的广泛存在，加之文化商业的迅速发展，对于明代文化经济的研究，有助于进一步理解明朝尤其是明朝中后期的中国社会经济发展特征，以及中国社会经济发展的内在理路的理解。对经济活动的考察，应该有文化的维度。进一步说，如何理解中国的近代化、现代化历程，如何理解中西历史的“分途”，都需要有文化的关照，而不仅仅在政治经济层面进行考察，才能获得更为真切的结论。过去对于经济活动的研究从社会史向度、经济史向度、文化史向度的研究都有所展开，但从文化—经济的角度进行综合考察的学术仍需进一步拓展。有学者感慨，即使明中叶以后的江南地区商品经济发展，文化商业发达，“‘财赋甲天下，词华并两京’，经济与文化互相促进互为影响，至今还仍无对于该地区全面的经济与文化的专门论述”。② 目前，虽然不乏对于艺术品、书籍印刷等行业的研究，但是缺乏一个比较完整的文化经济研究，对涵盖此一时期的文化商业化潮流，尚缺少总体的论述和分析。以文化—经济的维度深入剖析明代的经济史就显得更加必要了。

① ［德］马克斯·韦伯著，陈维刚译：《新教伦理与资本主义精神》，三联书店，1987 年。

② 范金民：《明清江南城市文化研究举要》，《人文论丛》2003 年卷，武汉大学出版社，第 501 页。

二 多维视角下的明代文化与经济

社会史、经济史、文化史为历史学研究的重要领域，近年来在明代的社会、经济、文化史研究方面均取得了非常重要的成果，在多维视角下展开的明代文化与经济研究也广为学界所熟知。

（一）文化伦理与商业精神的研究

余英时的《中国近世宗教伦理与商人精神》接续了马克斯韦伯关于新教伦理与资本主义精神的研究主张，并对之有所修正。他着重探讨西方资本主义进入中国之前，中国宗教伦理对于本土自发的商业活动有什么影响，从而得出与马克斯韦伯的《中国宗教》一书迥然不同的结论。余英时的研究指归在探讨“中国商人精神”，并且“时限上大致以十六世纪至一八世纪为断，也就是从王阳明到乾、嘉汉学这一时期”，但是对于“商业发展的本身，此篇完全不拟涉及”。其着眼点仍旧在文化史方面。但余英时的研究对士大夫如何在当代哲学思潮尤其是阳明学的影响下，从重农抑末的传统格局里走出，进而走上“士商合流”的道路条分缕析，令人信服。① 明代文化经济发展的一个重要基础是以往耻于谈利的文人士大夫转型为职业文化产品生产者。余英时论及傅衣凌《明清时代商人及商业资本》中引清沈垚《落帆楼文集》卷二十四《费席山先生七十双寿序》中的一段话：“宋太祖乃尽收天下之利权归于官，于是士大夫始必兼农桑之业，方得赡家，一切与古异矣。仕者既与小民争利，未仕者又必先有农桑之业方得给朝夕，以专事进取，于是货殖之事益急，商贾之势益重。非父兄先营事业于前，子弟即无由读书以致身通显。是故古者四民分，后世四民不分。古者士之子恒为士，后世商之子方能为士。此宋、元、明以来变迁之大较也。天下之士多出于商，则纤啬之风益甚。然睦姻任恤之风往往难见于士大夫，而转见于商贾，何也？则以天下之势偏重在商，凡豪杰有智略之人多出焉。其业则商贾也，其人则豪杰也。为豪杰则洞悉天下之物情，故能为人所不为，不忍人所忍。是故为士者转益纤啬，为商者转敦古谊。此又世道风俗之大较也。”② 这段文字在傅先生书之后的研究中多被引用，用来反映商人社会地位的上升。但余英时认为，沈垚统言宋、元、明以来，失之笼统，若看作16—18世纪的社会现象，则大致可以成立这段文字解释为什么士商合流。③ 显然，出于经济史的视角和出于文化史的视角，这两种解释都相当有道理，但以文化—经济史的角度而言，这可以看作文化商业生产者主体形成背后的经济和文化合同作用的原因和结果。金耀基《儒家伦理与经济发展：韦伯学说的重探》也探讨了关于东亚资本主义的发展过程中文化因素时，注意到儒家伦理的影响。④

蔡苏龙、曹秀华的《明清商品经济的发展与儒商伦理的形成》，立足于明清时期商品经济发展的历史事实，对明清时期商品经济发展与儒商伦理形成的关系进行考察，指出儒商伦理的形成

---

① 余英时：《士与中国文化》，上海人民出版社，2003年。

② 傅衣凌：《明清时代商人及商业资本》，人民出版社，1956年，第41—42页。

③ （明）黄宗羲：《宋元学案》卷九〇引《鲁斋遗书》，谈到许衡（鲁斋）关于“治生”（发家致富）的看法；（清）钱大昕：《十驾斋养新录》卷一八有“治生”一条。

按：在不反对或者提倡“治生”的观点中（在明朝中后期特殊的文化语境里，有一个隐含的前提，即治生本身是为了“不辱其身”，保持一个士人起码的尊严。因此从事商业并不是为了增殖性的目的，而在于能够勤俭自立。

④ 金耀基：《金耀基社会文选》，幼狮文化事业公司，1985年。

实际上包括"儒士的商业化"和"商人的儒学化"两个过程，它们对明清后期经济发展产生了不利影响。[①] 这种观点显然受到了 S. 艾森斯塔德的影响。他认为，"文化秩序与政治秩序的同一性以及文人所独有的特征，都有助于维护一种停滞的新传统主义的统治，而这种新传统主义不断强化着中国文化的非改造取向。在现代化的第一次冲击发生的时候，中国的知识分子和官员面对着从下列事实中产生的种种问题，这种事实就是他们的基本文化象征是深藏在现存的政治结构中的。任何政治革命或改革都必然会引起对文化秩序的抛弃和文化秩序的瓦解。同样，在意识形态上过分强调对社会—政治现状的支持，也很难将新的象征定型化，以使相对独立于以前秩序的新的社会制度获得合法性。"[②] 然而就此得出"停滞"或"不利"的结论，仍旧有以西方历史为标尺的影子。许敏《试析明代后期江南商贾及其子弟的文人化现象——从方用彬谈起》，论述了明代商人及其子弟的文人化现象及其特征，认为它起因于那个时期传统思想的挤压和商人的自适性选择，其特征是他们物欲与情趣并存，追慕文人生活胜于商业，以至于过度地玩味贵族文化而浪费资源，影响了商业经营，甚至造成不幸结局，并指出商与文、贾与士并不总是合拍，对两者之间的兼和力应该有一适当评价。[③] 张海英《明中叶以后"士商渗透"的制度环境——以政府的政策变化为视角》认为，明清时期"士商渗透"的出现，明清时期政府相关政策调整变化的制度因素不容忽视。[④]

士大夫是社会主流价值观念的塑形者与维护者，也是道德标尺的代表者和衡量者，同时是行政管理的执行者、国家法律的执行者。明代经济达到中国传统经济的一个高潮，"士"以及士所依赖的中国传统文化的土壤深刻地渗透到这一历史时期的经济发展中，影响着明代经济与生产的变革方式。

（二）明代文化史与艺术经济史的有关研究

明代文化史的研究成果相当丰富，南炳文、何孝荣的《明代文化研究》一书，对于有明一代文化的发展进行了全面而详细的总结。该著作涉及的文化领域范围包括科学技术、学术研究、文学、艺术、哲学、宗教和社会风俗、图书事业、少数民族文化以及中外文化交流等。南炳文先生认为明代在文化上取得了很大的成绩，并且提到了商品经济对文化领域的影响，与此同时，明代文化带有浓厚的反传统、冲击封建网罗的近代启蒙色彩。他认为明朝人们安土重迁、缺乏另辟新径的冒险意识和进取精神，不易产生从事创造发明的新思路和欲望，生产发展极为缓慢，这对科学的进步不可能提出迫切的强烈的要求，无法推动科学技术的发展。[⑤]

商传的《明代文化史》及有关论文《晚明文化商品化与社会纵欲思潮》等[⑥]，通过对明代文人、文化专制、教育科举、宗教哲学、文学艺术、修书、刻书、藏书的细致考察，力图突出明

---

① 蔡苏龙、曹秀华：《明清商品经济的发展与儒商伦理的形成》，《历史教学》2008 年第 6 期。

② ［以］S. 艾森斯塔德：《传统、变革与现代性——对中国经验的反思》，谢立中、孙立平编《二十世纪西方现代化理论文选》，上海三联书店，2003 年，第 1087—1109 页。

③ 许敏：《试析明代后期江南商贾及其子弟的文人化现象——从方用彬谈起》，《中国史研究》2005 年第 3 期。

④ 张海英：《明中叶以后"士商渗透"的制度环境——以政府的政策变化为视角》，《中国经济史研究》2005 年第 4 期。

⑤ 南炳文、何孝容：《明代文化研究》，人民出版社，2006 年。

⑥ 商传：《明代文化史》，东方出版中心，2007 年；《晚明文化商品化与社会纵欲思潮》，《明史研究》第四辑。

代文化的主要特征。即明代的文化代表了中国传统文化的终极，而且体现了中国传统社会转型时代的文化特点。他认为，晚明最根本的问题是人们日新的观念和追求与难以改变的旧体制之间的矛盾，晚明的士大夫也生活在这一矛盾中，并且利用这一特权跻身享乐者中，突出表现为权利的商品化与文化的商品化，后者引致了两种不同的结果，即通俗文化的发展与色情文化的发展。他在另两篇文章《明文化——未完成的近代化》《明文化的开放与转型》对此又进行了进一步的补充，① 认为晚明时代的文化特点是进步的大众文化与相对保守的精英文化间的博弈。明中叶后随着江南手工业和商品经济市镇兴起，民间文化繁兴，取官文化而代之，成为明文化的主体。在晚明文化中可以看到许多与以前不同的东西，甚至是反传统的东西，他认为晚明的士大夫并不是真正的反体制者，晚明的文化变异没有超出旧体制许可的范围，可能发生的更多变化随着明朝的灭亡戛然而止。商传的研究力图从政治、文化史的角度来阐释明代中国近代化的现象，提出了文化商业化这一现象，但并没有展开论述。类似的研究还有刘志琴的《中国文化近代化的开启》，提出晚明非君思潮的发展预示晚明社会有可能成为孕育新社会的母胎，但真正催生新社会的经济动因先天不足，商人没有成长为独立的政治力量，北疆游牧民族的兴起和外邦殖民主义的虎视眈眈，中国再一次经受王朝的交替循环。② 陈江在《明代中后期的江南社会与生活》中，通过对江南家庭、宗族、民间社团、衣食住行、社会礼仪、节日风俗、民间文化、社会弊病等社会文化生活的考察，揭示了江南社会一些近代性的因素在变化中逐渐孕育萌芽。③

王鸿泰在《闲情雅致——明清间文人的生活经营与品赏文化》和《迷路的诗——明代士人的习诗情缘与人生选择》两篇文章中，对文人文化的特色作了全面而具有理论意涵的分析。在王鸿泰看来，明清文人文化最大的特色，就是建基于一套将世俗价值扫落于后的“乐隐理念”。为此，文人士大夫不会坐任文化自动开展，而是要孜孜矻矻地努力建构，通过建立优雅的生活美学，在社会层面开展出相关的社交活动，以至构成文艺社会，获取社会定位。④ 这种优雅的美学暗含着文化的霸权，文人通过文化的差异确立自己的社会地位。黄爱华的《论明代市民文人》认为文人队伍和市民队伍的空前壮大，市民文人刺激了思想的解放，其新颖文学主张使文艺重新获得了生命，纳入了健康发展的轨道。他们对戏曲、小说等通俗文艺倾注的热情和关注，大大地提高了通俗文艺的社会地位和艺术水平，对后世通俗文艺的进一步兴盛和发展开辟了道路。⑤

李向民的《中国艺术经济史》第九章梳理了明代的艺术经济，文中所涉及内容以高雅艺术为主，对于大众通俗文化在戏剧中略有体现。⑥ 陈娟的《明代文化市场研究》是较早地开始涉及文化市场研究的论文，选取了小说、绘画、旅游三个文化消费市场作为考察对象，因此，论文在内容上更多侧重于“市场”的讨论，着眼于市场的买方、卖方、生产的成本、利润，从而反映出商品经济的飞速发展催生了新兴的文化产业，是对明代文化市场研究的有益探索。⑦

关于文化消费的研究，周建波、孙淮宁《明清时期的文化消费》从书籍、教育、祭神和旅

---

① 商传：《明文化：未完成的近代化转型》，《学术月刊》2010年第6期；《明文化的开放与转型》，《党建》2010年12月。

② 刘志琴：《中国文化近代化的开启》，《社会学研究》1993年第2期。

③ 陈江：《明代中后期的江南社会与生活》，上海社会科学院出版社，2006年。

④ 王鸿泰：《闲情雅致——明清间文人的生活经营与品赏文化》，《故宫学术季刊》2004年第1期；《迷路的诗——明代士人的习诗情缘与人生选择》，“中央研究院”近代史研究所集刊第50期。

⑤ 黄爱华：《论明代市民文人》，《南京社会科学》1993年第1期。

⑥ 李向民：《中国艺术经济史》，江苏教育出版社，1995年。

⑦ 陈娟：《明代文化市场研究》，硕士论文，华中师范大学，2009年。

游四个方面阐述明清时期文化消费的内容，得出中国有需求也有条件发展文化的结论。在对奢侈品消费中涉及了对于古玩等高档艺术品的消费。①何志恒、刘伟、方玖胜的《浅述明清徽商的精神文化消费》考察了明清徽商文化教育、休闲娱乐、商业社交等丰富多彩的精神文化消费。② 王世华的《明清徽商是长三角兴起的重要力量》中提到徽商是经济发展的加速机、文化繁荣的催化剂，社会变迁的助推器。③ 陈艳君的《明清徽商的消费生活述论》和《明清徽商的消费行为特征》分类描述了明清时期的徽商消费生活，刻画了徽商消费行为诸种特征，并剖析了徽商消费的积极、消极影响，其中也涉及文化消费的问题。④ 王卫平在其《明清时期江南城市史研究：以苏州为中心》中考察了苏州市民的日常生活，认为出现了市民生活与市场的联系更为紧密须臾不可分割，追求高档次的物质生活，社交形式趋新，追求丰富的精神生活（如娱乐活动多样，民间戏曲流行，市民文学兴盛）等迹象。⑤ 邓万春的硕士论文《明代中后期城市通俗文化消费研究》主要着眼于明代后期城市的通俗文化消费，包括通俗文字作品的消费，通俗戏曲作品的消费。⑥

此外，关于明代的奢侈性消费研究非常丰富。许檀《明清时期的开封商业》指出，由于明代开封存在以周王府为中心的高消费群体，使该城奢侈品、特殊商品的贸易占有较大比重，并成为华北地区一个重要的商品集散市场。⑦ 常建华《论明代社会生活性消费风俗的变迁》考察了明代生活起居弥漫的奢靡风气，认为消费风俗的变迁作为商品经济繁荣的产物，体现了一定的历史进步性，但是，这种变迁也是社会内在矛盾的产物，具有伤风败俗性，明代社会消费风俗的变迁是进步性和腐朽性的报合与统一。⑧ 原祖杰《奢侈性消费与晚明士商身份的认同》提出明中期以后等级制度受到了商业化的冲击而发生动摇，原来的等级界限在士商共同参与的奢侈性消费中日渐模糊。但是商业化的浪潮既没有孕育出一个具有独立政治意识并专注于经济发展的商业资产阶级，也没有形成能够激发工业革命和生产关系变革的健康而持久的商品经济环境。⑨ 奢侈性消费研究，盖因奢侈性消费中的一个显著方面，即对文化艺术的相关消费，增加了对于艺术品的需求，促进了艺术品商业化的发展。

与文化经济有关的研究也有很多成果，主要体现在：商人与文化市场⑩，经济对文化之作

---

① 周建波、孙淮宁：《明清时期的文化消费》，《社会科学家》2009 年 8 月。

② 何志恒、刘伟、方玖胜：《浅述明清徽商的精神文化消费》，《太原城市职业技术学院学报》2009 年第 1 期。

③ 王世华：《明清徽商是长三角兴起的重要力量》，《学术界》2009 年第 5 期。

④ 陈艳君：《明清徽商的消费生活述论》，《淮北煤炭师范学院学报》（哲学社会科学版）2008 年第 1 期；《明清徽商的消费行为特征》，《安庆师范学院学报》（社会科学版），2008 年第 4 期。

⑤ 王卫平：《明清时期江南城市史研究：以苏州为中心》，人民出版社，1999 年。

⑥ 邓万春：《明代中后期城市通俗文化消费研究》，硕士学位论文，武汉大学，2000 年。

⑦ 许檀：《明清时期的开封商业》，《中国史研究》2006 年第 1 期。

⑧ 常建华：《论明代社会生活性消费风俗的变迁》，《南开学报》1994 年第 4 期。

⑨ 原祖杰：《奢侈性消费与晚明士商身份的认同》，《史林》2009 年第 5 期。

⑩ 范金民：《明清地域商人与江南文化》《江海学刊》2002 年第 1 期；秦宗才、董家魁：《明清徽州的文化商人》，《学术界》2007 年第 6 期；张长虹：《明末清初江南艺术市场与艺术交易人》，《故宫博物院院刊》2006 年第 2 期。

用①，文化商品的生产、消费与流通②，明代私人收藏③，明代图书与出版的研究④，明代戏曲商业化的研究⑤，明代文人治生职业化的研究等领域⑥。

明代商品经济发达，其文化经济也随之发展。从目前的研究来看，许多成果在文化商业的子行业领域，以及文化商业链条中的某一环节中展开的研究比较多，成果也相当丰硕，尤其是小说和书画方面。但是，现有研究大多着重文化经济中的某个部分或者某个方面，缺乏文化—经济史的宏观分析和考察，进一步探讨文化对社会经济尤其是在中国近代经济增长的作用还有待于深入研究。

中国是一个文化大国，在考察中国经济史的时候，抛开了文化因素，众多历史事实将变得难以理解。以明代文化与经济的视角切入，可以从另一个角度来探索明代的社会变迁，将经济史和文化史有机地结合起来，探讨明代文化、经济、政治的变迁，探讨明代经济的发展路径和特征。在对前人展开的高雅文化、通俗文化的研究、文化商品个案的研究，或者文化商品的生产、消费的单一环节作为研究对象的模式等研究的基础上，更深入地揭示文化对于中国经济史、中国近代化道路选择的影响。

三　文化经济学：一个新的文化—经济史考察视角

文化经济学是经济学中的一个较小领域，它成为经济学的一个分支的历史也比较短。从古典经济学时代以来，一些有关的论题已经被涉及，如亚当·斯密对于“歌剧歌唱家与舞蹈家”的例子研究，斯坦利·杰文斯对“公共博物馆”的分析，马歇尔对于音乐消费的分析等。20 世纪

① 陆羽澄：《明代商品经济对吴门画派的影响》，《东华大学学报》（社会科学版）2002 年第 12 月；单国强：《晚明两大传统的融合趋势》，《新美术》1993 年第 1 期；孙国良：《徽商在明清时期艺术市场中的角色》，《巢湖学院院报》2009 年第 1 期；《晚明徽商与苏州艺术市场关系研究》，《新美术》2005 年第 3 期。

② 王振忠：《晚清婺源墨商与墨业研究》，复旦大学历史系：《古代中国：传统与变革》，复旦大学出版社，2005 年；付火水等：《明中后期社会变迁与景德镇陶瓷生产》，《中国陶瓷》2006 年第 11 期；束：《明代嘉定竹刻艺术市场初探》，《新视觉艺术》2009 年第 1 期；马学强：《明清江南手工业品的制作、市场与消费群体——以苏州织造局特供服饰及上海顾绣为例》，《史林》2005 年第 4 期。

③ 沈振辉：《明代私人收藏家百例辨析》，《东南文化》1999 年第 2 期；《明代民间收藏品市场和藏品买卖》，《学术月刊》1999 年第 4 期；吴琴：《明清苏州商品经济与文物藏家群体》，《东南文化》2001 年第 5 期。郑银淑：《项元汴之书画收藏与艺术》，文史哲出版社，1984 年；高鹏：《明代中晚期绘画交易方式及特点之研究》，硕士学位论文，首都师范大学，2005 年。

④ 张秀民：《中国印刷史》，浙江古籍出版社，2006 年。

⑤ 刘祯、谢雍君：《昆曲与文人文化》，春风文艺出版社，2005 年；张发颖：《中国家乐戏班》，学苑出版社，2002 年；赵山林：《中国戏曲传播接受史》，上海人民出版社，2008 年；李真瑜：《明中后期北京的戏剧文化》，《北京师范大学学报》（社会科学版）2003 年第 4 期；刘召明：《晚明苏州剧坛传奇创作中心的下移及原因》，《南京师大学报》（社会科学版）2007 年第 3 期。

⑥ 陈宝良：《晚明生员的弃巾之风及其山人化》，《史学集刊》，2000 年第 2 期；赵轶峰：《山人与晚明社会》，《东北师大学报》（哲学社会科学版）2001 年第 1 期；［韩］金文京：《晚明山人之活动及其来源》，《中国典籍与文化》1997 年第 1 期；张德建：《明代山人文学研究》，湖南人民出版社，2005 年；彭勇：《明代士夫追求润笔现象试析》，《史林》2003 年第 2 期；周榆华：《晚明文人以文治生研究》，广东高等教育出版社，2010 年。刘晓东：《论明代士人的“异业治生”》《史学月刊》，2007 年第 8 期。

60 年代，经济学开始被系统运用到艺术领域，用以研究在艺术活动中的经济因素。1966 年威廉 · J · 鲍莫尔（William J. Baurmol）与威廉 · G · 鲍恩（William G. Bowen）出版了《表演艺术：经济困境》，从经济角度探讨艺术和文化，文化经济学开始出现。① 20 世纪 70 年代，包括遗产和文化产业方面的经济学探讨多了起来，“文化经济学”开始被认为是一个经济学的独立学科门类。作为代表性的标志之一，就是《文化经济学》（Journal of Cultural Economics）杂志 1977 年开始出版。② 但是文化经济学的主要探讨领域是当代文化产业，尽管对一些问题的研究涉及历史问题，如对“鲍莫尔病”案例的探讨。文化经济学的研究对于经济史研究并不是预设的理论前提，而是“思维方式”的启示，这种启示对于一种“文化—经济”的历史研究的价值是很重大的，如斯坦利 · L · 恩格曼强调：“对制度形成剧烈变化做出解释时，把文化和观念因素排除在解释变量之外。这种做法可能会妨碍我们理解制度变迁。”③ 特别在对中国的经济发展历史迥别于欧洲的特征进行考察时，也有学者注意到：“无论从直观上来判断，还是从社会历史事实上来观察，文化在社会制序的生发、型构、驻存和演进中，无疑起着某种原发性的或者说内生性的作用。”④

保罗 · 杜盖伊（Paul du Gay）1997 年以 Sony 的 Walkman 为例，探讨一种如何具体地从事文化（经济学）研究的方法，他提出一个文化流程（the circuit of culture）的模型，它由表述/判定（representation）、认同（identity）、生产（production）、消费（consumption）、规则（regulation）五个环节之间互相影响，要理解特定的文化（经济）过程，就要对这五个环节和它们之间在特定历史脉络的扣连进行细致的分析，而非只强调当中的一两个环节。他希望所提出的方法是一种能够超越（政治）经济学和文化研究局限的研究方法，以期了解商业与经济运作和文化的复杂关系。他提出，文化是经济的，因为意义是要经过生产和流通才会出现，而生产和流通需要各种物质条件和机制；而经济也是文化的，因为生产和消费过程往往得依赖意义作为基础。⑤

著名经济学家塞缪尔森在 21 世纪也提出了一个文化经济学的概念。但塞缪尔森的文化经济学概念并不是“研究文化的经济学”，他提出，从经济活动的普遍性来说，人类的本性可能是相同的，但它往往受文化的影响。全球各地的经济市场都与各地在历史、社会结构、心理、宗教和政治状况方面的独特性相适应，这些因素影响着人们工作、消费、投资、储蓄和冒险的意愿。⑥ 塞缪尔森提出了经济与文化不可分割的观点，这个观点可以看作对杜盖伊观念的突破，因为在杜盖伊那里，虽然强调要建立文化流程的观点，但是仍旧强调政治经济和文化还是有区隔，不能混为一谈。但塞缪尔森更关注的是文化对经济的制约，因此其结论不免偏颇。

文化经济学的概念进入中国后，出版了一批以“文化经济学”为主题的著作，诸如《文化资本论》《文化产品供给论——文化产业发展的经济学分析》《文化经济学思维——物质与文化

① William J. Baurmol 和 William G. Bowen，Performing Arts：The Economic Dilemma（Newyork：Twentieth Century Fund，1966 年）。

② 自 1979 年以来，由［美］威廉 · S · 汉登（WillianmS. Hendon）创办的文化经济学协会发起关于文化经济学方面的会议，并出版了会议记录。

③ ［美］斯坦利 · L · 恩格曼：《文化价值理念、意识形态倾向和劳动制度变迁：对三者互动关系的诠释》，载［美］约翰 · N · 德勒巴克等编《新制度经济学前沿》（中译本）经济科学出版社，2003 年，第 117—148 页。

④ 韦森：《文化与制序》，上海人民出版社，2003 年。

⑤ Du Gay，Paul ed.（1997）：“Introduction”，Production of Culture/Cultures of Production，London/Thousand Oaks/New Delhi：SAGE Publications，pp. 1—10.

⑥ ［美］塞缪尔森：《新闻周刊》2010 年 5 月 25 日。

均衡发展分析》《文化生产力——一种社会文明驱动源流的个人观》等。[①] 此类著述大多以研究当代文化产业的发展为目的，在理论方法上也不尽以上述学术成果为借鉴，在方法论上与国内通行的经济学理论并无很大区别，某种意义上只是对当代文化产业的产业经济学研究。中国当代文化经济学的研究对于文化史和经济史缺乏更多的关注。

中国的经济活动中，文化的影响远大于我们对它的想象，相比于其他技术和自然禀赋，文化甚至不弱于这些因素。这个事实按照预设理论框架，尤其是以西方历史发展作为参照系的理论去框定往往被忽视，对明代文化—经济的研究可以呈现当时经济活动中文化影响的客观样貌。对于文化作为一种内源性的动力是如何对经济活动发生影响的？在过去的探讨中，文化往往作为负面因素，认为它阻滞了经济发展，使近代化趋向难以展开。但实际上中国经济发展的一个重要驱动力是文化，这种文化主驱动的历史走向是否像西方历史那样，随着大规模的科技渗透，进而走向类似的近代社会，则因历史的不可重复性已经变成无解的问题。但是由于中国文化本身的超强绵延，其文化范式对社会各个系统的超强支配性，使中国在与外界边冲突边融入到近现代乃至当代社会，都不可避免地带有中国独有的社会文化模式，因此探讨经济活动中的文化因素不是没有价值的。不理解中国历史的独特性也就难以理解中国的现实性。从文化角度切入，对于经济史的研究不能给出全部答案，但是造成这一独特性的最大因素在于文化。

四　结语

正因明代有着“中国近代史的开始时期”这样的价值意义，并与“世界近代史的开始时期”有着千丝万缕的联系，[②] 学界对明史的研究，有一种旨趣就是其对当今社会影响价值的评判。很多学者认为，中国历史的“近代的发生”如果不从明代开始进行长时段的考察，诸多历史深层问题难以获得清晰的答案。反之亦然，要考察更早时期的中国史，明代也是一个合适的时间节点。因为中国传统社会的一切政治、经济、文化要素，在此一历史时期都呈现出一种“展开”（而不一定是“成熟”）的特质，这些特质被描述为“资本主义萌芽”“商品经济的浪潮”“人文主义萌芽”“专制政治松动”等等。在以往的历史中潜在的因素，至此都有一种明晰呈现的特点，为我们深入研究提供了广阔的学术想象空间。傅衣凌先生即提出了“中国传统社会多元论”和“明清社会变迁论”的观点，即在16世纪，中国的经济和社会、文化已发生走向“近代”的变化，但这种变化最后走向中断、后退，主因是中国社会的多元结构。[③]

但是对于任何预设的理论体系来说，这段历史都有一种神奇的“失效效应”，即某种在秉持者看来本具有普适性的理论框架，在运用于这段历史的研究的时候，无法获得完美的解释和结论。在明清之际，顾炎武“率兽食人”的悲观判断即很快被随之而来的“康乾盛世”所否定。

---

① 皇甫晓涛：《文化资本论》，人民日报出版社，2009年；左惠：《文化产品供给论——文化产业发展的经济学分析》，经济科学出版社，2009年；孟晓驷：《文化经济学思维——物质与文化均衡发展分析》，人民文学出版社，2005年；方伟：《文化生产力——一种社会文明驱动源流的个人观》，河北教育出版社，2006年。

② 钱穆先生曾这样评价明史在中国历史研究中的意义：“明代是中国近代史的开始时期，同时也是世界近代史的开始时期。从明迄今，六个世纪，五百多年，西方欧洲走上一个新的近代史阶段，中国也复如是。明以后接着就是清，我们要了解清代，该先了解明代，现代中国大体是由明开始的。”详见钱穆：《中国历代政治得失》，三联书店，2001年，第102页。

③ 傅衣凌：《中国传统社会：多元的结构》，《中国社会经济史研究》，1988年第3期。

而在当代学界，无论“萌芽说”也好，“大分流”“内卷化”也好，都会撞上坚硬的反面历史事实。吴承明先生对此曾指出，对于经济史的研究，经济学只能提供一种思维方式，历史学的研究还是要注重于“实践”。历史研究的迷人之处，有时并不是在浩如烟海的文献和史实中掩埋了清晰的“历史真相”等待人的发掘，而是为众多的新思想、新价值、新历史判断乃至新现实经验的产生提供了可能。不确定性的疑问几乎在面对任何领域的时候都存在，整个明代历史确实呈现出很多“纷繁而又相互抵牾”的问题，“当这个时代的政治史被详细地描述时，明代社会有无穷的活力这一点是必须记住的。”①《剑桥中国明代史》对明王朝的一连串问号，恰好说明了研究者面对“纷繁而又相互抵牾”的历史细节时的纠结和莫衷一是。但正如马克・布洛赫《历史学家的技艺》中所言：“对现实的曲解必定源于对历史的无知；而对现实一无所知的人，要了解历史也必定是徒劳无功的……这种渴望理解生活的欲望，确确实实反映出历史学家最主要的素质。”② 这不仅是历史学家的最主要特质，也是历史研究的价值所在，即“由今知古”“由古知今”和“过去和现在的界限”是一切历史研究出发点，也是归宿。所以尽管不断有人强调在历史研究中应当避免“价值判断”，但这样的学术倾向总是存在着，对于明代历史来说，对其进行“价值判断”甚至是一种难以避免的冲动。

对于明代历史的这个特质，嵇文甫曾经有过描述性的判断。③ 他的说法某种程度上是相当准确的，但是却不能拨开迷雾，因为一系列的“可以”和“却不能”反映的只是对这个年代的人和事项作出历史判断的艰难，缺少的是答案本身。

对这样一个存在很多“纷繁而又相互抵牾”问题的时代的研究与理解，深入而细致的专门史工作必不可少，但将社会历史的几个重要维度进行综合的考察，或许是接近这一历史时期内在问题的有效办法之一。如更加侧重探索社会、政治、经济、文化、宗教诸历史要素之间的互动关系，而不是以单一维度进行纵向的或单一层面上的研究。明朝经济史研究在经济—文化的构架中展开，在变换切入角度的前提下从不同维度来观察思考社会经济现象，将为我们深入了解这一时代的深层历史发展动力和特征提供新的思考。

（作者单位：故宫博物院科研处）

① ［美］牟复礼、［英］崔瑞德编：《剑桥中国明代史》，中国社会科学出版社，1992 年，第 2 页。

② ［法］马克・布洛赫：《历史学家的技艺》，上海社会科学院出版社，1992 年，第 36 页。

③ “（这）是一个动荡的时代，是一个斑驳陆离的过渡时代。照耀着这时代的，不是一轮赫然当空的太阳，而是许多道光彩纷披的明霞。你尽可以说它‘杂’，却绝不能说它‘庸’，尽可以说它‘嚣张’，却绝不能说它‘死板’；尽可以说它是‘乱世之音’，却绝不能说它是‘衰世之音’。它把一个旧时代送终，却又是一个新时代开始。它在超现实主义的云雾中，透露出了现实主义的曙光。”嵇文甫：《晚明思想史论》，东方出版社，1996 年，第 1 页。